JN051987

中学社会科用語を
ひとつひとつわかりやすく。

［新装版］

Gakken

はじめに

　「難しい用語がたくさん出てくるから社会科は嫌い。」と思っている中学生は少なくないのではないでしょうか。

　しかし，用語の意味をしっかり理解することは，社会科を学ぶ上で，とても大切なことです。

　社会科の入試問題の約半分は，用語を記述したり，選択したりする問題です。

　また，日本や世界の諸地域の特色や，歴史の流れ，政治や経済のしくみといった，社会科の本質を理解するには，基礎的な用語の意味を知り，正しく組み合わせて考える力が必要です。

　そこで，この本では，教科書や入試問題を分析して，中学生にとって必要な用語を取り上げ，社会科が苦手な人でも読みやすいように，図やイラスト，写真をたくさん使って，やさしいことばでわかりやすく説明してあります。

　社会科の勉強をするとき，この本をいつもそばにおいて，わからない用語が出てきたら，すぐに調べるようにしましょう。

　この本を使って，社会科が得意になるよう，心から応援しています。

●こども家庭庁が発足

2023年4月，こども家庭庁が発足した。こども家庭庁は子どもについての政策の司令塔となる行政機関で，これまで内閣府，厚生労働省，文部科学省が別々に行っていた業務を一元化し，縦割り行政を解消するためにつくられた。

●成人年齢が18歳に

2018年6月，成人年齢を20歳から18歳に引き下げる改正民法と関連法が成立し，2022年4月1日に施行された。これによって，18歳になれば親の同意がなくてもローンやクレジットカードの契約が可能になった。結婚できる年齢はこれまで男子が18歳，女子が16歳だったが，男女ともに18歳に統一された。また，少年法の改正により，2022年4月から裁判員に選出される年齢も20歳から18歳に引き下げられた。

●衆議院の定数が465名に，参院選で2合区，10増10減

2017年6月，衆院議員選挙の一票の格差是正を目的とする改正公職選挙法が成立した。これによって小選挙区の区割りが変更され，定数は475名から465名に10減された。さらに，2022年11月には小選挙区の数を「10増10減」する改正公職選挙法が成立した。

同じく一票の格差が問題となっている参議院議員選挙については，2015年7月に成立した改正公職選挙法によって，選挙区選挙で鳥取県と島根県，徳島県と高知県が1つの選挙区（合区）とされ，定数が10増10減された。さらに2018年7月には，参議院の定数を242から248（選挙区148，比例代表100）に6増することが決定し，比例代表選挙では各党の候補者名簿内に優先して当選できる特定枠が創設された。

衆議院	参議院
定数 465名	定数 248名
小選挙区 289名 比例代表 176名	選挙区 148名 比例代表 100名

▲衆議院と参議院の定数とその内訳

社 会 科
特別資料

最新ニュース

◆それぞれ該当する項目のところで，参考にしてください。

●世界と日本の人口

国連人口基金によると，2023年の世界の人口は約80億4500万人。これまで人口が最も多い国は中国だったが，2023年にはインド（14億2,860万人）が中国（14億2,570万人。香港，マカオ，台湾を除く数値）を抜いて，人口世界一になった。

総務省の発表によると，日本の人口は2023年9月時点で1億2,445万人（概算値）。2005年に第二次世界大戦後初めて減少に転じた後，徐々に減少しており，2056年には1億人を割り込むと予測されている。

●「自然災害伝承碑」の地図記号ができる

2019年6月，国土地理院はウェブ上の地図で，新しい地図記号「自然災害伝承碑」の掲載を始めた。この地図記号は，かつて起こった津波・洪水などの自然災害の被害を伝える石碑やモニュメントを表し，防災に対する意識を高めることなどを目的としてつくられた。

●デジタル庁が発足

2021年9月，デジタル庁が発足した。デジタル庁は省庁のデジタル化の遅れを改善するためにつくられた省庁で，各省庁間のシステムの統一・標準化や，国民が行う行政手続きの簡素化などを目的としている。

※歯舞諸島は歯舞群島に，奄美諸島は奄美群島に地名が統一された。

●「奄美・沖縄」と「縄文遺跡群」が世界遺産に登録

　2021年7月，「奄美大島，徳之島，沖縄島北部及び西表島」が世界自然遺産に，「北海道・北東北の縄文遺跡群」が世界文化遺産に登録された。これで日本にある世界遺産は，文化遺産が20件，自然遺産が5件の計25件となった。

●北陸新幹線が開業

　2024年3月，北陸新幹線の金沢駅（石川県）～敦賀駅（福井県）間が開業する。これによって，東京駅から福井駅までは現在より30分以上短縮されることになる。北陸新幹線は今後も延伸され，最終的には敦賀駅～新大阪駅（大阪府）間が開業する予定である。

▲北陸新幹線のルート

　2016年3月には，新青森駅（青森県）～新函館北斗駅（北海道）間で北海道新幹線が開業した。2030年度末には札幌駅までつながる予定。

●「アイヌ施策推進法」が施行

　2019年5月，アイヌ民族を支援するための法律「アイヌ施策推進法（アイヌ民族支援法，正式名称：「アイヌの人々の誇りが尊重される社会を実現するための施策の推進に関する法律」）が施行された。この法律で，アイヌ民族は法律上初めて先住民族と位置づけられた。これに伴い，「アイヌ文化振興法」は廃止された。

●マケドニアが「北マケドニア」に

　2019年2月，バルカン半島の国マケドニアは国名を「北マケドニア」に変更した。また，2018年4月にアフリカ南部の国スワジランド王国が国名を「エスワティニ王国」に変更した。2019年3月にはカザフスタンが首都名をアスタナから「ヌルスルタン」に変更したが，2022年9月に元の「アスタナ」に戻された。

●NAFTAがUSMCAに

　2017年に発足したアメリカのトランプ政権は，カナダ・メキシコと北米自由貿易協定（NAFTA）の再交渉を進めてきた。2018年11月に新協定が署名され，2020年7月に新協定「アメリカ・メキシコ・カナダ協定（USMCA）」が発効した。これに伴い，NAFTAは失効した。

●EUの最新動向

　2016年にイギリスで国民投票が行われ，イギリスがEUを離脱することが決定し，2020年1月31日に正式に離脱した。

　また，2023年1月にはクロアチアがEU共通通貨のユーロを導入し，導入国は20か国となった。

▲EU加盟国とユーロ導入国（2023年10月現在）

●中国が「一人っ子政策」を廃止

　中国は1979年以来行ってきた「一人っ子政策」を，2015年末で廃止した。一人っ子政策は夫婦一組につき，子どもを1人に制限する政策で，人口を抑制するために行ってきた。しかし，少子高齢化の進展などさまざまな問題が起こったため廃止された。

●新紙幣が発行される

　2024年7月前半，新紙幣が発行される。新しくなるのは，一万円札，五千円札，千円札で，肖像は一万円札が渋沢栄一，五千円札が津田梅子，千円札が北里柴三郎にかわる。新紙幣には，偽造防止のために最先端の3Dホログラムが導入され，外国人や高齢者も使いやすいようにユニバーサルデザインが施される。

※神通川は「じんずうがわ」から「じんづうがわ」に表記が変わっている。

もくじ

この本の使い方

　本書では，それぞれの用語を，3つの分野に分け，その中で学習順に並べてあります。

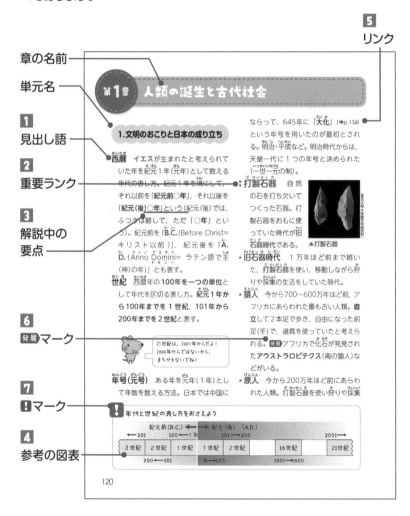

章の名前

単元名

1 見出し語

2 重要ランク

3 解説中の要点

6 発展マーク

7 ！マーク

4 参考の図表

5 リンク

第1章　人類の誕生と古代社会

1.文明のおこりと日本の成り立ち

西暦 イエスが生まれたと考えられていた年を紀元1年（元年）として数える年代の表し方。紀元1年を境にして，それ以前を「紀元前○年」，それ以後を「紀元（後）○年」という（紀元（後）では，ふつうは略して，ただ「○年」という）。紀元前を「**B.C.**(Before Christ＝キリスト以前)」，紀元後を「**A. D.** (Ánno Dómini＝ラテン語で主(神)の年)」とも表す。

世紀 西暦年の100年を一つの単位として年代を区切る表し方。紀元1年から100年までを1世紀，101年から200年までを2世紀と表す。

> 21世紀は，2001年からだよ！2000年からではないから，まちがえないでね！

年号（元号） ある年を元年（1年）として年数を数える方法。日本では中国にならって，645年に「**大化**」〔➡p.134〕という年号を用いたのが最初とされる。明治・平成など。明治時代からは，天皇一代に1つの年号と決められた（一世一元の制）。

打製石器 自然の石を打ち欠いてつくった石器。打製石器をおもに使っていた時代が旧石器時代である。

▲打製石器

旧石器時代 1万年ほど前まで続いた，打製石器を使い，移動しながら狩りや採集の生活をしていた時代。

猿人 今から700～600万年ほど前，アフリカにあらわれた最も古い人類。直立して2本足で歩き，自由になった前足(手)で，道具を使っていたと考えられる。発展アフリカで化石が発見されたアウストラロピテクス(南の猿人)などがいる。

原人 今から200万年ほど前にあらわれた人類。打製石器を使い狩りや採集

！ 年代と世紀の表し方をおさえよう

	紀元前(B.C.)　←　｜	→　紀元(後)　(A.D.)						
←201	100←1年	101←200					2001→	
3世紀	2世紀	1世紀	1世紀	2世紀		16世紀		21世紀
200←101		1←100				1501←1600		

120

4

授業の予習や復習でわからない用語があったときはもちろん，テスト前の用語チェックにも使えるよ。
巻末のさくいんを有効に活用しよう。

---

1 見出し語

中学生の学習に必要な社会科用語を，選び抜いて掲載しています。

---

2 重要ランク

定期テストや高校入試によく出る用語がひとめでわかるようにしてあります。★の数が多いほど，重要な用語になります。

（例）　★ 源頼朝
　　　　★ 高知平野
　　　　　公務員

---

3 解説中の要点

色のついた文字のほうが重要だよ

解説文にある重要用語や，意味を理解するためのポイントになる部分は太文字にしてあります。

---

4 参考の図表

理解のために必要なイラスト，図，写真を豊富に入れてあるので，しっかりイメージをつかめます。

---

5 リンク

複数の分野や単元で学ぶ用語について，参照ページを示しています。

---

6 発展 マーク

中学校で学習する内容を超えるものに，マークをつけています。

---

7 ! マーク

まとめておさえておいた方がよい用語や，間違えやすい用語をイラストや図・グラフなどで整理しています。

巻末資料

地図やしくみ図，年表などをテーマ別にまとめて，知識の整理がしやすいページになっています。

テスト前に便利！

さくいん

本文の見出し語は**太字**で，解説文中の重要用語は細い文字で示してあります。

さくいんの用語を見ながら，意味が答えられるかチェックしてみると，理解度がわかるよ。

地理

1.地球と世界のすがた

海洋　地球上にある海のこと。3大洋と
その他の海からなる。地球の表面積の
7割を占める。

陸地　地球上で水におおわれていない
部分。6大陸とそのほかの島々からな
る。地球の表面積の**3割**を占める。

地球の表面積 5.1億km²	陸地 28.9% (1.47億km²)	海洋 71.1% (3.63億km²)

（平成30年版「理科年表」）

▲陸地と海洋の割合

6大陸　とくに面積の大きな6つの陸
地。**ユーラシア大陸・アフリカ大陸・
北アメリカ大陸・南アメリカ大陸・オ
ーストラリア大陸・南極大陸**。面積が
最大の大陸はユーラシア大陸。

3大洋　とくに面積の大きな3つの海
洋。**太平洋・大西洋・インド洋**。面積
が最大の海洋は太平洋。

▲6大陸と3大洋

地球儀　地球をそのままの形で縮めた
模型。平面の地図と異なり，面積・形・
距離・方位などを同時に，ほぼ正しく
表すことができる。

★★**赤道**　北極と南極との中間にあたる地
点を結んだ線。緯度0度の点を結ぶ。全
周は約4万km。

❗ 赤道の通る地域をおさえよう

★**緯度**　赤道を基準として（0度として），
南北をそれぞれ**90**に分けたもの。赤
道より北は**北緯○○度**，南は**南緯○○
度**で表す。

★**経度**　**本初子午線**を基準として（0度と
して），東西をそれぞれ**180度**に分け
たもの。本初子午線より東は**東経○○
度**，西は**西経○○度**で表す。

緯線　同じ緯度の地点を結んだ線。**赤道
と平行**に引かれている。

経線　同じ経度の地点を結んだ線。北極
点と南極点を結んでいる。**子午線**とも
いう。

回帰線 北緯・南緯23度26分の緯線。北半球の回帰線を北回帰線，南半球の回帰線を南回帰線という。北半球が夏至のとき，正午に太陽が北回帰線上の真上にくる。また，北半球が冬至のとき，正午に太陽が南回帰線上の真上にくる。

★ 本初子午線 経度の基準となる経度0度の経線。イギリスの首都ロンドンにある旧グリニッジ天文台を通る。

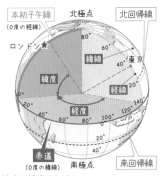

▲緯度と経度のしくみ

対せき点 ある地点に対して，地球の中心を通った反対側の地点。

地軸 地球の中心を通って，北極と南極を結ぶ線で，地球の回転軸。23度26分傾いている。**地軸が傾いていることによって，季節の違いが生まれる。**

> 北半球と南半球は季節が逆になるね。北半球が冬のとき，南半球は夏だよ。

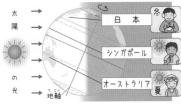

▲季節の違いが生まれるしくみ

北極点 北緯90度の地点。地軸の北端。
南極点 南緯90度の地点。地軸の南端。

白夜 北極・南極近くの高緯度地域にみられる，**1日中薄明るい状態が続く現象。**夏至のころ，太陽が地平線とほぼ平行に動くためにおこる。

（フォト・オリジナル）

▲白夜（ノルウェー）

北半球 地球の赤道より北の地域。緯度0度から北緯90度まで。

南半球 地球の赤道より南の地域。緯度

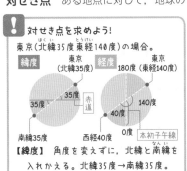

! 対せき点を求めよう！

東京（北緯35度 東経140度）の場合。

緯度 東京（北緯35度）　経度 東京（東経140度）

南緯35度　西経40度

【緯度】角度を変えずに，北緯と南緯を入れかえる。北緯35度→南緯35度。

【経度】180度から140度を引いて，東経を西経にする。180度－140度＝西経40度。

南緯35度西経40度

0度から南緯90度まで。

陸半球 陸地の割合が最も多くなるように地球をみたもの。陸地と海洋の割合がほぼ1対1になる。

水半球 海洋の割合が最も多くなるように地球をみたもの。陸地と海洋の割合はおよそ1対9になる。

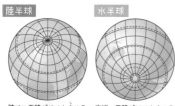

陸半球 水半球

陸地の面積が49%を占める　海洋の面積が90%を占める

▲陸半球と水半球

世界地図 世界全体を表した平面の地図。地球儀のように、面積・方位・距離・形のすべてを正確に表すことはできないため、目的に応じてさまざまな地図がつくられている。

★ **正距方位図法** 中心からの距離と方位を正しく表した図法。中心から離れるにつれて、陸地の形のゆがみが大きくなる。航空図などに利用される。

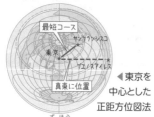

最短コース
サンフランシスコ
東京
ブエノスアイレス
真東に位置

◀東京を中心とした正距方位図法

★ **メルカトル図法** 2つの地点を結ぶ線と経線との角度を正しく表した図法。経線と緯線が直角に交わる。緯度が高くなるほど、陸地の形のゆがみが大きくなり、面積・距離が拡大される。**面積・方位・距離は正しくない**。航海図などに利用される。

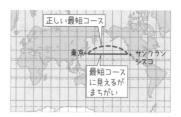

正しい最短コース
東京　サンフランシスコ
最短コースに見えるがまちがい

▲メルカトル図法

モルワイデ図法 面積を正しく表した図法。分布図などに利用される。

▲モルワイデ図法

2.世界の地域区分

国(国家) 特定の領域があり、国民がいて、主権をもった社会のこと。これを国家の三要素という。世界には、およそ200の独立国がある。

州 南極大陸をのぞく5つの大陸と周辺の島々を、6つの地域に区分したもの。特色によってはさらに細かな地域に区分されることがある。

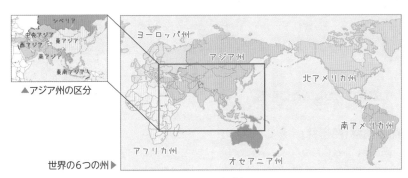

▲アジア州の区分

世界の6つの州▶

アジア州 ユーラシア大陸のうち，ヨーロッパ州の東にある地域とその周辺の島々からなる地域。6つの州の中で最も面積が広く，人口も多い。**東アジア・東南アジア・南アジア・中央アジア・西アジア・シベリア**に分けられる。

ヨーロッパから見て遠い所にあることから，日本や中国のことを「極東」とよぶことがあるよ。

アフリカ州 アフリカ大陸と周辺の島々からなる地域。

ヨーロッパ州 ユーラシア大陸のうち，アジア州の西にある地域とその周辺の島々からなる地域。

北アメリカ州 北アメリカ大陸とカリブ海の島々からなる地域。

南アメリカ州 南アメリカ大陸と周辺の島々からなる地域。

オセアニア州 オーストラリア大陸，ニュージーランドと太平洋の島々からなる地域。太平洋の島々は，**ポリネシア・ミクロネシア・メラネシア**の3つの地域に分かれる〔➡p.42〕。

国境 国と国との境界。国境に沿って引かれた線を**国境線**という。川・山脈・湖などに沿って引かれた**自然を利用した国境線**や，経線・緯線に沿って引かれた**人工的な国境線**がある。

国旗 国（国家）を象徴する旗。国旗の色や形，デザインには，その国の歴史や人々の思いなどがこめられている。

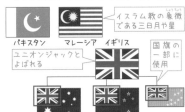

パキスタン　マレーシア　イギリス

イスラム教の象徴である三日月や星

ユニオンジャックとよばれる

国旗の一部に使用

オーストラリア　ニュージーランド　ツバル

▲世界の国旗

島国（海洋国） 四方を海に囲まれ，**陸地でほかの国と接していない国**。日本・キューバ・フィリピン・ニュージーランド・スリランカなど。

内陸国 海にまったく面していない国。モンゴル・ラオス・スイス・オーストリア・ボリビアなど。

第2章

世界各地の人々の生活と環境

1.気候にあった人々の生活

★★ 熱帯雨林(熱帯林)

熱帯〔➡p.49〕の雨が多い地域に育つ森林。背が高く、1年を通して広くて平たい葉をつける常緑広葉樹が生いしげる。東南アジアやアフリカに分布するものを**ジャングル**、南アメリカのアマゾン川流域に分布するものを**セルバ**〔➡p.40〕という。

スコール

赤道付近でみられる、午後から夕方の短い時間にかけて毎日のように降る、一時的な強い風と激しい雨。

サバナ

熱帯の雨季と乾季〔➡p.19〕がはっきりわかれた地域にみられる、まばらな低い木と丈の高い草が生える草原〔➡p.49〕。

さんご礁

さんご虫の死がいや分泌物が固まってできた、石灰質の岩の集まり。水温が高く、すんだ浅い海に発達する。

★ 焼畑農業

森林や草原を焼いて畑にし、その灰を肥料にして農作物を栽培する農業。おもに**熱帯地域**で行われ、アワ・ヒエ・キャッサバ・ヤムいもなどを栽培する。地力(土地が作物を育てる力)が衰えるのをさけるために、数年でほかの場所に移動し、同じように森林や草原を焼く。

マングローブ

熱帯・亜熱帯地域の入り江や河口に育つ森林。満潮時には海水につかる。水中にのびた根が魚やえびなどのすみかになっており、波の侵食から海岸を守るなど、**生態系を保全する働き**がある。

ココやし

熱帯地域に生育するヤシ科の木。高さは20mに達する。ココナッツとよばれる果実からつくられるコプラ油は、**マーガリン・せっけんなどの原料**になる。

タロいも

熱帯地域で育つ、サトイモ科の植物。東南アジアが原産地。**オセアニア****の島々やアフリカの一部で主食**となっている。

キャッサバ

熱帯地域で広く栽培される、さつまいもに似た作物。**マニオ****ク**ともいう。原産地は南アメリカ。南アメリカ・オセアニアの島々・アフリカなどの熱帯地域で食べられている。根にでんぷんをたくわえ、加工してタピオカとなる。

天然ゴム　ゴムの木の幹に傷をつけて出てくる白い樹液を採取して加工した植物性のゴム。タイヤなどの原料となる。東南アジアの代表的なプランテーション作物〔➡p.23〕。

▲樹液の採取

★ **砂漠**　乾燥地域に分布する，植物がほとんど育たず，砂や岩石が広がる土地。降水量がきわめて少ない。

ステップ　乾燥地域の中でも少量の雨が降るところでみられる，樹木は生育せず，丈の短い草が生える草原。モンゴルや中央アジア，アメリカ合衆国のグレートプレーンズ〔➡p.36〕，アルゼンチンのパンパ〔➡p.40〕など。

★ **サヘル**　アフリカ大陸のサハラ砂漠南縁に広がる乾燥地域。サヘルとは，アラビア語で「岸辺」の意味。砂漠化が深刻になっている〔➡p.32〕。

★ **オアシス**　砂漠の中で，つねに水が得られるところ。集落が発達し，小麦・果樹・なつめやしなどを栽培する小規模なオアシス農業が行われている。

▲砂漠のオアシス

遊牧　水や草を求めて，広い地域を移動しながら家畜を飼育する牧畜。西アジア・北アフリカ・中央アジアの乾燥地域や北極圏のツンドラ地帯で，遊牧生活を行う遊牧民がみられる。乾燥地域では，羊・やぎ・牛・らくだなど，ツンドラ地帯では，トナカイなどを飼育。

★★ **砂漠化**　乾燥地域でみられる，草地や林地が砂漠になる現象。森林伐採や放牧のしすぎによる牧草の減少，異常気象による干ばつなどが原因でおこる。アフリカ大陸のサハラ砂漠南縁のサヘルでとくに被害が深刻になっている。

★ **かんがい**　農作物を育てるために必要な水を，人工的に耕地にいきわたらせること。ため池や用水路・スプリンクラーなどを利用して行われる。アメリカ合衆国のセンターピボット方式〔➡p.38〕が有名。

オリーブ　地中海沿岸諸国で広く栽培される農作物。果実はピクルスという漬物や，加工してオリーブ油となる。夏に乾燥する特色をいかした地中海式農業〔➡p.28〕の代表的な農作物。

シエスタ　スペインなどの南ヨーロッパで，昼食後に長い休憩をとる習慣。この時間帯は，店を閉めているところもある。近年，企業や役所ではこの習慣を廃止する動きがある。

スローフード イタリアで生まれた，地元の伝統的な食材や調理法を見直し，生活に豊かさをもとうと提唱する運動。スローフードを取り入れた生活をスローライフという。

タイガ シベリアや北ヨーロッパ，カナダやアラスカでみられる針葉樹の森林。からまつ，もみなど，寒さに強く，細長い葉をもつ〔➡p.31〕。

▲シベリアのタイガ　(JTBフォト)

広葉樹 広くて平たい葉をつける樹木。シベリアを代表する広葉樹として，しらかばがある。

ツンドラ 北極海沿岸の森林が生育できない地域でみられる，夏の間だけ地表の氷雪がとけて，こけ類や草が生える湿地帯〔➡p.51〕。

永久凍土 ほぼ1年を通じて地面の温度が0℃以下で，こおった状態にある土壌。短い夏には表面がとけて湿地になる。シベリア・アラスカ・カナダ北部などに広がる。

★**シベリア** アジア州の北部に広がる地域。ロシア連邦〔➡p.31〕に属する。ほとんどが冷帯（亜寒帯）と寒帯に属し，寒さがきびしい。

オーロラ 北極・南極周辺地域の上空に現れる，大気が光を発する現象。色は緑色・青色・赤色などがあり，形はカーテン状・帯状・縦じま状などがある。

★**アラスカ** 北アメリカ大陸の北西部に位置する地域。アメリカ合衆国の50州の1つ。北部は北極圏に属し，先住民のイヌイット（エスキモー）が多く住む。

アラスカは，かつてはロシア領だったけど，1867年にアメリカが買い取ったんだよ。

★**イヌイット** シベリア・カナダ・アメリカ合衆国のアラスカ州など，北極圏付近に住むアジア系の先住民。カナダではイヌイット，アラスカなどではエスキモーとよばれることが多い。あざらしやカリブーの肉を食べ，その皮を衣服とする伝統的な生活を送ってきたが，近年は都市部に出る人も多く，生活様式が変化してきている。

イグルー イヌイット，エスキモーが狩りのときなどに使う，氷や雪を固めてつくったドーム状の仮の住居。風や寒さを防いでいる。

▲イグルーとイヌイット　(JTBフォト)

トナカイ 北極圏のツンドラに生息するシカ科の動物。カリブーともいう。大きな角をもつ。先住民のイヌイット，エスキモーが家畜として飼い，運

搬用のほか，毛皮を衣類・テントに利用したり，肉を食料にしたりする。

高山都市 南アメリカ大陸の**アンデス山脈**などの高地にある都市。ラパス（ボリビア）やキト（エクアドル）など。赤道に近いが，標高が高いので気温が低く，昼夜間の気温差が大きい**高山気候**の特色がみられる〔➡p.51〕。

標高が100m高くなると，気温は約0.6〜0.7℃下がるんだって。1000mで6〜7℃下がるよ。

★★ **インディオ（インディヘナ）** 南北アメリカ大陸の先住民。スペイン語でのよび名で，メキシコ以南の北アメリカ州と南アメリカ州に住む先住民をさすことが多い。

★ **リャマ** アンデス山脈の高地で飼育されている，ラクダ科の動物。先住民の**インディオが家畜**とし，運搬用のほか，肉を食べたり，毛をとったりする。

★ **アルパカ** アンデス山脈の高地で飼育されている，ラクダ科の動物。先住民の**インディオが家畜**とし，毛をとって，衣服・織物に利用する。リャマよりもやや小さい。

 リャマ
 アルパカ

▲リャマとアルパカ

放牧 牛・馬・羊などの家畜を草地に放し飼いする牧畜。**遊牧と違い，家畜を移動させずに同じ場所で飼育する**。アンデス山脈でのアルパカの放牧のほかに，アメリカ合衆国のフィードロット〔➡p.38〕，オーストラリアの牛や羊の放牧など。

2.世界の衣食住と宗教

民族 言語・宗教・生活習慣などの文化的なものや，伝統・歴史を同じくする集団。漢族・朝鮮民族・アラブ民族など，世界には多くの民族が暮らしている。

人種 人類を皮膚の色，毛髪，骨格，目の色，鼻の形など，外見の特徴から区分したもの。

母語 生まれてから，初めに覚える言語。

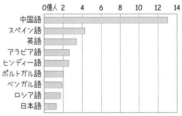

（2016年）（2018「データブック オブ・ザ・ワールド」）
▲おもな言語別の人口

公用語 国の政府が，公式の場所で使用すると定めた言語〔➡p.33〕。

多言語国家 複数の言語を公用語としている国（国家）。多民族が暮らす国では，それぞれの民族の言語を公用語として採用していることもある。

15

★ゲル　モンゴルや中国北部の草原地帯に暮らす、モンゴル族の遊牧民の住居。

中国では、パオとよばれる。移動しやすいように、組み立て式になっており、屋根や壁には羊の毛でつくられたフェルトが使用されている。

★高床(式)住居　地面から離れたところに床をつくった住居。地面からの熱と湿気を防ぐほか、増水時に水害を防ぐことができる。おもに、東南アジア・南アメリカ・南太平洋の熱帯地域でみられる。

★日干しれんが　土をこねて形をつくり、強い日差しで乾かしてつくられたれんが。おもに乾燥地域で、住居の材料として使われる。

▲日干しれんがの家

民族衣装　文化、伝統・歴史を同じくする集団の人々が受けついできた服。民族が住む地域にある材料や、気候に合った材料が使われている。また、宗教の教えにもとづいた服もある。発展日本の着物も伝統的な民族衣装。

★サリー　インド・ネパール・スリランカなどの女性の民族衣装。綿や絹などでできた1枚の長い布で、腰に巻きつけて、肩にかけたり、頭をおおったりして着用する。

★チマ・チョゴリ　朝鮮半島の女性の民族衣装。胸からくるぶしまでの巻きスカート(チマ)と、丈の短い上着(チョゴリ)からなる。

現在は、特別な儀式や行事などのときに着られることが多い。

★チャドル　おもにイランのイスラム教徒の女性が外出時に着用する、全身をすっぽりとおおう衣服。イスラム教では、女性が人前で肌をみせることを禁止している。地域

によってよび名は異なる。一般的にイスラム教の国で、女性が頭に巻くスカーフをヒジャブという。

★ポンチョ　アンデス山脈の高地に住む先住民のインディオの民族衣装。大きな四角形の布の真ん中に穴を開け、頭を通して着る。アル

パカやリャマの毛でつくられ、暖かい。

主食 米やパンなど，日常の食事の中心となる食べ物。**米・小麦・とうもろこし**を**世界三大穀物**という。ほかにも，いも類を主食とする地域もある。

世界のおもな主食

ごはん
フォー
マントウ
パスタ
タコス

三大宗教

仏教・キリスト教・イスラム教の3つの宗教。それぞれ世界的な規模で広がっている。

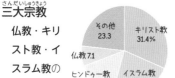

その他 23.3
キリスト教 31.4%
仏教 7.1
ヒンドゥー教 15.0
イスラム教 23.2

（2017年）
（2017/18年版「世界国勢図会」）
▲世界の宗教別人口の割合

民族宗教 特定の民族と深く結びついた**伝統的な宗教**。インド人の**ヒンドゥー教**，ユダヤ人の**ユダヤ教**，日本人の**神道**などがある。

★**仏教** 紀元前5世紀ごろ，**インド**でシャカが開いた宗教〔➡p.122〕。信者が僧侶にお金や食べ物をほどこす托鉢の習慣がある。東アジア・東南アジアのインドシナ半島・南アジアのスリランカに信者が多い。

▲タイでの托鉢

★**キリスト教** 1世紀の初めごろに，西アジアのパレスチナ（現在のイスラエル周辺）で，**イエス**が開いた宗教〔➡p.122〕。世界の宗教の中で最も信者が多い。日曜日に教会で礼拝をする習慣がある。**ヨーロッパ・南北アメリカ・オセアニア**に信者が多い。**カトリック・正教会・プロテスタント**の宗派がある〔➡p.28〕。

聖書 キリスト教の教典。『**旧約聖書**』と，イエスが生まれた後の神との契約を示した『**新約聖書**』がある〔➡p.122〕。

★**イスラム教** 7世紀初め，**ムハンマド（マホメット）**が**アラビア半島**で開い

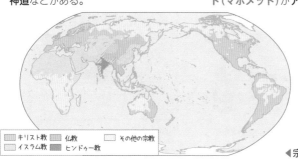

キリスト教
イスラム教
仏教
ヒンドゥー教
その他の宗教

キリスト教とイスラム教は広い地域に分布しているんだね。

◀宗教の分布

た宗教〔→p.122〕。唯一の神, **アッラー**を信仰し, 1日5回, 聖地メッカの方角を向いて礼拝する。**西アジア・中央アジア・北アフリカ**と, **東南アジア**のマレーシア・インドネシアに信者が多い。

コーラン(クルアーン)　イスラム教を開いた**ムハンマド**の言葉を記録した教典。イスラム教徒が守るべきことが記されている〔→p.122〕。

モスク　イスラム教の**礼拝堂**。丸い屋根とミナレットとよばれるとがった塔をもつものが多くみられる。

メッカ　サウジアラビアの西部にある都市で, **イスラム教最大の聖地**。イスラム教を開いたムハンマドが生まれた場所で, カーバ神殿には, 世界中から巡礼者が訪れる。

ラマダン　イスラム暦の9月。イスラム教徒は, 約1か月の間, 日の出から日没まで飲食をしない断食を行う。

ハラール(ハラル)　イスラムの教えで許された, とくに食べてもよいとされている食品。**豚肉**, 豚のエキス, **酒**, 血, 処理の作法が守れなかった肉などをハラームといい, 食べることが禁止されている。

最近, 日本でもイスラム教徒の観光客向けにハラールフード対応の飲食店が増えているよ。

★**ヒンドゥー教**　古代インドのバラモン教や民間信仰がまじりあって生まれた

インドの民族宗教。インド国民の約8割が信仰している。きびしい身分制度をしいた**カースト制度**〔→p.24〕と深く結びついている。牛を神聖なものとして食べない習慣や, ガンジス川で沐浴をする習慣がある。

(フォト・オリジナル)

▲ガンジス川で沐浴するヒンドゥー教徒

★**ユダヤ教**　**ユダヤ人**(おもにイスラエルに住む)が信仰している宗教。『旧約聖書』を教典とし, さまざまな戒律(きまり)を定めている。

神道　日本固有の民族宗教。自然・先祖崇拝などをもとに発達した。神社におまいりをするなどの習慣がある。

❗ おもな宗教でタブーとされている食べ物をチェック!

イスラム教　ヒンドゥー教　仏教

仏教では動物を殺すことはよくないとされている。

第3章 世界の諸地域

1.アジア州のようす

★**ヒマラヤ山脈** 中国・ネパール・インドなどの国境に，東西に連なる険しい山脈。世界最高峰の**エベレスト山（チョモランマ）**（8848m）をはじめ，8000m級の山々が連なる。**アルプス・ヒマラヤ造山帯の一部**[➡p.46]。

チベット高原 中国南西部に広がる，標高4000m以上の高原。チベット仏教を信仰する**少数民族**[➡p.21]のチベット族が暮らしている。

デカン高原 インド半島の大部分を占める高原。**綿花**の栽培がさかん。デカン高原の南部には，インドの**情報通信技術（ICT）関連産業**の中心地である**バンガロール**がある[➡p.24]。

ペルシア（ペルシャ）湾 インド洋北西部，イランとアラビア半島の間にある湾。アラビア湾ともいう。沿岸は世界有数の**石油**の産出地帯である[➡p.58]。

★**季節風（モンスーン）** 夏と冬とで反対の方向から**吹く風**。東アジアの沿岸から東南アジア・南アジアの沿岸にかけて吹く。夏は海洋から大陸に向かって吹き，冬は大陸から海洋に向かって吹く[➡p.51]。

雨季 1年のうちで雨が多く降る季節。

乾季 1年のうちで雨が少ない季節。インドのコルカタやタイのバンコクなどの熱帯の**サバナ気候**[➡p.49]では，雨季と乾季の違いがはっきりみられる。

黄河 中国北部を流れる，中国で2番目に長い川。全長約5464km。流域で**中国文明**[➡p.122]が発生した。

長江 チベット高原北部から流れ，東シナ海に注ぐ中国で最も長い川。全長約6380km。下流域には，中国最大の都市**シャンハイ**がある。

東アジア アジア州の東側の，日本・中華人民共和国（中国）・大韓民国（韓国）・朝鮮民主主義人民共和国（北朝鮮）・モンゴルからなる地域。

▲東アジアのようす

★**中華人民共和国（中国）** 東アジアにある国。首都は**ペキン（北京）**。人口は約14億人（2017年）。黄河流域の**華北**，その北側の**東北**，長江流域の**華中**，その南側の**華南**，西側の内陸部に大きく分けられる。東北と華北で**畑作**，華中と華南で**稲作**，内陸部で**牧畜**がさか

ん。石油・石炭・鉄鉱石などの豊富な鉱産資源をいかして工業が発達した。沿岸部に**経済特区**を設置し工業が急速に発達して**「世界の工場」**とよばれている。近年，経済成長が著しく**BRICS**〔➡p.21〕の１つでもある。

▲中国の農業地域

ホンコン(香港)　中国南東部，チュー川河口にある特別行政区。19世紀の**アヘン戦争**後〔➡p.199〕にイギリスの植民地となり，1997年に中国へ返還された。返還後50年は資本主義を認める一国二制度がとられている。中継貿易が発達し，せんい・機械工業がさかん。現在は**アジアNIES**の１つ。

台湾　中国南東部にある島。半導体などの**先端技術(ハイテク)**産業がさかんで，安価な労働力を求めて中国本土へ工場を進出する企業が増えている。**アジアNIES**の１つ。

モンゴル国　中国とロシアの間にある内陸国〔➡p.11〕。首都はウランバート

ル。国土の大半はモンゴル高原。遊牧民は移動式のテントの**ゲル**〔➡p.16〕で暮らすが，近年は定住化が進む。

★ **大韓民国(韓国)**　東アジアの**朝鮮半島の南部**にある国。首都は**ソウル**。20世紀初めに日本の植民地支配を受け，第二次世界大戦後に，**北緯38度線付近**を境に，同じ民族の**朝鮮民主主義人民共和国**(北朝鮮)と分かれて独立した。農業は稲作が中心で，工業はソウルや南東部で発達している。近年は，**液晶**テレビ・パソコンをはじめとする**電気機器**や**自動車**などの輸出が増えている。**アジアNIES**の１つ。

朝鮮民主主義人民共和国(北朝鮮)　東アジアの**朝鮮半島**の北部にある国。首都は**ピョンヤン(平壌)**。20世紀初めに日本の植民地支配を受けたが，第二次世界大戦後，大韓民国(韓国)と分かれて独立した。**社会主義体制**のもと，徹底した国の管理が行われている。核開発やミサイル発射を行っており，国際社会から非難されてきた。日本とは，**日本人拉致問題**が解決していないことなどから，国交は結ばれていない。

一人っ子政策　1970年代末から中国で行われた，夫婦一組に子どもを原則１人に制限する政策。２人目以降の子どもを出産したときは，罰金が科された。人口増加を抑えるために導入されたが，戸籍をもたない子の増加や少子化と高齢化が進むなどの問題が発生し

たため，2015年に労働力不足を理由に廃止された。 発展 ほとんどの少数民族には適用されていなかった。

★ 漢族(漢民族)　中国の総人口の９割以上を占める民族。中国国内では，大多数が沿岸部に住む。

★ 多民族国家　複数の民族で構成されている国。中国・インド・ロシア・アメリカ合衆国・南アフリカ共和国・ブラジルなど，世界の多くの国が多民族国家である。

少数民族　多民族国家の中で，少数からなる民族。中国には，モンゴル族・ウイグル族・チベット族などの55の少数民族が住み，省と同じ権限のある５つの自治区が設置されている。

華人　海外に移住した中国系の移民とその子孫のこと。商業や金融業などで活躍し，経済に大きな影響力をもつことが多い。現地の国籍をとっている人を華人，中国籍のままの人を華僑とよぶ。

日本にも，横浜や神戸・長崎などに中華街があって，たくさんの中国系の人々が住んでいるよ。

★ 経済特区　中国の沿岸部に設置されている，経済的な優遇措置を設けた地域。外国の資本や技術を導入するために設置され，外国企業は税金などの面で優遇される。1979年以降，シェンチェン・アモイ・スワトウ・チューハイ・ハイナン島が指定されている。

西部大開発　沿岸部と内陸部，都市部と農村の経済格差を解消するために，2000年代から始めた内陸部の開発。交通の整備，資源開発，産業の育成などを行う。 発展 中国西部のチンハイ(青海)省とチベット(西蔵)自治区を結ぶ青蔵鉄道が，2006年に全線開通した。

世界の工場(中国)　外国企業が進出し，豊富な労働力を利用した工業生産で，中国で製造された工業製品が，世界中へ輸出されて21世紀の「世界の工場」とよばれるようになった。近年は，輸出向けではなく世界最大の人口をかかえる国内市場への販売も拡大したことから「世界の市場」としても注目されている。

環境問題　中国では，急速な発展にともなって，自動車の排ガスや火力発電による石炭消費量が増えて，PM2.5とよばれる物質による大気汚染が深刻になっている。地球温暖化(➡p.61)の原因である二酸化炭素(CO_2)の排出量は中国が世界一。ほかに，排水による水質汚濁，酸性雨(➡p.61)などがある。

★ BRICS　経済発展が著しい，ブラジル(Brazil)・ロシア(Russia)・インド(India)・中国(China)・南アフリカ共和国(South Africa)のこと。それぞれの頭文字をとって，この名がついた。

NIES(新興工業経済地域)　1960年代から工業化を進め，経済が急速に発展した国と地域。韓国・ホンコン(香

港)・**台湾**・**シンガポール**・**メキシコ**・**スペイン**などをさす。このうち，アジアの国や地域を**アジアNIES**とよぶ。

東南アジア
アジア州の南東部の，インドシナ半島・マレー半島・カリマンタン島(ボルネオ島)・フィリピン諸島・スマトラ島などからなる地域。かつてタイを除く国々が欧米諸国の植民地支配を受けたが，第二次世界大戦後に独立した。現在は11か国あり，東南アジアの人口は日本の約5倍にあたる約6.5億人で，多民族国家が多い。

▲東南アジアのようす

タイ王国
東南アジアのインドシナ半島の中央にある国。首都は**バンコク**。東南アジアで唯一，欧米諸国の植民地支配を受けなかった。国民の大部分が**仏教徒**で，男性は若いうちに一度は出家する(仏門に入る)習慣がある。ラオスとの国境沿いに**メコン川**が流れる。中央部を流れる**チャオプラヤ川**の流域で稲作がさかんで，**米の輸出量は世界有数**。近年は，日本をはじめとして世界の自動車メーカーが進出し，東南アジアの自動車生産の拠点となっている。

その他 30.4%
インド
アメリカ 8.6
パキスタン 10.3
10.6 ベトナム
タイ 18.3

(2013年)
(2017/18年版「世界国勢図会」)

▲米の輸出量の国別割合

ベトナム社会主義共和国
東南アジアのインドシナ半島の東部にある国。首都は**ハノイ**。かつて**フランス**の植民地支配を受けた。**ベトナム戦争**〔➡p.245〕をへて1976年に南北が統一され，社会主義体制となった。1980年代後半から開放政策をとり市場経済を導入し，外国企業の進出を奨励して経済が成長した。**コーヒー**の栽培がさかん。

マレーシア
東南アジアのマレー半島南部と，**熱帯雨林**が広がるカリマンタン島(ボルネオ島)の一部からなる国。首都は**クアラルンプール**。かつて，**イギリス**の植民地支配を受けた。人口の大部分はイスラム教を信仰する**マレー系**だが，**中国系・インド系**も多く住む。かつては，**天然ゴム**〔➡p.13〕や**すず**など，特定の農作物や鉱産資源の輸出による**モノカルチャー経済**〔➡p.35〕の国だったが，1980年代から工業化を進め，現在は機械類の輸出が最も多くなっている。

シンガポール共和国
マレー半島の南端にある島国。国民の約4分の3は中国系。早くから工業化が進み，**アジア**

NIESの1つ。東南アジアの金融の中心的な役割をになっている。

シンガポールの面積は約720km²で、日本の奄美大島と同じくらいなんだって。

インドネシア共和国
東南アジア南部の赤道直下にあり、スマトラ島・ジャワ島・カリマンタン島（ボルネオ島）の一部など、1万を超える島々からなる国。首都は**ジャカルタ**。かつて、**オランダ**の植民地支配を受けた。国民の大部分が**イスラム教徒**。植民地時代に開かれた**プランテーション**で、**天然ゴム・コーヒー**などの栽培が行われてきた。**石油・石炭・天然ガス**など鉱産資源が豊富で、新しい油田や炭田の開発が進み、日本への輸出量も多い。

フィリピン共和国
ルソン島、ミンダナオ島など、7千あまりの島々からなる国。首都は**マニラ**。かつて、**スペイン**や**アメリカ**の植民地支配を受けた。国民の大部分が**キリスト教徒**。プランテーションでは**バナナ**の栽培が行われ、日本へも輸出されている。

★二期作 1年に、同じ耕地で**同じ農作物を2度栽培すること**。一般に、稲作で用いられる。東南アジアの国々では、米の二期作がさかん。

★プランテーション（大農園） おもに熱帯地域にみられる大規模な農園。**天然ゴム・コーヒー・カカオ・バ**

ナナなどが栽培されている。かつて欧米諸国の植民地支配を受けた、アジア・南アメリカ・アフリカの国々でみられる。欧米人の経営のもと、現地の人々や移民を安い賃金で雇い、特定の輸出用作物を大量に栽培してきた。独立後は、現地の人々が経営することが多い。

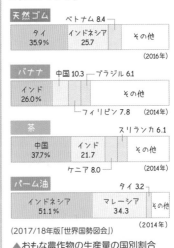

！ プランテーションで生産されている農作物を覚えよう

植民地支配を受けたアジアの国が現在も上位にきている。

天然ゴム
| タイ 35.9% | インドネシア 25.7 | ベトナム 8.4 | その他 |

（2016年）

バナナ
| インド 26.0% | 中国 10.3 | ブラジル 6.1 | その他 |

フィリピン 7.8 （2014年）

茶
| 中国 37.7% | インド 21.7 | スリランカ 6.1 | その他 |

ケニア 8.0 （2014年）

パーム油
| インドネシア 51.1% | マレーシア 34.3 | タイ 3.2 | その他 |

（2014年）

（2017/18年版「世界国勢図会」）

▲おもな農作物の生産量の国別割合

パーム油 アブラやしの果実から得られる植物油。洗剤やマーガリンの原料となる。

★東南アジア諸国連合（ASEAN） 東南アジアの国々が、経済・政治・安全保障などで協力し合うために結成した

組織。1967年に，シンガポール・マレーシア・タイ・フィリピン・インドネシアの5か国で結成され，その後，ブルネイ・ベトナム・ラオス・ミャンマー・カンボジアが加盟し，2018年現在10か国が加盟している。

南アジア　アジア州の中南部の，インド・パキスタン・バングラデシュ・ネパール・ブータン・スリランカ・モルディブからなる地域。ブータンとネパール以外の地域は，**イギリスの植民地支配**を受けた。

▲南アジアのようす

★**インド**　南アジアにあり，インド半島の大部分を占める国。首都は**デリー**。人口は13億人（2017年）を超え，中国についで世界第2位。**ヒンドゥー教**〔➡p.18〕の信者が多く，**カースト制**とよばれる身分制度が残っている。ガンジス川流域で小麦・さとうきび・米・ジュートの栽培がさかんで，デカン高原は世界的な綿花の産地。**数学**の教育水準が高く，**英語**が準公用語であることから，**バンガロール**を中心に**情報通信技術（ICT）関連産業**が急成長した。経済が著しく発展し，**BRICS**〔➡p.21〕の1つに数えられる。

カースト制度　インドに古くから伝わる身分制度。言語・生まれ・職業・宗教などから，3000以上の身分（カースト）があるとされ，身分の違いによる差別が行われてきた。現在は憲法によって禁止されているが，インド社会に根強く残り，問題となっている。

ジュート（黄麻）　インドやバングラデシュで栽培がさかんな，茎の表皮からせんいをとるせんい原料で，袋やじゅうたんなどに使用される。

バンガロール　インド南部にあるインドのICT関連産業の中心都市。「インドのシリコンバレー」ともよばれる。

★**情報通信技術（ICT）関連産業**
コンピュータや携帯電話をはじめとする情報・通信技術にかかわる産業。パソコン・携帯電話の生産，ソフトウェアの開発，ネットワークを構築する通信サービスなど，幅広い分野が含まれる。

アメリカ合衆国との時差が半日であることを利用して，仕事を効率的に進められるんだよ。

パキスタン・イスラム共和国　インドの西側，インダス川流域を占める

国。首都はイスラマバード。**イスラム教**の信者が多い。

バングラデシュ人民共和国
インドの東側，ガンジス川下流域を占める国。首都はダッカ。**イスラム教**の信者が多い。安価で豊富な労働力を求めて，賃金の上がった中国から外国企業の移転が進み，せんい工業が成長。

スリランカ民主社会主義共和国
インド洋にあるセイロン島を占める国。首都はスリ・ジャヤワルダナプラ・コッテ。**仏教**の信者が多い。**茶**の栽培がさかん。せんい工業が発達。

西アジア
アジア州のうち，アフガニスタンから西の地域。西部に**アラビア半島**が大きく突き出ている。ほとんどの地域が乾燥帯に属し，アラビア半島には砂漠が広がる。ペルシア湾岸は世界最大の**石油**の産出地。住民の多くが**イスラム教**〔➡p.17〕を信仰している。

サウジアラビア王国
アラビア半島の大部分を占める国。首都は**リヤド**。

▲西アジアのようす

国土のほとんどが砂漠。**石油**の埋蔵量・産出量は世界有数で，日本にとって，最大の石油輸入相手国。イスラム教最大の聖地である**メッカ**がある。

イラン・イスラム共和国
西アジアにあり，ペルシア湾に面した国。首都は**テヘラン**。国土の大部分が乾燥帯に属する。**石油**の産出量が多く，日本への輸出も多い。

イラク共和国
西アジアのアラビア半島の付け根にある国。首都は**バグダッド**。ティグリス川とユーフラテス川流域では，古代に**メソポタミア文明**〔➡p.124〕が栄えた。1991年の湾岸戦争と2003年のイラク戦争の戦場となった。石油の産出量が多い。

アラブ首長国連邦
ペルシア湾岸にある連邦国家。首都はアブダビ。**ドバイ**は，観光・リゾート開発が進み，中東の金融・流通の中心地。

▲パーム・アイランド(アラブ首長国連邦・ドバイ)

トルコ共和国
アジア州とヨーロッパ州にまたがる国。首都はアンカラ。最大都市はイスタンブール。西ヨーロッパ諸国への出稼ぎ労働者が多い。

★石油輸出国機構(OPEC)
西アジアの産油国が中心となって結成した組

25

織。**石油**の生産量・輸出量などを調整し，石油価格に大きな影響をあたえている。サウジアラビア・アラブ首長国連邦・クウェート・イラン・リビア・ナイジェリア・ベネズエラなどが加盟している（2018年現在）。

中央アジア　アジア州のうち，内陸部に広がる地域。ウズベキスタン・タジキスタン・カザフスタンなど，すべての国がかつてソ連の一部だった。ほとんどの地域が乾燥帯に属する。かつて，**シルクロード**[➡p.124]の１ルートが通っていた。イスラム教徒が多い。石油や天然ガス，ウランなどの鉱産資源が豊富。**レアメタル（希少金属）**[➡p.58]にもめぐまれ，資源輸出による経済発展が期待されている。

▲中央アジアのようす

カザフスタン共和国　中央アジアの内陸国[➡p.11]。首都はヌルスルタン。**イスラム教**の信者が多い。カザフステップは小麦の大産地。かんがい[➡p.13]用水の過剰利用により，**アラル海**周辺

で環境破壊がおこっている。

中央アジアの国々は「　スタン」が多いね。これは「国」という意味なんだよ。

2.ヨーロッパ州のようす

★ **アルプス山脈**　スイス・フランス・イタリア・オーストリアなどの国境に連なる山脈。最高峰はモンブラン山（4810m）。氷河におおわれた美しい山々が連なり，観光客や登山客・スキー客が多い。**アルプス・ヒマラヤ造山帯**の一部[➡p.46]。

ウラル山脈　ロシアを南北に縦断し，ヨーロッパ州とアジア州の境界となる山脈。低くてなだらかな山脈で，鉱産資源が豊富。

北大西洋海流　北半球の大西洋の中緯度地域からヨーロッパ北西部にかけて流れる暖流。この海流の上を吹く**偏西風**がヨーロッパに暖かい空気を運んでくるため，ヨーロッパは緯度が高いわりに温暖である。

★ **偏西風**　南北半球の中緯度（ほぼ35〜60度）付近で，**１年を通じて西から吹く風**。おもに大陸西岸に吹く。この風が吹く大陸西岸には，温暖な西岸海洋性気候[➡p.50]がみられる。

ライン川　アルプス山脈を水源として，ドイツ・オランダなどを流れる国際河

ヨーロッパには, 日本より面積が小さい国が多いんだって。

◀ヨーロッパ州のようす

川。中流域のドイツ国内に**ルール工業地域**が発展している。

国際河川 複数の国を流れ, 条約によって**各国が自由に航行できる**と決められた川。水上交通に利用される。ヨーロッパの**ライン川・ドナウ川**のほか, 南アメリカのアマゾン川, アフリカのナイル川などがある。

★ **地中海** ユーラシア大陸とアフリカ大陸に囲まれた海。ジブラルタル海峡で大西洋と, スエズ運河で紅海につながる。沿岸は雨が少なく乾燥した**地中海性気候**〔➡p.50〕に属し, ぶどう・オリーブなどの栽培がさかん。

★ **北海** ヨーロッパの大陸部とイギリス・スカンディナビア半島に囲まれた海。

黒海 ヨーロッパとアジアの間にある地中海につながる海。ニシンやチョウザメ, アンチョビーなどの漁場。

カスピ海 中央アジア, ロシア連邦, イランにまたがる世界最大の湖。

スカンディナビア半島 ヨーロッパの北部にある半島。スウェーデンとノルウェーがほとんどの地域を占める。氷河に削られてできた氷河湖が多くみられ, 西岸には**フィヨルド**が連なる。西部にスカンディナビア山脈が連なる。

氷河 万年雪が積み重なって氷の固まりのようになり, 斜面をゆっくりと下降する川のようなもの。高緯度地域にみられ, **フィヨルドや氷河湖**などの氷河地形を形成する。

★ **フィヨルド** 氷河で侵食されたU字型の谷に海水が入りこんでできた, 奥深い湾。ノルウェー・グリーンランド・アラスカ・ニュージーランドなどの高緯度地域にみられる。

▲フィヨルド

★ **ゲルマン系言語** おもにヨーロッパ北部で話されている, **英語・ノルウェー**

語・デンマーク語・ドイツ語などをまとめたよび名。ゲルマン系言語を話す民族を，**ゲルマン系民族**とよぶ。

★ **ラテン系言語** おもに，ヨーロッパ南部で話されている，**イタリア語・スペイン語・フランス語・ポルトガル語**などをまとめたよび名。ラテン系言語を話す民族を，**ラテン系民族**とよぶ。

★ **スラブ系言語** おもにヨーロッパ東部で話されている，**ロシア語・ブルガリア語・ポーランド語・ウクライナ語**などをまとめたよび名。スラブ系言語を話す民族を，**スラブ系民族**とよぶ。

> ❗ **ヨーロッパの言語を比べよう**
>
> 各言語の「おはよう」を表す言葉
>
> **ゲルマン系言語**
>
> 【英語】 Good morning
> グッド　　　モーニング
>
> 【ドイツ語】 Guten Morgen
> グーテン　　モルゲン
>
> **ラテン系言語**
>
> 【フランス語】 Bonjour
> ボンジュール
>
> 【イタリア語】 Buon giorno
> ブウォン　　ジョルノ
>
> **スラブ系言語**
>
> 【ロシア語】 Доброе утро
> ドーブラエ　　ウートラ
>
> 同じ系統の言語は，発音や文法が似ている特徴がみられる。

カトリック ローマのバチカン市国を総本山とする**キリスト**教の宗派。南ヨーロッパ，中央・南アメリカなどに信者が多い。首長はローマ教皇（法王）〔➡p.166〕。

プロテスタント 「抗議する者」という意味をもち，16世紀にカトリックから分かれて成立したキリスト教の宗派〔➡p.167〕。北西ヨーロッパ，北アメリカなどに信者が多い。

正教会 東ヨーロッパやロシアなど，スラブ系民族に信者が多いキリスト教の宗派。ギリシャ正教やロシア正教などに分かれる。

★ **地中海式農業** 地中海性気候〔➡p.50〕に属する地中海沿岸や，北アメリカ西岸・アフリカ大陸の南端などで行われている農業。乾燥した夏に**オリーブ**〔➡p.13〕・**ぶどう・オレンジ**などの果樹を栽培し，やや雨が多くなる冬に**小麦**などの穀物を栽培する。

> ❗ **地中海式農業で栽培される農作物をチェック！**
>
> ぶどう・オリーブともに地中海沿岸のヨーロッパの国が上位にきている。

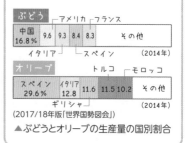

▲ぶどうとオリーブの生産量の国別割合

（2017/18年版「世界国勢図会」）

★ **混合農業** 小麦などの**穀物**と**飼料作物**（とうもろこし・大麦など）を栽培し，牛・豚などの**家畜を飼育**する農業。穀物と飼料作物の栽培を**輪作**〔➡p.115〕で

行うことが多い。ヨーロッパの広い地域で行われている。

★ **酪農** 乳用牛ややぎを飼育し，乳をしぼって牛乳として出荷したり，その乳を原料にしてバターやチーズなどをつくる畜産業。ヨーロッパでは北海沿岸のデンマークやオランダ，スイスのアルプス山脈で，アメリカ合衆国では五大湖沿岸などで行われている。日本では北海道の根釧台地でさかん[➡p.115]。

▲ヨーロッパの農業地域

イタリア共和国 ヨーロッパの南部の地中海に面する国。イタリア半島とシチリア島などの島々からなる。首都は**ローマ**。古代ローマ帝国[➡p.126]の中心地として繁栄し，現在も当時の遺跡が数多く残る。南部は**地中海式農業**がさかんで，**ぶどう**の生産量は世界有数。北部はミラノ・トリノ・ジェノバを結ぶ三角地帯に，せんい・機械・化学などの工業地域が形成されている。バッグ・洋服・靴などの高級ブランド品が世界中へ輸出されている。農業中

心の南部と，工業中心の北部との間の経済格差が問題となっている。

バチカン市国 イタリアの首都ローマの市内にある国。面積は約0.4km²で世界最小。人口は1000人未満。カトリックの総本山となっている。

★ **フランス共和国** ヨーロッパの西部にある国。首都は**パリ**。「EUの穀倉」とよばれ，広い地域で混合農業による**小麦**の栽培がさかんで，小麦の輸出量は世界有数。ぶどうの栽培もさかんで，ぶどうを原料にした**ワイン**の生産量も世界有数。南部のトゥールーズに航空機メーカーであるエアバス社の組み立て工場があり，**航空機産業**が発達している。パリは芸術の都として，世界各地から多くの観光客が訪れる。国の発電量の7割以上が**原子力発電**[➡p.59]。

★ **ドイツ連邦共和国** ヨーロッパの中部にある国。首都は**ベルリン**。第二次世界大戦後，冷戦の影響で東西ドイツに分断されたが，1990年に統一された。**EU最大の工業国**で，ライン川流域で**ルール工業地域**が発展しているが，近年はのびなやんでいる。環境問題に対する取り組みがさかんで，風力や太陽光などの**再生可能エネルギー**[➡p.60]による発電量が多い。

ドイツでは2022年までに原子力発電所の完全停止，脱原発が決定しているよ。

ルール工業地域 ドイツの**ライン川**流域に形成されている工業地域。ドイツのルール地方で産出する石炭と，フランスのロレーヌ地方で産出する鉄鉱石がライン川の水運で結びつき，**鉄鋼業**が発達したのをきっかけに発展した。近年は地位が低下しているが，**先端技術(ハイテク)産業**への転換をはかっている。

パークアンドライド 都市中心部への自動車の乗り入れを規制して，中心部の入り口で路面電車(**LRT**)やバスなどの公共交通機関に乗りかえる方式。ヨーロッパでは，環境に優しい交通システムを導入した街づくりがさかん。 発展 日本でも観光地の渋滞緩和のために行われている。

中心部の入り口で路面電車に乗りかえる。駅には改札口も階段もなく，らくに乗りかえられる。

中心部で路面電車で行き，帰りも駐車場まで路面電車で帰る。

自動車が入れない町の中心部

家を自動車で出発

▲パークアンドライドのしくみ

スイス連邦 ヨーロッパ中央部，アルプス山脈の中にある内陸国〔➡p.11〕。首都はベルン。どこの国とも同盟を結ばない「**永世中立国**」。公用語が，ドイツ語・フランス語・イタリア語・ロマンシュ語。家畜を季節ごとに移動する**移牧**による**酪農**がさかん。時計などの工業・観光業・金融業が発達。

グレートブリテンおよび北アイルランド連合王国(イギリス) ヨーロッパの北西部にある，グレートブリテン島とアイルランド島北部からなる国。首都は**ロンドン**。**イングランド・スコットランド・ウェールズ・北アイルランド**の４地域からなり，国旗はユニオンジャック〔➡p.11〕。18世紀半ばに世界初の**産業革命**〔➡p.197〕がおこり，「世界の工場」として繁栄したが，第二次世界大戦後はアメリカ合衆国や日本の台頭などによって国力が低下した。北海油田の開発により，石油輸出国となる。2016年に**EU離脱**の国民投票を行い，離脱派がわずかに半数を上回り，2019年3月末までに離脱する予定である。

北海油田 1960年に発見された，北海に分布する海底油田。周辺のイギリス・ノルウェー・デンマークなどが開発を進めた。近年は資源の枯渇が心配されている。

オランダ王国 ヨーロッパの北海に面する国。首都は**アムステルダム**。海抜が低く，国土面積の**約４分の１**を**ポルダー**とよばれる干拓地が占める。正式名称のネーデルラントは，「低い土地」を意味する。**チューリップの球根**づくり・園芸農業・酪農がさかん。

ポルダー オランダでみられる干拓地。浅い海や湿地を堤防で囲み，**風車**などで排水して陸地を広げてきた。

ユーロポート ライン川河口のロッテルダム(オランダ)にあるEU最大の港。EUの海の玄関の役割をになっている。

ベルギー王国 西ヨーロッパの北海に面する国。首都ブリュッセルにはEUの本部がある。オランダ語とフランス語を話す住民が共存している。

スペイン ヨーロッパの南西部のイベリア半島にある国。首都はマドリード。15世紀末から始まる大航海時代〔➡p.167〕に、ポルトガルとともに世界へ進出し、世界各地を植民地支配して繁栄したが、イギリスやフランスの台頭によって衰退した。地中海式農業〔➡p.28〕による、オリーブ・ぶどう・オレンジの栽培がさかん。

ポルトガル共和国 ヨーロッパの南西部のイベリア半島の西のはしにある国。首都はリスボン。15世紀末から始まる大航海時代〔➡p.167〕に世界へ進出し、南アメリカ大陸ではブラジル〔➡p.41〕を植民地支配した。オリーブ・ぶどう・コルクの栽培がさかん。

ギリシャ共和国 バルカン半島南端部と島々からなる国。首都はアテネ。古代、ポリスとよばれる都市国家〔➡p.125〕が栄えた。キリスト教の宗派は正教会〔➡p.28〕。2009年以降、財政赤字の増大が判明し、財政危機におちいる。EUの融資で財政再建を進めている。

ポーランド共和国 東ヨーロッパ北部にある国。首都はワルシャワ。

2004年にEUに加盟した。

ハンガリー 東ヨーロッパのドナウ川中流にある内陸国〔➡p.11〕。2004年にEUに加盟。近年、日本の自動車会社など、労働者の賃金の安さから外国企業の進出が目立っている。

★**ロシア連邦(ロシア)** ウラル山脈〔➡p.26〕をはさんでヨーロッパ州とアジア州にまたがる国。面積は日本の約45倍あり、世界最大。首都はモスクワ。国土のほとんどが冷帯(亜寒帯)と寒帯に属し、広い範囲にタイガ(針葉樹林)〔➡p.14〕が広がる。100以上の少数民族〔➡p.21〕が暮らしているが、人口の約8割はロシア人。かつて、ソビエト社会主義共和国連邦(ソ連)〔➡p.223〕を構成する中心的な国だったが、1991年のソ連崩壊にともない独立した。1990年代は政治や経済体制の変化で社会が混乱した。2000年代以降、石油や天然ガスの輸出量が増加したことにより、経済成長が著しくなり、BRICS〔➡p.21〕の1つにあげられる。

黒土地帯 シベリア南西部からウクライナにかけての、チェルノーゼムとよばれる肥えた土壌が広がる地域。世界的な穀倉地帯で、小麦・とうもろこしなどの栽培がさかん。

パイプライン 石油や天然ガスなどの液体燃料をそのまま輸送する管。ロシアからEU諸国へ輸出するときに利用されている。

ヨーロッパ共同体(EC) ヨーロッパの経済的な結びつきの強化を目的として，1967年に結成された組織。ヨーロッパ経済共同体(EEC)・ヨーロッパ石炭鉄鋼共同体(ECSC)・ヨーロッパ原子力共同体(EURATOM)を統合してつくられ，1993年にヨーロッパ連合(EU)に発展した。

★☆ヨーロッパ連合(EU) ヨーロッパ共同体(EC)を発展させ，1993年に発足した組織。**欧州連合**ともよばれる。経済的な結びつきに加えて，共通の外交・安全保障など政治的な結びつきを強化することをめざしている。共通通貨の**ユーロ**の導入，**関税の撤廃**などを実現し，加盟国間の移動のさいにパスポートが不要など，人・もの・お金の流れを自由にしている。

▲EU加盟国とユーロ導入国(2020年現在)

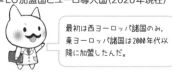

最初は西ヨーロッパ諸国のみ，東ヨーロッパ諸国は2000年代以降に加盟したんだ。

★ユーロ EU加盟国で導入されている**共通通貨**。2002年に紙幣・硬貨の流通が始まり，2018年現在，EU加盟国のうち，19か国が導入している。イギリス・スウェーデン・デンマークや旧社会主義国である東ヨーロッパの多くの国はユーロを導入しておらず，独自の通貨を使用している。

経済格差 国と国，または地域間での豊かさの差。**国内総生産(GDP)**や国民総所得(GNI)の金額を比較することで，国どうしの経済格差を計ることができる。EU域内の経済格差は，ドイツやフランスなどの経済力の強い国と，ポルトガルやギリシャ，東ヨーロッパ諸国などの経済力の弱い国との間にみられる。

3.アフリカ州のようす

★サハラ砂漠 アフリカの北部に広がる**世界最大の砂漠**。面積は，日本の国土面積の約24倍にもなる。点在するオアシス以外に定住する人はいないが，トゥアレグ族が遊牧生活をおくっている。南縁の**サヘル**(➡p.13)とよばれる地域で，砂漠化の被害が深刻。

サハラとは，アラビア語で「砂漠，荒れた土地」を意味するんだって！

★ナイル川 アフリカ東部を流れる**世界最長の川**。全長は約6700km。ビクト

リア湖周辺を水源とする白ナイルが，エチオピア北部を水源とする青ナイルと合流して，地中海に注ぐ。中・下流域は，肥よくな土壌にめぐまれ，小麦・綿花・米の栽培が行われている。

ギニア湾
西アフリカの中央部に広がる湾。沿岸部では，16世紀以降のヨーロッパ諸国の進出で奴隷・金・象牙・胡椒などが取り引きされたことから，それらの名前のついた海岸名が残る。沿岸国ではカカオの栽培がさかん。

キリマンジャロ山
タンザニアの北東部，ケニアとの国境付近にある山。標高は5895mで，アフリカ大陸で最も高い。赤道付近に位置するが，山頂には万年雪が積もっている。

マダガスカル島
アフリカ大陸の南東，インド洋上にある島。島の大きさは世界第4位。

植民地
政治的・経済的にほかの国に支配され，主権をもたない地域。アジア・

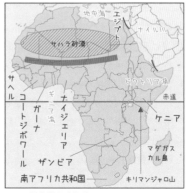

▲アフリカ州のようす

アフリカ・南アメリカの多くの国は，かつて欧米諸国の植民地となり，政治的・経済的に支配された。

奴隷貿易
人間を商品として売買する貿易。16世紀から19世紀ごろまでアフリカ大陸と南北アメリカ大陸の間で行われた奴隷貿易をさすことが多い。奴隷貿易によって，多くの**アフリカ大陸の人々(黒人)**が強制的に南北アメリカ大陸に連れていかれ，鉱山や農園できびしい労働を課された。

公用語
国家が公式に使用することを定めた言語。スイスやカナダのように複数の言語を公用語としたり，植民地支配を受けたアジア・アフリカ・南アメリカの多くの国では旧宗主国の言語を公用語としている場合もある。

旧宗主国
かつて特定の国家を植民地として支配していた国のこと。

エジプト・アラブ共和国
アフリカの北東部にあり，地中海に面した国。首都は**カイロ**。**ナイル川**が流れ，流域では古代に**エジプト文明**(➡p.124)が繁栄した。国土のほとんどが砂漠で，農地はナイル川流域のせまい地域と，砂漠に点在するオアシスである。ナイル川流域で，小麦・綿花・米の栽培，オアシスで小規模な**なつめやし**の栽培が行われている。**スエズ運河**を国有化している。

スエズ運河
アフリカ北東部にある，地中海と紅海をつなぐ輸送のためにつ

くられた人工水路。ヨーロッパとアジアを結ぶ重要な航路の役割をになっている。1869年に開通し，1956年にエジプトが国有化した。発展 アジア州とアフリカ州の境目となっている。

エチオピア連邦民主共和国 アフリカ北東部にある，内陸国〔➡p.11〕。首都はアディスアベバ。アフリカで最も古い独立国。国土の大部分は標高2000m前後の高原にある。**コーヒー**の原産地。

ケニア共和国 アフリカ東部にある国。首都は**ナイロビ**。赤道直下にあり，沿岸部は暑さがきびしいが，国土のほとんどを占める高原地帯は標高が高いため，緯度のわりにすずしい。イギリスの植民地時代に開かれた**プランテーション**〔➡p.23〕で始まった，**茶**と**コーヒー**の栽培がさかん。ライオン・ゾウ・キリンなどの野生動物が多く生息し，多くの地域が国立公園に指定され，保護されている。

ナイジェリア連邦共和国 アフリカ西部のギニア湾に面する国。首都はアブジャ。かつてイギリスの植民地支配を受けた。国名の意味は「ニジェール川流域の国」。人口は約1億9千万人（2017年）でアフリカ最大。カカオ・落花生の栽培がさかん。沖合いの海底から産出される**石油**は重要な輸出品である。**石油輸出国機構（OPEC）**〔➡p.25〕に加盟。

ガーナ共和国 アフリカ西部のギニア湾に面する国。首都はアクラ。かつて**奴隷貿易**の基地が置かれた。**カカオ**の栽培がさかんで，生産量・輸出量は世界有数。金・ダイヤモンド・ボーキサイト〔➡p.43〕など，鉱産資源も豊富で，アルミニウム精錬などの工業が発達している。

コートジボワール共和国 アフリカ西部のギニア湾に面する国。首都はヤムスクロ。1960年の「**アフリカの年**」にフランスから独立した。国名の意味はフランス語で「**象牙海岸**」。**カカオ**の栽培がさかんで，生産量・輸出量は世界一。

カカオ 種子がチョコレートやココアの原料となる果樹。実から種を取り出して乾燥させる。熱帯地域で栽培され，とくにギニア湾岸の国々の収穫量が多い。

カメルーン
その他 6.1
ブラジル 6.2
インドネシア 16.4
ガーナ 19.3
コートジボワール 32.2%
（2014年）
（2017/18年版「世界国勢図会」）

▲カカオ豆の生産量の国別割合

ザンビア共和国 アフリカ中南部にある，内陸国〔➡p.11〕。首都ルサカ。コンゴ民主共和国南部からザンビア北部にかけて続く「**カッパーベルト（銅鉱地帯）**」は，世界的な銅の産地。輸出の約7割を銅が占めている。**レアメタル（希少金属）**〔➡p.58〕のコバルトも産出する。

★ **南アフリカ共和国** アフリカ大陸の

南端にある国。首都はプレトリア。かつて，**アパルトヘイト**とよばれる**人種隔離政策**が行われていたが1991年に廃止され，1994年には**ネルソン＝マンデラ**氏が黒人初の大統領に就任した。**金・ダイヤモンド・石炭・レアメタル**（希少金属）〔➡p.58〕など**鉱産資源が豊富**で，工業化が進んでいる。アフリカで最も経済が発展しており，**BRICS**〔➡p.21〕の１つに数えられる。

2010年には南アフリカ共和国でアフリカ大陸初のサッカーのワールドカップが開かれたんだよ。

★ **アパルトヘイト**　かつて**南アフリカ共和国**で行われていた**人種隔離政策**。少数の白人が，多数の黒人やカラード（混血）などの有色人種をきびしく差別した。人種が異なる人との結婚を禁じ，住む場所も人種ごとに決められていた。1991年に廃止された。

商品作物　自分たちで食べることが目的ではなく，**売ることを目的とした農作物**。植民地支配下のアフリカやアジア・南アメリカの**プランテーション**〔➡p.23〕で栽培された。

★ **モノカルチャー経済**　特定の**一次産品（農作物や鉱産資源）**の輸出にたよる経済状態。農作物の不作や国際価格の下落などによって大きな損失を受け，経済が不安定になりやすい。アフリカの発展途上国に多くみられる。

❗ モノカルチャー経済のようすをおさえよう！

鉱産資源と農作物の輸出が多い。

コートジボワール	野菜・果実 7.9

| カカオ豆 30.0% | 金 6.4 その他 |

石油製品11.3　（2015年）

ナイジェリア	液化天然ガス8.5

| 原油 72.9% | その他 |

（2017/18年版「世界国勢図会」）　　（2014年）

▲アフリカのおもな国の輸出品の割合

フェアトレード　「公正な貿易」の意味。発展途上国の生産者の生活と自立を支えるために，適正な価格で取り引きを行うという考え方〔➡p.339〕。

スラム　大都市で貧しい人々が集中して住む過密化した地区。上下水道などが整備されていないところも多く，衛生状態もよくない。発展途上国の都市化が進むところでみられる問題の1つ。

★ **NGO（非政府組織）**　政府に属さずに，平和活動や人権問題・国際協力など社会奉仕的な活動をする民間の組織。**アムネスティ＝インターナショナル**や**国際赤十字**などがある。同じような活動をする組織として，**NPO（非営利組織）**があるが，一般に国際的な活動をするのがNGO，国内を中心に活動するのがNPOとされる。

アフリカ連合（AU）　アフリカの統合をめざし，2002年に結成された地域協力機構。55の国・地域が加盟。

4.北アメリカ州のようす

* **ロッキー山脈** 北アメリカ大陸の太平洋側を南北に連なる山脈。4000mを超える険しい山々がそびえる。**環太平洋造山帯**〔➡p.46〕に属し、太平洋側と大西洋側の水系における境界となる。山中に国立公園に指定された多くの自然公園がある。

アパラチア山脈 アメリカ合衆国の東部に連なるなだらかな山脈。山中の**アパラチア炭田で石炭**が、周辺のアパラチア油田で石油が産出する。

グリーンランド 北アメリカの北東部にある世界最大の島。デンマーク領。大部分は厚い氷におおわれている。

ミシシッピ川 アメリカ合衆国の中央部を南北に流れ、メキシコ湾に注ぐ川。古くから水運の大動脈として利用されている。

▲北アメリカ州のようす

五大湖 アメリカ合衆国とカナダの国境に点在する5つの湖をまとめたよび名。**スペリオル湖・ミシガン湖・ヒューロン湖・エリー湖・オンタリオ湖**をさす。湖岸にあるデトロイトで自動車工業、ピッツバーグで鉄鋼業が発達している。

メキシコ湾 北アメリカの南東にある湾。広大な**大陸棚**〔➡p.48〕があり、世界的な**石油**の産出地帯となっている。

カリブ海 中央アメリカ・南アメリカと西インド諸島に囲まれた海洋。周辺には**キューバ**などの島国〔➡p.11〕がある。

西インド諸島 南北アメリカの間にある島々で、大西洋とメキシコ湾やカリブ海の境となる。

> 1492年、コロンブスが到達した場所で、インドと思いこんだことから、この名がついたんだって。

ハリケーン カリブ海で発生し、西インド諸島やメキシコ湾岸・アメリカ合衆国南東部を襲う熱帯低気圧。8月から10月にかけて多く発生し、豪雨と暴風によって大災害をもたらす。

* **グレートプレーンズ** 北アメリカ大陸のロッキー山脈の東側に南北に広がる大平原。乾燥した土地だが、肥よくな土壌が広がり、**肉牛の放牧**や**小麦の栽培**などが行われている。

* **プレーリー** アメリカ合衆国のミシシッピ川の西からグレートプレーンズの東側に広がる大草原。プレーリー土とよばれる肥よくな黒土が分布してお

り，**小麦・とうもろこし・大豆**などの大産地になっている。

アングロアメリカ 北アメリカ州のうち，アメリカ合衆国とカナダからなる地域。アングロサクソン人（ゲルマン系民族の一派）に属するイギリス系の移民が多いことからこの名がついた。

★ **アメリカ合衆国** 北アメリカにある国。首都は**ワシントンD.C.**。北アメリカの本土とアラスカ（➡p.14），ハワイの50州。17世紀初めにイギリスからの移民がやってきて以来，世界各地から移民がおしよせ，現在はヨーロッパ系（白人）・**ヒスパニック**・アフリカ系（黒人）・アジア系・**ネイティブアメリカン**などが住む**多民族国家**（➡p.21）となっている。世界有数の農業国・工業国で，農作物の輸出も多く「**世界の食料庫**」の役割をになっている。国際政治・経済に大きな影響力をもつ。軍事的にも大きな力をもち，世界各地の紛争に介入している。

**アメリカの星条旗から
国の成り立ちをチェック！**

独立当時(1777年)　　現在

13本の赤と白の線は，イギリスから独立した当時の13州。星の数は州の数とともに増えていき，現在は50個ある。

★ **ネイティブアメリカン** ヨーロッパ

人がやってくる以前から南北アメリカ大陸に住んでいる先住民。とくに北アメリカ大陸の先住民をさすことが多い。かつて**インディアン**とよばれた。アメリカ合衆国とカナダの先住民をさすことが多いが，広い意味では，カナダとアラスカ州（アメリカ合衆国）に住むイヌイットやエスキモー，ハワイ州（アメリカ合衆国）に住むポリネシア系の人々を含めることもある。

★ **ヒスパニック** アメリカ合衆国に住む，メキシコ・中南米（中央アメリカ・南アメリカ）からの移民とその子孫。

ネイティブアメリカン 0.7
その他
アジア系 5.4
現在
アフリカ系 12.4
ヒスパニック 17.6
ヨーロッパ系 61.6%

(2015年)
(U.S.Census Bureau)
▲アメリカ合衆国の人口構成

スペイン語を話すことから，この名がついた。現在，アメリカ合衆国では，ヨーロッパ系（白人）についで人口が多い。ヒスパニックの州別人口割合は，カリフォルニア州などのメキシコ国境周辺の州で，とくに高い。

人種のサラダボウル アメリカ合衆国で，さまざまな人種や民族が暮らし，それぞれの特色を失わずに多様な文化を根づかせている状態。トマトやレタスなどの野菜を入れる容器（ボウル）にたとえて，こうよんでいる。

★適地適作 土壌や気候などの自然条件や，消費地との距離・労働力などの社会的条件からみて，**その地域に最も適した農作物をつくること**。アメリカ合衆国などでみられる。

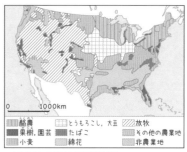

▲アメリカ合衆国の農業地域

酪農　とうもろこし，大豆　放牧
果樹，園芸　たばこ　その他の農業地
小麦　綿花　非農業地

0　1000km

春小麦と冬小麦 春小麦は春に種をまいて夏から秋に収穫する小麦で，冷涼な北部の地域で栽培される。冬小麦は秋に種をまいて翌年の初夏に収穫する小麦で，温暖な南部の地域で栽培される。

センターピボット方式 地下水をくみ上げて，**大型のスプリンクラーを使って円形に水をまいてかんがい** [➡p.13] **する**方法。雨が少なく乾燥したグレートプレーンズで行われている。

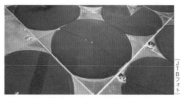

▲センターピボット方式によるかんがい

フィードロット 牧場で育った肉牛を出荷する前に集めて，栄養の高いえさをあたえて太らせる肥育場。肉質を良くしてから出荷する。西部のグレートプレーンズを中心に企業的な牧畜が行われている。

★企業的(な)農業 アメリカ合衆国などでみられる，**大農場の経営者が労働者を雇って作業させる農業**。大型機械を使って耕作し，ヘリコプターで農薬をまくなど，少ない人手で大量に農作物を生産する大規模な農法に特徴がある。

穀物メジャー 小麦などの穀物をあつかう大企業。穀物の売買から始まり，現在は種や農薬の開発，気象情報の提供など，多方面で活動し，世界の穀物価格に大きな影響をあたえている。

アグリビジネス 農畜産物の加工や農機具・肥料の製造などまでを含む，農業に関係する仕事。

バイオテクノロジー 生物がもっている働きを利用する科学技術。アメリカ合衆国では，大豆やとうもろこしなどの遺伝子組み換え作物に導入して栽培している。

★先端技術産業(ハイテク産業) 最先端の高度な技術を利用した産業。航空機や人工衛星などをつくる**航空宇宙産業**，IC(集積回路)をつくる**エレクトロニクス産業**，生物の働きを利用した**バイオテクノロジー産業**などがある。

航空宇宙産業 人工衛星・航空機の本体や部品などをつくる産業。アメリカ合衆国南部の**ヒューストン**や**ロサンゼ**

ルス，フランスの**トゥールーズ**などで
発達している。

☆**サンベルト**　アメリカ合衆国の北緯
37度以南の地域。現在，アメリカの工
業の中心地となっている。温暖な気候
であることから，この名がついた。

> **！** **サンベルトの位置を確認‼**
>
> 北緯37度線は，アメリカ合衆国の真ん中
> よりやや南を通る。

☆**シリコンバレー**　アメリカ合衆国西
部のサンフランシスコ近郊にある地
域。**先端技術産業（ハイテク産業）**や，
コンピュータの製造やソフトウェアの
開発をはじめとする**情報通信技術
（ICT）関連産業**[➡p.24]の企業・研究
所・大学などが集中している。

国際石油資本（メジャー）　巨大な資
本をもとに，石油の採掘・輸送・販売
などを一手に行う国際的な石油会社。
各国に子会社をもつ多国籍企業である。

シェールガス　地下数千mのシェール
（けつ岩）層から採取される天然ガスの
一種。世界に広く分布しているが，掘
り出す技術が向上したアメリカ合衆国
での生産が始まった[➡p.58]。

ニューヨーク　アメリカ合衆国の北東
部にある最大の都市。国際連合の本
部，金融の中心地ウォール街がある。
世界の政治・経済の中心地。

多国籍企業　巨額の資金を背景に，世
界各地に支店や工場をつくって活動す
る大企業。穀物メジャーや国際石油資
本などがある。アメリカ合衆国に多い。

カナダ　北アメリカの北部にある国。
面積はロシアにつぐ，世界第2位。首
都は**オタワ**。国土の多くが冷帯（亜寒
帯）に属し，**タイガ**とよばれる針葉樹
林が広がる。石油・天然ガス・ウラン
などの鉱産資源にめぐまれている。イ
ギリス系の住民が多いが，ケベック州
を中心に**フランス系の住民も多い**た
め，英語とフランス語が公用語となっ
ている。北極圏周辺に先住民の**イヌイ
ット**[➡p.14]が住む。

メキシコ合衆国　北アメリカの中南部
にある国。首都は**メキシコシティ**。ス
ペインの植民地支配を受けたため，先
住民（インディオ，インディヘナ）
[➡p.15]とスペイン系の人々との混血
である**メスチソ（メスチーソ）**[➡p.41]
が多い。**とうもろこし・さとうきび・
コーヒー**などの栽培がさかん。石油や
銀が産出し，工業も発達している。

北米自由貿易協定（NAFTA）　アメ
リカ合衆国・カナダ・メキシコの3か国
が結んだ協定。2020年に失効し，アメ
リカ・メキシコ・カナダ協定が発効した。
（USMCA）

5.南アメリカ州のようす

★ **アンデス山脈** 南アメリカの太平洋側に南北に連なる長大な山脈。ベネズエラ・コロンビア・エクアドル・ペルー・ボリビアを通り，チリとアルゼンチンの国境を形成している。最高峰はアコンカグア山（6959m）。**環太平洋造山帯**[➡p.46]の一部。

ギアナ高地 ベネズエラからブラジルにかけて広がる高原状の山地。

ブラジル高原 ブラジル南部に位置するなだらかな高原。

★ **アマゾン川** 南アメリカのブラジル北部の赤道周辺を西から東へ流れ，大西洋に注ぐ川。ナイル川[➡p.32]に次いで世界第2位の長さ（6516km），流域面積は世界最大（705万km²）である。

ラプラタ川 南アメリカの南東部，アルゼンチンとウルグアイの国境を流れ，大西洋に注ぐ川。河口にはアルゼンチンの首都ブエノスアイレスがある。

★ **熱帯雨林** 熱帯地域に生育する背の高い常緑樹の林。野生生物が多く生息し，現地の人による**焼畑農業**[➡p.12]が行われている。**ブラジルのアマゾン川流域**には世界最大の熱帯雨林が広がるが，農地開発や道路建設などによって伐採が進み，問題となっている。

セルバ 南アメリカのアマゾン川の上・中流域に広がる熱帯雨林地帯。

リャノ ベネズエラ・コロンビアに広がるサバナの草原地帯。乾季には枯れた野原になるが，雨季には草原になる。

カンポ 南アメリカのブラジル高原に広がる熱帯の草原地帯。丈の長い草が生える草原が広がる。

パンパ ラプラタ川流域のアルゼンチンとウルグアイにかけて広がる草原地帯。世界有数の農牧業地帯で，**小麦・とうもろこし**の栽培がさかんなほか，**肉牛・乳牛**の飼育もさかん。

パタゴニア アルゼンチンとチリの南部の地方。寒帯気候が分布し，氷河がみられる。

ラテンアメリカ 北アメリカ大陸のメキシコ以南の地域と，南アメリカ大陸からなる地域。ラテン系民族である**スペイン系・ポルトガル系**の人々が多く住むことから，この名がついた。スペイン語を話す人が多く，キリスト教のカトリックを信仰する人が多いなどの共通点が多くみられる。

▲南アメリカ州のようす

メスチソ（メスチーソ）　ラテンアメリカの先住民（インディオ，インディヘナ）〔➡p.15〕と，**ヨーロッパ系の人々（白人）との混血とその子孫。**

混血　異なる人種・民族との間に生まれた人々。

★**ブラジル連邦共和国**　南アメリカの大西洋に面する国。首都は**ブラジリア**。ポルトガルの植民地だったため，**ポルトガル語**が公用語として使われている。植民地時代に開かれたファゼンダとよばれる大農園で**コーヒー**の栽培がさかんで，現在，コーヒー豆の生産量・輸出量は世界一。**さとうきび・とうもろこし**の栽培もさかん。北東部のカラジャス鉄山で**鉄鉱石**の産出が多く，日本への輸出も多い。近年，鉄鋼業・自動車工業・航空産業が発達し，経済発展が著しく，**BRICS**〔➡p.21〕の1つに数えられる。**日系人**〔➡p.106〕が多く，サンパウロには，日本人街が形成されている。さとうきびからつくった**バイオエタノール**を使って走る自動車の普及にともない，さとうきび畑の拡大が熱帯林の破壊につながるおそれが

コーヒー豆		
ブラジル	コロンビア 8.3	
31.9%	16.0	その他

ベトナム
インドネシア7.3
（2014年）

さとうきび		
ブラジル	インド 18.7	
39.1%		その他

中国 6.7　　タイ5.5
（2014年）
（2017/18年版「世界国勢図会」）

▲コーヒー豆とさとうきびの生産量の割合

ある。

ペルー共和国　南アメリカの太平洋に面する国。首都は**リマ**。かつて**インカ帝国**〔➡p.168〕が繁栄したが，**スペイン**に滅ぼされた。先住民の**インディオ（インディヘナ）**〔➡p.15〕の割合が高く，アンデス山脈の高地でリャマやアルパカの放牧をしている。漁業がさかんで，漁獲量は世界有数。

エクアドル共和国　南アメリカの太平洋に面する赤道直下の国。首都は**キト**。国名はスペイン語で「**赤道**」の意味。石油の産出国で，**石油輸出国機構（OPEC）**〔➡p.25〕に加盟している。

チリ共和国　南アメリカの太平洋に面する細長い国。首都は**サンティアゴ**。**世界有数の銅の生産・輸出国。**

アルゼンチン共和国　南アメリカの大西洋に面する国。首都は**ブエノスアイレス**。スペイン系とイタリア系の人々が多く住む。南アメリカ有数の農業国で，ラプラタ川流域の**パンパ**で，小麦・とうもろこしの栽培や，牧畜がさかん。鉄鋼業・自動車工業が発達。

南米南部共同市場（MERCOSUR）　南アメリカの国々が，自由貿易圏をつくることを目的に結成した共同市場。1995年に発足した〔➡p.332〕。

★**バイオエタノール**　さとうきび・とうもろこしなどの植物を由来とするものを発酵させてつくったアルコール燃料。**バイオ燃料**〔➡p.60〕の一種。

6.オセアニア州のようす

*オーストラリア連邦 オセアニアにある，オーストラリア大陸とその周辺の島々からなる国。首都は**キャンベラ**。先住民の**アボリジニ**が住んでいたが，18世紀以降イギリス人の移住が進み，現在はヨーロッパ系（白人）・アジア系・ポリネシア系・アボリジニなどが住む**多民族国家**〔➡p.21〕。国土の多くが乾燥帯に属し，内陸部で**羊**と肉牛の飼育，沿岸部で酪農が行われている。**羊毛**の生産量・輸出量は世界有数。比較的雨が多い地域では小麦の栽培が行われている。**石炭・鉄鉱石・天然ガス・ボーキサイト・金**など鉱産資源が豊富で，石炭・鉄鉱石・天然ガスの多くを日本へ輸出している。

▲オーストラリアの鉱産資源

ニュージーランド オーストラリア大陸の南東にある島国〔➡p.11〕。北島と南島などの島々からなる。首都は**ウェ**リントン。先住民の**マオリ**が住んでいたが，18世紀以降，イギリスからの移民がおしよせた。農牧業が中心で，先進国なみの生活水準を保つ。人口よりも多い**羊**が飼われ，羊毛の生産量は世界有数。肉牛や乳牛の飼育もさかん。

グレートバリアリーフ オーストラリアの北東の沿岸に見られる，世界最大の**さんご礁**〔➡p.75〕。

ウルル（エアーズロック） オーストラリア大陸の中央部にある，周囲約10kmの一枚岩。先住民にとって神聖な場所。

▲ウルル

ポリネシア オセアニアの太平洋の島々のうち，ほぼ経度180度より東の地域とニュージーランド。「**多くの島々**」の意味。ハワイ諸島・トンガ諸島・イースター島（ラパヌイ島）などがある。

ミクロネシア オセアニアの太平洋の島々のうち，経度180度より西で，ほぼ赤道より北の地域。「**小さな島々**」の意味。さんご礁の島が多い。サイパン島・グアム島・パラオ諸島などがある。

メラネシア オセアニアの太平洋の島々のうち，ほぼ経度180度より西，赤道より南の地域。「**黒い島々**」の意味。火山島が多い。ニューギニア島・フィジー諸島・ニューカレドニア島などがある。

火山島 海底火山が噴出してできた島。

伊豆諸島やハワイ諸島，アイスランドなどがある。

ボーキサイト　アルミニウムの原料となる鉱産資源。おもに熱帯地域で産出される。オーストラリアの北部や中国・ブラジル・インド・アフリカのギニアで産出が多い。

露天掘り　地面の表面を直接けずり，鉱産物を採掘する方法。効率がよく，安全性が高い。オーストラリア・ブラジルなどでみられる。

★**白豪主義**　白人だけのオーストラリアをつくろうとする考え，または政策。オーストラリア政府は，中国系の移民が増えたことから19世紀中ごろに白豪主義のもと，ヨーロッパ系以外（アジア系など）の移住を制限したが，1970年代に撤廃された。

★★**アボリジニ（アボリジニー）**　オーストラリア大陸の先住民。ブーメランなどを使った狩猟や採集の生活をおくっていたが，18世紀以降に移住してきたヨーロッパ人に迫害されて人口が激減した。現在は，アボリジニの文化を尊重する取り組みが進められている。

マオリ　ニュージーランドの先住民。狩猟や採集の生活をおくっていた。出陣のおどり「ハカ」は，ラグビー代表（オールブラックス）が試合前に舞う民族舞踊として有名になった。

移民　住んでいる国からほかの国へ移り住んだ人。

先住民　もともとその土地に住んでいた人々。オーストラリアの**アボリジニ**，ニュージーランドの**マオリ**，南北アメリカ大陸の**ネイティブアメリカン**〔➡p.37〕と**インディオ（インディヘナ）**〔➡p.15〕などがこれにあたる。

多文化社会　1つの国家や社会の中で，いくつかの異なる人種や民族がもつそれぞれの文化を互いに尊重し，共存していこうとする社会。

ワーキングホリデー　若者が旅行や滞在資金を補うために，訪問国で働きながら，長期滞在できる制度。

APEC（アジア太平洋経済協力会議）　アジア諸国と太平洋に面する国々が，経済協力を進めることを目的に開催している会議。日本・中国・アメリカ・ASEAN〔➡p.23〕のうち7か国・オーストラリアなど，太平洋をとり囲む21の国と地域が参加している。

▲オセアニア州のようす

1.時差と日本のすがた

★ **標準時** 国や地域が基準として定めている時刻。日本は，兵庫県明石市を通る東経135度の経線上の時刻を標準時としている。標準時は，ふつう1つの国に1つだが，アメリカ合衆国・カナダ・ロシア・オーストラリアなど，国土が東西に広い国には，複数の標準時があり，国内で時刻が異なる。

★ **時差** 2地点間の標準時のずれ。地球は1日（24時間）で1回転（360度）するので，経度15度で1時間の時差（360÷24＝15）が生まれる。

標準時子午線 国が標準時としている場所を通る経線（子午線）。

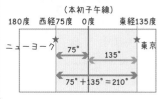

> ! **経度差の求め方をおさえよう！**
> 東経と西経の都市の経度差は，0度の経線（本初子午線）を基準に計算する。
>
> （本初子午線）
> 180度　西経75度　0度　　　　東経135度
> ニューヨーク ←75°→ ←135°→ 東京
> 75°＋135°＝210°

★ **日付変更線** 180度の経線付近に引かれた線。日付変更線を西から東に越えるときは日付を1日遅らせ，東から西へ越えるときは1日進める。

★ **領域** 国の主権がおよぶ範囲。領土・領海・領空からなるが，海に面していない国には，領海はない〔→p.326〕。

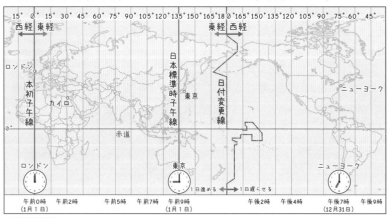

▲世界の時差

領土　領域の中で，陸地（河川や湖沼を含む）からなる部分〔➡p.326〕。

領海　領域の中で，領土に接した一定範囲の海域。日本は海岸線から**12海里**（約22km）以内〔➡p.326〕。

領空　領域の中で，領土と領海の上空。他国の航空機は，許可なく飛行することはできない〔➡p.326〕。

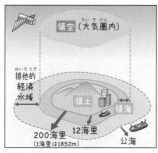

▲国の領域と排他的経済水域

日本列島　ユーラシア大陸の東に弓なりに連なる，日本を形成する島々。**北海道・本州・四国・九州**の４つの大きな島とそのほかの小さな島々からなる。

択捉島　日本の**北端**の島。北海道に属する。**北方領土**の１つで，現在**ロシア**が占拠している。

南鳥島　日本の**東端**の島。**東京都**に属する。自衛隊隊員・気象庁関係者・海上保安庁関係者のみが常駐し，一般の人は住んでいない。

★**沖ノ鳥島**　日本の**南端**にある無人島。**東京都**に属する。満潮時には一部が海面上に現れるのみで，ほとんどが海面下に沈むが，日本の**排他的経済水域**を維持するために重要な役割をもっている。波による水没の危機があったため，日本は島の周辺をコンクリートで固める護岸工事を行った。

沖ノ鳥島がなくなると，周辺の排他的経済水域が大幅に減ってしまうからだよ。

〔朝日新聞社〕

▲満潮時の沖ノ鳥島

与那国島　日本の**西端**の島。沖縄県に属する。台湾と約110kmしか離れていないため，晴れた日には台湾がみえる。

★**北方領土**　北海道の北東に連なる，**択捉島・国後島・色丹島・歯舞群島**をまとめたよび名。日本固有の領土だが，第二次世界大戦後に**ソビエト社会主義共和国連邦（ソ連）**に占領され，1991年のソ連崩壊後は**ロシア**が占拠している。日本は返還を求めている。

▲北方領土の位置

竹島 日本海の島根県沖にある島々。島根県に属する日本固有の領土だが、韓国が領有権を主張し、実効支配をしている。韓国では「独島」とよばれる。

尖閣諸島 東シナ海の八重山列島の北にある島々。沖縄県に属する日本固有の領土だが、1960年代に周辺海域に石油や天然ガスが埋蔵されている可能性が指摘され、1970年代になって中国が領有権を主張するようになった。

★排他的経済水域 海岸線から200海里（約370km）以内の海域のうち、領海を除く海域。域内にある鉱産資源（石油や天然ガスなど）や水産資源（魚介類）は沿岸国が利用する権利をもつと国際的に決められている。日本は多くの島々が広い範囲に点在しているため、排他的経済水域が広く、その面積は国土面積の10倍以上になる（➡p.326）。

西之島 小笠原諸島の無人島で、海底火山の活動で生じた火山島（➡p.42）。2013年に噴火して以降、溶岩流が堆積して島の面積が拡大している。

地域区分 共通した特色で地域を区分したもの。日本の47都道府県は、北海道地方、東北地方、関東地方、中部地方、近畿地方、中国・四国地方、九州地方の7つに分けられることが多い。

都道府県庁所在地 都道府県の政治を行う中心的な役所である都道府県庁が置かれている都市。

2.世界の地形

山地 いくつかの山がまとまっているところ。山脈、高地、高原などがある。

山脈 山の峰がひとつながりになっている山地。

高地 山脈に比べ、起伏が小さい山地。

高原 表面が平らな山地。

丘陵 起伏が小さく、低い山地。

プレート 地球の表面をおおっているとされる、厚さ100kmほどの巨大な岩盤。1年間に数cmくらいの速さで動く。発展 海洋プレートと大陸プレートがあり、プレートどうしがぶつかり合う力によって地震が発生する。

造山運動 山脈や山地を形成するようなはげしい地面の運動。過去に造山運動がおこった地域や、現在おこっている地域を造山帯といい、高くて険しい山脈が多い。

★環太平洋造山帯 太平洋を取り囲むように形成された造山帯。アンデス山脈・ロッキー山脈・日本列島・フィリピン諸島・ニューギニア島・ニュージーランドの北島・南島などが属する。火山活動が活発で、地震も多い。

★アルプス・ヒマラヤ造山帯 ユーラシア大陸の南部に東西に連なる造山帯。アルプス山脈からユーラシア大陸南部のヒマラヤ山脈をへて、インドネシアにいたる。

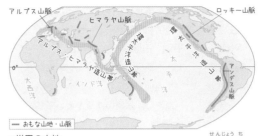

▲世界の山地

安定大陸 地盤が安定し，火山活動や地震が少ない大陸。低くてなだらかな山脈・高原が多い。

侵食 岩石などが，雨水・流水・波・氷河・風などでけずり取られていくこと。

風化 地表表面の岩石などが，雨水・地下水・風，気温の変化などの影響でじょじょに破壊されること。

沖積平野 川が運んできた土砂などが積もってできた平野。ナイル川や長江河口の三角州（デルタ）などにみられる。日本の平野は，大部分が沖積平野。

侵食平野 侵食作用によって，地表がけずられてできた平野。東ヨーロッパ平原や北アメリカ大陸の中央平原など。

3.日本の地形

フォッサマグナ 本州中央部にのびる，溝状の地形。西端はほぼ**新潟県糸魚川市**から**静岡県静岡市**を結ぶ線（糸魚川・静岡構造線）だが，東端ははっきりしない。これを境に，日本列島を地質学的に東日本と西日本に区分する。

流域面積 雨水や雪どけ水などが，川に流れこんでくる土地の面積のこと。南アメリカ大陸の**アマゾン川**〔→p.40〕が，流域面積世界一。日本では**利根川**〔→p.100〕の流域面積が最大。

★**扇状地** 川が山地から平地に出るところに土砂が積もってできた，扇形に広がるゆるやかな傾斜地。水はけがよいので，**果樹栽培**に利用されることが多く，集落も発達する。山梨県の**甲府盆地**〔→p.94〕などにみられる。

▲扇状地（山梨県甲府盆地）

★**三角州** 川が海や湖に出るところに土砂が積もってできた，三角形に似た形をした低くて平らな土地。「**デルタ**」と

> ！ 扇状地と三角州ができるところをおさえよう

扇状地 三角州

山地 平地 海

もよばれ，耕地のほとんどが水田に利用され，集落も発達する。**広島市**〔⇒p.83〕**の太田川の河口**などにみられる。

★ リアス海岸
山地が海に沈み込んでできた，**湾と岬が入り組んだ海岸地形**。湾内は波がおだやかなので，天然の良港が多く，養殖漁業が行われているところが多い。**三陸海岸**〔⇒p.108〕・**志摩半島**〔⇒p.87〕・**若狭湾**〔⇒p.93〕などにみられる。

▲リアス海岸(三陸海岸)

（フォト・オリジナル）

砂丘
風や流水によって運ばれた砂が積もってできた丘。海岸に発達した**砂浜海岸**のうち，**鳥取砂丘**〔⇒p.82〕や新潟砂丘などが有名。

平地
平らな土地。平野，盆地，台地などがある。

平野
海に面した平地。

盆地
山に囲まれた平地。

台地
平野や盆地の中で，周囲よりも高くなっているところ。

埋め立て
ほかの場所から運んだ土砂で海や湖を埋めて，陸地をつくること。工業用地や住宅地に利用されることが多い。

干拓
海や湖の一部を閉め切り，内部の水を排水して陸地にすること。農業用地に利用されることが多い。

干潟
干潮のときに現れる，泥や砂でできた海底。九州地方の**有明海**など，日本各地でみられ，干拓地にされることがある。水鳥のすみかとしても重要。

★ 大陸棚
陸地周辺に広がっている，**深さ200mくらいまでのゆるやかな海底地形**。水産資源(魚・貝・海藻)と鉱産資源(石油・天然ガスなど)が豊富。東シナ海などにみられる。

海溝
深さ数千mの深い溝状の海底地形。日本の周辺には，**伊豆・小笠原海溝**や千島・カムチャツカ海溝，南西諸島海溝などがある。

日本海溝
東日本の太平洋側に並行して南北にのびる海溝。北海道南東沖から房総半島沖まで続く。水深は7000～8000m。いくつものプレートが重なり合う複雑な構造をもつことから，巨大地震の多発地帯である。

海流
ほぼ一定の向きに移動する海水の流れ。**暖流**と**寒流**に分かれる。

暖流
周辺の海水に比べて，水温が高い海流。ふつう低緯度地域から高緯度地域に向かって流れる。**黒潮(日本海流)**や北大西洋海流などがある。

★ 黒潮(日本海流)
フィリピンの東の太平洋からやってきて，日本列島の太平

遠くからながめると，青味がかった黒に見えることから「黒潮」とよばれるんだって。

洋側を北上する**暖流**。

対馬海流　沖縄県の沖で黒潮から分かれて，日本列島の日本海側を北上する**暖流**。

寒流　周辺の海水に比べて，**水温が低い海流**。高緯度地域から低緯度地域に向かって流れる。栄養分が豊富なため，プランクトンと魚が多く集まる好漁場となる。**親潮（千島海流）**などがある。

★ **親潮（千島海流）**　千島列島，北海道，東北地方の太平洋側を南下する**寒流**。

栄養分が豊富で「魚を育てる海の親」ということから，「親潮」とよばれたんだよ。

リマン海流　日本列島の日本海側を南下する**寒流**。

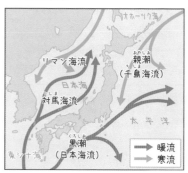

▲日本近海の海流

潮目（潮境）　暖流と寒流が出合う海域。魚のえさとなる**プランクトン**が豊富なため，魚が多く集まる**好漁場**となっている。日本周辺では，**三陸海岸**〔➡p.108〕沖に潮目がある。

4.世界の気候

植生　ある地域，または場所に生育している植物の集まり。ドイツの気候学者**ケッペン**は，気温と降水量を植生分布と結びつけて，**熱帯・乾燥帯・温帯・冷帯（亜寒帯）・寒帯**の5つの気候帯に区分した。

森林があるのは熱帯・温帯・冷帯，森林がないのは乾燥帯と寒帯に分けられるね。

★ **熱帯**　赤道周辺に広がる，1年を通じて気温が高い気候帯。**熱帯雨林気候**と**サバナ気候**に分かれる。

熱帯雨林気候　熱帯のうち，1年を通じて降水量が多い気候。**熱帯雨林**が広がる。

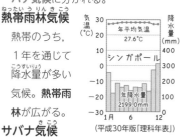

（平成30年版「理科年表」）

サバナ気候　熱帯のうち，雨季と乾季に分かれる気候。**サバナ**とよばれる，丈の高い草と樹木がまばらに生える草原が広がる。

★ **乾燥帯**　1年を通して降水量が少ない気候帯。**砂漠気候**と**ステップ気候**に分かれる。

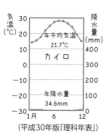

（平成30年版「理科年表」）

砂漠気候 乾燥帯のうち，1年を通じて降水量がほとんどなく，砂や岩の砂漠が広がる気候。

ステップ気候 乾燥帯のうち，やや降水量があり，**ステップ**とよばれる丈の短い草が生える草原が広がる気候。

★ **温帯** 中緯度地域に広がる，温暖で四季がある気候帯。**温暖湿潤気候**（温帯湿潤気候）・**西岸海洋性気候**・**地中海性気候**に分かれる。

温暖（温帯）湿潤気候 温帯のうち，大陸東岸に分布する気候。**季節風（モンスーン）** [➡p.19]の影響で降水量が多く，年間の気温の差が比較的大きい。日本は，北海道と南西諸島を除くほとんどの地域が属する。

西岸海洋性気候 温帯のうち，大陸西岸に多く分布する気候。**偏西風** [➡p.26]と暖流の影響で，年間の気温の差が小さく，降水量も安定している。**ヨーロッパ北西部・北アメリカ北西部・南アメリカのチリ南部・ニュージーランド**などに分布する。

地中海性気候 温帯のうち，ヨーロッパの地中海周辺や北アメリカ大陸の西岸，アフリカ大陸の南端に分布する気候。夏は乾燥し，冬は比較的降水量が多い。ぶどう・オリーブを栽培する**地中海式農業** [➡p.28]が行われている。

★ **冷帯（亜寒帯）** 北半球の高緯度地域に広がる気候帯。夏と冬の気温差が大きく，短い夏は比較的

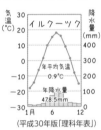

気温30(℃) シャンハイ
平均気温 17.1℃
年降水量 1157.0mm
1月 6 12
降水量(mm)
（平成30年版「理科年表」）

気温(℃) イルクーツク
年平均気温 0.9℃
年降水量 478.5mm
1月 6 12
降水量(mm)
（平成30年版「理科年表」）

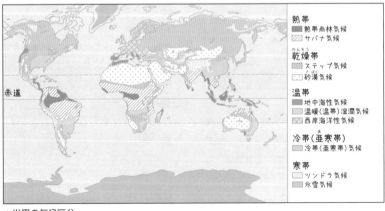

赤道

熱帯
■ 熱帯雨林気候
▨ サバナ気候

乾燥帯
▤ ステップ気候
▨ 砂漠気候

温帯
▤ 地中海性気候
▤ 温暖（温帯）湿潤気候
▨ 西岸海洋性気候

冷帯（亜寒帯）
▤ 冷帯（亜寒帯）気候

寒帯
□ ツンドラ気候
▨ 氷雪気候

▲世界の気候区分

気温が上がるが，長い冬は寒さがきびしい。**タイガ**[→p.14]とよばれる**針葉樹林**が広がる。ロシアのシベリアやカナダなどに分布。

寒帯 北極・南極周辺に広がる気候帯。1年を通じて気温が低く，寒さがきびしい。樹木はほとんど育たない。**ツンドラ気候**と**氷雪気候**に分かれる。

ツンドラ気候

寒帯のうち，冬は氷や雪におおわれるが，短い夏には地表の氷がとけ，こけ類や草が生える気候。北極海・南極海周辺に分布する[→p.14]。

	気温(°C)	バロー	降水量(mm)
	30		
	20	年平均気温	400
	10	−11.2°C	300
	0		200
	−10	年降水量	100
	−20	115.9mm	
	−30	1月 6 12	

(平成30年版「理科年表」)

氷雪気候

寒帯のうち，1年を通じて氷と雪におおわれる気候。夏でも平均気温が0度以上にならない。グリーンランドや南極大陸に分布する。

高山気候

温帯や熱帯地域にある高山でみられる気候。気温は低いが，日差しが強い。昼間と夜間の気温の差が大きく，暑い月と寒い月の気温差も大きい。アンデス山脈やエチオピア高原などにみられる[→p.15]。

赤道直下にあるアンデス山脈の高山都市は，熱帯の気候ではなくて高山気候なんだって。

5.日本の気候

亜熱帯 熱帯と温帯の間の気候。夏は高温で，冬でも温暖。沖縄県の島々・東京都の小笠原諸島が亜熱帯に属する。

梅雨（ばいう） 6〜7月にかけて雨の日が続く現象。**梅雨前線**が日本列島に停滞することで梅雨となる。

台風 夏から秋にかけて，太平洋の赤道付近で発生する熱帯低気圧のうち，最大風速が毎秒17.2m以上のもの。日本に接近・上陸し，風水害をもたらす。

★ **季節風（モンスーン）** [→p.19]。日本では，夏は太平洋から吹く暖かく湿った南東風で，冬はユーラシア大陸から吹く冷たい北西風。**夏は太平洋側で雨が多く，冬は日本海側で雪が多く降る。**

！ 季節風のしくみをおさえよう

湿った季節風は山地にあたると，その手前に多くの雨や雪を降らせる。山地を越えると乾燥した風になる。

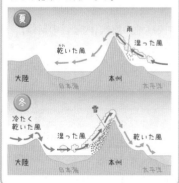

夏
雨
乾いた風　湿った風
大陸　本州
日本海　太平洋

冬
冷たく乾いた風
湿った風　雪
乾いた風
大陸　本州
日本海　太平洋

北海道の気候

冷帯(亜寒帯)

に属し,夏は比較的気温が上がるが,冬は寒さがきびしい気候。

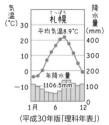

日本海側の気候

冬は湿った北西の季節風の影響で雪やくもりの日が多い気候。北陸地方と東北地方の内陸部は豪雪となる。

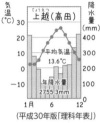

太平洋側の気候

夏は南東の季節風の影響で雨が多く,蒸し暑く,冬は乾燥した北西の季節風の影響で晴れの日が多い気候。

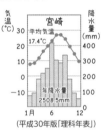

中央高地の気候(内陸性の気候)

季節風が山地にさえぎられるので,1年を通じて降水量が少なく,**夏と冬の気温差が大きい気候**。中部地方の内陸部に分布する。

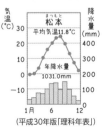

瀬戸内の気候

季節風が中国山地と四国山地にさえぎられるため,**1年を通じて降水量が少なく**,冬でも比較的温暖な気候。瀬戸内海周辺に分布する。

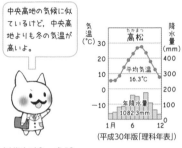

中央高地の気候に似ているけど,中央高地よりも冬の気温が高いよ。

南西諸島の気候

亜熱帯の気候

で,夏は気温が高く,冬でも温暖で1年を通じて降水量が多い気候。鹿児島県南部の島々と沖縄県の島々が属する。

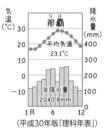

▲日本の気候区分

★ ヒートアイランド現象　都市中心部の気温が，周辺地域よりも高くなる現象。中心部で，エアコンや自動車からの排出熱，アスファルト舗装の放射熱などで熱がたまっておこる。

ゲリラ豪雨　ごく限られた地域に，短時間に降る激しい雨。河川の氾濫や土砂崩れなどの災害を引きおこす。

6.日本の災害

断層　岩石に生じた割れ目にそって，地面がずれたもの。割れ目の両側，またはいっぽうの土地が垂直，あるいは水平方向に移動することで生じる。断層のうち，約200万年前から現在までの間に活動したことがあり，今後も活動する可能性の大きいものを活断層といい，地震の震源となることがある。

火砕流　高温の火山ガスや火山灰が，高速で流れ下る現象。1990年に噴火した雲仙・普賢岳（長崎県）〔➡p.74〕では，翌年に大規模な火砕流が発生し，大きな被害をもたらした。

★ 冷害　夏に低温や日照不足によって，農作物の生育がさまたげられる被害。東北地方でおこる，北東風の冷たく湿ったやませ〔➡p.109〕や濃霧による冷害が知られている。

干ばつ（干害）　長期間にわたって雨が降らないことによって日照りとなり，農作物が不作になる被害。瀬戸内海沿岸地域などで多くみられる。

地震　地殻の変動によって，ひずみが限界に達したとき，大地がゆれる現象。 発展 プレート〔➡p.46〕の境界付近で発生する海溝型地震，プレート内部の岩盤に生じた亀裂（活断層）がずれ動くことで発生する直下型地震がある。

液状化（現象）　地震の振動により，地中の土砂が一時的に液体のようになり，水といっしょに地表へふきだす現象。

津波　地震や火山の噴火によって，海底が急激に動き，海水がもち上がって沿岸におしよせる高い波。

土石流　土砂などが水と一体となって，斜面を流れ下る現象。集中豪雨や台風による大雨などによって発生し，田畑や住宅をのみこむなど，大きな被害をもたらす。

高潮　台風や強い低気圧によって，海岸近くの海面が異常に高くなる現象。

砂防ダム　土砂の流出を防ぐための施設。砂防堰堤ともいう。土石流をくい止め，下流にある住宅や田畑を守る働きがある。

（フォト・オリジナル）

▲砂防ダム

★★ **ハザードマップ（防災マップ）** 地震や火山噴火などの自然災害がおこったときに，被害が発生しそうな場所を予測し，避難場所・避難経路などを示した地図。国土交通省や全国の地方公共団体（地方自治体）が作成している。

ライフライン 電気・水道・ガスや，電話・インターネットなどの通信設備，道路・鉄道などの交通網など，日常生活に欠かせない設備。線や管で結ばれていることから，この名がついた。

熊本地震 2016年4月14日以降に熊本県と大分県で発生した一連の地震。14日にマグニチュード6.5の地震（前震），16日にマグニチュード7.3の地震（本震）が発生し，最大震度7を2度記録した。この地震で熊本城の一部が倒壊し，多数の死者が出るなど，大きな被害が出た。

南海トラフ巨大地震 南海トラフで近い将来おこると予測されている巨大地震。南海トラフとは，東海地方の駿河湾から宮崎県沖の日向灘にかけての海底に連なる4000mの深さがある細長い溝のことで，**発展** この場所では，過去に東海地震・東南海地震・南海地震とよばれる巨大地震が繰り返し発生している。近い将来，3つの地震が連動してマグニチュード9級の巨大地震が発生すると予想されている。

★★ **東日本大震災** 2011年3月11日に東北地方の三陸沖を震源としておこっ

た東北地方太平洋沖地震と，それにともなう被害。地震のマグニチュードは9.0，最大震度は7を記録した。地震にともなって発生した巨大津波などによって，死者・行方不明者2万人を超える大きな被害を出した。この津波で福島県にある福島第一原子力発電所で事故がおこり〔→p.59〕，**大量の放射性物質が大気中に放出された。**

（JSフォト）
▲巨大津波で破壊された町（宮城県）

★★ **阪神・淡路大震災** 1995年1月17日に淡路島北部沖を震源としておこった兵庫県南部地震と，それにともなう被害。地震のマグニチュードは7.3，最大震度は7を記録した。**兵庫県神戸市**を中心に，死者・行方不明者6000人を超える大きな被害を出した。

減災 自然災害による被害をできるだけ少なくするための取り組み。建物の耐震や家具を固定化するなど。

公助 国や県・市町村などの行政が災害時に被災者の救助や支援を行うこと。

自助 自分自身や家族の命は自分で守ること。

共助 町内会などの地域社会で協力し

て互いに助け合うこと。

7.人口・エネルギー・環境

人口密度 ある地域に，どのくらいの人が住んでいるかを示す数値。ふつう1km²あたりの数値を示す。国や地域の人口を，その国や地域の面積で割って求める。東・東南・南アジアの平野部やヨーロッパ西部・アメリカ合衆国の都市部などで数値が高く，砂漠や高緯度の寒冷な地域などでは数値が低い。

人口ピラミッド 国や地域の人口構成の割合を年齢別，男女別に示したグラフ。多産多死の**富士山型**，少産少死の**つぼ型**，富士山型からつぼ型へ移行する途中の**つりがね型**がある。発展途上国には富士山型が多く，先進国にはつぼ型が多い。

年少人口 15歳未満の人口。子ども。

生産年齢人口 労働力の中心となる15〜64歳の年齢層。

老年人口 65歳以上の人口。高齢者。

先進国（先進工業国） 経済が著しく発展した国。西ヨーロッパのドイツ・フランス・イギリスのほか，アメリカ合衆国・カナダ・日本など。

発展途上国 経済発展が遅れている国。かつて欧米諸国の植民地だった，アジア・アフリカ・南アメリカに多い。

人口爆発 人口が急激に増加する現象。発展途上国で多くみられ，食料不足や労働力があまり失業者が増えるなどの問題が生じる。

★**少子化** 出生率が低下して，子どもの数が少なくなる現象。結婚をしない人や，子どもを産まない人が増えたことなどが原因（➡p.257）。

★**高齢化** 総人口に占める高齢者（65歳以上）の割合が高くなる現象。平均寿命ののびと出生率の低下などが原因（➡p.257）。

日本人の平均寿命は，第二次世界大戦後は50歳ぐらいだったけど，今は80歳代になったよ。

！ 人口ピラミッドの傾向をチェック！

経済の発展につれて，富士山型→つりがね型→つぼ型と変化する。

富士山型	つりがね型	つぼ型
(1935年の日本)	(1960年の日本)	(2015年の日本)

(2017/18年版「日本国勢図会」ほか)

★ **高齢(化)社会** 総人口に占める高齢者の割合が高い社会。高齢者の割合が7％以上を**高齢化社会**，14％以上を**高齢社会**という。医療の発達などによって，死亡率が低下し，**平均寿命がのびること**などが原因で進行する。現在の日本は高齢社会で，2060年には人口の約2.5人に1人が高齢者になると予測されている。

★ **少子高齢社会** 子どもの割合が少ない少子化と，高齢者の割合が高い高齢化が同時に進行している社会。高齢者を支える若者の負担が増えたり，**労働人口が減って，産業が衰えたり**する問題が生じる。

合計特殊出生率 1人の女性が一生のうちに何人の子を産むかを表したもの。 発展 2.07を下回ると人口が減少するといわれる。日本の合計特殊出生率は，1970年代に2.07を下回り，2016年は1.44。

ベビーブーム 出生数が急激に増える現象。日本では，第二次世界大戦後の1947〜1949年が第一次ベビーブーム，そのときに産まれた子が親になった1971〜1974年が第二次ベビーブームとされる。

★ **三大都市圏** 東京・大阪・名古屋の三大都市と，その周辺に広がる地域。人口や産業が集中している。日本の総人口の5割近くが三大都市圏に集中。

地方中枢都市 国の機関の支所や大企業の支店が置かれ，その地方の政治・経済・文化の中心となっている都市。北海道地方の**札幌市**，東北地方の**仙台市**，中国・四国地方の**広島市**，九州地方の**福岡市**などがある。

政令指定都市 人口50万人以上の都市で，国が定める政令（➡p.285）で指定された都市。市内に区を設置できる。2018年現在，20都市が指定されている。

▲政令指定都市(2018年現在)

過密(化) 一定の地域に，人口や産業が集中しすぎている状態。**東京・大阪・名古屋**などの大都市でみられる。人口増加にともなう住宅不足や土地の価格の上昇，交通渋滞，大気汚染などの公害，ごみ処理場の不足など，さまざまな都市問題を引きおこす。

★ **過疎(化)** 一定の地域の人口が著しく減少すること。**農村**や**山間部・離島**などでみられる。若い人を中心に，都市部に進学や働きに出る人が多いことなどが原因でおこる。産業や経済活動が衰えるほか，学校や病院の閉鎖，交通

機関の廃止などにより，地域社会の生活の維持が困難になる。

Iターン　生まれ育った地元以外に就職したり移住したりすることで，**都市出身者が，地方に移り住むこと**をさすことが多い。

Uターン　地方で生まれ育った人が，進学や就職で大都市圏に移り住み，その後は**再び自分の出身地に戻ること**。

▲ Iターン（左）とUターン（右）

消滅可能性都市　2010年から2040年にかけて，20〜39歳の女性人口が5割以下に減少する市区町村のこと。運営が行きづまり，将来的に消滅する恐れがある。2040年に全国1741の市区町村のうち896にのぼると予測されている。

限界集落　地域の人口の半分以上を65歳以上の高齢者が占め，地域での生活の維持が困難になった集落。中国・四国地方の山間部などに多くみられる。

ドーナツ化現象　都市部において，**中心部（都心）の人口が少なく，その周辺の人口が多くなる現象**。中心が空洞で，周りが帯状のドーナツのような形にみえることから，この名がついた。中心部での**住宅価格の上昇**や公害をはじめ

とする生活環境の悪化などによって，住んでいる人々が郊外へ移転し，都市部の学校が廃校する現象もおこった。

都心回帰現象　都市部の再開発で高層マンションが建てられることなどによって，中心部に人口が戻る現象。東京や大阪などでみられる。

都市化　都市にある住宅・工場・商店などが周辺に拡大することによって，農村部などが都市のようになる現象。

鉱産資源　地下に埋蔵されており，エネルギー源や工業原料として利用できる鉱物。**石炭・鉄鉱石・石油・ウラン・マンガン・ボーキサイト**〔➡p.43〕などがある。鉱物資源ともいう。埋蔵量に限りがあり，将来枯れるおそれがある。日本は埋蔵している鉱産資源の種類は多いが，量が少ないため，ほとんどの鉱産資源を輸入にたよっている。

エネルギー資源　動力・熱・光などを生み出すエネルギーとして利用できる資源。**石油・石炭・天然ガス・水力・風力・太陽光・地熱・バイオマス**〔➡p.60〕などがある。

化石燃料　太古の動植物が分解してできたエネルギー資源をまとめたよび名。**石油・石炭・天然ガス**などがある。エネルギー資源として重要だが，燃やすと**地球温暖化**〔➡p.61〕の原因となる二酸化炭素を排出することが問題となっている。

石炭　太古の動植物が分解してできた

鉱産資源。火力発電の燃料や鉄の原料などに利用される。かつては，世界のエネルギー資源の中心だったが，第二次世界大戦後に石油にかわった（エネルギー革命[➡p.79]）。中国・インド・アメリカ合衆国などで産出量が多い。

石油（原油） 太古の動植物が分解してできた，液体状の鉱産資源。地底や海底から採掘され，加工されたのち，火力発電や自動車・船などの燃料として使われる。現在，世界のエネルギー資源の中心となっている。工業原料としても重要で，プラスチックなどの原料にもなる。**ペルシア湾岸**[➡p.19]・**メキシコ湾岸**[➡p.36]・**ロシア**・**中国**などで産出量が多い。

天然ガス 地下から産出する，気体状のエネルギー資源。**火力発電**や家庭の**都市ガス**などの燃料になる。ロシア連邦・アメリカ合衆国・カナダなどで産出量が多い。天然ガスを冷やし，圧力をかけて液体状にしたものを**液化天然ガス（LNG）**といい，輸出入の際には液化天然ガスに加工される。

シェールガス [➡p.39]。

メタンハイドレート 天然ガスの主成分であるメタンガスを含む氷状の物質。「燃える氷」ともよばれる。日本の排他的経済水域[➡p.46]の海底に大量にあることが確認され，新たな資源として注目されている[➡p.341]。

鉄鉱石 鉄の原料となる鉱産資源。中国・オーストラリア・ブラジルなどで産出量が多い。

★ **レアメタル（希少金属）** 生産量・流通量が少ない貴重な金属。プラチナ，リチウム，ニッケル，コバルト，タングステンなどがある。埋蔵量が少なかったり，加工するのが難しかったりすることから，生産量・流通量が少ない。

携帯電話をはじめとする最新の電子機器に多く使われるため，近年，資源として重要になっている。使用ずみの携帯電話や電子機器からレアメタルを回収し，再利用する動きもみられる。

水力発電 水の力を利用して発電する

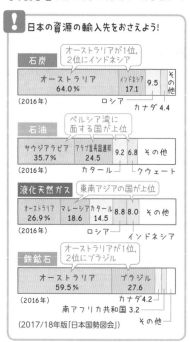

日本の資源の輸入先をおさえよう！

石炭 — オーストラリアが1位，2位にインドネシア

| オーストラリア 64.0% | インドネシア 17.1 | 9.5 | その他 |

（2016年） ロシア ┘ └ カナダ 4.4

石油 — ペルシア湾に面する国が上位

| サウジアラビア 35.7% | アラブ首長国連邦 24.5 | 9.2 | 6.8 | その他 |

（2016年） カタール ┘ └ クウェート

液化天然ガス — 東南アジアの国が上位

| オーストラリア 26.9% | マレーシア 18.6 | カタール 14.5 | 8.8 | 8.0 | その他 |

（2016年） ロシア ┘ └ インドネシア

鉄鉱石 — オーストラリアが1位，2位にブラジル

| オーストラリア 59.5% | ブラジル 27.6 |

（2016年） カナダ 4.2
南アフリカ共和国 3.2
その他

（2017/18年版「日本国勢図会」）

方法。ダムにたまった水を落下させたり，流したりすることでタービン（発電機の羽）を回し，発電する。燃料が不要で，二酸化炭素の排出がほとんどなく環境にやさしいエネルギーだが，建設費が高いことや，建設のさいに自然を破壊するなどの問題がある。

火力発電　化石燃料〔➡p.57〕を燃やした熱で蒸気を発生させ，その蒸気でタービン（発電機の羽）を回して発電する方法。現在，日本の電力の中心だが，**地球温暖化**〔➡p.61〕の原因となる**二酸化炭素**や，**大気汚染**を引きおこす窒素酸化物・硫黄酸化物などを排出することが問題となっている。

★ 原子力発電　ウランやプルトニウムを核分裂させて得た熱で蒸気を発生させ，その蒸気でタービン（発電機の羽）を回して発電する方法。少量の燃料で大量の電力を得られるが，発電のさいに出た**放射性廃棄物の処理**の問題や，事故のさいに**放射性物質が放出される**おそれがあるなど，安全性をめぐる問題がある〔➡p.340〕。

> 多くの発電手段は，タービンを高速で回転させて，電気をつくるんだ。

放射性廃棄物　原子力発電所の運転によって発生する放射性物質を含んだ廃棄物。 発展 使用済み核燃料の再処理で発生する高いレベルの廃棄物は，溶かしたガラスと混ぜ合わせ固めて，青森県六ヶ所村の施設で長期間貯蔵し，その後は地中深くの地層へ埋める計画である。

福島第一原子力発電所事故　2011

!　**発電所の分布の特色をチェック！**

水力発電所
水が豊富な内陸の山間部に多い。
（2016年3月末）

火力発電所
電力の消費が多く，燃料（石油や石炭）の輸入に便利な大都市の臨海部に多い。
（2016年3月末）

原子力発電所
冷却に大量の水が必要なため，海水が得られる臨海部に多い。
（2017年5月24日）
（停止中も含む）

（2018年版「データでみる県勢」）

年3月11日の東日本大震災〔→p.54〕で大津波におそわれ，発電所が制御不能になり，炉心溶融（メルトダウン）と水素爆発をおこして大量の放射性物質が放出された事故。放射性物質が発電所周辺の市町村に飛散し，多くの住民が避難した。

太陽光発電
太陽電池などを使って，太陽の光を電力にかえる発電方法。二酸化炭素を排出しない環境にやさしいエネルギーとして注目されているが，季節や天候に発電量が影響されることが問題。近年は，太陽光パネルを設置した家が増えている。

▲太陽光発電

風力発電
風の力で風車を回して発電する方法。二酸化炭素をほとんど出さないが，風の少ないところや風の弱い日は，発電量が少ないという問題がある。

▲風力発電

地熱発電
火山の地下深くにある熱のたまった層から蒸気や熱水を取り出し，その力を利用してタービン（発電機の羽）を回して発電する方法。二酸化炭素の排出が少ないエネルギーとして期待されている。日本では，岩手県の松川地熱発電所や大分県の八丁原地熱発電所など，東北地方と九州地方に発電所が多い。

（学研・資料課）

▲八丁原地熱発電所（大分県）

★バイオ燃料
植物など，生物を由来とする資源をまとめてバイオマスといい，バイオマスからつくられた燃料をバイオ燃料という。バイオ燃料には，自動車などの燃料になるバイオエタノール〔→p.41〕や，発電・熱に利用されるバイオガスなどがある。原料である植物は育つ過程で光合成を行い，二酸化炭素を吸収するため，地球温暖化対策として有効とする考えがある。

★再生可能エネルギー
資源が枯れる心配がなく，半永久的に使うことのできるエネルギー。二酸化炭素の排出が少なく，環境にやさしいエネルギーとして注目されている。風力・水力・太陽光・地熱・バイオマスなどがある。

新エネルギー・自然エネルギーと同じ意味で使われることが多い〔➡p.340〕。

バイオマス発電　草や木のくず，家畜のふん，食品廃棄物などのゴミを燃やしたり，発酵させてガス化したものを燃やしたりしたときに出る熱を利用して発電する方法。 発展 バイオ（生物）とマス（多量）の意味がある。

リデュース　ものを大切に使うなどして，なるべくゴミを出さないようにすること。

リユース　ものをすぐには捨てず，修理・洗浄などして再び使うこと。フリーマーケットやオークションでの古着・中古品の売買などがある。

★★ **リサイクル**　使い終わったものをゴミとして捨てずに，原料に戻して，再び製品にすること。限りある資源を有効に使うために，進められている。リデュース（Reduce）・リユース（Reuse）・リサイクル（Recycle）をまとめて**3R（3つのR）**とよぶ〔➡p.324〕。

★ **地球温暖化**　温室効果ガスが増加することによって，**地球の気温が上がる現象**。温室効果ガスは，化石燃料〔➡p.57〕を燃やしたさいなどに発生する。温室効果ガスが増加して地球の気温が上がることによって，南極などの氷がとけて**海水面が上昇**し，海抜の低い土地が水没する危機にさらされている〔➡p.335〕。

★ **二酸化炭素（CO₂）**　化石燃料〔➡p.57〕を燃やすことによって発生する気体。自然界にも少量だが存在する。**地球温暖化の原因**となるため，近年は排出量を減らす試みが進められている。

★ **温室効果ガス**　**二酸化炭素・メタン・フロンガス**など，地球温暖化を引きおこすガスをまとめたよび名。通常，地球にとどく太陽熱は，地表に反射するなどして宇宙空間に放出されるが，温室効果ガスはその放出をさまたげる。このため，地球に熱がたまって温室のような状態になり，地球温暖化がおこる。

酸性雨　酸性度の強い雨。化石燃料を燃やすことによって排出される硫黄酸化物・窒素酸化物などが，雨にとけることによって発生する。**森林が枯れたり，魚介類が死滅したりする**など，生態系に影響をあたえる。西ヨーロッパ・中国東部・アメリカ合衆国東部など，工業が発達した地域でみられる。

京都議定書　温室効果ガスの排出量を**削減するための取り決め**を定めた，国際的な合意文書。1997年の地球温暖化防止京都会議で採択され，2005年に発効した。先進国に具体的な数値で温室効果ガスの削減を義務づけているが，二酸化炭素の排出量が世界一の**中国**やインドを含む発展途上国に削減義務が課されておらず，これに反発したアメリカ合衆国が離脱するなど，実効性の面で問題が多かった〔➡p.337〕。

パリ協定 2015年に採択された，京都議定書に代わる2020年以降の地球温暖化防止への国際的な取り決め。**先進国だけでなく，発展途上国も含め，すべての国に温室効果ガスの削減目標の作成と報告が義務化された。**産業革命前からの気温上昇を2度よりも低くおさえることを世界全体の目標としつつ，1.5度におさえる努力を追求する。途上国への資金支援を先進国に義務づけている〔➡p.338〕。

> 2017年6月，アメリカ合衆国はパリ協定からの離脱を表明したよ。

オゾン層 地表から10〜50kmの上空にある，**オゾン**とよばれる気体が集まる層。太陽からの有害な紫外線を防ぐ役割がある。エアコン・冷蔵庫の冷媒やスプレー缶の噴射剤などに使われていた**フロンガス**によってオゾン層が破壊されることが問題となった。とくに南極上空には，**「オゾンホール」**とよばれるオゾンの量が極端に少なくなり，穴のようになった場所がみられる。オゾン層が破壊されると，地球に紫外線が強く降りそそぎ，動植物の生育をさまたげるなど生態系に影響をあたえるほか，皮膚がんになりやすくなるなど人体にも影響が出る。

8.日本の農業

第1次産業 自然と深く結びついた，**農業・林業・水産業**などをまとめたよび名。日本では，1960年代から急速に工業化が進むにつれて就業人口の割合が減少し，後継者不足も深刻になっている。

稲作 稲を栽培する農業。日本の耕地の約半分は水田。東北地方・北陸地方は米の収穫量が多く**「日本の穀倉地帯」**とよばれる。

二毛作 同じ耕地で1年に2回，異なる農作物を栽培すること。中心となってつくられる農作物を**表作**，表作のあとにつくられる農作物を**裏作**という。日本では古くから，稲と麦の二毛作がさかんだった。

⚠ 二期作と二毛作の違いをおさえよう！

二期作　同じ作物を2回

米 ➡ 米

二毛作　異なる作物を2回！

米 ➡ 大豆など　米と小麦

水田単作 1年に1回，同じ耕地で米だけをつくること。東北地方や北陸地方では，冬は寒さがきびしいうえに，雪

が多く農作物をつくれないため，水田単作地帯となっているところが多い〔→p.96〕。

早場米　ほかの地域よりも，**早い時期に栽培・出荷される米**。秋の台風や長雨などの天候をさけるため，8月中旬から9月中に出回る。北陸地方や利根川下流域の水郷などで栽培がさかん。

棚田　山の斜面に階段のようにつくられた水田。山地が多く，耕地が少ない地域にみられる。棚田をつくると，山の斜面に平らな部分ができ，大雨などによる土砂くずれを防ぐ効果など，環境保全のはたらきもある。九州地方の山がちな地域〔→p.76〕や能登半島の千枚田〔→p.95〕でみられる。

▲千枚田

★ **品種改良**　米・野菜・くだもの・家畜などで，性質の異なる品種をかけあわせ，**より優れた性質の品種をつくること**。米づくりでは，寒さに強い品種とおいしい品種をかけあわせて，寒さに強くておいしい米をつくる品種改良などが行われている。

★ **転作**　同じ耕地で，**それまでつくっていた農作物とは別の種類の農作物を栽培すること**。稲作をしていた水田を，麦・大豆・野菜などの畑に転換することをさすことが多い。

耕作放棄地　かつては農作物がつくられていたが，現在は耕作されておらず，近い将来も耕作される予定のない土地。**農家の高齢化や過疎化**などによって，耕作する人がいなくなることで生じる。過疎化が深刻な中国・四国地方でとくに多くみられる。

銘柄米　特定の産地でつくられた米の品種のうち，とくに優れた品質をもつとして売り出されている米。**ブランド米**ともよばれる。新潟県を主産地とする**コシヒカリ**，宮城県を主産地とするひとめぼれ，秋田県を主産地とするあきたこまちなど，さまざまな品種がある。

カントリーエレベーター　米や小麦などの穀物を，温度や湿度などを一定に保って乾燥・保管することができる大型の施設。

★ **減反政策**　米の生産量を減らすために，米づくりを休んだり（休耕），米以外の小麦や大豆などの農作物をつくったり（転作）することを進めた，日本の政策。第二次世界大戦後，日本では，食生活が洋風化して，米以外のパンなどを食べることが増えるなどして，米が余るようになった。そのため，国は1960年代末から米の**生産調整（減反政策）**を進めた。1995年の新食糧法の施行で減反は農家が自主的に決めることになったが，2018年産より廃止された。

専業農家　農業からの収入だけで生活している農家。

兼業農家 農業からの収入のほか, **農業以外からの収入も得ている農家。**

主業農家 収入の半分以上を農業からの収入が占め, 1年間に60日以上農業に従事している65歳未満の人がいる農家。

準主業農家 農業以外からの収入が半分以上を占め, 1年間に60日以上農業に従事している65歳未満の人がいる農家。

副業的農家 農業以外からの収入が半分以上を占め, 1年間に60日以上農業に従事する65歳未満の人がいない農家。

> 農家の分類には, 専業農家・兼業農家に分ける方法と, 主業農家・準主業農家・副業的農家に分ける方法があるよ。

★ **近郊農業** 東京・大阪・名古屋などの大都市の近くで行われている, **大都市に向けた農作物をつくる農業。** 野菜・花・牛乳・卵などがつくられている。とくに, 関東地方の**千葉県**や**茨城県**でさかん〔➡p.100〕。消費地に近いため輸送費が安く, 新鮮な状態で農作物を届けられる。

★ **促成栽培** ビニールハウスや温室を利用して, 農作物をほかの地域よりも早い時期に栽培・出荷する方法。**高知平野**〔➡p.82〕や**宮崎平野**〔➡p.76〕など, 暖かい地域でさかんで, なすやピーマンなどの夏野菜を冬から春にかけて出荷

している。市場に出回る量が少ない時期に出荷するので, **高い価格で売ることができる。**

★ **抑制栽培** 農作物をほかの地域よりも遅い時期に栽培・出荷する方法。高原の夏でもすずしい気候をいかして, レタスやキャベツなどの**高原野菜**を他の地域よりも遅く栽培する農業や, 夜間に照明をあてることで開花時期を遅らせてつくる**電照菊**〔➡p.94〕の栽培などが抑制栽培にあたる。

> ❗ **促成栽培と抑制栽培の違いをおさえよう!**
> どちらも出荷時期をずらすことで, 高く売ることができる。
>
> | 促成栽培 | 抑制栽培 |
> |---|---|
> | | |
> | 出荷時期を早める | 出荷時期を遅らせる |

園芸農業 都市向けに野菜・花・くだものなどを栽培して出荷する農業。大都市の近くで行われる**近郊農業**や, 大都市から離れた群馬県嬬恋村などで行われている高原野菜の**抑制栽培**も, 園芸農業に含まれる。

施設園芸農業 ビニールハウスや温室などの施設を使って行われる園芸農業。**高知平野**〔➡p.82〕や**宮崎平野**〔➡p.76〕で行われている**促成栽培**や, 愛知県の渥美半島でさかんな温室メロンや電照

菊〔➡p.94〕の栽培などがある。

露地栽培　ビニールハウスなどの施設を使わずに露天の畑で，野菜や草花を栽培する方法。施設園芸農業に比べて生産費は安くすむが，天候に左右されやすい。

★**地産地消**　ある地域でつくられた農作物をその地域で消費すること。輸送費がほとんどかからず，輸送時の二酸化炭素の排出が少ないなどの利点がある。

★**食料自給率**　国内で消費される食料のうち，**国内生産でまかなえる食料の割合**。国内での生産量÷消費量×100で求められる。米・小麦・野菜・くだもの・肉類などが対象。外国からの輸入が多いと，食料自給率は低くなり，国内の生産で間に合っている場合は食料自給率が高くなる。**日本は先進国の中で，とくに食料自給率が低い**。原因は，**貿易自由化**が進み，安い外国産の食料の輸入が増えていることや，国内で農業で働く人が減っていることなどがある。

▲日本の食料自給率の変化

貿易自由化　輸入する量や種類を制限

することなく，**自由に貿易を行うこと**。日本はかつて国内の農家を守るため，**牛肉**や**オレンジ・米**などの農作物の輸入を制限していたが，アメリカ合衆国から輸入を増やすようせまられたため，1990年代から貿易自由化を進めている。外国産の安い農作物の輸入が増えると，国内の農家は価格競争に巻き込まれ，厳しい立場に立たされる。

左の食料自給率のグラフで，肉類やくだものが1990年以降に大きく減ったのは，このためだよ。

TPP（環太平洋経済連携協定）　太平洋を取りまく国々が結んだ**経済連携協定（EPA）**〔➡p.331〕。関税の撤廃，幅広い分野でのルールや手続きの統一などをめざす。アメリカ合衆国が2017年に離脱を表明し，2018年に11か国が署名した〔➡p.332〕。

9.日本の林業・漁業

針葉樹　細長い葉をもつ樹木。すぎ・まつ・もみ・ひのきなどがある。シベリアやカナダなどに広がる針葉樹の森林を**タイガ**〔➡p.14〕とよぶ。

三大美林（日本）　全国的にとくに優れている3か所の林のこと。天然林では，**青森ひば**，**秋田すぎ**，**木曽ひのき**。人の手で育てられた人工林では，**吉野すぎ**，**尾鷲ひのき**，**天竜すぎ**。

とる漁業　遠洋漁業・沖合漁業・沿岸漁業をまとめたよび名。魚のとりすぎや、各国の**排他的経済水域**〔➡p.46〕の設定によって、日本のとる漁業の漁獲量は減少している。

遠洋漁業　大型の船で遠くの海へ出かけて、数か月の期間をかけて魚をとる漁業。南太平洋のまぐろ漁や、北太平洋やベーリング海でさけ・ますをとる**北洋漁業**などがある。1970年代から各国が**排他的経済水域**〔➡p.46〕を設定し、外国漁船の操業を規制した影響を受けて、日本の遠洋漁業の漁獲量は大幅に減った。

沖合漁業　一般に**排他的経済水域**〔➡p.46〕内で、2週間以内の航海で行われる漁業。20t以上の船が使われる。現在の日本の漁業の中心だが、漁獲量は大幅に減少している。

沿岸漁業　10t未満の小さい船を使って日帰りできる程度の近海で行う漁業。定置網や地引き網などを使用して行う。

▲漁業種類別漁獲量と輸入量の変化

★**育てる漁業**　養殖漁業(養殖業)・栽培漁業をまとめたよび名。日本では、「とる漁業」の漁獲量が減少しているため、近年は育てる漁業に力を入れている。

★**養殖漁業(養殖業)**　魚・貝・海藻をいけすなどの施設を使って人の手で育て、大きくなってから出荷する漁業。計画的に出荷できるので、収入が安定する利点があるが、えさ代が高くつくなどの問題もある。

★**栽培漁業**　卵からかえした稚魚・稚貝を、一定の期間育てたあと海に放流し、自然の中で成長してからとる漁業。養殖漁業とあわせて「育てる漁業」とよばれる。北海道のさけ・ますの栽培漁業などが知られている。

！　養殖漁業と栽培漁業の違いをおさえよう！

養殖漁業　大きくなるまで育てる（放流はしない）

栽培漁業　途中で放流する

10. 日本の工業

第2次産業　石油・石炭・鉄鉱石など
の工業原料を採掘・精錬する鉱業や，
鉱業・農林水産業からとれたものを原
料として製品を生産する**工業（製造
業）**，ビルや道路をつくる**建設業**など
をまとめたよび名。第二次世界大戦後
の高度経済成長〔➡p.246〕とともに発達
した。

太平洋ベルト　関東地方南部から九
州地方北部の臨海部に，帯（ベルト）の
ように連なる工業のさかんな地域。か
つての四大工業地帯である**京浜工業地
帯**〔➡p.105〕・**中京工業地帯**〔➡p.98〕・**阪神
工業地帯**〔➡p.92〕・**北九州工業地帯（地
域）**〔➡p.79〕や，これらよりもあとに形成
された**京葉工業地域**〔➡p.106〕，**東海工
業地域**〔➡p.98〕，**瀬戸内工業地域**〔➡p.85〕
などが属する。太平洋ベルトには人口
も集中していて，多くの大都市がある。

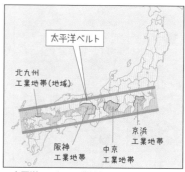

▲太平洋ベルトと工業地帯

重化学工業　機械・金属など，比較的
重い製品をつくる重工業と化学工業を
まとめたよび名。現在，日本の工業生
産額の7割以上を占めている。

機械工業　自動車・テレビ・パソコン
など，さまざまな機械をつくる工業。
日本の工業の中心となっている。電気
機械工業・輸送機械工業・一般機械（農
業機械・建設機械・産業用ロボットな
どをつくる）に分類される。

金属工業　鉄鉱石や石炭などの鉱産資
源を原料として，**鋼鉄・アルミニウム・
電線**などの金属を生産する工業。

鉄鋼業　石炭・コークス・鉄鉱石を原料
として，鉄製の材料をつくる工業。金
属工業の1つ。鉄鉱石などから鉄を取
り出し，その鉄をさらに熱して鋼をつ
くり，その鋼をさまざまな形に加工し
て鉄製の製品の材料にする。

化学工業　化学反応を利用して製品を
つくる工業。

医薬品や化粧品，プラスチックを
つくるのも化学工業に含まれる
んだよ。

石油化学工業　石油や天然ガスなどの
資源を原料に，**プラスチック**や，服な
どに使われる**合成せんい**などを生産す
る工業。石油精製工場を中心とする**石
油化学コンビナート**〔➡p.85〕を形成す
る。資源の輸入に便利で，埋め立てに
よって広い工業用地を得られる臨海部
で発達する。

軽工業 比較的軽く，日常で使うような製品をつくる工業。**せんい工業**，新聞や雑誌などを印刷する**印刷業**，紙やその原料となるパルプをつくる**パルプ・製紙工業**，農作物や水産物を加工して食料品をつくる**食料品工業**などがある。

せんい工業 天然せんいや化学せんいを原料にして，糸や着物などに使われる**織物をつくる工業**。かつて日本の工業の中心だったが，すべての工業の生産額に占める割合は低くなっている。

企業城下町 特定の一つの企業を中心に発展した都市。企業の本社や工場，**関連工場**などで住民が働いたり，企業が経済や社会に与える**影響力**が大きい。茨城県の日立市，愛知県の**豊田市**などが有名である〔➡p.98〕。

★**工業団地** 工場を集めるために計画的に整備された，工場が集中している地区。ふつう，同じ業種の工場が集まっている。原材料やできあがった製品の輸送に便利なように，高速道路沿いに多くみられる。内陸部には，**自動車**や**電気機器**などの組み立て式の工業の工業団地がみられる〔➡p.106〕。

(フォト・オリジナル)

▲工業団地

京浜工業地帯から内陸部へ発達した北関東工業地域などでみられるよ。

> ⚠ **工業の分類（重化学工業と軽工業）をおさえよう！**

重化学工業			軽工業		
機械工業	金属工業	化学工業	せんい工業	食料品工業	その他の工業
輸送用機械 自動車 船 電気機械　雑貨機械 テレビ　カメラ コンピュータ　時計	アルミニウム 鉄鋼 電線	ペーパークリーナー 洗剤 プラスチック 医薬品 灯油	糸 衣服 織物	パン かんづめ 乳製品 肉製品	セメント 印刷 パルプ・紙 陶磁器

★ 産業の空洞化

国内の企業が，工場を海外に移すことなどによって，国内でもものをつくる力が衰える現象。工場が海外に移転することで，国内で閉鎖される工場が増え，**失業者が増加すること**が問題となる。日本では，1980年代ころから問題となっている。とくに近年は，生産費が安い東南アジアの国々や中国に工場を移す企業が多くなっているため，産業の空洞化が進行している〔➡p.325〕。

11. 日本の商業・サービス業

第3次産業　卸売業・小売業などの**商業**，宅配便などの**運輸業**，銀行などの**金融業**，電話会社などの**通信業**，飲食・娯楽・教育・医療福祉などの**サービス業**などをまとめたよび名。現在，日本の産業人口全体の約7割を占めている。

商業　ものやサービスの売買にかかわる産業。おもに，問屋のように生産者から商品を仕入れて小売業へ売る**卸売業**〔➡p.302〕と，消費者に直接商品を売る**小売業**からなるが，サービス業を含めることもある。

小売業　生産者や卸売業者から仕入れた商品を消費者に販売する商業。百貨店(デパート)・ショッピングセンター・コンビニエンスストア・町の小さな商店のほか，オンラインショッピングなどの通信販売なども含む〔➡p.303〕。

サービス業　ものではなく，サービス(形のないもの)〔➡p.299〕を消費者に提供する産業。金融業・運輸業・広告業などさまざまなものが含まれる。近年は**教育産業・医療福祉業・情報通信業**などが成長してきている。

金融業　お金の取り引きにかかわる産業。個人や企業からお金を預かったり，企業などにお金を貸しつけたりする**銀行業**や，保険に入った人から保険料を集め，その人が事故にあったときや病気になったときなどに保険金を支払う**保険業**などがある〔➡p.311:金融機関〕。

運輸業　人やものの輸送に関わる産業。**自動車輸送**，**鉄道輸送**，**航空輸送**，船などによる**海上輸送**がある。

近年は，高速道路の整備などで，自動車輸送が中心になったけど，自動車輸送は二酸化炭素の排出量が多く，地球温暖化を引きおこす問題があるよ。

医療・福祉業　医療サービスや社会福祉サービスにかかわる産業。高齢者の身のまわりの世話などをする介護サービスもこれに含まれる。近年，日本は**高齢(化)社会**〔➡p.56〕をむかえ，第3次産業の中で，医療・福祉業が占める割合が高くなっている。

コンテンツ産業　情報通信業のうち，映画，アニメ，ゲーム，音楽などの制作や流通(配信)を行う産業。

★ **情報(化)社会** 情報が重要な役割を果たし，活用されている社会のこと〔➡p.254〕。

★ **グローバル化** 政治・経済・文化など，さまざまな分野において，**国や地域の枠を超えて，地球規模で結びつきが強まること**。貿易の自由化や交通網・通信網の発達などによって，近年はグローバル化が進んでいる〔➡p.255〕。

海上輸送 船による輸送方法。一度に大量の貨物を遠くまで運ぶことができるので**輸送費が安くつく**長所がある。航空輸送に比べるとスピードには欠ける。石油や石炭，液化天然ガス，重量の**重い工業製品の輸送**に適している。

タンカー 石油や天然ガスを運ぶ専用船。船倉がタンク構造になっている。輸送効率を高くするため船の大型化が進んでいる。

コンテナ船 コンテナとよばれる貨物用の大きな箱を専門に運ぶ船のこと。コンテナは同じ規格でつくられていて，貨物を積んだりおろしたりするのが簡単なので，海上輸送では，大型のコンテナ船が多く利用されている。

▲コンテナ船

航空輸送 飛行機による輸送方法。高速で人や物を遠くまで運ぶことができる。遠距離の旅客輸送，ＩＣ(集積回路)などの値段の高い製品，生鮮食料品の輸送に適している。

ハブ空港 国際空港のうち，**地域において人やものの輸送の中心となっている空港**。自転車の車輪の軸受け(ハブ)からスポーク(車輪の軸と輪を放射状に結ぶ棒)が伸びるように，放射状に航空路線をもつことからこうよばれる。代表的なハブ空港には，アジアでは韓国の**仁川国際空港**やシンガポールの**チャンギ国際空港**，アラブ首長国連邦のドバイ国際空港，ヨーロッパではイギリスの**ヒースロー空港**(ロンドン)などがある。

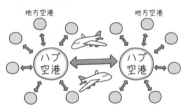

▲ハブ空港…人やものが集まるので地域経済の発展が期待される。

★★ **ＩＣ(集積回路)** 小さな基盤の上や内部に，さまざまな機能を組みこんだ超小型の電子回路。コンピュータをはじめとする，さまざまな電子機器に使われている。工場は輸送に便利な**高速道路や空港付近**に立地する。

電子機器 テレビ・デジタルカメラ・ゲ

ーム機・携帯電話など，電子のはたらきを利用した電気製品のこと。比較的軽量で値段が高いため，おもに**航空機を使って輸送される。**

時間距離

2地点間の距離を，何kmという空間の距離ではなく，**所要時間で表した距離**のこと。鉄道や高速道路などが東京を中心に整備されて，高速化が進んだことで，時間距離は縮まりつつある。

目的地まで「駅から徒歩10分」といった表現を使うよね。

訪日外国人

日本に観光やビジネスを目的として訪れる外国人。2015年以降急増し，とくにアジアからの観光客が多い。

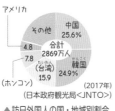

アメリカ 4.8
その他 7.8
（ホンコン）
（台湾）15.9
中国 25.6%
合計 2869万人
韓国 24.9%
（2017年）
（日本政府観光局〈JNTO〉）

▲訪日外国人の国・地域別割合

インバウンド

外国人が訪れてくる旅行のこと。**発展** これに対し，海外へ出かける旅行のことをアウトバウンドという。

海底ケーブル

通信のために海底に敷かれた管（ケーブル）。太平洋や大西洋などの海底に敷かれている。かつては同軸ケーブルという銅線のケーブルが中心だったが，近年は**光ファイバーケーブル**というガラスせんいに光信号を流す海底ケーブルが中心となった。これにより，より大量の情報を素早くやり取りできるようになった。

通信衛星

電話やテレビなどの電波を中継するために宇宙空間に打ち上げられた人工衛星。国内間だけでなく，国際間の電話やテレビ中継などの通信に使われている。

★★ 加工貿易

石油や石炭・鉄鉱石などの**原材料を輸入して，それらから工業製品をつくり，輸出する貿易**。かつて，日本の貿易は典型的な**加工貿易**だったが，近年は，機械類などの工業製品の割合が増えて，加工貿易の形はくずれつつある。

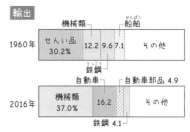

輸出

| 1960年 | せんい品 30.2% | 機械類 12.2 | 9.6 | 7.1 | その他 |

船舶
鉄鋼

| 1960年 | | | | | |

自動車
自動車部品 4.9

| 2016年 | 機械類 37.0% | 16.2 | その他 |

鉄鋼 4.1

輸入

機械類
| 1960年 | せんい原料 17.6% | 石油 13.4 | 7.0 | その他 |

鉄くず 5.1

液化ガス 5.6
| 2016年 | 機械類 26.0% | | その他 |

石油 10.0 衣類 4.5

（2017/18年版「日本国勢図会」）

▲日本の輸出入品の変化

製品輸入

外国で製品を生産して輸入

すること。

★ **貿易摩擦** 国と国との**貿易でおこる利害対立**のこと。一方の国の貿易黒字が大きく，もう一方の国の貿易赤字が大きくなるなど，不均衡な貿易が行われた場合におこる。日本とアメリカ合衆国との貿易では，自動車・半導体などの分野で，日本の大幅な貿易黒字を原因とする貿易摩擦がたびたびおきている。

★ **世界貿易機関（WTO）** **自由貿易を進めること**を目的に設立された国際機関。輸入品にかかる関税をなくすことや，輸入制限をなくすことなどによって，自由な貿易を拡大しようとしている。ものの貿易だけでなく，金融業や情報通信業などの**サービス業**，特許・文学などの**知的財産権**など，幅広い分野での自由化を進めている〔➡p.330〕。

サービス貿易 金融・運輸・情報通信などのサービス業を外国と取り引きすること。海外旅行先で受けたサービス，海外から来た歌手のコンサートへの参加，外国銀行の日本支店の利用などがあてはまる。

高速交通網 高速道路・新幹線・航空機などで結ばれた路線が，網の目のようにはりめぐらされていること。日本では，1960年代から高速交通網の整備が急速に進み，東京をはじめとする大都市中心に放射状に高速交通網が広がっている。地方都市間を結ぶ高速交通網の整備はおくれている。

東海道新幹線 東京都の**東京駅**と大阪府の**新大阪駅**を結ぶ新幹線。**東京オリンピック・パラリンピック**〔➡p.247〕が開催された1964年に開業した。新大阪駅で山陽新幹線（新大阪駅～博多駅）に接続し，東京駅～博多駅間を約5時間で結んでいる〔➡p.247〕。

山陽新幹線 福岡県の**博多駅**と大阪府の**新大阪駅**を結ぶ新幹線。1972年に新大阪駅～岡山駅間，1975年に岡山駅～博多駅間が開業し，全線開業した。

東北新幹線 東京都の**東京駅**と青森県の**新青森駅**を結ぶ新幹線。1982年に岩手県の盛岡駅と埼玉県の大宮駅間で開業し，2010年に東京都の東京駅から青森県の新青森駅までの全線が開業した。東京駅～新青森駅間を約3時間で結ぶ。

九州新幹線 九州地方の福岡県の**博多駅**と鹿児島県の**鹿児島中央駅**を結ぶ新幹線。2004年に，熊本県の新八代駅と鹿児島県の鹿児島中央駅までが開業し，2011年に福岡県の博多駅から鹿児島中央駅までの全線が開業した。

北陸新幹線 群馬県の**高崎駅**から長野県の**長野駅**，石川県の**金沢駅**をへて大阪府の**新大阪駅**を結ぶ予定の新幹線。1997年に高崎駅～長野駅間，2015年に長野駅～金沢駅間が開業した。2023年に金沢駅～福井県の敦賀駅間が開業予定。

北海道新幹線

青森県の**新青森駅**から北海道の**札幌駅**を結ぶ予定の新幹線。2016年に青森県の新青森駅〜北海道の新函館北斗駅間が開業した。札幌駅までは2031年までに開業予定。

東名高速道路

東京都世田谷区と**愛知県小牧市**を結ぶ高速自動車道。1969年に全線が開通した。小牧市で兵庫県西宮市までを結ぶ名神高速道路と接続する。2012年には北側を並行して**新東名高速道路**の静岡県の御殿場と三ケ日間が開通し、2020年度に神奈川県の海老名と愛知県の豊田間が全線開通予定である。

東北自動車道

埼玉県の川口市から青森市までを結ぶ、全長679.5kmで日本最長の高速道路。正式には東北縦貫自動車道。1987年に全線開通した。

福島・仙台・盛岡・青森などの東北地方の主要都市と首都圏を結んでいる。

中国自動車道

中国地方の内陸部を通り、大阪府吹田市と山口県下関市を結ぶ高速道路〔➡p.86〕。

山陽自動車道

中国地方の瀬戸内海側を通り、兵庫県神戸市と山口県下関市を結ぶ高速道路。西日本の東西を結ぶ大動脈としての役割を担っている。

リニア中央新幹線

超電導磁石を活用したリニアモーターカーで東京・大阪間を約1時間で結ぶ新幹線。磁石の力で浮かせて走ることで時速500kmの走行が可能。2027年に東京(品川)・名古屋間が開業予定、大阪までの全線開業は最速で2037年を予定している。

凡例：
- 営業中の新幹線
- 建設中の新幹線
- おもな高速道路

0　400km

札幌
新函館北斗
金沢
秋田
盛岡
新潟
仙台
岡山
京都
博多
広島
新大阪
名古屋
東京
熊本
鹿児島中央

▲日本の高速交通網

1.九州地方

九州地方 日本列島の南西にある地方。ユーラシア大陸に近く，古くから中国や朝鮮半島とのつながりが深い。雲仙岳や阿蘇山などの**火山が多く**，くじゅう連山には地下熱を利用した**地熱発電所**〔➡p.60〕がある。農業では北部の筑紫平野で稲作，南部の**宮崎平野**で野菜の**促成栽培**〔➡p.64〕や，鹿児島県や宮崎県での**豚**や**肉牛**の飼育がさかん。工業では，北部に古くから**北九州工業地帯(地域)**が形成されている。

九州山地 九州地方の中央部に連なる，高く険しい山地。九州山地を流れる急流の球磨川には多くのダムがつくられ，水力発電が行われている。

筑紫山地 九州地方の北部をほぼ東西に走る，低くてなだらかな山地。かつては石炭が産出し，**筑豊炭田**が栄えた。

★ **阿蘇山** 熊本県東部にある火山。南北約24km，東西約18kmもある世界最大級の**カルデラ**がある。カルデラ内には，田や畑があり，鉄道も走っていて，町が広がっている。

★ **カルデラ** 火山の爆発や噴火により，頂上付近が落ちこんでできた大きなくぼ地。周りは外輪山という山々で囲まれ，内部には，火口原とよばれる平らな土地が広がっている。

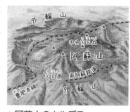
▲阿蘇山のカルデラ

雲仙岳 長崎県の島原半島中央部にある火山群をまとめたよび名。そのうち，**普賢岳**は1990年に噴火し，翌年には高温の**火砕流**〔➡p.53〕が多くの集落に押しよせて大きな被害を与えた。

日本海
福岡平野
福岡県
筑紫山地
佐賀県
筑後川
大分県
五島列島 長崎県 筑紫平野 有明海 大分平野
雲仙岳 熊本平野 阿蘇山
熊本県 九州山地
東シナ海 球磨川 宮崎平野
鹿児島県 宮崎県
桜島 太平洋
薩摩半島 鹿児島県
大隅半島 沖縄島
種子島 沖縄県
0 ──── 100km 屋久島 宮古島 0 100km
石垣島

▲九州地方の地形

★ **桜島** 鹿児島湾にある火山島。大隅半島と陸続きになっている。最も高い御岳を中心に、中岳・南岳などがそびえる。現在でもたびたび噴火し、鹿児島市内などに火山灰を降らせることがある。

▲噴煙を上げる桜島

★ **シラス台地** 火山の噴火によって、シラスとよばれる白い火山灰や小石が積もってできた台地。**鹿児島県から宮崎県南部**にかけて広がっている。水分を保ちにくいため、乾燥に強い**さつまいも(かんしょ)**などの栽培が行われてきたが、農業用水やかんがい設備の整備によって、野菜や茶の栽培もさかんになった。

▲シラス台地の分布

南西諸島 九州の南の海上に連なる多くの島々。鹿児島県に属する吐噶喇列島や奄美群島、沖縄県に属する沖縄諸島や先島諸島などで構成される。

屋久島 大隅半島の南方約60kmに位置する円形の島。鹿児島県に属する。中央部にある宮之浦岳(1936m)は九州一高い山。屋久杉の原生林がみられ、**世界自然遺産** 〔➡p.90〕に登録された。

さんご礁 さんご虫の死がいや分泌物が固まってできた、石灰質の岩の集まり。水温が高く、すんだ浅い海に発達する。日本では、**沖縄県**や東京都の**小笠原諸島**などでみられる。

★ **筑紫平野** 福岡県と佐賀県にかけて広がる、有明海に面した平野。**筑後川**が運んできた土砂が積もってできた平野で、有明海沿岸は江戸時代からの**干拓**によって耕地が広げられてきた。九州地方で最も**稲作**がさかんな地域だが、福岡県側では、冬に麦やい草を栽培する**二毛作** 〔➡p.62〕も行われている。佐賀県側には、**クリーク**とよばれる水路がはりめぐらされているが、近年は減少している。

筑後川 大分県のくじゅう連山や熊本県の阿蘇山周辺を水源として、福岡県と佐賀県の県境を流れ、有明海に注ぐ川。**九州地方で最も長い川。**下流には筑紫平野が広がる。水量が多く、洪水の被害が多かったが、近年はダムなどが建設され、被害は少なくなった。

★ **宮崎平野** 宮崎県中部にあり，日向灘に面する平野。暖流の**黒潮(日本海流)**〔➡p.48〕の影響で冬でも暖かい気候をいかし，ビニールハウスや温室を利用した**ピーマン**や**きゅうり**などの**促成栽培**〔➡p.64〕がさかん。

棚田 〔➡p.63〕。九州地方の山がちな地域では，棚田をつくって稲作を行っているところが多い。

二毛作 〔➡p.62〕。九州地方の筑紫平野では表作に稲作，裏作としてビールの原料となる大麦の栽培を行う二毛作が行われている。現在は，**減反政策**〔➡p.63〕により水田が減少し，ビニールハウスを使ったトマト・いちご・なすなどの栽培が増えている。

東シナ海 九州地方南西に広がる海。水深が200mくらいまでの**大陸棚**〔➡p.48〕が広がり，よい漁場となっている。 発展 周辺の漁港では，あじ・さば・いか・かれいの水揚げが多い。

★ **有明海** 長崎県・佐賀県・福岡県・熊本県に囲まれた海。潮の満ち干の差が大きく，江戸時代から**干拓**〔➡p.48〕によって耕地を広げてきた。潮が引いたときには，干潟という砂や泥でできた湿地が広がり，ムツゴロウなどの魚がみられる。**のりの養殖**がさかんだが，**諫早湾の干拓**により生産量が減少し，問題となっている。

★ **諫早湾** 長崎県南東部の**有明海**に面する湾。干潟が広がり，古くから**のり**の養殖がさかん。洪水の被害を防ぐことや農地をつくることを目的に，1989年から**干拓**〔➡p.48〕が行われ，海と干潟を分けるしめきり堤防が完成したが，のりの養殖に被害が出るなどの問題が発生した。

福岡県 九州地方北部にある県。九州地方で最も人口が多い。県庁所在地は**福岡市**。筑紫平野で稲作が行われ，消費地の福岡市へ出荷する生鮮野菜の栽培もさかん。ブランドいちごの「あまおう」は有名。北九州市には**北九州工業地帯(地域)**が形成され，九州の工業の中心となった。近年は，自動車やIC(集積回路)を中心とする半導体産業が発達している。

福岡市 福岡県の県庁所在地で，九州地方の**地方中枢都市**〔➡p.56〕。**政令指定都市**〔➡p.56〕でもある。市外からの通勤・通学者も多く周辺の市町村を含めて都市圏を形成している。政府の出先機関や企業の支店・支社が多く，山陽新幹線と九州新幹線〔➡p.72〕の発着地(博多駅)でもある。福岡空港は，アジア各地への国際路線が開設されている。古くから大陸とのつながりが深く，**アジアの玄関口**ともなっており，市内の博多港と韓国のプサン港は高速フェリーで数時間の距離にある。

福岡市と韓国のソウルの距離は約500km，福岡市と東京の距離よりも短いんだって。

北九州市 福岡県の北部にある都市。九州地方で福岡市についで人口が多く、**政令指定都市**でもある。明治時代に官営の**八幡製鉄所**〔➡p.219〕がつくられ、**北九州工業地帯(地域)**の中心となり、**鉄鋼業**を中心に工業が発展した。関門トンネルや関門橋で本州と結ばれて、交通の要所となっている。**発展**

1960年代、工業の発展とともに大気汚染や水質汚濁などの環境問題がおこったが、市・企業・市民が協力して環境改善に取り組み、現在は**環境モデル都市**に選定されている。廃棄物のリサイクル工場を集めて**エコタウン事業**にも取り組んでいる。

佐賀県 九州地方の北西部にある県。県庁所在地は**佐賀市**。福岡県との県境に九州一の稲作地帯である筑紫平野が広がる。筑紫平野の佐賀県側には**クリーク**とよばれる入り組んだ水路がみられるが、耕地整理による埋め立てが進んでいる。ビール用の**大麦**や**たまねぎ**の栽培がさかんで、収穫量は全国有数。有明海では、古くから**のり**の養殖が行われている。工業では、**伊万里・有田焼**などの陶磁器の生産が知られている。

長崎県 九州地方の西部にある県。県庁所在地は**長崎市**。日本で最も島の数が多い県で、複雑に入り組んだ**リアス海岸**〔➡p.48〕がみられる。海沿いの暖かい丘陵地では、みかん・びわなどの栽培がさかん。水産業がさかんで、水揚げ量は日本有数。はまち、たい、くるまえび、うなぎ、真珠の養殖も行われている。工業では、古くから長崎市や佐世保市で**造船業**が行われている。

長崎県の海岸線の長さは、4000km以上もあって、北海道についで長いんだ。

熊本県 九州地方の中西部にある県。県庁所在地は**熊本市**。農業がさかんで、八代平野で栽培されているい草の収穫量は全国の収穫量のほとんどを占めている。ほかにトマトやすいかなどの栽培もさかん。水俣市では**四大公害病**の1つである**水俣病**が発生したが、現在は**環境モデル都市**として、環境対策に力を入れている。

い草 たたみ表の材料となる工芸作物。八代平野や筑紫平野で栽培がさかんだが、近年は国内の生産量が減少している。

大分県 九州地方の北東部にある県。県庁所在地は**大分市**。**別府温泉**など、温泉地が多い。農業では、かんきつ類の**かぼす**の収穫量が全国一。林業では**日田すぎ**が知られている。佐賀関港で水揚げされる「関あじ」・「関さば」は、地域ブランドとして登録され、高値で取り引きされている。大分市の海沿いに石油化学コンビナートがあり、鉄鋼業も発達している。

宮崎県 九州地方の南東部に位置する県。県庁所在地は**宮崎市**。宮崎平野で、

きゅうりやピーマンなど，野菜の促成栽培〔➡p.64〕が行われている。南部のシラス台地〔➡p.75〕では，豚や肉用牛・肉用にわとりなどの飼育がさかん。水産業では，かつおの一本釣りとまぐろのはえなわ漁が行われている。

鹿児島県 九州地方の南部にある県。南西にある種子島や屋久島などの島々も含まれる。県庁所在地は鹿児島市。県の面積の多くを，桜島などの噴火による火山灰土でできたシラス台地〔➡p.75〕が占めている。古くからさつまいも（かんしょ）の栽培がさかんなほか，畜産業もさかんで，豚・肉用牛・肉用にわとりの飼育頭数は全国有数。茶の生産量も多い。枕崎港は日本有数のかつおの水揚げ港として知られている。

沖縄県 日本の南の端にある，多くの島々からなる県。県庁所在地は那覇市。亜熱帯の気候〔➡p.51〕に属し，1年中暖かく，降水量が多い。古くから砂糖の原料となるさとうきびやパイナップルの栽培が行われてきたが，近年はゴーヤー・マンゴー，電照菊〔➡p.94〕の栽培がさかんになり，フェリーや飛行機で県外へ出荷されている。第二次世界大戦後はアメリカ合衆国の支配下に置かれ，1972年に返還された〔➡p.246〕。今もアメリカ軍基地（米軍基地）が多く，経済の中心は，かつては米軍基地関連の産業だった。現在は，琉球王国時代の遺跡や美しい自然をいかした観光業がさかんで，県外に本社のある企業が消費者の問い合わせに対応するコールセンターを沖縄県に置くことが増えている。

▲沖縄島の土地利用

沖縄島の土地の約15％は，アメリカ軍用地が占めているんだよ。

!**九州の畜産物をチェック！**

南九州で畜産がさかん。

肉用牛 計250万頭	北海道	鹿児島	宮崎	熊本 5.0 岩手 3.7		その他
		20.7%	12.9	宮崎 9.8		その他

豚 計935万頭	鹿児島	宮崎 9.1 千葉 7.1		その他
	14.2 ％	北海道6.8	群馬 6.7	その他

肉用にわとり 計1億3492万羽	宮崎 20.5 ％	鹿児島 19.7	岩手 16.3	青森 5.4	北海道3.5
					その他

（2017年）（「データでみる県勢」2018年版）

▲おもな家畜の飼育頭羽数の割合

琉球王国　15〜19世紀にかけて沖縄で成立した独立国〔➡p.159〕。日本やアジアの国々との中継貿易で栄えたが，江戸時代初期に薩摩藩（鹿児島県）の支配を受け，明治時代の初期に日本に編入された。当時の建物や独自の文化が現在も残り，首里城などは**世界文化遺産**〔➡p.90〕に登録された。

★**八幡製鉄所**　1901年に現在の**北九州市**で操業を開始し，明治政府によって運営された官営の製鉄所〔➡p.219〕。**北九州工業地帯(地域)**は，この八幡製鉄所の建設によって，鉄鋼業を中心に発達した。「明治日本の産業革命遺産 製鉄・製鋼，造船，石炭産業」の構成資産の1つとして**世界文化遺産**〔➡p.90〕に登録された。

八幡
官営八幡製鉄所ほか

萩
萩反射炉，
松下村塾ほか

佐賀
三重津海軍所跡

長崎
長崎造船所，
端島炭坑ほか

三池
三池炭鉱ほか

鹿児島
旧集成館ほか

韮山
韮山反射炉

釜石
橋野鉄鉱山

▲「明治日本の産業革命遺産 製鉄・製鋼，造船，石炭産業」の構成資産

★**北九州工業地帯(地域)**　福岡県北部に発達している工業地帯。**八幡製鉄所**で筑豊炭田の石炭と中国から輸入された鉄鉱石を原材料にして**鉄鋼業**が発展し，北九州工業地帯が形成された。しかし，1960年代の**エネルギー革命**の影響で筑豊炭田は衰退し，鉄鉱石の輸入先も中国からオーストラリアに変わったことなどから鉄鋼業が衰え，北九州工業地帯の地位が低下した。現在は，自動車関連の工場が進出し，機械工業が中心になっている。

★**筑豊炭田**　かつて福岡県北部の遠賀川流域にあった，炭田（石炭の産出地）。日本最大の産出量があり，北九州工業地帯(地域)の発展を支えていたが，1960年代の**エネルギー革命**などにより衰え，1970年代に閉山した。

★**エネルギー革命**　動力や発電など，エネルギー源の中心が急速に転換すること。日本では，1960年代におこった石炭から石油への変化をさすことが多い。

シリコンアイランド　IC (集積回路)〔➡p.70〕関連の工場が多い九州地方をさす言葉。シリコンとは，ICに使われる物質で，アメリカ合衆国南西部の先端技術産業(IC産業を含む)が発達している**シリコンバレー**〔➡p.39〕にちなんで，こうよばれる。九州地方には，早くから高速道路や空港が整備されたことにより，その周辺にIC工場が進出した。

公害 産業活動や日常生活によって，人々の健康や環境などに悪い影響が出る被害。**大気汚染・水質汚濁・土壌汚染・騒音・振動・悪臭・地盤沈下**など，さまざまな公害がある。

四大公害病 1960年代に表面化した，4つの大きな公害病。熊本県の水俣湾周辺の**水俣病**，富山県神通川下流域の**イタイイタイ病**，三重県の四日市市の**四日市ぜんそく**，新潟県阿賀野川下流域の**新潟水俣病**の4つをさす。四大公害病に対して，被害者側が国・県・企業に責任を問う裁判が行われ，いずれも被害者側が勝訴した。

イタイイタイ病
神通川下流域
（富山県）

新潟水俣病
阿賀野川下流域
（新潟県）

四日市ぜんそく
四日市市（三重県）

水俣病
水俣湾周辺（熊本県）

▲四大公害病がおこった場所

水俣病 熊本県の水俣湾周辺で発生した，四大公害病の1つ。化学工場から出たメチル水銀（**有機水銀**）におかされた魚を食べた人たちに，神経障害や運動機能の低下などの症状が出た。裁判によって，工場側の責任が確定した。

★**環境モデル都市** 低炭素社会（地球温暖化の原因となる二酸化炭素などの排出量の少ない社会）を実現するために積極的な取り組みをしており，それを国に認められた都市。リサイクルの徹底や再生可能エネルギー〔➡p.60〕の推進，環境学習の導入などを行っている。福岡県北九州市・熊本県水俣市・神奈川県横浜市など，2018年現在，23都市が選定されている。

★**エコタウン（事業）** 地方公共団体（地方自治体）が行う，家庭や工場から出るゴミ（廃棄物）をリサイクルすることによって，廃棄物をゼロにすることをめざした事業。エコタウン事業に取り組む市町村は，国からの援助を受けることができる。

北九州市の臨海部にリサイクル工場を集めた「北九州エコタウン」があるよ。

★**持続可能な社会** 未来の人々の負担にならないように，環境保護を意識して開発を進める社会のこと。持続可能な社会を実現するために，資源の再利用，資源が枯れる心配のない太陽光や地熱などの**再生可能エネルギー**〔➡p.60〕の活用などの取り組みを進めている。また，あらゆる廃棄物を産業の原料として活用することで，廃棄物を最終的にゼロにする**ゼロ・エミッション**が進められている。

2. 中国・四国地方

中国・四国地方　本州の西の端にある**中国地方**と，瀬戸内海を隔てて向かい合う**四国地方**をまとめたよび名。古代以来の3つの道に由来して，**山陰，瀬戸内，南四国**の3つの地域に分けられる。農業は，瀬戸内海に面する地域で**みかんの栽培**，高知平野で**野菜の促成栽培**[➡p.64]がさかん。工業は**瀬戸内工業地域**が発達。本州と四国は，**瀬戸大橋**や**しまなみ海道**などの本州四国連絡橋で結ばれている。

山陰　中国地方のうち，中国山地より北の地域。冬に雪が多く，降水量が多い**日本海側の気候**[➡p.52]に属する。人口が少なく，工業はあまり発達していない。山間部では**過疎化**[➡p.56]が深刻。

山陽　中国地方のうち，中国山地より南の地域。広島市や岡山市などの大都市が多い。

瀬戸内　中国・四国地方のうち，瀬戸内海に面する地域。海岸線が入り組んでいるところが多く，小さな島々が点在している。**瀬戸内の気候**[➡p.52]に属し，1年中雨が少ない。人口が集中し，工業が発達している。

南四国　四国地方のうち，四国山地より南の地域。**太平洋側の気候**[➡p.52]に属し，夏に雨が多い。人口が少なく，工業はあまり発達していない。

瀬戸内海　本州，中国・四国，九州地方に囲まれた東西に細長いおだやかな海。潮の満ち干の差が大きく，干拓が進められてきた。古くから海上交通が発達し，江戸時代以降に多くの塩田開発が行われた。

「陰」は「山の北側」を意味するんだって。

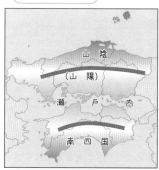

▲中国・四国地方の地域区分

▲中国・四国地方の地形

地図中: 新幹線　0　100km

中国山地 中国地方の中央を東西に連なる, なだらかな山地。最も高い山は鳥取県西部にある大山(1729m)。

四国山地 四国地方の中央を東西に連なる, 起伏がはげしく険しい山地。西に石鎚山と東に剣山がある。

中国山地と四国山地と季節風

2つの山地にはさまれた瀬戸内は, 雨が少ない。

→湿った空気 ➡乾いた空気

瀬戸内海沿岸は, 夏も冬も季節風の影響が少ないから, 雨が少なくなるんだ。

鳥取砂丘 鳥取県北東部の千代川の河口周辺に発達した, **日本最大級の海岸砂丘**。大きさは東西約16km, 南北約2km。周辺地域は, かつて農業に不向きであったが, スプリンクラーなどのかんがい設備の整備や防砂林により, **らっきょう・ながいも・すいか**などの栽培がさかんになった。砂漠化を防ぐ技術が世界各地でいかされている。

▲鳥取砂丘

★ **讃岐平野** 香川県の瀬戸内海に面する平野。瀬戸内の気候に属するため, **雨が少ない**。昔から水不足になることが多く, **ため池**をつくって稲作などに利用してきた。1970年代には吉野川から水を引く**香川用水**が引かれたことから水不足になることは少なくなり, レタス・たまねぎなどが栽培されるようになった。

★ **ため池** 水不足に備えてつくられた, かんがい用の池。香川県の**讃岐平野**や奈良県の**奈良盆地**などでみられる。讃岐平野には, 空海〔➡p.142〕にゆかりの深い満濃池など, 多くのため池がある。**香川用水**が引かれたことによって, その役割は低下している。

▲讃岐平野のため池

★ **高知平野** 高知県南部の土佐湾沿いに広がる平野。かつては温暖な気候をいかして, 米を1年に2回栽培する**二期作**がさかんだったが, 日本全体で米が余るようになり, 政府による**減反政策**〔➡p.63〕が行われた結果, 二期作は行われなくなった。現在は, ビニールハウスや温室を使った, **ピーマンやなす**などの野菜の**促成栽培**〔➡p.64〕がさかん

である。

鳥取県　中国地方の日本海に面する県。県庁所在地は**鳥取市**。人口は日本で最も少なく，約57万人（2017年）。南部に中国山地が東西に連なり，沿岸部には日本最大級の砂丘である**鳥取砂丘**が広がる。砂丘周辺では，らっきょう・ながいも・すいかなどの栽培がさかんで，丘陵地では**日本なし**の栽培が行われている。境港市にある境港は「松葉がに（ズワイガニ）」の水揚げで知られている。

> 境港市は，人気漫画のキャラクターを活用した町おこしで成功したんだ。

島根県　中国地方の日本海に面する県。県庁所在地は**松江市**。人口は隣の鳥取県についで，日本で2番目に少なく，約69万人（2017年）。**世界文化遺産**〔➡p.90〕の**石見銀山**〔➡p.182〕や，神話にゆかりのある出雲大社などが知られており，多くの観光客が訪れる。宍道湖でとれる**しじみ**の収穫量は全国一。

岡山県　中国地方の瀬戸内海に面する県。県庁所在地は**岡山市**。瀬戸内海に面して広がる岡山平野は，児島湾を干拓することで耕地を広げてきた。**ぶどう・もも**の栽培がさかんで，高級なマスカットと白桃がとくに知られている。臨海部は**瀬戸内工業地域**の中心地で，**倉敷市水島地区**には**石油化学コンビナート**と製鉄所が形成されている。

広島県　中国地方の瀬戸内海に面する県。県庁所在地の**広島市**は，1945年に**原子爆弾（原爆）**の被害を受けた〔➡p.238〕。瀬戸内海沿岸で養殖される**かき**の収穫量は全国一。臨海部は**瀬戸内工業地域**の一部で，広島市で自動車工業，福山市で鉄鋼業が発達している。

計 16.4万t	広島 65.0%		宮城 11.4	その他

（2015年）　　（2018年版「データでみる県勢」）

▲かきの収穫量の割合

広島市　広島県の南西部，太田川の三角州〔➡p.47〕にある都市。広島県の県庁所在地で，中国・四国地方の**地方中枢都市**〔➡p.56〕で**政令指定都市**〔➡p.56〕でもある。自動車工業がさかんで，瀬戸内工業地域の中心的な役割をになっている。第二次世界大戦末期の1945年に**原子爆弾（原爆）**が投下され〔➡p.238〕，多くの被害が出た。現在は**平和記念都市**として世界に核兵器の悲惨さを訴えている。

原爆ドーム　広島市の中心部にある，かつての広島県産業奨励館。第二次世界大戦末期の1945年，**原子爆弾（原爆）**による爆風と熱によって破壊され，むき出しの鉄骨が残るのみとなった。

▲原爆ドーム

世界文化遺産〔➡p.90〕に登録され，「負

の遺産」として戦争の悲惨さを伝えている。

山口県　本州の西の端にある県。県庁所在地は**山口市**。内陸部の**秋吉台**には，日本最大級の**カルスト地形**（石灰岩が雨などで侵食されてできた地形）がみられる。水産業では，下関港のふぐの水揚げが知られている。瀬戸内海側は**瀬戸内工業地域**に属し，周南市や宇部市で石油化学工業が発達している。九州地方とは，**関門トンネルと関門橋**などでつながっている。

徳島県　四国地方の東部にある県。県庁所在地は**徳島市**。**吉野川**が流れ，あゆの**養殖漁業**が行われている。農業では**すだち**の栽培がさかんで，県の特産品。北東部の鳴門海峡は，潮の満ち干によっておこるうず潮で有名で，まだいがとれる。鳴門海峡には**大鳴門橋**がかかり，**神戸〜鳴門ルート**で本州とつながっている。**過疎化**〔➡p.56〕が進む上勝町では，情報システムを整備して高齢者を中心に植物の葉を料理用の「つまもの」にするビジネスで地域の活性化をはかっている。

「葉っぱビジネス」では，お年寄りたちが元気に働いているんだって！

香川県　四国地方の北東部にある，面積1877km²の日本で最も小さい県。県庁所在地は**高松市**。**讃岐平野**には多くの**ため池**がみられる。瀬戸内海にある

小豆島では**オリーブ**〔➡p.13〕の栽培がさかんで，収穫量は全国一。坂出市で石油化学工業が発達し，丸亀市の丸亀うちわなどの伝統工業も行われている。「讃岐うどん」が有名。

愛媛県　四国地方の北西部にある県。県庁所在地は**松山市**。海に近い山の斜面では，**みかん**を中心に，伊予かん・夏みかん・ポンカンなどのかんきつ類の栽培がさかんで，近年は，キウイフルーツの栽培も行われている。水産業では，ぶり・まだい・真珠の養殖がさかん。北部は**瀬戸内工業地域**に属し，新居浜市で石油化学工業，今治市でタオルづくりなどが発達している。

計 6.4万t	愛媛 53.8%	熊本 16.4	その他

三重8.7

（2015年）　（2018年版「データでみる県勢」）

▲養殖漁業のまだいの収穫量の割合

高知県　四国地方の太平洋に面する県。県庁所在地は**高知市**。沖合いを流れる暖流の**黒潮（日本海流）**〔➡p.48〕の影響で，冬でも比較的暖かい。「日本最後の清流」とよばれる**四万十川**が流れ，あゆ・川のりが名産品。**高知平野**では，ピーマン・なすなどの野菜の**促成栽培**〔➡p.64〕がさかん。土佐清水市の近海では，かつおの一本釣りが有名。かつおを加工したかつお節の生産がさかん。山間部の馬路村は，昔からゆずの栽培がさかんであったが，近年は特産品のブランド化に成功して，地域の活性化

をはかっている。

★ **瀬戸内工業地域**　瀬戸内海沿岸に形成されている工業地域。古くは製塩業や造船業がさかんだった。瀬戸内海沿岸は塩をつくっていた塩田の跡地や，遠浅の海岸が広がっており，埋め立てにより工業用地が確保しやすかったことから，**製鉄所**や**石油化学コンビナート**がつくられ，一大工業地域に発展した。**倉敷市水島地区**で石油化学工業と鉄鋼業，福山市で鉄鋼業，周南市で石油化学工業，広島市や防府市で自動車の組み立てを行う自動車工業が発達している。

▲瀬戸内工業地域のおもな工業

★ **水島地区**　岡山県倉敷市の臨海部にある地区。かつては，米・い草の栽培や，沿岸漁業が行われていたが，1950年代から高梁川の河口を埋め立てて，大規模な**石油化学コンビナート**と**製鉄所**がつくられ，**水島臨海工業地域（地帯）**が形成された。現在では，**瀬戸内工業地域**を代表する工業地域になっている。

コンビナート　原料・燃料・製品などの面で関係が深い工場どうしが結びついて，総合的な生産を行っている工場の集団。このうち，石油関連の工場が結びついたものを**石油化学コンビナート**，鉄鋼関連の工場が結びついたものを**鉄鋼コンビナート**という。

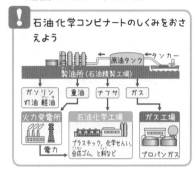

石油化学コンビナートのしくみをおさえよう

★ **本州四国連絡橋**　本州と四国を結ぶ3つのルートにかかる橋をまとめたよび名。児島〜坂出ルートにかかる**瀬戸大橋**，神戸〜鳴門ルートにかかる**明石海峡大橋**と**大鳴門橋**，尾道〜今治ルートのしまなみ海道にかかる来島海峡大橋・因島大橋などがこれに含まれる。

▲本州四国連絡橋

★ 瀬戸大橋　本州四国連絡橋のうち，岡山県倉敷市児島地区と香川県坂出市を結ぶ，6つの橋をまとめたよび名。本州四国連絡橋のうち，最も早い1988年に開通した。2層の構造となっていて上を自動車，下を鉄道が通る。

▲瀬戸大橋

★ 明石海峡大橋　本州四国連絡橋の神戸～鳴門ルートのうち，兵庫県神戸市と淡路島の間にかかる橋。全長3911mは，つり橋としては世界最長。

★ しまなみ海道　広島県尾道市と愛媛県今治市を結ぶ西瀬戸自動車道の愛称。瀬戸内しまなみ海道ともよばれ，本州と四国を結ぶ3ルートのうちの1つ。来島海峡大橋や因島大橋など多くの橋がかかり，一部の区間を除いて，自転車と歩行者の専用道路がつくられている。

橋の開通で，交通手段はフェリーから自動車へと変わったんだって。

中国自動車道　中国地方の内陸部を通る高速道路〔➡p.73〕。中国自動車道の開通で，沿線に工業団地が進出した。

ストロー現象　高速道路などの交通網

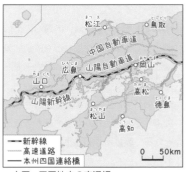

▲中国・四国地方の交通網

の整備により，人やものが大都市へストローのように吸い寄せられ，地方都市が衰退してしまう現象。ストロー効果ともいう。本州四国連絡橋の開通で，四国地方と本州の岡山県や大阪府の間でこの現象が見られる。

平成の大合併　1999年（平成11年）から2010年（平成22年）までの間に行われた大規模な市町村の合併。この間に全国の市町村の数は約3200（1999年3月末）から約1700（2010年3月末）に減った。

★ 町おこし・村おこし　町や村が地域の活性化をめざす取り組み。地域おこしともよばれる。とくに人口が急激に減少している過疎地域〔➡p.56〕で行われている。独自の料理をつくったり，歴史と伝統をいかしたイベントを行ったり，耕作放棄地となっている棚田のオーナーを募集したりと，さまざまな取り組みが行われている。

3.近畿地方

近畿地方　中国・四国地方と，中部地方にはさまれた2府5県からなる地方。面積は7地方区分の中で関東地方の次にせまいが，人口は関東地方の次に多い。南部は**紀伊半島**が占め，北部には日本最大の湖の**琵琶湖**がある。大都市周辺で**近郊農業**[➡p.64]がさかん。**阪神工業地帯**が広がり，臨海部で石油化学工業や鉄鋼業，内陸部には中小企業の工場が多い。古くに都が置かれた奈良市や京都市周辺には歴史的な建造物が多く，**世界文化遺産**や，国宝・重要文化財が多い。

畿内　古代の国家の中心部である，摂津・河内・和泉・大和・山城の総称。近畿地方はこれに近い地方の意味。

紀伊山地　紀伊半島を東西に連なる，高く険しい山地。南東部の大台ケ原山周辺は，季節風が強く，年間の降水量が4000mm近くにもなる日本有数の多雨地域。雨が多いため，森林がよく育ち，**吉野すぎ・尾鷲ひのき**など，良質の木材の産地となっている。森林の多くは個人所有の私有林である。

尾鷲ひのき　紀伊山地のふもとにある，三重県尾鷲市周辺で生育するひのき。強度が高く，良質な木材として，さまざまな用途で使われている。

志摩半島　紀伊半島の東部に突き出た三重県にある半島。海岸線が複雑に入り組んだ**リアス海岸**[➡p.48]が連なり，伊勢志摩国立公園に指定されている。半島にある英虞湾は，日本で初めて真珠の養殖に成功した場所で，現在も真珠の養殖が行われている。

京都府や大阪府の「府」は，都の意味があるんだよ。現在「府」とよばれているのは，この2つだけ。

▲琵琶湖

▲近畿地方の地形

★ **琵琶湖** 滋賀県にある**日本最大の湖**。面積は670km²で、滋賀県の面積の約6分の1を占める。「**近畿の水がめ**」とよばれ、周辺の府県に生活用水・農業用水・工業用水を供給している。南部の地域で人口や工場が増加したことによって、生活廃水や産業廃水が湖に流れこんで水質が汚染され、**(淡水)赤潮**や**アオコ**が発生し、問題となった。滋賀県では、水質汚染を改善するため、リンを含む合成洗剤の使用を禁止するなどの取り組みを行っている。

淀川 大阪平野を流れて大阪湾に注ぐ川。琵琶湖を水源とし、西へ流れて瀬田川から宇治川と名前を変えて淀川となる。

水運 川・湖・海などや人工的につくった水路などで、船を利用して人やものを運ぶこと。かつて、日本全国で重要な輸送手段として発達し、江戸時代には、大型の船で**東廻り航路**や**西廻り航路**〔➡p.183〕で物資を運んだ。現在は、自動車輸送が中心となっているため、役割は低下したが、重い物や大型のものの輸送では重要な役割をになっている。

★ **赤潮** 海・川・湖の**水面が赤く染まってみえる現象**。このうち、川や湖といった淡水で発生するものを、**淡水赤潮**という。合成洗剤に含まれるリンなどによって、水中の栄養分が増えすぎて、プランクトンという微生物が異常発生することによっておこる。赤潮が発生すると水中の酸素が不足し、魚・貝・海藻などに大きな被害が出る。同様の原因で**水面が緑色にみえる現象をアオコ**という。

1992年には、琵琶湖の水質を浄化するヨシを守る条例もつくっているよ。

地盤沈下 地下水をくみ上げすぎたことによっておこる、地面が沈みこむ現象。建物にひびが入ったり、洪水や高潮による被害を受けたりする。

★ **大阪大都市圏** **大阪市**を中心として、**神戸市・京都市・奈良市**などにまたがる人口が集中した地域。**東京大都市圏・名古屋大都市圏**とともに、**三大都市圏**〔➡p.56〕の1つ。近畿地方の中心地としての役割をにない、産業と交通網が集中している。大阪市を中心に鉄道が放射状にのびて、それぞれの都市に通勤・通学する人が住む千里ニュータウン・泉北ニュータウン・西神ニュータウンなど、**ニュータウン**も多い。**京阪神大都市圏**、関西大都市圏ともよばれる。

ターミナル駅 都心や副都心にあり、**中心部と郊外・近隣の県を結ぶ鉄道の発着駅**。東京都では、新宿駅・池袋駅・渋谷駅など、大阪府では梅田駅や難波駅などがターミナル駅となっている。駅周辺にはオフィスや商店街・飲食店が多くたち並び、駅を中心に都市づく

りが進められている。

大阪府　近畿地方にある，大阪湾に面する府。面積は香川県についで小さいが（約1905㎢），人口は約880万人で東京・神奈川についで全国第3位（2018年）。府庁所在地は**大阪市**。周辺には大都市の機能を分担する衛星都市や，千里・泉北などの**ニュータウン**がある。郊外で**近郊農業**〔➡p.64〕がさかん。臨海部では鉄鋼業や石油化学工業がさかんで，内陸部には機械工業などの**中小企業**が多い。

大阪市　大阪府の府庁所在地。西日本を代表する**大阪大都市圏**の中心都市で，**政令指定都市**〔➡p.56〕でもある。豊臣秀吉が大阪城を築き，江戸時代には各藩の蔵屋敷が集まる「**天下の台所**」〔➡p.184〕として**商業の中心地**となる。明治時代以降も東京につぐ日本経済の中心都市として発展した。1929年，私鉄鉄道駅の上に百貨店が建設され，ターミナル駅と繁華街が発展した。**卸売業**がさかんで**問屋街**が多いが，本社を東京へ移す企業の増加，東京への一極集中〔➡p.101〕などにより，大阪経済の地位は低下の傾向にある。

★ **問屋街**　生産者から商品を仕入れて小売業へ売る**卸売業者(問屋)**の店舗が集中する地区。卸売業がさかんな大阪市内では，せんい街の丼池，薬の道修町などの**問屋街**がとくに知られている。近年は交通の便がよい郊外の幹線道路

沿いなどに移転する店舗が増えている。

★ **卸売業**　生産者から商品を買い，それを小売業者へ販売する商業。**問屋**ともいう。人口が多い大消費地の東京都や大阪府・愛知県などでさかん。

全国の卸売業の販売数に占める大阪府の割合は年々低くなっているんだって。逆に東京都の割合は高くなっているんだよ。

計 357兆円	東京 42.6%	大阪 10.9	その他

└ 愛知 8.0

（2014年）　（2018年版「データでみる県勢」）

▲卸売業による商品販売額の都道府県別割合

ニュータウン　都市郊外に，計画的に建設された町・市街地。都市部での過密問題の解決と，都市機能を分散させることがおもな目的。日本では，おもに中心部に通勤・通学する人の住宅地として，形成されたニュータウンが多い。東京都の多摩ニュータウン，大阪府の千里・泉北ニュータウンなどがある。1960年代～70年代につくられたニュータウンは，住民の高齢化や建物の老朽化などの問題がおこっている。

東大阪市　大阪府のほぼ中央にある市。機械やその部品をつくる**中小企業が多い**。特定の分野において，世界有数の高い技術をもつ優れた中小企業があることで知られる。市内の各工場と大学が一体となり人工衛星を開発し，国産ロケットで打ち上げられた。

京都府 近畿地方の北部にある府。府庁所在地の**京都市**は，かつて**平安京**〔➡p.140〕が置かれ，金閣や清水寺などの歴史的建造物がある日本を代表する観光地であるとともに，約150万の人口をもつ大都市として栄えている。農業では，**近郊農業**や**京野菜**，宇治市周辺で茶の栽培がさかん。工業では，**西陣織**や**京友禅**のせんい工業，**清水焼**の陶磁器，伏見の酒造業などの伝統産業が発達している。

条坊制 古代の中国の都にならった都市の区画。東西・南北の道路が直角に交わるように分けられた。現在の京都市内でも，条坊制の名残がみられ，碁盤目状の街路網がみられる。

京町家 京都市にある伝統的な建築様式で建てられた木造の民家。一般に店と住まいをかねており，間口がせまく，奥行きが長いことが特徴。文化的な価値があり，保存に取り組んでいるが，地震や火事のさいの安全性や，維持・修理にかかる経済的な負担が課題となっている。

▲京町家のある町並み

京都市では景観条例をつくって，新しい建物の高さや看板を制限しているよ。

文化財保護法 文化財を保存し，その活用を通して，国民の文化の向上をはかるため，1950年に制定された法律。文化財の指定・保護・公開などの決まりが定められている。

重要文化財 日本国内にある寺や神社などの建造物や美術工芸品のうち，とくに価値が高いものとして，**文化財保護法**に基づいて国（文部科学大臣）が指定したもの。このうち，とくに価値があるものとして指定されたものを**国宝**という。

★**世界遺産** UNESCO（国連教育科学文化機関）の**世界遺産条約**によって登録された，世界的な価値をもつ建造物や町並み・自然などのこと。**文化遺産・自然遺産・その両方をかねそなえた複合遺産**に分かれる。世界的な文化と自然を保護し，次の世代に残していくことを目的に登録されている。

▲近畿地方の世界遺産（文化遺産）

京野菜 京都特産の野菜。九条ねぎ，賀茂なす，聖護院だいこん，みず菜，堀

川ごぼうなどがある。

滋賀県 近畿地方の北東部にある内陸県。県庁所在地は**大津市**。日本最大の湖である**琵琶湖**がある。かつての国名は近江といい，現在でも特産品の近江米や近江牛にその名が残る。琵琶湖は近畿地方の府県に生活用水や工業用水を供給しているが，淡水赤潮やアオコなどの水質汚濁が問題となっている。

三重県 近畿地方の東部にある県。中部地方の愛知県・静岡県とともに**東海地方**とよばれることもある。県庁所在地は津市。みかんや伊勢茶の産地として知られる。工業では，北部が**中京工業地帯**の一部に属し，**四日市市**で**石油化学工業**が発達している。中部の志摩半島は，海岸線が複雑な**リアス海岸**〔➡p.48〕となっていて，英虞湾では**真珠**の養殖がさかん。南部の奈良県境の大台ケ原周辺は日本有数の雨の多い地域で，**尾鷲ひのき**の林が広がっている。

奈良県 近畿地方の内陸県。県庁所在地は**奈良市**。8世紀に**平城京**〔➡p.135〕が置かれた。飛鳥時代や奈良時代の**法隆寺**や薬師寺などの歴史的建造物があり，**世界文化遺産**に登録されている。農業ではかき・うめの栽培，水産業では金魚・にしきごいの養殖がさかん。奈良盆地は雨が少なく，ため池がみられるが，南部の紀伊山地は雨が多く，**吉野すぎ**の産地となっている。奈良筆や墨づくりなどの伝統産業もさかん。

和歌山県 紀伊半島の南部に位置する県。県庁所在地は**和歌山市**。沿岸部の山の斜面や有田川流域で**みかん**の栽培がさかん。ほかにも**かき**や，「南高梅」で知られる**うめ**の栽培がさかん。また，森林が豊富なため**林業**がさかんで，紀州たんすや紀州備長炭などの生産で知られる。北部は**阪神工業地帯**に属し，和歌山市では鉄鋼業が発達している。

計 80.5万t	和歌山 20.0%	愛媛 15.9	静岡 15.1	その他

熊本 10.4　　長崎 6.2
(2016年)　(2018年版『データでみる県勢』)

▲みかんの収穫量の割合

兵庫県 近畿地方で最も西にある県。県庁所在地は**神戸市**。日本海側では産業はあまり発達しておらず，瀬戸内海側に人口・産業が集中している。農業は**近郊農業**〔➡p.64〕が中心で，とくに淡路島での**たまねぎ**の栽培が知られている。神戸市と淡路島の間には本州四国連絡橋の1つである**明石海峡大橋**〔➡p.86〕がかかり，本州と四国を結ぶ交通の要所となっている。瀬戸内海側は**阪神工業地帯**に含まれ，神戸市・西宮市・姫路市などの工業都市が多い。

神戸市 兵庫県の県庁所在地。**政令指定都市**〔➡p.56〕でもある。江戸時代末期に神戸港が開港して以来，外国との貿易がさかんになり国際都市となった。1995年の**阪神・淡路大震災**〔➡p.54〕で大きな被害を受けた。

91

ポートアイランド 兵庫県神戸市の沿岸部を埋め立ててつくられた人工島。埋め立てには六甲山地の一部を削った土が使われた。大型の船が接岸できる埠頭のほか，マンション・商業施設が建設され，海上のニュータウンとなっている。沖合いには，神戸空港がある。

★★ **阪神工業地帯** 大阪府と兵庫県を中心に形成されている工業地帯。明治時代のせんい工業から発展し，第二次世界大戦前は日本最大の(工業)出荷額をほこった。第二次世界大戦後は内陸部で機械工業，臨海部で石油化学工業・鉄鋼業が発達したが，日本の工業の中心である機械工業の発展が遅れたことなどから，出荷額は伸びなやんでいる。大工場の下請けを行う**中小企業の工場**(中小工場)が多いことが特色で，**東大阪市**などには特定の分野で高い技術をもつ**中小企業**がある。

中小企業 資本金・従業員数が中小規模の企業。大企業の下請けを行っているところが多く，大企業に比べ，生産性が低くて賃金も安いが，世界有数の高度な技術をもつ中小企業もある。

★ **関西国際空港** 大阪府南部の泉州沖の人工島に建設された海上空港。大阪府にある大阪国際空港(伊丹空港)の騒音問題の解決と，関西地区の輸送力の強化をおもな目的として建設された。
発展 最近は格安航空会社(LCC)を誘致し，便数の拡充を進めている。

4.中部地方

中部地方 本州の中央部に位置する9県からなる地方。**北陸地方**，**中央高地**，**東海地方**の3つに区分される。飛騨・木曽・赤石山脈からなる**日本アルプス**，**信濃川**や**木曽川**などの大きな川，**越後平野**や**濃尾平野**などの大きな平野も多い。農業は，北陸地方で**稲作**，甲府盆地で**くだもの栽培**，八ヶ岳山ろくなどの高原地帯で**高原野菜の抑制栽培**，牧ノ原で**茶**の栽培などがさかん。工業も発達しており，愛知県を中心に**中京工業地帯**，静岡県に**東海工業地域**，北陸地方に**北陸工業地域**が形成されている。**名古屋市**を中心とする名古屋大都市圏に人口が集中している。

▲中部地方の地域区分(一般的な区分)
※三重県は近畿地方だが，東海地方の一部とされることもある。

北陸地方 中部地方の日本海側の，新潟県・富山県・石川県・福井県からなる地域。冬に雪が多い**日本海側の気候**〔➡p.52〕で，世界でも有数の**豪雪地帯**。越後平野や富山平野は日本有数の**稲作地帯**だが，冬は雪で農作業ができないため，**水田単作地帯**となっている。

中央高地 中部地方の内陸部の，山梨県・長野県・岐阜県北部からなる地域。夏と冬の気温差が大きい**中央高地の気候**〔➡p.52〕に属する。中央部に**日本アルプス**が連なり，甲府盆地，長野盆地などには**扇状地**〔➡p.47〕が発達し，**くだもの**の栽培がさかん。

東海地方 中部地方の太平洋側の静岡県・愛知県・岐阜県南部からなる地域。近畿地方の三重県を含めることもある。夏に雨が多い**太平洋側の気候**〔➡p.52〕に属する。濃尾平野には名古屋大都市圏が広がる。

★★日本アルプス 中部地方の中央部に連なる飛驒山脈・木曽山脈・赤石山脈をまとめたよび名。「**日本の屋根**」ともよばれる。3000m級の山々がそびえ，ヨーロッパのアルプス山脈のように険しいことから，この名がついた。飛驒山脈を北アルプス，木曽山脈を中央アルプス，赤石山脈を南アルプスとよぶ。

富士山 静岡県と山梨県の県境にある**日本で最も高い山**（3776m）。2013年，「富士山─信仰の対象と芸術の源泉」として**ユネスコの世界文化遺産**〔➡p.90〕に登録された。

若狭湾 福井県西部から京都府の丹後半島にかけて広がる湾。海岸線が複雑な**リアス海岸**〔➡p.48〕が広がる。

信濃川 新潟県・長野県を流れる，**日本で最も長い川**（367km）。秩父山地から流れ出て，上田盆地を流れたのち，長野盆地で犀川と合流し，越後平野を流れて日本海に注ぐ。

一般に信濃川は，長野県内が千曲川，新潟県内が信濃川とよばれるよ。

▲中部地方の地形と交通網

佐渡島

日本海

能登半島

越後平野

越後山脈

富山平野

信濃川

金沢平野

飛驒山脈

長野盆地

福井平野

両白山地

木曽山脈

松本盆地

甲府盆地

赤石山脈

濃尾平野

日本アルプス

知多半島

渥美半島

太平洋

0　100km

── 新幹線
── 高速道路

★ **越後平野** 新潟県の信濃川・阿賀野川下流域に広がる平野。日本を代表する**稲作地帯**でコシヒカリの主産地だが,冬は雪によって農業ができないため,**水田単作地帯**となっている。かつては水はけの悪い泥のような土地だったが,大河津分水路をはじめとする排水路の整備などによって,一大稲作地帯に生まれ変わった。チューリップの球根栽培もさかん。

長野盆地 長野県の北部,千曲川(信濃川)の流域に広がる盆地。すずしい気候をいかして,**りんごの栽培**がさかん。

★★ **甲府盆地** 山梨県の中央部に広がる盆地。水はけのよい**扇状地**[➡p.47]が広がり,日照時間が長く,昼と夜の温度差が大きいことから,くだものの栽培に適しており,日本を代表する**ぶどう・もも**の産地となっている。甲州市勝沼は,ぶどうを原料とした**ワイン**の産地として全国的に知られている。

★ **濃尾平野** 愛知県西部から岐阜県南部にかけて,**木曽川・長良川・揖斐川**下流域に広がる平野。

★★ **輪中** 濃尾平野の木曽川・長良川・揖斐川の下流域に広がる低地で,昔から洪水の被害が多かったため,周りを堤防で囲んだ集落。

石垣を積んで高くした水屋という倉庫を兼ねた避難所をつくったよ。

▲濃尾平野の輪中地帯

知多半島 愛知県の南西部に突き出た半島。かつては水不足になやまされたが,木曽川から水を引く**愛知用水**が引かれてから,農業用水を確保できるようになり,稲作や**施設園芸農業**[➡p.64]が行われるようになった。

★ **渥美半島** 愛知県の南東部に突き出た半島。かつては水不足になやまされたが,天竜川から水を引く**豊川用水**ができて,かんがいができるようになってからは,温室やビニールハウスを使った**施設園芸農業**[➡p.64]が行われるようになり,**電照菊**や**温室メロン**などの栽培がさかんになった。

温室メロン 温度や湿度を一定に保つことができる温室内でつくられるメロン。高級なくだものとして取り引きされる。静岡県の袋井市や愛知県の**渥美半島**が代表的な産地である。

★ **電照菊** 温室の中で夜間に照明をつけ,**開花時期を遅らせて栽培する菊**。ほかの地域からの出荷が少なく,高く売れる秋から冬に出荷している。愛知県の渥美半島や沖縄県でさかんに栽培されている。

電照菊のしくみをおさえよう!
菊は日照時間が短くなると開花する習性があるので，電灯をつけたままにして開花を遅らせる。

★**牧ノ原** 静岡県南部の大井川下流域に広がる台地。昔は荒れた土地だったが，明治時代に開拓された。温暖で水はけがよく，日本を代表する**茶**の産地となっている。

牧ノ原を茶の産地にしたのは，明治時代はじめに江戸から来た元武士たちなんだよ。

新潟県 中部地方の日本海に面する県。日本海には佐渡島がある。面積は日本で5番目に広い(1万2584km²)。県庁所在地の**新潟市**は**政令指定都市**〔➡p.56〕。冬に雪が多い**日本海側の気候**〔➡p.52〕に属し，首都圏などからのスキー客が多い。**越後平野**を中心に**稲作**がさかんで，米の収穫量は全国1・2位を争う。日本で数少ない**原油と天然ガスを産出する県**である。燕市の**金属洋食器づくり**や十日町市の**絹織物づくり**など，**地場産業**もさかん。

富山県 中部地方の日本海に面する県。県庁所在地は**富山市**。農業は稲作が中心で，水田単作地帯。砺波平野の**チューリップの球根**の栽培も有名。江戸時代から薬を全国の家庭に売り歩く売薬がさかんで，「**富山の薬売り**」として知られ，現在でも製薬業がさかん。高岡の銅器の技術をいかして**アルミニウム加工**や化学工業もさかん。東部の山間部を流れる黒部川の上流には**黒部ダム**があり，水力発電が行われている。

石川県 中部地方の日本海に面する県。県庁所在地は**金沢市**。能登半島の丘陵地では，**千枚田**とよばれる棚田〔➡p.63〕で稲作が行われている。伝統産業がさかんで，加賀友禅や輪島塗などの**伝統的工芸品**がある。

金沢市 石川県の県庁所在地。「**加賀百万石**」の城下町として栄えた。兼六園は日本

▲古い町並みが残る金沢市

三名園の一つ。2015年に北陸新幹線〔➡p.72〕が金沢駅まで開通した。

福井県 中部地方の日本海に面する県。県庁所在地は**福井市**。西部の若狭湾岸には**リアス海岸**〔➡p.48〕が連なり，**原子力発電所**が集中している。越前がにの水揚げが知られている。鯖江市では**めがねフレーム**の製造がさかんで，全国の9割以上の出荷額をほこる。

早場米 〔➡p.63〕。早い時期に栽培・出荷される米。北陸地方では，秋の長雨をさけるため，秋の早い時期に米を出荷する。

水田単作 〔➡p.62〕。1年に1回，同じ耕地で米だけをつくること。冬のきびしい寒さや積雪のために北陸地方では，裏作を行わず稲作だけを行っている。

北陸地方の4県は，耕地面積のうち田が占める割合（水田率）が高いよ。

山梨県 中部地方の内陸部にある県。県庁所在地は**甲府市**。周囲を山地に囲まれ，中央部に**甲府盆地**が広がる。甲府盆地には**扇状地**〔➡p.47〕が広がり，**ぶどうやもも**の栽培がさかんで，県全体の収穫量は全国一。観光農園もみられる。伝統産業の水晶細工で知られる。高速道路沿いに電気機器や電子部品の工場が進出している。

ぶどう 計 17.9万t	山梨 23.7%	長野 16.1	山形 10.4	8.3	その他

└岡山

もも 計 12.7万t	山梨 31.3%	福島 23.0	長野 12.6	その他

（2016年）　（2018年版「データでみる県勢」）

▲ぶどうとももの収穫量の割合

長野県 中部地方の内陸県で，日本で最も多くの県（新潟県，富山県，岐阜県，愛知県，静岡県，山梨県，埼玉県，群馬県の8県）と接している。県庁所在地は**長野市**。面積は日本で4番目に広い（1万3562km²）。長野盆地でりんごの栽培，八ヶ岳山ろくの**野辺山原**などで**高原野菜の抑制栽培**〔➡p.64〕を行っている。かつては養蚕による製糸業がさかんだったが，第二次世界大戦後に**諏訪湖**周辺で時計やカメラなどの**精密機械工業**が発達。1980年代には高速道路が整備されて，電子部品や情報通信機器の工場が進出し，**先端技術産業（ハイテク産業）**がさかんになった。

計 58.6万t	長野 35.1%	茨城 14.7	群馬 8.6	その他

（2016年）　（2018年版「データでみる県勢」）

▲レタスの収穫量の割合

養蚕 蚕を飼い育てて，せんい原料となる**まゆ**を生産する農業。蚕のえさにする**桑**が必要なため，養蚕が行われる地域には桑畑が広がる。長野県や山梨県・群馬県などでさかんだった。

製糸業 養蚕によってとれたまゆをつむいで，絹織物の原料となる**生糸**を生産する工業。明治時代から昭和時代のはじめにかけて，日本の重要な輸出産業として発達した。

岐阜県 中部地方の内陸県。県庁所在地は**岐阜市**。長野県・富山県との県境に飛驒山脈が連なる。木曽川・揖斐川・長良川の下流域では**輪中**がみられる。各務原市で航空機産業が発達しているほか，多治見市の美濃焼や関市の刃物づくりなど，伝統産業もさかん。**発展**

高山市で春と秋に行われる高山祭は，「山・鉾・屋台行事」としてユネスコの**無形文化遺産**〔➡p.111〕に，白川郷の合掌造りの集落はユネスコの**世界文化遺産**〔➡p.90〕に登録されている。

無形文化遺産には，歌舞伎や人形浄瑠璃，和食も登録されているんだって。

合掌造り　雪が多い地域でみられる，屋根が両の手のひらを合わせた（合掌した）ような形になっている建築様式。雪が積もらないように，屋根が急角度につくられ，茅葺きとなっていることが特徴。岐阜県北西部の白川郷と富山県南部の五箇山に

▲白川郷の合掌造り集落

〔ピクスタ〕

は，合掌造り集落がみられ，**世界文化遺産**〔➡p.90〕に登録されている。

静岡県　中部地方の太平洋に面する県。県庁所在地は**静岡市**。静岡市と**浜松市**は**政令指定都市**〔➡p.56〕。東部に伊豆半島が突き出している。冬でも温暖な気候で，駿河湾沿いの山の斜面で**みかん**，牧ノ原や三方原などの台地で**茶**の栽培がさかん。水産業は，**焼津港**が遠洋漁業の基地となっており，まぐろなどの水揚げが多い。ほかにも浜名湖で**うなぎ**の養殖がさかん。沿岸部に**東海工業地域**が形成されている。

(2016年)

				三重7.9	宮崎4.7
計8.0万t	静岡38.3%	鹿児島30.7			その他

京都4.0

〔2018年版「データでみる県勢」〕

▲茶の収穫量の割合

愛知県　中部地方の太平洋に面する県。県庁所在地の**名古屋市**は**名古屋大都市圏**の中心地。知多半島と渥美半島が大きく突き出し，**明治用水・愛知用水・豊川用水**などの用水を利用して**施設園芸農業**が発達した。とくに渥美半島は，温室メロンや電照菊の栽培で有名。工業出荷額は全国一で，**豊田市**の自動車工業，瀬戸市の陶磁器づくりからファインセラミックス製造など，**中京工業地帯**を形成している。伊勢湾の海上には**中部国際空港**があり，各地とつながっている。

名古屋大都市圏　愛知県名古屋市を中心とし，岐阜県や三重県北部にまで広がる人口・産業が集中している地域。**東京大都市圏・大阪大都市圏**とともに，**三大都市圏**の〔➡p.56〕の1つ。

★**名古屋市**　愛知県の西部にある県庁所在地で，**政令指定都市**〔➡p.56〕でもある。古くは城下町として栄えた。第二次世界大戦後，大規模な都市計画が行われ，道路網が整備された結果，現在みられる幅の広い道路がつくられた。人口220万人を超える大都市で，**名古屋大都市圏**を形成し，産業が集中している。第3次産業で働く人の割合が高いが，機械工業も発達している。

★**豊田市** 愛知県の中央部にある都市。かつては製糸業が産業の中心だったが，1930年代に自動車工場がつくられて以降，**自動車工業**が発達した。この自動車会社の名をとって，挙母市から豊田市へと市名が変更された。現在は世界有数の自動車会社の本社と下請けの関連工場が集まる**企業城下町**〔➡p.68〕となっている。

★**中京工業地帯** 愛知県から三重県北部・岐阜県南部にかけて広がる，全国で工業出荷額の最も多い工業地帯。明治時代に毛織物などのせんい工業が発達したのをきっかけに発展した。第二次世界大戦後，鉄鋼業や自動車工業を含む機械工業などの重化学工業が発達し，**豊田市の自動車工業**，**四日市市の石油化学工業**，名古屋市の機械工業など重化学工業が中心。瀬戸市や多治見市などの**窯業**(陶磁器をつくる工業)，

一宮市の毛織物工業など，軽工業も発達している。

★**四日市市** 三重県北部に位置する都市。近畿地方だが中京工業地帯に含まれる。第二次世界大戦後，臨海部に**石油化学コンビナート**〔➡p.85〕が建設されたことによって，**石油化学工業**が発達した。工業化にともない，工場から排出された排煙による大気汚染で，**四大公害病**〔➡p.80〕の1つである**四日市ぜんそく**が発生した。

★**東海工業地域** 静岡県の太平洋沿岸部に形成されている工業地域。京浜工業地帯と中京工業地帯の間にあり，東海道新幹線や東名高速道路などの重要な交通路が通り，人やものの輸送に便利だったことから工業が発達した。浜松市で**楽器(ピアノ・オルガン)・オートバイ・自動車**の生産，富士市で**製紙・パルプ工業**が発達している。

▲中京工業地帯と東海工業地域のおもな工業

北陸工業地域　中部地方の日本海側の新潟県・富山県・石川県・福井県に形成されている工業地域。富山市周辺は、豊富な水資源と水力発電でアルミニウム加工や化学工業が発達。**伝統工業**や**地場産業**が多い。

アルミの精錬には、大量の水と電力が必要で、富山県にはダムがたくさんあるよ。

輸送(用)機械　自動車・鉄道車両・船・航空機など、輸送のための機械をまとめたよび名。

電気機械工業　発電機・変圧器や、テレビ・コンピュータなど、電気を利用した機械をつくる工業。一般に、工場は原料や燃料の供給地や消費地に近いところに多いが、組み立て型の製品の場合は、消費地から離れた高速道路沿いの内陸部にも立地する。

精密機械工業　時計・カメラ・顕微鏡・医療機器など、高度な精密さが必要な機械をつくる工業。きれいな水と空気を必要とする。長野県の諏訪湖周辺の**諏訪盆地**などでは、第二次世界大戦中に空襲をさけて東京などの大都市から移転した時計やカメラを製造する工場が増え、戦後は地元の企業と結びついて発達した。

製紙・パルプ工業　木材を細かくきざんで溶かし、パルプというせんいを取り出して、それを原料に紙をつくる工業。北海道の**苫小牧市**、静岡県の**富士市**などで発達している。

ファインセラミックス　陶磁器(セラミックス)をさらに高度な製造過程によって新しい機能をもたせたもの。ニューセラミックスともいう。瀬戸市や多治見市で陶磁器からの転換が進んでいる。

★ **地場産業**　地元の中小企業や個人によって行われる、**地域との結びつきが強い産業**。江戸時代、あるいはそれ以前から続くものと、明治時代以降の比較的新しい時期に始まったものとがある。木工品・陶磁器・漆器・酒・タオル・洋食器・めがねのフレームづくりなどがある。

伝統産業　地場産業のうち、地元でとれる原料と伝統的な技術をいかして発展してきたもの。**伝統工業**ともいう。北陸地方では、冬に雪が多いため農作業が難しく、農家の副業としてさかんになった。経済産業大臣の指定を受けたものを**伝統的工芸品**という。

中部国際空港　2005年に開港した、愛知県常滑市沖の伊勢湾上の人工島にある国際空港。愛称は**セントレア**。

名古屋港　愛知県名古屋市にある港。日本国内各地・世界各地と結ばれている。同じ愛知県内にある豊田市などで生産された**自動車の輸出**が多いのが特徴。

5. 関東地方

★ **関東地方** 本州の東部にある1都6県からなる地方。本州から南に点在する伊豆諸島・小笠原諸島・日本最南端の**沖ノ鳥島**〔➡p.45〕，最東端の**南鳥島**〔➡p.45〕は東京都に属する。面積は国土の約9％だが，日本の総人口の約3分の1が集中している。日本の**首都・東京**があり，周辺には**横浜市・川崎市・さいたま市**などの大都市がある。東京の中心部は気温が局地的に上昇する**ヒートアイランド現象**〔➡p.53〕がみられる。農業は**近郊農業**〔➡p.64〕などの畑作が中心だが，利根川下流域では稲作が行われ，千葉県・茨城県では畜産もさかん。工業が発達しており，**京浜工業地帯・京葉工業地域・北関東工業地域**が形成されている。

★ **関東平野** 関東地方の広い地域を占める**日本最大の平野**。広い範囲が火山灰などが積もった**関東ローム**でおおわれていて，常総台地や下総台地などの台地も広がる。**近郊農業**〔➡p.64〕などの畑作が農業の中心だが，**利根川**下流域では稲作がさかんに行われている。

★ **関東ローム** 関東平野の台地や丘陵地の表面を広くおおう赤褐色の土壌。富士山・浅間山・

箱根山などの噴火による火山灰が積もってできた。水もちが悪く，稲作に適さないため，畑作や畜産が農業の中心。

利根川 **関東平野**を流れる，日本で2番目に長い川（322km）。流域面積は日本一（1万6840km²）。越後山脈を水源として，北西から南東に流れ，茨城県・千葉県の県境を流れ，太平洋に注ぐ。下流域には**水郷**とよばれる地域が広がり，稲作がさかん。関東地方の各地に飲料水・農業用水・工業用水を供給している。

> 利根川下流域から霞ケ浦にかけての低湿地帯では，移動に船が利用されていたよ。

房総半島 関東地方の南東部に突き出た半島。千葉県の面積の多くを占める。東部には砂浜海岸である九十九里浜が広がり，西部は東京湾に面してい

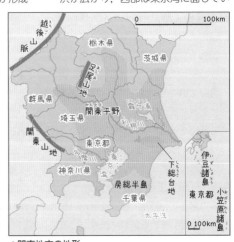

▲関東地方の地形

る。南部は，沖合いを暖流の**黒潮(日本海流)**〔➡p.48〕が流れるため，冬でも温暖な気候で，チューリップなどの花の栽培がさかん。東京湾に面する地域には，埋め立て地が広がり，**京葉工業地域**が形成されている。

小笠原諸島

東京都に属し，東京都中心部から約1000km南の太平洋上にある島々。父島と母島を中心に，多くの島々があり，周辺には**さんご礁**〔➡p.12, 75〕が広がる。沖縄県とほぼ同緯度にあり，**亜熱帯の気候**のため，1年中暖かい。豊かな自然と小笠原にしか生息しない動植物が多く，全域が**世界自然遺産**〔➡p.90〕に登録されている。

▲小笠原諸島の豊かな自然　　　　(ピクスタ)

からっ風

冬に関東地方に吹く，**冷たく乾燥した北西の季節風**。冬の北西の季節風が越後山脈を越えるさいに乾燥した風となって，関東地方に吹きつける。関東平野の内陸部では，からっ風を防ぐため，周りを**屋敷森(屋敷林)**という防風林で囲った住居がみられる。

冬に吹く冷たい北よりの強風の「木枯らし」と間違えないようにね！

首都

国の政治の中心となる機関がある都市。東京やイギリスのロンドン，フランスのパリのように，政治に加えて経済・文化・交通など多くの分野でも中心地となっている首都が多いが，アメリカ合衆国のワシントンD.C.やオーストラリアのキャンベラのように政治の中心地だけになっている首都もある。

一極集中

特定の地域・都市に人口や政治機能・産業・文化などが極端に集中していること。日本では東京への一極集中が進んでいる。

特別区

東京23区。各区が一般の市町村と同じような役割をもつ自治体。区長は選挙で選ばれる。

政令指定都市にある区とは違うんだって。くわしくは，p294を見よう。

★ 都心

政治や経済において中心的な役割を果たしている，大都市の中心部。高層ビルがたち並び，交通も集中する。東京都では，政府機関がある霞が関や，企業の本社が集まる大手町・丸の内などの地域が都心。**昼間人口**が多く，**夜間人口**が少ないことが特色。

▲官庁街がある霞が関

★ **副都心** 都心周辺にある，都心の機能を分担している地区。東京都では，**新宿・渋谷・池袋**など。鉄道の**ターミナル駅**〔➡p.88〕がおかれていることが多く，企業のオフィスやデパート・飲食店が集中している。

★ **東京大都市圏** 東京都の都心を中心に神奈川県・千葉県・埼玉県・茨城県にかけて広がる地域。大都市が多く，日本の総人口の**約4分の1**を占める。日本の政治・経済・文化・交通など，あらゆる分野の中心となっており，**大阪大都市圏・名古屋大都市圏**とともに**三大都市圏**〔➡p.56〕の1つで，その中でも最大規模である。

衛星都市 大都市周辺に位置し，大都市機能の一部を担っている都市。大都市に通勤・通学する人が多く住む**住宅衛星都市**や，大都市と工業面でつながりが深い**工業衛星都市**などがある。住宅衛星都市は**ベッドタウン**ともよばれる。

都市問題 人口が過度に集中する**過密化**〔➡p.56〕にともなって，東京や大阪などの大都市でおこるさまざまな問題。大気汚染や騒音などの**公害・住宅難・**通勤時の電車の混雑や道路の**交通渋滞・ゴミ問題**など，さまざまな問題がある。

★ **昼間人口・夜間人口** ある地域における昼間の人口が**昼間人口**。これに対して，ふだん住む住宅がある場所の人口を**夜間人口**という。**都心部**のように，周辺地域から通勤・通学してくる人が多い場所は**昼間人口が多くなる**が，夜は周辺地域に帰るので，夜間人口は少なくなる。これに対して，昼間は中心部に通勤・通学する人が多い**周辺地域**では昼間人口は少なく，夜に人が帰ってくるので**夜間人口が多くなる**。

！ **昼間人口と夜間人口の特色をおさえよう！**

周辺からの通勤・通学者が多い中心部は，昼間人口が多い。

▲東京23区の昼間人口と夜間人口

千代田区には，霞が関，国会議事堂のある永田町，大手町，秋葉原などがあるね。

★ **再開発** 建物を新しくつくりかえたり，道路や線路などの流れを変えたりして，都市を開発しなおすこと。大都市の中心部や臨海部で行われることが多い。また，防災や減災のために道路を拡張するまちづくりも行われている。

茨城県 関東地方の北東部にある県。県

庁所在地は**水戸市**。南部に日本で2番目に面積が広い湖の霞ケ浦がある。利根川下流域で稲作がさかんなほか，**近郊農業**〔➡p.64〕による**メロン・はくさい**などの収穫量が多い。れんこんの収穫量は全国一。**北関東工業地域**に属し，南東部の鹿嶋市周辺には，**鹿島臨海工業地域**が形成されている。北東部の日立市では電気機械工業がさかんで企業城下町〔➡p.68〕となっている。南部は東京への通勤圏内で，住宅地が多い。つくば市に**筑波研究学園都市**がある。

筑波研究学園都市　1970年代に過密を緩和するために，東京都から大学や研究施設などを移転して茨城県南部のつくば市に建設された都市。現在，日本最大のサイエンスシティとなっている。

栃木県　関東地方の北部にある内陸県。県庁所在地は**宇都宮市**。**施設園芸農業**による**いちご**の栽培のほか，古くからユウガオの皮をむいて乾燥した**かんぴょう**の生産がさかん。那須野原などでは**酪農**が行われている。明治時代には，日本で最初の公害といわれる**足尾銅山鉱毒事件**〔➡p.219〕がおこった。**北関東工業地域**に属し，近年は，東北自動車道沿いに電気機械や自動車の工業団地が進出している。**日光東照宮**をはじめとする日光の社寺が，**世界文化遺産**〔➡p.90〕に登録されている。

群馬県　関東地方の北西部にある内陸県。県庁所在地は**前橋市**。冬にからっ風が吹く。浅間山山ろくの**嬬恋村**で**高原野菜**の**抑制栽培**〔➡p.64〕，妙義山山ろくの**下仁田町**ではこんにゃくいもや下仁田ねぎの栽培がさかん。古くから**養蚕**〔➡p.96〕が行われ，明治時代の**富岡製糸場**〔➡p.207〕の建設をきっかけに絹織物の生産がさかんになったが，近年は衰退した。**北関東工業地域**に属し，太田市と伊勢崎市では自動車工業がさかん。

★**嬬恋村**　群馬県北西部の浅間山の山ろくにある村。夏でもすずしい高原の気候をいかして，**高原野菜**の**抑制栽培**〔➡p.64〕が行われている。とくに**キャベツ**の栽培がさかんで，東京などの大都市に出荷されている。

高原野菜　標高1000〜1200mくらいの高原で栽培される野菜。キャベツ・はくさい・レタスなどがある。夏でもすずしい気候をいかした**抑制栽培**〔➡p.64〕でつくられる。群馬県**嬬恋村**や長野県の**野辺山原**・菅平高原などが代表的な産地。

▲はくさい畑（野辺山原）

埼玉県 関東地方の内陸県。県庁所在地は**さいたま市**。南部の都市は，東京へ通勤・通学する人が多く住むベッドタウンとなっている。農業は，**近郊農業**〔➡p.64〕による，ねぎ・こまつな・ほうれんそうの栽培のほか，狭山丘陵でつくられる狭山茶も知られている。工業もさかんで，狭山市には大手自動車メーカーの工場があり，自動車工業が発達している。

さいたま市(さいたま新都心) 埼玉県の県庁所在地で，人口120万人を超える**政令指定都市**〔➡p.56〕。2001年に大宮市・浦和市・与野市が合併してできた(その後岩槻市を編入)。中心部は，東京の都市機能の一部を分担する「さいたま新都心」として再開発され，行政機関・企業のオフィス・商業施設などが集中している。

★★ **東京都** 関東地方の南部に位置する都。日本の首都が置かれている。人口は1300万人を超え，都道府県では日本一多い。**特別区(東京23区)**とその他の市町村がある。江戸時代に幕府が置かれ，人口100万人を超える大都市として繁栄し，明治時代に日本の首都となった。現在は，**東京大都市圏**を形成し，出版社や新聞社が多く集まることから**印刷業**が発達。東京湾岸の埋め立て地には**臨海副都心**がつくられ，中心部は再開発によって**六本木ヒルズ**や**東京ミッドタウン**などがつくられている。

東京スカイツリー 東京都墨田区にある電波塔。高さは634mで，自立式塔としては世界一。地上デジタル放送などの中継を行うことをおもな目的としてつくられたが，観光地として，地元の産業を活性化させる役割も果たしている。

▲東京スカイツリー

東京オリンピック・パラリンピック 2020年7〜9月に東京都で開催が予定されている夏季オリンピック。東京での開催は1964年以来〔➡p.247〕。オリンピックは4年に一度開催される世界的なスポーツの祭典。

パラリンピックとは，障がいのあるスポーツ選手が出場するスポーツの祭典。「もう一つのオリンピック」といわれるね。

千葉県 関東地方の南東部に位置する県。県庁所在地の**千葉市**は**政令指定都市**〔➡p.56〕。面積の多くを房総半島が占める。**近郊農業**〔➡p.64〕による，ねぎ・ほうれんそうの栽培のほか，南部では温暖な気候をいかした花の栽培がさかん。また，畜産業もさかんで，**酪農**や**採卵鶏**(卵用にわとり)の飼育が行われている。**らっかせい・しょうゆ**などが県の特産品として知られている。北東

部の**銚子港**は全国有数の水揚げ量をほこる。東京湾沿岸に**京葉工業地域**が形成され，鉄鋼業と石油化学工業が発達している。成田市にある**成田国際空港**は，日本一の貿易額をほこり，日本と外国との空の玄関口となっている。

房総半島西部にある木更津市は，東京湾アクアラインで神奈川県川崎市と結ばれているよ。

神奈川県　関東地方の南西部に位置し，日本で2番目に人口が多い県。県庁所在地は**横浜市**。横浜市・川崎市・相模原市は**政令指定都市**〔➡p.56〕。横浜市の臨海部には「みなとみらい21」とよばれる再開発地区が形成されている。東京都とともに**京浜工業地帯**を形成し，臨海部では石油化学工業・鉄鋼業・自動車工業が発達している。三浦半島にある三崎港は**遠洋漁業**の基地で，**まぐろ**の水揚げ量が多い。

★ **横浜市**　神奈川県の県庁所在地。人口は約370万人（2017年）で，市町村別では東京（23区）についで全国で2番目に多い。江戸時代末期に開港して以降，国際都市として発展してきた。**横浜港**は現在も日本有数の貿易額をほこる。**京浜工業地帯**に属し，石油化学工業や自動車工業がさかん。臨海部は再開発が進み，国際会議場や商業施設がたちならぶ再開発地区「**みなとみらい21**」が形成されている。

みなとみらい21　神奈川県横浜市の臨海部につくられている再開発地区。再開発事業をさすこともある。造船所の跡地や埋め立て地を利用して，1980年代に建設が始まり，国際会議場や商業施設・オフィスビル・高層マンションなどがつくられている。

▲みなとみらい21　　　　　　（ピクスタ）

★ **京浜工業地帯**　東京都と神奈川県に形成されている工業地帯。明治時代に埋め立て地に工場が建設され，第二次世界大戦後，さらに埋め立てが行われ，**鉄鋼業**や**石油化学工業**などが発達した。現在は自動車の組み立て工場や電気機械工場が多く，機械工業の割合が高い。かつては日本最大の工業出荷額をほこったが，1990年代以降，北関東へ工場が移転したり，閉鎖する工場が増えたりしたため，工業出荷額が

▲臨海部に広がる京浜工業地帯（川崎市）

減少している。

印刷業 文字や写真などを紙などに印刷する工業。情報・文化の発信地で，出版社・新聞社が多い**東京都**などでさかん。

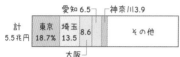

計 5.5兆円	東京 18.7%	埼玉 13.5	8.6	その他

愛知6.5 ┐ ┌神奈川3.9
大阪
（2014年）　（2018年版「データでみる県勢」）

▲印刷業の出荷額の割合

★**京葉工業地域** **千葉県の東京湾岸**に形成されている工業地域。京浜工業地帯からのびる形で，1960年代に形成された。臨海部の埋め立て地に，製鉄所，**石油化学コンビナート**[➡p.85]，火力発電所が建設された。工業出荷額は，化学工業の占める割合が高い。おもな工業都市には，千葉市・市原市・袖ヶ浦市・君津市などがある。

凡例：
🥤飲料　⛽石油製品　📡情報通信機械
🖨印刷　🏭鉄鋼　🚗輸送機器
🧪化学　⚙機械

大田原
宇都宮
伊勢崎　上三川町　日立
太田　　　　　　　　ひたちなか
高崎　小山
熊谷　　土浦
川越　さいたま　鹿嶋
狭山　　　　　　神栖
府中　東京23区
日野　千葉
横浜　相模原　市原
川崎
厚木　袖ヶ浦
小田原　平塚　　君津
　　　藤沢　横須賀

0　　30km

▲関東地方のおもな工業

★**北関東工業地域** **群馬県・栃木県・茨城県**にまたがる，関東地方北部に形成されている工業地域。関越自動車道や東北自動車道などの高速道路が整備されたことや，**京浜工業地帯**から工場が移転し，**工業団地**[➡p.68]が進出したことによって発展した。内陸部で，**電気機械**や**自動車**などの組み立て型の工業が発達している。部品や製品の輸送はトラックが中心。

鹿島臨海工業地域 茨城県の南東部にある工業地域。鹿嶋市と神栖市にまたがる大きな砂丘を掘って巨大な掘り込み式の港を建設し，大型タンカーが出入りできるようにした。鉄鋼業や石油化学工業が発達している。

★**日系人** 日本から外国に移住した人々と，その子孫のこと。アメリカ合衆国のカリフォルニア州や**ハワイ州**，南アメリカの**ブラジル・ペルー・ボリビア**などに多い。とくにブラジルには明治時代以降，多くの日本人が移住した。1990年にブラジルとペルーの日系人に関するビザ発給条件が緩和されたことにより，日本で働く日系人が増加し，北関東工業地域などの工場で働いている。

★**東京国際空港(羽田空港)**
東京都大田区の東京湾に面した国際空港。飛行機の発着回数・利用客数とも全国一で，国

内航空輸送の中心。現在は国際線も就航している。

★★成田国際空港 千葉県成田市にある国際空港。日本と海外を結ぶ、日本の空の玄関口で、旅客数は世界有数。**日本最大の貿易港**で、取り扱われる貨物は、航空機での輸送に適したＩＣ（集積回路）などの電子部品が多い。

横浜港 神奈川県横浜市にある、日本有数の貿易額をほこる港。江戸時代末期の日米修好通商条約〔➡p.200〕で開港した。**発展** 輸入品は石油などの資源が多く、輸出品は自動車などが多い。

6.東北地方

東北地方 本州の北東部にある地方。中央部には険しい**奥羽山脈**が南北に連なり、これを境にして**太平洋側の気候**〔➡p.52〕と**日本海側の気候**〔➡p.52〕に分かれる。太平洋側の地域は初夏にかけて**やませ**が吹くと、冷害がおこることがある。「**日本の穀倉地帯**」とよばれ、各地で**稲作**がさかん。ほかにも、津軽平野でりんご、山形盆地で**さくらんぼ（おうとう）**、福島盆地でももの栽培、三陸海岸の南部は**リアス海岸**〔➡p.48〕で、わかめ・かきなどの養殖がさかん。2011年の**東日本大震災**〔➡p.54〕による地震や巨大津波によって大きな被害を

受けた。東北自動車道や空港沿いに**ＩＣ（集積回路）**や自動車の工場などの**工業団地**〔➡p.68〕が進出。各県で**伝統的工芸品**の生産がさかん。

津軽海峡 北海道の渡島半島と本州の北端の下北半島・津軽半島の間にある海峡。1988年に**青函トンネル**が開通し、北海道と本州が鉄道で結ばれた。

奥羽山脈 東北地方の中央部を南北に連なる、高く険しい山脈。青森県から栃木県北部まで続く、日本最長の山脈。八甲田山・岩手山・磐梯山などの火山や火山の噴火によってできた**カルデラ湖**が多く、国立公園・国定公園に指定されているところも多い。

出羽山地 奥羽山脈の西側に連なる山

▲東北地方の地形と交通網

107

地。最高峰は鳥海山(2236m)。

白神山地　青森県の南西部から秋田県の北西部にかけて広がる**日本最大級のぶなの原生林が広がる山地**。イヌワシなどの鳥やツキノワグマなど，貴重な動物が生息する。1993年に**世界自然遺産**[➡p.90]に登録された。

▲白神山地

北上高地　青森県南東部・岩手県東部・宮城県北東部を南北に連なる，なだらかな高地。北上山地ともいう。かつては馬の飼育がさかんで，人と馬がすむ**曲家**とよばれる伝統的な民家が多くみられた。現在は酪農や肉用牛・肉用にわとりなどの飼育が中心。

★ **三陸海岸**　青森県南部から宮城県北部にかけて連なる海岸。南部は複雑に入り組んだ**リアス海岸**[➡p.48]となっている。沖合いには，暖流の**黒潮(日本海流)**[➡p.48]と寒流の**親潮(千島海流)**[➡p.49]が出合う**潮目(潮境)**[➡p.49]があり，好漁場となっている。宮古港・大船渡港・気仙沼港など，水揚げ量の多い漁港があり，湾内でわかめ・かきなどの養殖が行われているが，2011年の**東日本大震災**[➡p.54]で壊滅的な

被害を受け，復興を進めている。

北上川　岩手県北部を源として，北上盆地・仙台平野を流れ，追波湾に注ぐ川。東北地方で最も長い。流域の北上盆地や仙台平野で稲作がさかん。

最上川　福島県と山形県の県境を源とし，米沢盆地・山形盆地・新庄盆地・庄内平野を流れ，米の集散地として栄えた**酒田市**で日本海に注ぐ川。富士川(静岡県など)・球磨川(熊本県)とともに**日本三大急流**の1つに数えられ，舟下りが人気を集めている。

江戸時代にこの地を旅した松尾芭蕉が「五月雨を　集めて早し　最上川」という俳句をよんだんだ。

仙台平野　宮城県の北上川下流域から，阿武隈川下流域にかけて広がる平野。東北地方の**地方中枢都市**[➡p.56]である**仙台市**がある。**稲作**がさかんで，この地で**「ササニシキ」**という銘柄米(ブランド米)が開発された。現在は寒さに強くておいしい**「ひとめぼれ」**の栽培が中心になっている。

秋田平野　秋田県の雄物川の下流域に広がる平野。**稲作**がさかん。冬に雪が多いため，**水田単作地帯**となっている。第二次世界大戦後に耕地整理が行われるとともに，かつて日本で2番目に広かった湖の**八郎潟**を干拓して稲作地帯としたが，減反政策により転作を進めた。現在は，ブランド米の「**あき**

たこまち」が栽培されている。

★**庄内平野** 山形県の最上川の下流域に広がる平野。鳥海山の雪どけ水が豊富で、夏の気温が高く、日照時間が長いから**稲作**に適しており、日本有数の米どころとなっている。最上川の河口にある**酒田市**は江戸時代に**西廻り航路**〔➡p.183〕の拠点の1つとして栄えた。酒田市には、明治時代につくられた米を保管しておく山居倉庫が、現在も残る。

★**津軽平野** 青森県西部の岩木川流域に広がる平野。稲作がさかんで、水田単作地帯が広がる。すずしい気候で、**りんご**の栽培に適しており、日本を代表するりんごの産地となっている。

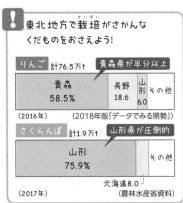

東北地方で栽培がさかんなくだものをおさえよう!

りんご 計76.5万t ／ 青森県が半分以上

| 青森 58.5% | 長野 18.6 | 山形 6.0 | その他 |

（2016年）（2018年版「データでみる県勢」）

さくらんぼ 計1.9万t ／ 山形県が圧倒的

| 山形 75.9% | その他 |

北海道8.0

（2017年）（農林水産省資料）

北上盆地 岩手県中部の北上川沿いに広がる、南北に細長い盆地。奥羽山脈と北上高地にはさまれている。盛岡市や花巻市・北上市などの都市があり、東北自動車道や東北新幹線が通るため、岩手県の産業の中心地となってい

る。農業は稲作が中心。

★**山形盆地** 山形県の最上川中流域に広がる盆地。水はけがよく、朝と夜はすずしく、日照時間が長いため、くだものの栽培に適している。とくに、**さくらんぼ（おうとう）**の栽培がさかんで、**西洋なし**やももの栽培もさかん。

★**やませ** 初夏から夏にかけて、**東北地方の太平洋側に吹きつける冷たく湿った北東風**。やませが吹くと、夏でも気温が20度くらいにしかならないことがあり、日照時間も短くなるため、稲をはじめとする農作物が育たない**冷害**がおこることがある。

フェーン現象 湿った風が山の斜面に沿って上昇して雨を降らせ、その後、山の反対側を吹きおりるとき、高温で乾いた風となる現象。

東北地方では、太平洋側から奥羽山脈をこえた風が日本海側に吹きおろすとき、暑くなるんだ。

青森県 本州の最北端に位置する県。県庁所在地は**青森市**。津軽海峡をへだてて北海道と向きあう。津軽半島と下北半島が陸奥湾を囲むように突き出している。津軽平野を中心に**りんご**の栽培がさかんで、収穫量は全国一。水産業がさかんで、陸奥湾の**ほたて貝の養殖**、八戸港の**いか**の水揚げが知られている。毎年8月上旬に行われる青森市の**ねぶた祭**は、東北地方の夏の三大祭りの1つ。

岩手県 東北地方の太平洋側にある,日本で北海道についで2番目に面積が広い都道府県(1万5275km²)。県庁所在地は盛岡市。北上川流域で稲作,北上高地や奥羽山脈の山ろくで,酪農・肉用牛・肉用にわとりなどの飼育がさかん。三陸海岸南部はリアス海岸〔➡p.48〕が発達して,水揚げ量が多い漁港が多く,波の静かな湾内では,わかめ・こんぶなどの養殖漁業〔➡p.66〕がさかん。東日本大震災〔➡p.54〕で漁港や水産加工場は大きな被害を受けたが,生産量は回復しつつある。東北自動車道沿いにはIC(集積回路)や自動車の工場が進出している。平泉にある奥州藤原氏〔➡p.148〕が建てた中尊寺は世界文化遺産〔➡p.90〕に登録されている。

宮城県 東北地方の太平洋側にある県。県庁所在地は仙台市。北上川下流域の仙台平野を中心に稲作がさかん。水産業もさかんで,気仙沼港や石巻港など全国有数の漁港があり,仙台湾はかきの養殖で知られているが,東日本大震災〔➡p.54〕による大津波で大きな被害を受けた。

★ **仙台市** 宮城県の県庁所在地。江戸時代に伊達氏の城下町として栄え,現在は人口100万人を超える東北地方最大の都市となっている。東北地方の地方中枢都市〔➡p.56〕で,政令指定都市〔p56〕でもある。東北地方の交通網の拠点となっていて,東北新幹線や東北自動車道で首都圏と結ばれている。仙台湾岸には掘り込み式の仙台新港がつくられ,周辺で重化学工業が発達している。8月上旬には,東北三大祭りの1つに数えられる仙台七夕まつりが行われている。

> 仙台市を本拠地とするプロ野球やプロサッカーチームが活躍しているね!

秋田県 東北地方の日本海側にある県。県庁所在地は秋田市。秋田平野や横手盆地など各地で稲作がさかんで,銘柄米(ブランド米)の「あきたこまち」が有名。秋田すぎは天然の三大美林として知られており,伝統的工芸品の大館曲げわっぱの材料などとして使われている。青森県との県境には,ぶなの原生林が生い茂る白神山地があり,世界自然遺産〔➡p.90〕に登録されている。横手市で冬の伝統行事のかまくら,8月上旬に行われる秋田竿燈まつりなどが知られている。

山形県 東北地方の日本海側にある県。県庁所在地は山形市。中央部を最上川が流れ,上・中流域の山形盆地と米沢盆地ではさくらんぼ(おうとう)・西洋なしの栽培,下流域の庄内平野では稲作がさかん。産業は農業が中心だが,山形自動車道沿いに電子部品などの工場が進出している。農家の副業として発展した米沢織や天童将棋駒などの伝統産業も知られている。

福島県 東北地方で最も南にあり，日本で3番目に面積が広い都道府県。県庁所在地は**福島市**。海沿いの浜通り，福島盆地と郡山盆地を中心とする中通り，会津盆地を中心とする会津の3つの地域に区分される。福島盆地はもも・りんごなどのくだものの栽培がさかん。東北地方の中で最も工業出荷額が多い。**伝統的工芸品**の会津塗，会津若松市で酒造りの地場産業が発展している。**東日本大震災**〔➡p.54〕の大津波により，**福島第一原子力発電所**で，大量の放射性物質が放出される事故がおこった〔➡p.54〕。

年中行事 毎年決まった時期に行われる儀式や催し物。節分や端午の節句・七五三のような全国的に行われるものや，秋田県の**なまはげ・かまくら**，京都府の**祇園祭**など，特定の地域で行われる伝統行事がある。

なまはげ 秋田県の男鹿半島で行われている伝統行事。大みそかに仮面をつけ，わらをまとって仮装した若者が家をまわって厄落としをして正月をむかえる。**重要無形民俗文化財**に指定。

「男鹿のなまはげ」としてユネスコの無形文化遺産の登録もめざしているよ。

重要無形民俗文化財 文化財保護法〔➡p.90〕に基づいて国が指定する無形の文化財。年中行事などに関する風俗慣習，民俗芸能などが対象である。

ユネスコ無形文化遺産 2003年のユネスコ総会で採択された，無形文化遺産保護条約に基づいて登録する制度。口承による伝統・表現，芸能，儀式や祭礼行事などが対象。日本では，能楽，人形浄瑠璃文楽，歌舞伎，和食，山鉾・屋台行事などが登録されている。

青森ねぶた祭 8月上旬に青森県青森市で行われる祭りで，**東北三大祭り**の1つ。武士などの人形や武者絵がえがかれた山車を引いて町をねり歩く。

（JTBフォト）

▲青森ねぶた祭

秋田竿燈まつり 8月上旬に秋田県秋田市で行われる祭りで，**東北三大祭り**の1つ。米の豊作を願い，米俵に見立てた多くの提灯を長い竿にぶら下げて，町中をねり歩く。

（フォト・オリジナル）

▲秋田竿燈まつり

仙台七夕まつり 8月上旬に宮城県仙台市で行われる祭りで，**東北三大祭り**の1つ。大小の七夕飾りが町中に飾られることが特徴。

★ **伝統的工芸品** 伝統産業でつくられた工芸品のうち, とくに優れたものとして, 経済産業大臣に指定された工芸品。伝統産業を保護し, 発展させることを目的に指定されている。現在, 全国で200を超える工芸品が, 伝統的工芸品に指定されている。

> 現代的なデザインの取り入れや, 訓練校で後継者の育成に取り組んでいる伝統産業もあるよ。

南部鉄器 岩手県盛岡市・奥州市で生産がさかんな伝統的工芸品の鉄びんや茶釜などの鉄器。江戸時代, 南部藩が職人を育成して鋳物づくりを始めて発達した。

天童将棋駒 山形県天童市でさかんな伝統的工芸品の木製の将棋駒。江戸時代, 藩の下級武士の内職としてすすめたことが始まりで発達した。

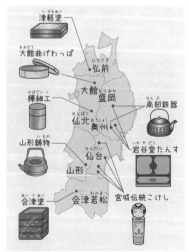

▲東北地方のおもな伝統的工芸品

7.北海道地方

北海道 日本の最北部に位置する都道府県。道庁所在地は**札幌市**。面積は全国で最も広く(8万3424km²), 日本の面積の約5分の1。**冷帯(亜寒帯)**〔→p.50〕に属し, 冬の寒さがきびしいことと, 梅雨がないことが特徴。**世界自然遺産**に登録されている**知床**をはじめ雄大な自然が広がり, 国立公園・国定公園が多い。かつては蝦夷地とよばれ, 古くから先住民の**アイヌの人々**〔→p.116〕が住んでいる。明治時代に**開拓使**が置かれ, **屯田兵**などによって開発が進められた。農業は, 広大な耕地を大型機械で耕作し, **十勝平野**で畑作, **石狩平野**・**上川盆地**で稲作, **根釧台地**で酪農がさかん。水産業もさかんで, **釧路港**は**北洋漁業**の基地であるが, 水揚げ量は減少している。工業では, 地元でとれた農林水産物をいかした食料品工業や, 製紙・パルプ工業が発達している。

> 北海道という名称は, 今から150年ほど前の1869年に蝦夷地探検家の松浦武四郎が名づけたんだって。

オホーツク海 北海道の北東部に広がる海。カムチャツカ半島・千島列島・樺太(サハリン)・北海道に囲まれる。大陸棚が広がり, さけ・ます・たら・にしんなど, 水産資源が豊富。冬は凍

結し，紋別市や網走市など北海道のオホーツク海に面する地域には，**流氷が**押し寄せ，春先まで港が閉ざされる。

流氷　寒帯地域の海上でできた氷の固まりが，風や海流などにのって海をただよっているもの。日本では，冬に北海道のオホーツク海沿岸に押し寄せる。

▲流氷と砕氷船

氷を砕いて海の中を進む流氷砕氷船による観光が，人気を集めている。

★ **知床半島**　北海道北東部にある，オホーツク海に突き出た半島。羅臼岳・知床岳などの火山があり，**原始のままの自然**が広い範囲に残る。**ヒグマ**や**オオワシ**など貴重な生物が生息し，豊かな生態系がきずかれていることから，一部の地域が**世界自然遺産**に登録されている。

日本の自然遺産は，鹿児島の屋久島，青森県と秋田県の白神山地，小笠原諸島と，この知床の4か所だけだよ。

日高山脈　北海道中南部を南北に連なる山脈。幌尻岳などの高く険しい山々がある。

阿寒湖　北海道東部にある，雄阿寒岳の噴火によってできた**カルデラ湖**。特別天然記念物のマ

リモやヒメマスが生息する。**ラムサール条約**に登録され，保護されている。

★ **洞爺湖**　北海道南西部にある，火山の噴火によってできた**カルデラ湖**。周辺に有珠山や昭和新山などの火山があり，周辺地域は**洞爺湖有珠山ジオパーク**となっている。

★ **有珠山**　北海道南西部の洞爺湖南岸にある活火山。火山活動が活発で，1943（昭和18年）の噴火のさいには，2年あまりで**昭和新山**ができた。2000年にも噴火し，近くの住民が避難する事態となった。

▲有珠山(手前)と洞爺湖
（JTBフォト）

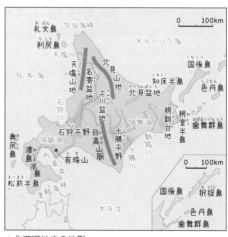
▲北海道地方の地形

113

石狩川 北海道中央部の上川盆地や石狩平野を西へ流れ，日本海に注ぐ川。日本第3位の長さ（268km），流域面積は日本第2位（1万4330km²）。石狩平野を流れる下流域で蛇行をくり返して，過去の流路が三日月湖になって残っているところがみられる。

石狩川は，昔は日本一長い信濃川と同じくらいの長さだったんだ。明治時代に蛇行する流れを改修することで100kmも短くなったよ。

★★石狩平野 北海道西部の石狩川流域に広がる平野。かつては泥炭地が広がり農業が困難だったが，排水路の整備や客土による土壌改良，寒さに強い品種をつくる品種改良によって，稲作がさかんになった。現在は北海道を代表する稲作地帯となっている。

★客土 ほかの土地から性質の異なる土をもってきて加え，**土地の性質を改良すること**。おもに，泥炭地や火山灰が積もった土地を，農業に適した土地にかえるために行われる。北海道の石狩平野で行われた客土のほかに，北陸の平野でも行われている。

泥炭地 草やこけ類がくさらないで積もってできた，泥状の湿地。水はけが悪く栄養分も少ないので，農業には不向き。

上川盆地 北海道中央部，石狩川上流域に広がる盆地。稲作がさかん。夏と冬の気温差が大きい。

★十勝平野 北海道南東の十勝川下流域に広がる平野。火山灰土によるローム層と十勝川が運んだ土砂からなる。大型機械を使った大規模な畑作が行われており，寒さに強いてんさい・じゃがいも，火山灰土でも栽培できる大豆・あずきなどが輪作によって栽培されている。

農作物	北海道の割合	その他
てんさい（2017年）計390.1万t	北海道 100%	
あずき（2017年）計5.3万t	北海道 93.3%	その他
じゃがいも（2017年）計235.0万t	北海道 80.0%	その他
小麦（2017年）計90.7万t	北海道 67.0%	その他

（農林水産省統計）

▲おもな農作物の収穫量の割合

てんさい 砂糖をとるために栽培される根菜類の作物。サトウダイコン，ビートともよばれる。根をしぼって，その汁を煮こんで砂糖を精製する。日本では北海道のみで栽培されている。

▲てんさい

砂糖のおもな原料には沖縄県・鹿児島県のさとうきびと，北海道のてんさいの2つがあるんだ。

★ **輪作**　同じ耕地で，いくつかの種類の農作物を**順番に栽培する方法**。これに対して，１種類の作物を同じ耕地で連続して栽培することを**連作**という。連作を行うと土地の栄養が落ちてしまうため，これを防ぐために輪作を行う。

❗ 輪作のしくみをおさえよう！
同じ耕地で異なる農作物を順番に栽培する。

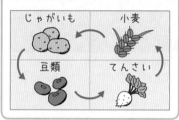

| じゃがいも | 小麦 |
| 豆類 | てんさい |

★★ **根釧台地**　北海道東部の**根室市**から**釧路市にかけて広がる台地**。かつては，火山灰地や泥炭地が多いうえ，夏は低温や**海霧（濃霧）**のため，農作物の栽培に向かなかった。しかし，1950年代に国の政策として別海町にパイロットファーム（実験農場）が建設され，1973年からは新酪農村の建設が始まり**酪農**がさかんになった。現在は日本を代表する酪農地帯となっている。

▲根釧台地の酪農

海霧（濃霧）　湿った暖気が冷たい海面上に流れこむときに発生する**霧**。北海道東部の太平洋沿岸などでみられる。海霧が発生すると，気温が低下し，日照時間が短くなるため，農作物が育たない冷害になることもある。

濃霧で根釧台地の気温が低くなるので，米づくりには向かないんだって。

★★ **酪農**　〔➡p.29〕。乳用牛を飼育し，乳を原料にして乳製品などをつくる**畜産業**。日本では，北海道の**根釧台地**のほか，岩手県の**北上高地**，栃木県の**那須野原**など，各地の高原などで行われている。

	岩手3.2 ┌─熊本3.2
計132.3万頭	北海道 58.9%　　その他
	栃木3.9─┘└─群馬2.7

（2017年）（2018年版「データでみる県勢」）

▲乳用牛の飼育頭数の割合

北洋漁業　北太平洋やベーリング海・オホーツク海で行われる日本の遠洋漁業。さけ・ます・すけとうだらなどがとれる。1970年代以降，アメリカ合衆国・ロシア・カナダが**排他的経済水域**〔➡p.46〕を設定したことなどによって，これらの国の沿岸で自由に漁をすることができなくなり，北洋漁業の漁獲量は大きく減少した。

釧路港や根室港は，北洋漁業の基地だったんだよ。大船団をくんで遠いカナダやアメリカまで行って漁を行っていたんだね。

★★アイヌ民族（アイヌの人々）

古くから北海道や樺太（サハリン）南部に住む先住民族。自然とともに生き，狩猟や採集・漁業を中心とする生活をし，独自の文化をきずいていたが，明治政府の開拓によって土地を奪われ，人口も減少した。現在はアイヌの人々の民族としてのほこりを尊重する社会づくりが進められている。現在の北海道の地名には，**アイヌ語**に由来するものが多い。

ヤム・ワッカ・ナイ（冷たい飲み水の川）　稚内
オタ・ウシ・ナイ（流域に砂地の多い川）
サッ・ポロ・ペッ（かわいた大きな川）
オタ・オル・ナイ（砂浜の中の川）
紋別
モ・ペッ（流れの静かな川）
歌志内
フラ・ヌ・イ（においをもつもの）
富良野
帯広
小樽
札幌
登別
室蘭
苫小牧
オ・ペレペレ・ケプ（河口がいくすじにも分かれている川）
ヌプ・ペッ（白くにごった川）
トマクオマナイ（沼の奥にある川）
モルエラニ（小さな下り坂）

▲アイヌ語を起源とする地名

★屯田兵

明治政府によって，北海道の開拓と警備のために送られた兵（➡p.208）。ふだんは農業開拓を行い，非常時には，兵士として防衛の任務につくことになっていた。屯田兵によってつくられた村を屯田兵村といい，札幌市をはじめとする北海道各地に「屯田」という名がついた町や村が残る。

釧路湿原

北海道東部に広がる，湿った草原。釧路平野の大部分を占め，夏には海霧（濃霧）が発生することが多い。貴重な動植物がみられるほか，特別天然記念物の**タンチョウ（ツル）**の繁殖地でもあることから，**ラムサール条約**に登録されている。

▲釧路湿原

★ジオパーク

科学的・文化的にとくに貴重な地質を含む自然公園。地質学（geology）と公園（park）を組み合わせた言葉。環境教育や防災学習に役立てられているだけでなく，観光客をよびよせて地域の活性化につなげることをめざしている。日本には，北海道の**「洞爺湖有珠山ジオパーク」**や，新潟県の**「糸魚川ジオパーク」**，高知県の**「室戸ジオパーク」**などが世界ジオパークに認定されている。

★ラムサール条約

水鳥が生息する湿地を保護することを目的に，世界各国の間で結ばれた条約。1971年にイランのラムサールで採択された。条約を結んだ国には，登録された湿地の保全と適正な利用が義務づけられる。日本には，北海道の**釧路湿原**や**阿寒湖**，滋賀県の**琵琶湖**，島根県の**宍道湖**など，多数の登録地がある。

★エコツーリズム 美しい自然環境や伝統的な文化に直接ふれ，その価値や大切さを理解して，保全につなげようとする観光についての考え方。その考えのもとに行われる観光ツアーを**エコツアー**という。自然を楽しむ**ネイチャーツーリズム**，伝統的な文化にふれる**カルチャーツーリズム**，農山漁村に長期間滞在して，農業・林業・漁業体験をする**グリーンツーリズム**などがある。

★札幌市 北海道西部にある道庁所在地。人口約190万人の**政令指定都市**〔➡p.56〕で，北海道地方の**地方中枢都市**〔➡p.56〕。明治時代に**開拓使**〔➡p.208〕という役所が置かれ，北海道の開発の中心となった。そのさいにつくられた碁盤目状に区画された街並みが，現在でも残る。ビールや乳製品などをつくる食料品工業がさかん。毎年2月に行われる「**さっぽろ雪まつり**」には，多くの観光客が訪れる。

▲札幌市の市街地

新千歳空港 北海道札幌市南東の千歳市にある空港。航空自衛隊の飛行場としても使われている。札幌市とは高速道路で結ばれ，北海道の空の玄関口となっている。東京都の東京国際空港（羽田空港）と新千歳空港を結ぶ路線の利用客数は全国一。周辺には**IC（集積回路）**などをはじめ，電子部品の工場が進出している。

ロードヒーティング 北海道や北陸地方など雪の多い地域でみられる，**道路に積もった雪や氷を溶かす設備**。道路の下に温水パイプや電熱線を通して，その熱で路面の雪や氷をとかすしくみ。

1. 身近な地域の調査

★ **野外調査** 実際に地域を歩いて観察する調査方法。あらかじめ調べる場所や順序を書きこんだ**ルートマップ**などを使って調査する。

★ **聞き取り調査** 調べることについて，くわしく知っている人をたずねて話を聞く調査方法。事前に相手に連絡を取り，質問を考えておくことが大切。

地形図 国土交通省の**国土地理院**が発行している，土地の起伏や土地利用のようすなどを表した地図。**縮尺5万分の1，2万5千分の1，1万分の1**の地形図がある。

★ **方位** 東・西・南・北の方角。北・北東・東・南東・南・南西・西・北西の8方位，さらに16方位で示す。

★ **縮尺** 実際の距離を地図上に縮めた割合。地図から実際の距離を求めるには，「**地図上の長さ×縮尺の分母**」を計算する。2万5千分の1地形図は，5万分の1地形図よりも縮尺のスケールが大きいため，土地のようすをよりくわしく表すことができる。

★ **等高線** 海面からの高さが同じ地点を結んだ線。**2万5千分の1地形図では10mごと，5万分の1地形図では20mごと**に引かれている。等高線の間隔がせまいところは**傾斜が急**になっていて，広いところは傾斜がゆるやかになっている。また，等高線が低いほうから高いほうへ向かって，食いこんでいるところは**谷**，高いほうから低いほうへはり出しているところが**尾根**となっている。

線の種類	縮尺	1/25,000	1/50,000
計曲線		50m	100m
主曲線		10m	20m
補助曲線		5m ＊2.5m	10m
			5m

(＊には数字が記入される)

▲ 等高線の種類と間隔

地図記号 土地利用のようすや建物の種類，道路と鉄道などを分かりやすい記号で示したもの。関連のあるものを図案化した記号が多い。

田	◎ 市役所 東京都の区役所	⊕ 病院
畑	○ 町・村役場 (指定都市の区役所)	☖ 神社
果樹園	☆ 官公署	☒ 寺院
桑畑	⊗ 警察署	城跡
茶畑	Y 消防署	△ 三角点
広葉樹林	⊖ 郵便局	⊡ 水準点
針葉樹林	☆ 工場	図書館
竹林	発電所変電所	博物館・美術館
笹地	✕ 小・中学校	老人ホーム
荒地	⊗ 高等学校	風車

▲ おもな地図記号

歴 史

1. 文明のおこりと日本の成り立ち

西暦　イエスが生まれたと考えられていた年を紀元1年(元年)として数える年代の表し方。紀元1年を境にして，それ以前を「**紀元前○年**」，それ以後を「**紀元(後)○年**」という(紀元〈後〉では，ふつうは略して，ただ「**○年**」という)。紀元前を「**B.C.**(Before Christ=キリスト以前)」，紀元後を「**A. D.**(Anno Domini= ラテン語で主(神)の年)」とも表す。

世紀　西暦年の100年を一つの単位として年代を区切る表し方。**紀元1年から100年までを1世紀**，101年から200年までを**2世紀**と表す。

> 21世紀は，2001年からだよ！
> 2000年からではないから，
> まちがえないでね！

年号(元号)　ある年を元年(1年)として年数を数える方法。日本では中国にならって，645年に「**大化**」〔➡p.134〕という年号を用いたのが最初とされる。明治・平成など。明治時代からは，天皇一代に1つの年号と決められた(一世一元の制)。

★打製石器　自然の石を打ち欠いてつくった石器。打製石器をおもに使っていた時代が旧石器時代である。

(東北大学大学院文学研究科)
▲打製石器

★旧石器時代　1万年ほど前まで続いた，**打製石器**を使い，移動しながら狩りや採集の生活をしていた時代。

★猿人　今から700～600万年ほど前，アフリカにあらわれた最も古い人類。直立して2本足で歩き，自由になった前足(手)で，道具を使っていたと考えられる。**発展**アフリカで化石が発見されたサヘラントロプス・チャデンシスなどがいる。

★原人　今から200万年ほど前にあらわれた人類。打製石器を使い狩りや採集

!　年代と世紀の表し方をおさえよう

	紀元前(B.C.) ◀		▶ 紀元(後)　(A.D.)				
	◀—201	100 ◀—1 年	101 —▶200				2001—▶
3 世紀	2 世紀	1 世紀	1 世紀	2 世紀		16 世紀	21 世紀
	200 ◀—101		1 年—▶100			1501—▶1600	

を行い，火を使い寒さから身を守り，簡単な言葉も使っていた。**ジャワ原人**や**ペキン(北京)原人**などに代表される。

★ **新人(ホモ・サピエンス)**　今から20万年ほど前にアフリカにあらわれ世界中に広がった現在の人類の直接の祖先。高い文化をもつ。ラスコー(フランス)などの洞窟に壁画を残した**クロマニョン人**などに代表される。

氷河時代(氷河期)　250万年ほど前から1万年ほど前まで続いた，地表が広く氷河におおわれていた時代。 発展 海面が今より100m以上低くなった時期には，**日本は大陸と陸続き**となって，ナウマンゾウなどが大陸から移動してきた。

★ **土器**　土を焼いてつくった容器。磨製石

オオツノジカ

ナウマンゾウ

こういう動物を追って，人々は大陸から移り住んだんだって。

器とともに**新石器時代**を特色づけるもので，これによって食物をたくわえたり，煮たりすることができるようになり，生活が向上した。

★★ **磨製石器**　表面を磨いてつくった石器。土器とともに**新石器時代**を特色づけるもの。使いみちに応じて**石包丁**〔➡p.128〕などさまざまな石器がある。

(國學院大學博物館)

▲磨製石器

★ **新石器時代**　約1万年前に始まった，打製石器に加えて**磨製石器・土器**を使用し，農耕や牧畜が始まった時代。

文明のおこり　アフリカやアジアの**大河**のほとりでは農耕や牧畜が発達し，食料を計画的に生産してたくわえるようになった。この食料(**富**)をめぐる戦いなどから，強い権力をもつ**支配者(王)**があらわれた。このような動きのなかから，各地に**文明**が形成されていった。

宗教　神や仏など，聖なるものに対する信仰や，その教えに基づいた行い。文明の発達にともない，人々は病気など

700万年	200万年	150万年	100万年	50万年	20万年前
猿人	原人				新人

サヘラントロプス・チャデンシス

ジャワ原人・ペキン(北京)原人

"直接の祖先"

クロマニョン人

◀人類の進化

人類はアフリカで誕生したんだ。

121

の苦しみからのがれるために神に祈るようになった。そのようななか，神などの教えを説く者があらわれた。

★ **シャカ(釈迦)** 紀元前6世紀〜紀元前5世紀 紀元前5世紀ごろ，**インドで仏教を説いた**人物。

★ **仏教** 紀元前5世紀ごろ，**シャカ(釈迦)**がインドで説いた教え[→p.17]。「人は平等であり，心の迷いを捨てさることで，この世の苦しみからのがれられる」と説いた。仏教は，インドから東南アジアや中国・日本などに伝わったが，インドではのちに**ヒンドゥー教**[→p.18]が広まり，仏教はおとろえていった。

★ **イエス** 紀元前4？〜紀元後30？ ローマ帝国に支配されていたパレスチナ地方(地中海南東岸)に生まれ，**キリスト教を説いた**人物。

★ **キリスト教** 1世紀はじめ，ユダヤ教をもとに**イエス**が説いた教え。「神を信じる者はだれもが救われる」と説き，その教えはのちに『**聖書(新約聖書)**』にまとめられた。[→p.17]

キリスト教は，はじめは迫害をうけていたけど，4世紀にはローマ帝国の国教になったよ。

聖書(新約聖書) **イエス**が説いた教えを伝える**キリスト教の教典(聖典)**。イエスの生涯や言動を記したもの。

★ **ムハンマド** 570？〜632 アラビア半島に生まれ，7世紀はじめに**イスラ**ム教を始めた人物。

★ **イスラム教** 7世紀はじめ，ムハンマドが始めた宗教。ただ1つの神である**アラー(アッラー)**の前ではだれもが平等であると説き，その教えは『**コーラン(クルアラーン)**』にまとめられている[→p.18]。

コーラン(クルアーン) ムハンマドがアラー(アッラー)から授けられたお告げをまとめた，イスラム教の教典。イスラム教徒の生活や政治などについて定めている。

★ **中国文明** 紀元前6000年ごろから中国の黄河流域では畑作，南部の長江流域では稲作が始まり，人口が増えると都市が形成されて文明が生まれた。紀元前16世紀ごろには，**黄河流域に殷**という国(王朝)が栄えた。

殷 紀元前16世紀ごろ，中国の黄河流域におこった国(王朝)。都のあと(**殷墟**)の発掘によって，**青銅器**[→p.128]や**甲骨文字**が使われていたことが明らかになっている。

★ **甲骨文字** 殷で使われた文字。占いに使われた亀の甲や牛の骨に，その結果を記すために刻まれた。

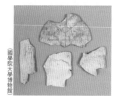

(國學院大學博物館)

甲骨文字は，漢字のもとになったよ。

▲甲骨文字

122

周　紀元前11世紀，殷を滅ぼして中国を支配した国（王朝）。

春秋・戦国時代　紀元前8世紀から紀元前3世紀ごろまでの，中国で戦乱が続いた時代。諸国が勢力を強めようとしたことで，鉄製の農具・兵器が普及し，農業・商業も発達した。また，諸国がすぐれた人材を用いたことで，儒学（儒教）などの新しい思想が生まれた。

孔子　紀元前551？～紀元前479　春秋・戦国時代に，儒学（儒教）を説いた思想家。その教えは『論語』としてまとめられた。

論語　孔子の教えを弟子たちがまとめた書物。

★ **儒学（儒教）**　紀元前6世紀ごろ，孔子が説いた教え。国を治めるもとは，仁（思いやりの心）と礼（正しい行い）にあると説いた。中国の政治や社会のよりどころとされ，日本や朝鮮にも大きな影響を与えた。

★★ **秦**　紀元前221年，始皇帝が中国を統一して建てた国（王朝）。全国を支配する中央集権のしくみを整えたが，きびしい政治に対して各地で反乱がおこり，わずか15年で滅んだ。

★ **始皇帝**　紀元前259～紀元前210　春秋・戦国時代を終わらせて中国を統一した秦の王。「皇帝」というよび名を初めて用いた。文字や貨幣，ものさし，はかりなどを統一し，北方の遊牧民族の侵入に備えて**万里の長城**を築いた。

万里の長城　秦の始皇帝が築いた，北方の遊牧民族の侵入を防ぐための城壁。現在のものは，14世紀に中国を統一した明の時代につくられたもの。

▲万里の長城
(学研・資料課)

兵馬俑　7000体近くの兵士や軍馬の人形。始皇帝の墓の近くに埋められているのが，1970年代に発見された。

▲兵馬俑
(Alamy／PPS通信社)

★ **漢**　紀元前202年，秦をたおして中国を統一した国（王朝）。紀元前2世紀の**武帝**のときに，朝鮮半島から中央アジアまでを支配する大帝国となり，西方との間に**シルクロード（絹の道）**も開かれた。**儒学（儒教）**が重んじられた。

楽浪郡　漢の武帝が，朝鮮半島北部に置いた4つの郡の1つ。313年に高句麗[➡p.130]に滅ぼされた。

武帝　紀元前156～紀元前87　漢の第7代皇帝。周辺民族に対しての遠征など

を行い，漢の支配地域が最大となった。

★★ シルクロード（絹の道）
中央アジアを通り，**中国と西アジアや地中海沿岸**を結ぶ東西交通路。紀元前２世紀ごろに開かれ，中国から絹（シルク）織物などが西方に運ばれたことから，こうよばれるようになった。西方からは馬やぶどうなどが中国にもたらされ，仏教もこの道を通って中国に伝えられた。

★★ エジプト文明
紀元前3000年ごろ，**ナイル川**〔➡p.32〕**流域**でおこった文明。国王は神としてあがめられ，墓として**ピラミッド**がつくられた。ナイル川のはんらん時期を知る必要などから天文学や測量術などが発達し，**太陽暦**が使用され，**象形文字（神聖文字）**が使われた。

象形文字
ものの形をかたどってつくられた文字。代表的なものに，ヒエログリフとよばれるエジプトの象形文字（神聖文字）がある。

★ ピラミッド
古代エジプトの国王の墓。四角すいの形に石を積み重ねてつくられた。現在残っている最大のものはクフ王の墓で，底辺約230m，高さは約140mである。

▲ピラミッド
（学研・資料課）

太陽暦
太陽の動きをもとにしてつくられた暦。種まきや収穫の時期を知るために，**古代エジプト**でつくられた。現在は，世界のほとんどの国で使われている。

> 日本で，太陽暦が使用されるようになったのは，明治時代からなんだって。

王
広い範囲にわたって人々を支配する人。農耕や牧畜の発達によって貧富の差が生まれると，富を得た指導者が，やがて人々を支配し，王とよばれるようになった。

★ メソポタミア文明
紀元前3000年ごろ，**チグリス川とユーフラテス川流域**でおこった文明。都市国家が各地につくられ，紀元前18世紀ごろ，バビロニアの**ハンムラビ王**がこの地方を統一した。**楔形文字**や**太陰暦**が使われ，１週７日制や60進法などが考え出された。

楔形文字
メソポタミア文明で使われていた文字。粘土板に，あしの茎など棒状のものを用いて刻まれた。

（学研・資料課）
▲楔形文字

ハンムラビ法典
紀元前18世紀ごろバビロニアの**ハンムラビ王**がつくった法典。「目には目を…」などきびしい復しゅうのきまりで知られ，条文は石碑に楔形文字で刻まれている。

太陰暦
月の満ち欠けを基準としてつくられた暦。**メソポタミア文明**でつく

られ，現在でもイスラム教の国々で使われている。

オリエント 「太陽ののぼる土地」という意味で，ヨーロッパから見て東にあるエジプトとメソポタミアを含む地域をいう。オリエントではアルファベットが発明され，紀元前1000年ごろまでには鉄器[➡p.128]の使用が広まった。

★ **インダス文明** 紀元前2500年ごろ，インドの**インダス川流域**でおこった文明。**モヘンジョ=ダロ**など，排水施設などを備えた都市が栄えた。**インダス文字**が使用されていたが，まだ解読されていない。**発展** この地域では，紀元前1500年ごろ，中央アジアから侵入した**アーリヤ人**が先住民を奴隷とし，バラモンとよばれる神官を最高の身分とする身分制度（**カースト制度**[➡p.24]）をもつ国々をつくった。

モヘンジョ=ダロ パキスタンにある**インダス文明**最大の遺跡。計画的に建設された都市で，上下水道や公衆浴場，整備された道路などが見られる。

▲モヘンジョ=ダロ
(学研・資料課)

ギリシャ文明 古代ギリシャで栄え，紀元前5世紀に全盛期をむかえた文明。アテネなど**都市国家（ポリス）**を中心として発展した。ギリシャ文明を代表する建造物としてアテネの**パルテノン神殿**がある。

▲パルテノン神殿
(学研・資料課)

都市国家（ポリス） 古代の都市を中

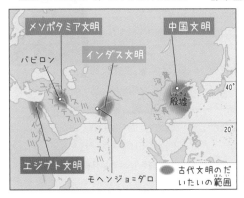
▲古代文明の発生地

メソポタミア文明
バビロン
中国文明
インダス文明
殷墟
40°
20°
エジプト文明
モヘンジョ=ダロ
● 古代文明のだいたいの範囲

気候が温暖で農耕に適した大河の流域で発生したんだ。

心とした小さな国家。ギリシャでは紀元前8世紀ごろ生まれ，**ポリス**とよばれた。**アテネ**，スパルタなどがその代表的なもので，アテネでは，市民による**直接民主制**〔➡p.276〕が行われた。

アテネ　古代ギリシャの**都市国家（ポリス）**の1つ。男性市民全員が参加する**民会**が行われるなど，民主政治が行われた。

★**ローマ帝国**　紀元前1世紀，イタリアの都市国家ローマが地中海周辺を統一してできた帝国。ローマ法や現代の暦のもとになったユリウス暦のほか，円形の**闘技場（コロッセオ）**や道路・水道などの公共施設もつくられて繁栄したが，4世紀末に東西に分裂した。

闘技場
（コロッセオ）

野尻湖　長野県北部にある湖。湖底の発掘調査によって，数万年前の地層から**ナウマンゾウ**やオオツノジカなどの化石が発見された。

岩宿遺跡　群馬県にある**旧石器時代**の遺跡。1946年，相沢忠洋が1万年以上前の地層から**打製石器**を発見し，その後の発掘で，**日本にも旧石器時代があった**ことが明らかにされた。

★**縄文時代**　約1万2000年前から紀元前4世紀ごろまでの時代。人々は，打製石器に加えて**磨製石器**〔➡p.121〕と土器（**縄文土器**）を使い，**たて穴住居**に住み，おもに狩りや漁，採集を行い生活していた。植物の栽培が始まっていたが，農耕は発達しなかった。代表的な遺跡に，**三内丸山遺跡**（青森県）がある。

★**縄文土器**　縄文時代に使われた土器。表面に**縄目の文様**がつけられたものが多いことから名づけられた。厚手で，低温で焼かれたため，**黒褐色**をしたものが多い。

★**貝塚**　おもに縄文時代の人々が捨てた貝がらや，食べ物の残りかすなどが積もってできた遺跡。当時の海岸や水辺に多くあり，土器や人骨，獣の骨なども出土するため，当時の海岸線や，人々の生活を知る手がかりとなる。

発展 明治時代に発見された**大森貝塚**（東京都）は，日本で最初の遺跡の発掘調査が行われた。

★**土偶**　縄文時代につくられた土製の人形。魔よけや，食物の豊かさなどを祈るために使われたと考えられている。女性をかたどったものが多い。

（東京国立博物館）

▲土偶

★**たて穴住居**　縄文時代から奈良時代にかけて，広く使われていた**住居**。地面を掘り下げて丸太で柱を立て，その上に屋根をかけた。中央には，炉もつくられていた。

▲たて穴住居
(ピクスタ)

三内丸山遺跡 青森県にある，縄文時代の代表的な集落遺跡。多くのたて穴住居あとや，大量の土器・石器などが発掘された。**発展**今から5500年ほど前から1500年以上続き，多いときで500人以上が生活していたと考えられている。

▲三内丸山遺跡

★**弥生時代** 紀元前4世紀ごろから紀元3世紀ごろまでの時代。稲作が本格的に始まり，金属器（青銅器・鉄器）や弥生土器などが使用された。人々は水田近くにむらをつくって定住するように

なり，収穫した稲は高床倉庫にたくわえられた。やがて，土地や水などをめぐってむらどうしの争いがおこるようになり，いくつかのむらを従えた小さなくにができていった。代表的な遺跡に，登呂遺跡（静岡県）・吉野ヶ里遺跡（佐賀県）がある。

★**弥生土器** 弥生時代につくられた土器。やや高温で焼かれたため赤褐色で，縄文土器に比べてうすくてかたい。文様はないか，あっても簡単なものが多い。**発展**貯蔵用のつぼ，調理用のかめ，食器用の鉢や高坏など用途に応じて多種類のものがつくられたが，とくにつぼが多い。

★**稲作** 稲を栽培して米を収穫する農業。日本には縄文時代の終わりごろ，中国や朝鮮半島から移り住んだ人々によって九州北部に伝えられた。稲作が始まったことで，人々は水田近くのむらに定住するようになり，収穫した稲は高床倉庫にたくわえられた。

むら（集落） 人々が集まって定住しているところ。弥生時代に稲作が本格的

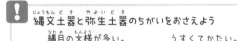
! 縄文土器と弥生土器のちがいをおさえよう

縄目の文様が多い。

うすくてかたい。

縄文土器

弥生土器

弥生土器は現在の東京都文京区弥生で最初に発見されたから，「弥生土器」と名づけられたんだ。

に始まると，人々は水田近くに定住してむらをつくった。むらでは，稲作や祭りなどの共同作業を指揮する指導者があらわれ，指導者はやがて支配者となっていった。

くに(国) 有力者(豪族)や王によって支配された政治的なまとまり。力の強いむらが弱いむらを従えるなどして，くに(国)に発展していった。

★**高床倉庫** 稲の穂など，収穫したものをたくわえた倉庫。湿気やねずみの害を防ぐために，床を高くして建てられた。

石包丁 弥生時代に，稲の穂先を摘み取るために使われた磨製石器[→p.121]。

★**金属器** 金属でつくられた道具。弥生時代には，稲作とともに青銅器や鉄器などの金属器が日本に伝えられた。

★**青銅器** 鉄器とともに，大陸から伝えられた金属器。銅とすずを混ぜてつくられ，銅剣・銅鐸・銅鏡などがあり，おもに祭りの宝物として使われた。

銅鏡 弥生・古墳時代におもにつくられた青銅製の鏡。裏にはさまざまな文様がつけられた。おもに祭具に用いられた。

(東京国立博物館)
▲銅鏡

銅剣 青銅製の剣。日本には弥生時代に伝わり，はじめは武具として使われたが，やがて，おもに祭具に用いられるようになった。

銅矛 弥生時代につくられた両刃をもつ青銅器。付け根の部分に長い柄をさして武具として使われていたが，やがて大型化して，おもに祭具として用いられた。

★**銅鐸** 弥生時代につくられたつりがね形をした青銅器。表面にはさまざまな文様や当時の人々の生活を描いた絵が刻まれた。おもに祭具として用いられたと考えられている。

(東京国立博物館)
▲銅鐸

★**鉄器** 青銅器とともに，大陸から伝えられた金属器。武器や，農具などをつくる工具など，実用品として使われた。

登呂遺跡 静岡県にある弥生時代の集落遺跡。住居のあとをはじめ，あぜ道で区画された水田のあとや，多数の木製農具が見つかった。

吉野ヶ里遺跡 佐賀県にある，弥生時

▲物見やぐら (国営海の中道海浜公園事務所所有)

代の大集落遺跡。周りは二重の濠と柵で囲まれ，物見やぐらや高床倉庫のほか，多数のたて穴住居あとなどが見つかった。1〜2世紀ごろの小さなくに（国）の1つであったと考えられている。

倭 古代，中国や朝鮮で使われていた日本のよび方。中国の歴史書である『漢書』の「地理志」では日本人は「倭人」と記されている。

奴国 1世紀中ごろ，今の福岡市周辺にあった小国。57年に奴国の王が中国の後漢に使いを送り，皇帝から金印を授けられたことが，中国の歴史書である『後漢書』の「東夷伝」に書かれている。

★**金印** 江戸時代に今の福岡県志賀島で発見された印。「漢委（倭）奴国王」と刻まれており，奴国の王が後漢の皇帝から授けられたものと考えられている。

▲金印

（福岡市博物館所蔵／福岡市博物館／DNPartcom）

魏・蜀・呉 3世紀，後漢が滅んだあとに中国を支配した三つの国（王朝）。この時代を三国時代とよぶ。なかでも魏は，日本の邪馬台国と交流があったことが「魏志倭人伝」に記されている。

「魏志倭人伝」（『魏志』の「倭人伝」） 中国の歴史書『三国志』のうち，魏の歴史について書かれた『魏志』にある倭（日本）に関する記述。邪馬台国や女王卑弥呼について書かれ，3世紀の日本を知る上で貴重な史料。

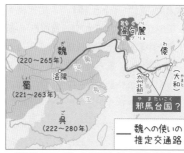
▲3世紀の東アジアと邪馬台国の推定位置

――― 魏への使いの推定交通路

★☆**邪馬台国** 3世紀に日本にあった国。「魏志倭人伝」によると，女王卑弥呼が30ほどの国々を従え，すでに身分の違いもあったという。位置については，近畿地方の大和（奈良県）説と九州北部説に大きく分かれている。

邪馬台国が大和（奈良県）にあったとすると，のちの大和政権につながる勢力と考えられるんだ。

★☆**卑弥呼** 2世紀後期〜3世紀前期 「魏志倭人伝」に書かれている邪馬台国の女王。争いをしずめるため各地の王におされて女王となり，まじないによって30ほどの国々を従えた。**239年**，魏の皇帝に使いを送り，「**親魏倭王**」の称号と金印や銅鏡100枚などを授けられた。

★**朝貢（朝貢体制）** 相手の国に貢ぎ物をもって使者が訪れること。古代の中国の皇帝は周りの国から朝貢を受け，その代わりに，朝貢してきた国の王に対し，**支配者としての地位を認め**，貢ぎ物のお返しに銅鏡などを授けた。

★ **大和政権(ヤマト王権)** 3世紀後半に成立した，**大和地方(近畿地方)の豪族を中心とした連合政権**。その王は**大王**とよばれ，前方後円墳の分布から5世紀には九州地方から東北地方南部までの豪族を従えたと考えられる。

★ **朝廷** 大王(のちの天皇)と有力豪族が政治を行うところ。政権そのものを指すこともある。

★ **古墳** 高く盛り土をした王や豪族たちの墓。3世紀後半から7世紀にかけてつくられ，その形から**前方後円墳・円墳・方墳**などに分けられる。多くは表面に石がしきつめられ，素焼きの**埴輪**が置かれた。

★ **前方後円墳** 古墳の形の1つで，円形と方形(四角形)の墳丘がつながっている古墳。古墳の中でもとくに規模が大きい。**大和政権**の広がりとともに，各地でもつくられるようになり，とくに有力な豪族がいたと考えられる地方には，集中してつくられている。

大仙(山)古墳 大阪府堺市にある，5世紀につくられた代表的な**前方後円墳**。全長約486m，高さ約36m，3重の堀に囲まれ，世界最大級の墓といわれる。

▲大仙(山)古墳 (学研・資料課)

★ **埴輪** 古墳の頂上や周りに置かれた**素焼きの土製品**。円筒型をしたもののほか，人物，家，動物などの形をしたものがあり，当時の人々の生活を知ることができる資料である。

▲いろいろな埴輪

★ **古墳時代** 3世紀後半から7世紀ごろまでの，**古墳**がさかんにつくられた時代。この時代に，大和政権の統一が進められた。

南北朝時代(中国) 5世紀から6世紀にかけて，中国で南北に分かれて国々が争っていた時代。大和政権の5人の王(**倭の五王**)は，南朝の**宋**にたびたび使いを送った。

★ **高句麗** 朝鮮半島北部にあった国。紀元前後に建てられ，4～5世紀に最盛期をむかえた。大和政権が百済などと結んで高句麗と戦ったことが，**高句麗の好太王(広開土王)**の功績をたたえた**碑**に刻まれている。

★ **百済** 4世紀ごろ，朝鮮半島南西部に建てられた国。**日本と交流があり，仏教など大陸の文化を伝えた。**660年に，新羅・唐の連合軍に攻められて滅ん

▲5世紀ごろの東アジア

だ。

★ **新羅** 4世紀ごろ，朝鮮半島南東部に建てられた国。7世紀に，唐と結んで百済・高句麗をたおし，やがて唐の勢力も追い出して**朝鮮半島を統一した**。10世紀に高麗[➡p.143]に滅ぼされた。

★ **伽耶(加羅,任那)** 朝鮮半島南部の，小国が分立していた地域。4世紀末，倭はこれらの国々や百済と結んで，高句麗や新羅と戦った。

豪族 一定の地域に勢力(富と権力)をもっていた支配者。近畿地方の豪族は，大和朝廷での仕事にあたり，地方の豪族はそれぞれの地方を治めた。

★ **大王** 5世紀ごろからの大和政権の王のよび方。7世紀には「天皇」とよばれるようになった。

氏姓制度 大和政権の支配のしくみ。豪族は血縁を中心に氏という集団をつくり，大和政権の仕事を分担した。これに対し，大和政権は家がらなどを示

す臣・連などの姓を与えた。

武 ?～? 中国の歴史書の『宋書』の「倭国伝」に書かれている，**5世紀後半の倭の王**。6世紀前半までに，倭の五王(讃・珍・済・興・武)が，倭王としての地位と朝鮮半島南部の軍事的指揮権を認めてもらうため，しばしば中国の南朝の宋に使いを送った。武は，その最後の王で，稲荷山古墳(埼玉県)出土の鉄剣や，江田船山古墳(熊本県)出土の鉄刀に刻まれている「ワカタケル(獲加多支鹵)大王」(雄略天皇)であると考えられている。

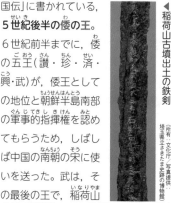

稲荷山古墳出土の鉄剣

(所蔵：文化庁　写真提供：埼玉県立さきたま史跡の博物館)

★ **渡来人** 4世紀以降，朝鮮半島などか

❗ **渡来人が伝えたものをおさえよう**

◎百済から
漢字や
儒学(儒教)

魚 雨 月

◎かんがい工事や
ため池のつくり方 ➡ 農業生産が向上

◎絹織物や
須恵器のつくり方

ら，一族でまとまって**日本に移り住ん
だ人々**。さまざまな技術のほか，文化
の面では**漢字**や**儒学(儒教)**〔➡p.123〕，
仏教なども伝えた。

漢字 **甲骨文字**〔➡p.122〕をもとにしてつ
くられた中国の文字。**渡来人**によって
日本へ伝えられた。

須恵器 **渡来人**が伝えた技術でつくら
れた，かたくて質の高い土器。

2.古代国家の歩みと東アジア世界

★ **隋** 589年，南北に分かれていた中国を
統一した国(王朝)。律令という法律を
定め，役人を試験で選ぶ制度(科挙)を
始めるなど，中央集権的な政治のしく
みを整えた。日本は，進んだ制度や文
化を取り入れようと**遣隋使**を送った。
618年に唐に滅ぼされた。

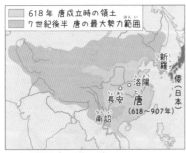

▲7～8世紀ごろの東アジア

★ **唐** 618年，隋を滅ぼして中国を統一し
た国(王朝)。律令制を確立し，人々を
戸籍に登録して土地を分け与え，代わ
りに税や兵役を負担させるなどして支
配のしくみを整え，大帝国をつくりあ
げた。都の**長安**(今の西安)は，人口
100万人を数える国際都市としてにぎ
わった。日本からは，十数回にわたっ
て**遣唐使**〔➡p.138〕が送られた。907年，
国内の混乱や異民族の侵入などで滅ん
だ。

★ **律令** 律令国家の基本となる法律。**律**は
刑罰についてのきまり，**令**は**政治**を行
ううえでのきまり。

飛鳥時代 奈良盆地南部の飛鳥地方に
政治の中心があった時代。6世紀末の
推古天皇の時代から，8世紀はじめに
平城京〔➡p.135〕に都が移されるまでの
約120年間をいう。

★ **聖徳太子(厩戸王)** 574～622
593年，推古天皇
の**摂政**となった人
物。厩戸皇子とも
よばれる。**冠位十
二階**の制度や**十七
条の憲法**を定める

(宮内庁)

▲聖徳太子と伝えら
れる肖像画

など，蘇我馬子と協力して**大王(天皇)**
を中心とする政治のしくみを整えよう
とした。また，**仏教**をあつく信仰し，
法隆寺を建てた。

摂政 **天皇の代理**として政治を行う役
職。天皇が女性や幼少のときに置か
れ，**聖徳太子**が初めて任じられた。平
安時代〔➡p.140〕には，**藤原氏**がこの役
職を独占して政治の実権をにぎり，**摂
関政治**を行った〔➡p.143〕。

天皇 大和政権の王である**大王**に代わよび名。 **発展** 天皇とよばれるようになった時期については，推古天皇のころという説と天武天皇[➡p.135]のころという説がある。

推古天皇 554〜628 日本初の女性天皇。おいの**聖徳太子**を摂政とした。

★**蘇我氏** 大和政権の有力豪族。渡来人と強く結びつき，朝廷の財政や外交にあたった。仏教の受け入れに反対する物部氏と対立した。

蘇我馬子 ?〜626 飛鳥時代の豪族。仏教の受け入れをめぐって対立していた物部氏を滅ぼし，聖徳太子に協力して政治を進めた。

物部氏 大和政権の有力豪族。仏教の受け入れに反対して，**蘇我氏**と対立した。6世紀末に蘇我氏と戦って敗れ，勢力がおとろえた。

★**冠位十二階** 603年，聖徳太子が役人の位階を定めた制度。かんむりの色で役人の地位を区別し，**家がらにとらわれず，才能や功績のある人物を朝廷の役人に取り立てようとした。**

★**十七条の憲法** 604年，聖徳太子が

十七条の憲法（一部）

一に曰く，和をもって貴しとなし，さからうことなきを宗とせよ。

二に曰く，あつく三宝を敬え。

三に曰く，詔をうけたまはりては必ずつつしめ。

解説 一は人の和を大切にして争いをしないこと，二は仏教を信仰すること，三は天皇の命令には必ず従うこと，を求めている。

定めたきまり。仏教や儒学（儒教）の考え方を取り入れ，争いをやめて天皇を中心とする政治にはげむように，**役人の心がまえを示した。**

★**遣隋使** 聖徳太子が中国の隋に送った使節。隋の進んだ制度や文化を取り入れるため，607年の**小野妹子**をはじめ，数回送られた。使節には留学生や僧も同行した。

小野妹子 7世紀前期ごろ 607年，「国書」をもって隋につかわされた**遣隋使**。608年，隋の使者と帰国。同年，留学生とともに再び隋に渡った。

国書は，隋の皇帝と対等な立場で書かれていたので，隋の皇帝は怒ったんだって。

★**飛鳥文化** 7世紀初め，政治の中心（朝廷）があった飛鳥地方（奈良盆地南部）を中心に栄えた，**日本で最初の仏教文化。**法隆寺の釈迦三尊像などの仏像がその代表。多くは渡来人[➡p.131]の子孫によってつくられたが，南北朝時代の中国やインド，西アジアなどの影響も受けている。

★**法隆寺** 607年，聖徳太子が建てた寺。**金堂や五重塔，釈迦三尊像，玉虫（虫）厨子**など多くの文化財がある。7世紀後半に火災にあって，再建されたが，**それでも現存する世界最古の木造建築**といわれ，**世界文化遺産**に登録されている。

▲法隆寺　　　　　　　　　　　　（法隆寺）

★**中大兄皇子（天智天皇）**　626～671

　645年，**中臣鎌足**（のちの藤原鎌足）とともに**蘇我蝦夷・入鹿**親子をたおし，**大化の改新**を進めた人物。朝鮮半島での白村江の戦いに敗れたあと，都を大津宮（滋賀県）に移した。668年，即位して**天智天皇**となり，全国的な戸籍をつくるなど政治の改革を進めた。

★**中臣鎌足（藤原鎌足）**　614～669　中大兄皇子とともに**大化の改新**を進めた人物。亡くなる直前に天智天皇（中大兄皇子）から**藤原**の姓を授けられ，平安時代に栄えた藤原氏〔➡p.143〕の祖となった。

★**大化の改新**　645年，**中大兄皇子**と**中臣鎌足**らが，蘇我氏をたおして始め

	改新前の社会	改新後の社会
特色	氏姓制度の社会　大王（のちに天皇）を中心とする豪族の連合政権	律令国家への歩み　天皇を中心とする中央集権国家
土地	皇室・豪族の私有	公地（国有）となる
人民	皇室・豪族の私有	公民（国有）となる
天皇	皇室も豪族の1つ	天皇の権威は絶対的
豪族	土地・人民を私有	朝廷に仕える貴族

▲大化の改新前後の社会の変化

た政治改革。聖徳太子の死後，独裁的な政治を進める蘇我蝦夷・入鹿をたおした中大兄皇子は，都を難波宮（大阪府）に移し，翌年，中央集権国家の成立をめざして**公地・公民**などの政策を進めた。このとき，日本で初めて「**大化**」という年号（元号）〔➡p.120〕が定められたといわれる。

蘇我蝦夷　？～645　飛鳥時代の豪族。父の蘇我馬子のあとをついで政治の実権をにぎり，独裁的な政治を行った。645年の**大化の改新**で，子の**入鹿**とともにたおされた。

★**公地・公民**　皇族や豪族が支配していた土地と人民を，**国が直接支配**すること。大化の改新でその方針が示され，のちの律令制度に引きつがれた。

白村江の戦い　663年，日本と唐・新羅〔➡p.131〕連合軍の戦い。日本は，百済〔➡p.130〕の復興を助けるために大軍を送ったが敗れ，朝鮮半島から退いた。その後，唐や新羅の攻撃に備えて，**大宰府**（福岡県）を守るための**山城**の**大野城**や**水城**をはじめ，各地に山城を築いた。

★**壬申の乱**　672年，天智天皇のあとつぎをめぐる，天皇の子の大友皇子と，天皇の弟の**大海人皇子**の争い。大海人皇子が勝利し，即位して**天武天皇**となった。

大友皇子　648～672　天智天皇の子。**壬申の乱**で大海人皇子に敗れた。

★ **天武天皇(大海人皇子)** 631?～686
天智天皇の弟で，**壬申の乱**に勝利して
即位した天皇。都を再び飛鳥(奈良盆
地南部)に戻し，律令や歴史書の編さ
んを命じるなど，天皇の地位を高めて
中央集権の国づくりを進めた。

持統天皇 645～702 天智天皇の娘で
天武天皇の皇后(きさき)。天武天皇の
死後に即位した。日本初の本格的な都
の藤原京(奈良県)をつくった。

藤原京 694年，**持統天皇**(天武天皇の
皇后)が飛鳥につくった都。中国の都
にならい，日本で最初の本格的な都
で，広い道路によってごばんの目のよ
うに区切られていた。

★ **大宝律令** 701年，唐にならってつく
られた決まり。律令〔➡p.132〕によって
全国を支配するしくみが整い，律令国
家の基礎が築かれた。このしくみのも
と設けられた役所が，**二官八省**である。

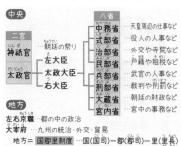

▲大宝律令にもとづく政治のしくみ

★ **律令国家** 律令に基づいて政治が行わ
れる国家。日本では，**大宝律令**によっ
て，天皇を中心とする中央集権の体制
が整った。

★ **貴族** 律令国家で，天皇から高い位を与
えられた中央の有力豪族。貴族は，位
に応じた役職について政治を行い，さ
まざまな特権を与えられ，その特権は
子孫にも引きつがれた。

良民 律令制度での身分。賤民以外の
人々。貴族や役人，農民(公民)など。

奴婢(奴隷)などの賤民 律令制度で
の身分で，良民以外の人々。〔発展〕売買
の対象ともされた奴婢とよばれる人々
や，皇室の墓を守る人々(陵戸)などが
いた。賤民にも口分田は与えられた。

奴は男の奴隷，
婢は女の奴隷の
ことだよ。

★★ **奈良時代** 都が平城京(奈良県)に置
かれた710年から，平安京(京都府)
〔➡p.140〕に移される794年までの時代。
律令政治が行われ，都を中心に国際的
な天平文化〔➡p.139〕が栄えた。いっぽ
う，口分田の不足などから律令制度の
基本である公地・公民制がくずれてい
った。

★ **平城京** 710年，奈良盆地北部(奈良
県)に**唐**〔➡p.132〕の長安(現在の西安)
にならってつくられた都。東西は約6
km，南北は約5kmあった。〔発展〕道路
によってごばんの目のように区切ら
れ，中央には幅70mの朱雀大路が南北
に走り，北には天皇の住居や役所があ
る平城宮が置かれた。約10万人が生活

していたとされる。

▲平城京（復元模型）
（奈良市役所所蔵）

五畿七道　律令国家における地方の行政区画。**五畿**は畿内（都周辺）の山城・大和・河内・和泉・摂津をさし，**七道**は東海道・東山道・北陸道・山陰道・山陽道・南海道・西海道をさす。

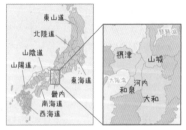

東山道
北陸道
山陰道
山陽道
畿内
南海道
西海道
東海道
摂津　山城
河内
和泉
大和

国府　律令制度で，国ごとに置かれた地方の政治を行う役所。**国司**が政治を行った。

国司　律令制度で国ごとに置かれた地方の役人。都から貴族が交代で派遣され，郡司を指揮して政治を行った。

郡司　国司のもとで，地方の政治にあたった役人。その地方の有力な豪族が任命された。

★**大宰府**　律令制度で，九州北部（今の福

岡県太宰府市付近）に置かれた役所。九州地方の政治のほか，**防衛や中国・朝鮮半島との外交**にあたった。

多賀城　律令制度で，東北地方の政治や軍事にあたった役所。現在の宮城県多賀城市に置かれた。

市　ものを売り買いするところ。平城京には東市・西市の2つの市が設けられ，各地から運ばれてきた産物などが取り引きされた。

富本銭　7世紀後半につくられた**銅銭**。
発展 1998年に飛鳥池工房遺跡（奈良県）で発見され，和同開珎より前に貨幣がつくられたことが明らかになった。どのくらい流通していたかなどは不明。

和同開珎　708年につくられた**貨幣**。銅銭と銀銭があり（銅銭がほとんどだった），平城京の東西の市や都の周辺で使われた。

（奈良文化財研究所）　（株式会社みずほ銀行）

▲富本銭　　▲和同開珎

★**戸籍**　律令制度に基づいて，6年ごとにつくられた，戸を単位とする人口台帳。**班田収授法**のもとになる台帳で，家族の名前，性別，年齢，税の負担などが登録された。

★**口分田**　班田収授法に基づいて，6歳

136

以上の男女に与えられた田。良民の男子には2段（約2400㎡），女子にはその3分の2，奴婢には良民のそれぞれ3分の1が与えられた。

★ **班田収授法** 6歳以上のすべての男女に口分田を与える，律令制度のもとでの土地制度。戸籍に基づいて，良民や賤民の身分・性別に応じて与える口分田の面積を区別した。

口分田は，与えられた人が死ぬと，国に返させたんだって。

★★ **租** 律令制度のもとで，口分田の面積に応じて負担した税。収穫量の約3％の稲を納めた。おもにききんなどに備えて，郡などの倉庫にたくわえられた。

★ **調** 律令制度のもとで，一般の成年男子が負担した税。絹や魚，塩など地方の特産物を都まで運んで納めた。

★ **庸** 律令制度のもとで，一般の成年男子が負担した税。**労役**（年に10日間，都で働く）のかわりに布（麻布）などを都まで運んで納めた。

調と庸は，朝廷の財源などに使われた。都まで運ぶことも，人々に課せられた重い負担だったよ。

雑徭 律令制度のもとで，成年男子が負担した税。土木工事などのために，年間60日以内，国司のもとで働いた。

労役 律令制度のもとで，成年男子が働くことで負担した税。雑徭や，調・庸を都に運ぶ運脚などがあった。

兵役 律令制度のもとで，成年男子が兵士になる義務。兵士の一部は，**衛士**として都の警備や，**防人**として九州北部の防衛のために送られた。発展兵士は庸・調・雑徭を免除されたが，食料・武器や旅費は自分で用意しなければならず，重い負担となった。

衛士 都や皇居の警備にあたった兵士。

！ 奈良時代の農民の負担をおさえよう

租	調	庸	雑徭	兵役（防人など）
稲	特産物など	労役の代わりに布を納める	土木工事など	九州北部などの防衛にあたる

期間は1年。全国の兵士から選ばれた。

★ **防人** 九州北部の防衛にあたった兵士。期間は3年。おもに東国の兵士が送られた。防人に向かうつらさを歌った**防人の歌**が，『万葉集』に収められている。

から衣 裾にとりつき 泣く子らを
おきてぞきぬや 母なしにして

〈意味〉
私の着物にとりついて
泣く子どもたちを
家においてきてしまった。
母親もいないのに…

出挙 春に稲を貸しつけて，秋の収穫時に高い利息をつけて返させる制度。のちに，国司[➡p.136]が強制的に貸しつける税の1つとなり，人々の重い負担となった（公出挙）。

木簡 墨で文字が書かれている**木の札**。紙が貴重だった古代に，役所の命令・記録や，調・庸の荷札などとして使われた。各地の遺跡から発見されており，当時を知るための貴重な資料となっている。

「貧窮問答歌」 奈良時代の貧しい農民の暮らしをよんだ**山上憶良**の歌。『万葉集』に収められている。

三世一身法 723年に出された，**開墾をすすめるための法令**。人口が増えて，口分田が不足したために出された。用水路などをつくって新しく開いた田は，孫（またはひ孫）までの3代にわたって私有を認めた。

「**貧窮問答歌**」（山上憶良）

…ぼろぼろに破れたものを身にまとい，たおれかけた小屋の地面にわらをしいて，父母はわたしの枕のほうに，妻子は足元のほうにいてなげき悲しんでいる。かまどに火の気はなく，米をむすこしきもくもの巣だらけになっている。それなのに，むちを持った里長が税を取り立てるため，寝ているところまで来て，大きな声をあげている。この世に生きていくことは，こんなにどうしようもないものか。

（『万葉集』より 一部要約）

★ **墾田永年私財法** 743年に出された，新しく開墾した**土地（墾田）の永久私有を認めた法令**。口分田と同じように租を負担するが，永久に私有でき，売買も認められた。貴族や寺院などは周辺の農民を使って開墾を進めて私有地を増やし，私有地はやがて**荘園**[➡p.143]とよばれるようになった。

この法令によって公地・公民の原則がくずれたんだ。

★ **遣唐使** 7世紀から9世紀，中国の唐に送られた使節。進んだ制度や文化を学ぶため留学生や僧も同行し，894年に菅原道真[➡p.142]の意見によって停止されるまで，十数回送られた。航海は危険で，**阿倍仲麻呂**のように唐の高官となったが，帰国の船が難破してついに帰国できなかった者もいた。

阿倍仲麻呂 698？〜770 奈良時代の留学生。遣唐使として唐に渡り，皇帝に仕えて位の高い役人になった。帰国

班田収授法と墾田永年私財法をおさえよう

班田収授法

朝廷

分け与える

税を納める

死ぬと返す

口分田

墾田永年私財法

開墾した土地はマロのものよ〜。

しようとしたが，船が難破したため果たせず，唐で亡くなった。

★★ **聖武天皇** 701〜756 **奈良時代**の天皇。きさきの光明皇后とともにあつく仏教を信仰した。**仏教の力で国家を守ろうと国ごとに国分寺・国分尼寺を建て，都には東大寺を建てて大仏を造立した。**聖武天皇の時代，都を中心に**天平文化**が栄えた。

★ **天平文化** 奈良時代，聖武天皇の天平年間（8世紀半ば）を中心に栄えた文化。仏教と遣唐使などがもたらした**唐**〔➡p.132〕の文化の影響を強く受け，国際色豊かな文化。

★ **国分寺** 奈良時代に，国ごとにつくられた寺。仏教の力で国家を守ろうとした**聖武天皇**が，**国分尼寺**（女性の僧がいる寺）とともにつくらせた。

★ **東大寺** **聖武天皇**が，**国分寺**の中心として平城京に建てた寺。金銅の**大仏**がまつられている。

東大寺の大仏 東大寺の大仏殿にまつられている本尊。**行基**などの協力を得て，752年に開眼式を行った。

▲大仏

現在の大仏は江戸時代に修復されたものだけど，台座などの一部は奈良時代のまま残っているよ。

★ **正倉院** 東大寺にある宝物庫。聖武天皇が愛用したものや，遣唐使によってもたらされた，**ローマ・西アジア・インド**などを起源とする道具・楽器などが納められ，「**シルクロード**〔➡p.124〕の終着点」ともいわれる。建物は，三角形の木材を井げた状（井の字の形）に組んだ**校倉造**という様式でつくられた。

発展 収蔵品は，今は別の倉庫に納めら

れている。

●正倉院の宝物

五絃琵琶

瑠璃坏

★ **行基** 668〜749 奈良時代の僧。仏教
の教えを広めながら，橋や用水路をつ
くるなどの社会事業を行い，人々にし
たわれた。当時，民間での布教は禁止
されていたので朝廷に弾圧されたが，
聖武天皇の**大仏づくりに協力**したこと
で，僧の高い位についた。

★ **鑑真** 688〜763 唐〔➡p.132〕から来日
した僧。日
本の僧の求
めで渡航を
決心し，何
度も遭難し
て盲目となりながらも来日をはたし
た。仏教の正しい教え(戒律)を広め，
日本の仏教の発展につくした。奈良に
唐招提寺を建てた。

★ **『古事記』** 712年につくられた**歴史書**。
伝えられてきた神話や伝承，記録など
を太安万侶が物語風にまとめた。

『日本書紀』 720年に完成した，日本
の**正式な歴史書**。 発展 漢文で，年代順
に持統天皇までのことが書かれている。

『風土記』 8世紀はじめにつくられた
地理書。地方の国ごとに，地理や産物，
伝説などをまとめたもの。

★ **『万葉集』** 8世紀後半にまとめられた
最古の和歌集。大伴家持がまとめたと
いわれる。漢字の音訓を組み合わせて
日本語を表記する**万葉仮名**が用いられ
た。天皇や貴族，**防人**・農民らの和歌
約4500首が収められている。

! 奈良時代の文学をおさえよう

和歌集 歴史書『古事記』

『万葉集』 『日本書紀』

奈良 指す

★ **平安時代** 794年に平安京に都を移し
てから，鎌倉幕府〔➡p.149〕が成立する
までの約400年間をいう。初期には律
令制度の立て直しが行われたが，10世
紀には**摂関政治**が始まった。このこ
ろ，貴族中心の**国風文化**が栄えた。11
世紀末には**院政**が行われ，この後，し
だいに武士が力をもつようになってい
った。

長岡京 784年，桓武天皇が政治を立
て直そうとして山城国(京都府)につく
った都。造営の中心人物の暗殺などの
事件が相次いだため，794年に平安京
に都を移した。

★ **平安京** 794年，桓武天皇が，唐
〔➡p.132〕の都，長安(今の西安)になら
って，現在の**京都市**につくった都。貴
族や僧の勢力争いで混乱した政治を，

▲7〜8世紀の都の移りかわり

新しい都で立て直すため，寺院は平城京に残した。京都はこののち，東京に都が移される1869年まで，約1100年間，都であった。

★★ **桓武天皇** 737〜806 新しい都で政治を立て直そうと，長岡京，次いで**平安京に都を移した天皇**。東北・九州地方以外では一般の人々の兵役をやめるなど，税や労役を軽くして，班田収授〔➡p.137〕の実行に力を入れ，国司の監督を強めた。また，東北地方の蝦夷を武力で従わせようとした。

★ **蝦夷** 東北地方に住み，朝廷の支配に従わなかった人々。797年，桓武天皇は，**坂上田村麻呂を征夷大将軍に任命して**東北地方に大軍を送り，朝廷の支配を広げた。

★ **坂上田村麻呂** 758〜811 蝦夷を平定した平安時代はじめの武将。797年，征夷大将軍に任命され，802年に**アテルイ（阿弖流為）**が率いる蝦夷を降伏させ，現在の岩手県に胆沢城を築いて，蝦夷平定の拠点とした。

アテルイ（阿弖流為） ？〜802 蝦夷の指導者。征夷大将軍の**坂上田村麻呂**に降伏したのち捕虜とされ，朝廷によって処刑された。

▲朝廷の東北地方の支配

★ **征夷大将軍** 平安時代の初め，東北地方の蝦夷を平定するために派遣された**遠征軍の総指揮官**で，臨時の役職。鎌倉幕府を開いた源頼朝以降，**武家政権の総大将**を表すようになった。

★★ **最澄（伝教大師）** 767〜822 天台宗を伝えた僧。遣唐使とともに唐にわたり，帰国して法華経の教えを中心とする天台宗を伝えた。**比叡山**（京都府・滋賀県）**延暦寺**を建てて，学問やきびしい修行を行った。

★ **天台宗** 最澄が唐から伝えた仏教の新しい宗派。のちに祈とうやまじないを行う密教を取り入れ，貴族たちの信仰を集めるようになった。**比叡山**（京都府・滋賀県）**延暦寺**が中心寺院。

延暦寺(比叡山延暦寺) 788年，最澄が比叡山(京都府・滋賀県)につくった天台宗の総本山。1571年に織田信長〔➡p.170〕に焼き打ちされた。

★ 空海(弘法大師) 774〜835 真言宗を伝えた僧。遣唐使とともに唐に渡り，密教の奥義をきわめて(完全に修得して)帰国した。高野山(和歌山県)に金剛峯寺を建て，学問やきびしい修行を行った。

★ 真言宗 空海が唐から伝えた仏教の新しい宗派(密教)。密教の祈とうやまじないを重視する教えが貴族たちの信仰を集めた。高野山(和歌山県)金剛峯寺と教王護国寺＝東寺(京都府)が中心寺院。

金剛峯寺(高野山金剛峯寺) 816年，空海が高野山(和歌山県)につくった真言宗の中心寺院の1つ。貴族などの信仰を集めた。

★ 菅原道真 845〜903 平安時代の学者・政治家。894年に遣唐使に任命さ

れたが，唐のおとろえと航海の危険などから使節派遣の停止を朝廷にうったえて認められた。のちに藤原氏のたくらみで，大宰府(福岡県)に追放され，そこで亡くなった。発展朝廷は，たたりをおそれて道真を神としてまつり，やがて生前の功績から学問の神様(天神)として信仰されるようになった。

宋(北宋) 唐が滅んだあとの混乱をしずめて，979年に中国を統一した国(王朝)。日本とは正式な国交はなかったが，商人などがさかんに行き来した。12世紀に政治の実権をにぎった平清盛〔➡p.148〕は，貿易の利益に目をつ

▲11世紀後半の東アジア

最澄と空海の違いをおさえよう

さいちょう 最澄

・天台宗
・比叡山延暦寺
滋賀県

・真言宗
・高野山
・金剛峯寺
和歌山県

くうかい 空海

ゴロあわせで覚えよう
『遠慮の天才 真空で無事！』
延暦寺…天台宗 真言宗…空海
…最澄 …金剛峯寺

けて**日宋貿易**を始めた。

高麗 10世紀はじめ，新羅〔➡p.131〕を滅
コリョ
ぼして朝鮮半島を統一した国。日本と
は，商人が往来して交易が行われた。
やがて**元**〔➡p.155〕に支配され，13世紀
の**元寇**では元とともに日本に攻めてき
た。

藤原氏 奈良〜平安時代に栄えた一族。
大化の改新で活やくした中臣鎌足
〔➡p.134〕が「藤原」の姓を授けられた
ことに始まる。天皇と親せき関係を結
ぶようになり，**摂政**〔➡p.132〕・**関白**と
なって政治の実権をにぎって**摂関政治**
を行った。11世紀前半にはその**最盛期**
をむかえた。

関白 天皇を助けて政治にあたる役職。
9世紀に初めて置かれ，代々藤原氏の
子孫がその役職を受けついだ。

★**摂関政治** 平安時代，**藤原氏**が**摂政**・
関白となって行った**政治**。10世紀中
ごろから摂政・関白が常に置かれるよ
うになり，11世紀に**院政**〔➡p.147〕が始
まるとおとろえた。11世紀前半の**藤
原道長・頼通父子**のときが**最盛期**であ

った。

★**藤原道長** 966〜1027 平安時代の貴
族。4人の娘を天皇のきさきとして，
摂政・太政大臣となって政治の実権を
にぎった。子の**頼通**と**摂関政治の最盛
期**を築き，3人目の娘が天皇のきさき
に決まったとき，その満足な気持ちを
歌によんだ。

藤原道長の歌

この世をば
わが世とぞ思う
望月の　欠けたることも
無しと思えば

★**藤原頼通** 992〜1074 藤原道長の
子。約50年にわたって摂政・関白をつ
とめ，父**道長**と**摂関政治の最盛期**を築
いた。極楽浄土への強いあこがれか
ら，宇治(京都府)に**平等院鳳凰堂**をつ
くった。

★**荘園** 貴族や寺院などの**私有地**。743
年の**墾田永年私財法**〔➡p.138〕によっ
て，新しく開墾した土地(墾田)の永久
私有が認められると，貴族や寺院はき

！ 摂関政治についておさえよう

こうして孫を
天皇にするのじゃ

孫

娘　天皇

天皇が幼いときは
摂政

成人すると
関白

どちらにしても
私が実権をにぎれる！

143

そって私有地を広げた。摂関政治の時代には，藤原氏をはじめとする貴族たちは，広大な荘園をもつようになった。

★ **国風文化** 平安時代の中ごろから栄えた貴族文化。唐風の文化をふまえ，**日本の風土・生活，日本人の感情に合った文化**で，貴族がはなやかな生活を送っていた摂関政治のころが最盛期だった。とくに，**かな文字の発明**によって女流文学がさかんになった。

寝殿造 平安時代の貴族の住宅様式。正面に主人の住む寝殿が置かれ，各部屋はほぼ左右対称につくられて廊下で結ばれていた。部屋は板の間で間仕切りがほとんどなく，屏風などで仕切られていた。南側に池（庭園）があるものが多かった。

▲寝殿造の屋敷

★ **かな文字(仮名文字)** 漢字を変形して，日本語の発音を表記するようにくふうされた文字。**ひらがな**と**カタカナ**がある。これによって，自分の**考えや感情を自由に書き表せる**ようになった。発展 ひらがなはおもに女性が用いたことで「女手」とよばれ，『源氏物語』など女性による文学作品が生まれた。

★ **紫式部** 970年代〜1010年代 『源氏物語』を書いた女流文学者。藤原道長の娘で，一条天皇のきさきとなった彰子に仕えた。

★ **『源氏物語』** 11世紀はじめ，紫式部が書いた物語。光源氏と薫大将を主人公とする長編小説で，藤原氏が最盛期の貴族社会がえがかれ，現在では国際的にも高い評価を得ている。

! 紫式部と清少納言についておさえよう

すてきな物語を書きたいわ

紫式部
『源氏物語』

私は随筆を書くわ

清少納言
『枕草子』

★ 清少納言　10世紀後半〜11世紀前半
一条天皇のきさき定子に仕え、随筆集
『枕草子』を書いた女流文学者。

★ 『枕草子』　10世紀末、清少納言が書いた随筆集。宮廷での体験や自然などをするどい感性で書きつづったもので、『源氏物語』とならぶ平安時代の女流文学の代表作である。

紀貫之　？〜945　『土佐日記』を書いた平安時代の貴族・歌人。『古今和歌集』の編集にもたずさわった。

『土佐日記』　かな文字による最初の日記。平安時代中期、土佐守だった紀貫之が土佐国(高知県)から京都にもどるまでをつづった日記風の紀行文。

★ 『古今和歌集』　10世紀はじめ、天皇の命令でつくられた最初の勅撰和歌集。紀貫之らが編集し、『万葉集』〔➡p.140〕以後の和歌、約1100首が収められている。

大和絵　日本の自然や人物などを、日本の様式でえがいた絵画。平安時代中ごろから始まり、やがて日本画のもとになった。

絵巻物　一般に文字(詞書)と絵が交互にかかれた巻物。大和絵の絵師などによってえがかれ、平安時代から鎌倉時代に流行した。「源氏物語絵巻」や「鳥獣戯画」に代表される。

★ 浄土信仰　死後に苦しみのない極楽浄土に生まれ変わることを願う信仰。「南無阿弥陀仏」の念仏を唱え、阿弥陀如来にすがれば、極楽浄土に生まれ変われるというもの。仏教の力がおとろえる末法の時代がくるとされ、社会不安が高まった10世紀中ごろから11世紀にかけて広まった。各地に阿弥陀如来像や、それを安置する阿弥陀堂がつくられた。

阿弥陀仏　極楽浄土にいるとされる仏。阿弥陀如来ともいう。死後に極楽浄土へ生まれ変わることを願う浄土信仰の広まりにより、阿弥陀如来像や阿弥陀堂が各地につくられた。

★ 平等院鳳凰堂　1053年、藤原頼通〔➡p.143〕が宇治(京都府)につくった阿弥陀堂。鳳凰(想像上の鳥)が翼を広げたような美しい形から鳳凰堂とよばれ、中には阿弥陀如来像がまつられている。

▲平等院鳳凰堂　(平等院)

10円玉にえがかれているね。

145

1.武士のおこりと鎌倉幕府

武士　馬に乗り，**弓矢**を射るなど**武芸**の訓練を行い，**武装して戦う**ことを専門とする身分，またはそのような人々。10世紀中ごろ，勢力を維持・拡大するために武装した地方の豪族や有力な農民と，都の警備をする役人（武官）との交流などからおこった。鎌倉時代ごろから，19世紀（江戸時代末）まで日本の支配階級だった。〔➡p.177〕

武士団　**棟梁（かしら）**を中心にまとまった**武士の集団**。棟梁には，役人として地方に派遣され，任期が終わっても都に帰らず，その地に残った貴族〔➡p.135〕の子孫などがなった。やがて武士団は，さらに大きくまとまり，**大武士団**となった。なかでも，天皇の子孫である**源氏**と**平氏**が有力だった。

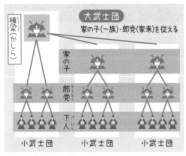

▲大武士団のしくみ

棟梁　武士団を率いた人（かしら）。

★ **源氏**　天皇の子孫に始まる，**平氏**とならぶ有力な大武士団。12世紀末に**源頼朝**〔➡p.149〕が鎌倉幕府を開くなど，おもに東国に勢力をのばした。

★ **平氏**　天皇の子孫に始まる，**源氏**とならぶ有力な大武士団。12世紀前半に西国に勢力をのばし，**平清盛**〔➡p.148〕が，武士としてはじめて政治の実権をにぎった。

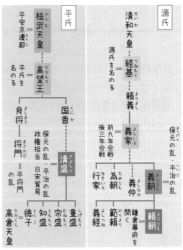

▲平氏と源氏の系図

★ **平将門**　?～940　10世紀中ごろ，一族の領地争いから，**武士団**を率いて関東地方で反乱をおこした人物。

平将門の乱　935～940年，平将門が武士団を率いて関東地方でおこした反乱。朝廷は，別の武士団の力を借りて

この反乱をしずめた。

藤原純友 ？〜941 10世紀中ごろ，瀬戸内海沿岸で，周辺の**武士団（海賊）**を率いて反乱をおこした人物。もとは朝廷の役人だった。

藤原純友の乱 939〜941年，藤原純友が周辺の**武士団（海賊）**を率いて瀬戸内海沿岸でおこした反乱。朝廷は同じころおきた**平将門の乱**と同じく，別の武士団の力を借りてこの反乱をしずめた。**発展** 平将門の乱と藤原純友の乱をまとめて，**承平・天慶の乱**とよぶこともある。

前九年合戦（前九年の役） 1051〜1062年，**東北地方**の豪族がおこした戦乱。源頼義・義家（親子）がこの戦乱をしずめ，**源氏**が東国に勢力を広げるきっかけとなった。

後三年合戦（後三年の役） 1083〜1087年，前九年合戦に続いて東北地方でおこった豪族のあとつぎ争い。前九年合戦と同じく，**源義家**がしずめた。これによって**源氏**は，この地域の

▲地方の反乱と奥州藤原氏

武士との結びつきを強め，東国での武士の**棟梁**としての地位を築いた。

★白河天皇（白河上皇） 1053〜1129 平安時代後期の天皇。藤原氏〔➡p.143〕による摂関政治をおさえて政治を行った。1086年，天皇の位をゆずって**上皇**となったのちも政治の実権をにぎり，**院政**を始めた。

白河上皇は，「賀茂川の水，双六のさいころ，山法師（延暦寺の僧兵）」の3つは，自分の思い通りにならない！となげいたんだって。

上皇 位をゆずった天皇のよび名。太上天皇の略称。

★★院政 位をゆずった天皇が，上皇となったのちも実権をにぎって行った政治。上皇や，上皇の住まいを「**院**」とよんだことにちなむ。藤原氏〔➡p.143〕との血縁関係がうすい**後三条天皇**による政治改革ののち，**白河上皇**が，1086年に始めた。

僧兵 大寺院が自衛のために置いた**武装した僧**。興福寺や**延暦寺**〔➡p.142〕の僧兵がとくに勢力を広げた。寺院の要求を通すためにしばしば集団で訴える**強**

▲僧兵 　（東京国立博物館蔵 / Image:TNM Image Archives）

訴を行い，上皇や朝廷を困らせた。

★ **保元の乱** 1156年，朝廷の実権をめぐる後白河天皇と崇徳上皇の対立や藤原氏〔➡p.143〕内部の争いから京都でおこった内乱。保元の乱の解決には，源氏・平氏の武士の力が大きかったことから，武士が中央に進出するきっかけとなった。

★ **平治の乱** 1159年，院政の実権をめぐる争いから京都でおこった内乱。この乱では源義朝を中心とする源氏と平清盛を中心とする平氏が敵対した。勝利した平氏がこののち勢力を広げ，平清盛が，武士としてはじめて政治の実権をにぎった。

★ **平清盛** 1118～1181　平氏の棟梁。1159年，**平治の乱**で源氏を破り，1167年，武士としてはじめて，朝廷の最高職である太政大臣となって政治の実権をにぎった。宋

▲平清盛

（中国）〔➡p.142〕との貿易の利益に目をつけ，**日宋貿易**をさかんに行った。娘を天皇のきさきにし，一族も，朝廷の高い地位について，多くの荘園を支配して繁栄した。

日宋貿易 宋（中国）〔➡p.142〕との貿易。**平清盛は，兵庫の港（大輪田泊）**や瀬戸内海の航路を整備して，貿易を進めた。宋からは宋銭（銅銭）が大量に輸入された。

兵庫の港（大輪田泊） 平清盛が宋（中国）〔➡p.142〕との貿易を進めるために今の神戸港に整備した港。

★ **奥州藤原氏** 後三年合戦ののち，奥州の**平泉**（岩手県）を中心に勢力をふるった豪族。北方との貿易や金・馬などの産物で富を築いた。京都の文化を取り入れて，平泉に**中尊寺金色堂**を建てるなど，独自の文化を育てた。発展 約100年間，3代にわたって栄えたが，1189年，源義経をかくまったとして，源頼朝により滅ぼされた。

！ 平氏の政治についておさえよう

平氏の政治

一族で朝廷の高い地位を独占

広い荘園をもつ

娘を天皇のきさきにする

宋（中国）との貿易のため兵庫の港を修築

貴族や武士の反感が高まる

「武士といっても貴族の政治と変わらないじゃないか！」

1180年，各地の源氏が兵をあげ，1185年，平氏は壇ノ浦（山口県）で滅んだ。

中尊寺金色堂 1124年に奥州藤原氏が建てた，中尊寺（岩手県平泉町）にある阿弥陀堂。建物や仏像には金箔がはられるなど，**極楽浄土**への強いあこがれがみられる。

源平の争乱 1180〜1185年，源頼朝や源義仲などを中心とする**源氏**と**平氏**による一連の戦い。

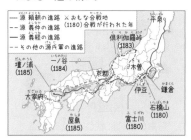

▲源平の争乱

源義仲 1154〜1184 1180年に平氏をたおすために兵をあげた源氏の武将で源頼朝のいとこ。木曽（長野県）を本拠としたことから木曽義仲ともいう。源義経らとの戦いで敗死した。

★**源頼朝** 1147〜1199 **鎌倉幕府の初代将軍**。平治の乱で平清盛に敗れ，伊豆（静岡県）に流された。1180年に**平氏**をたおすために兵をあげ，弟の源義経らを派遣して，1185年壇ノ浦の戦いで平氏を滅ぼした。この年，**守護・地頭の設置**を朝廷に認めさせた。鎌倉（神奈川県）を本拠地として**武家政治**を進め，1192年には，朝廷から**征夷大将軍**に任命された。

★**源義経** 1159〜1189 源頼朝の弟。兄の頼朝を助けて，**壇ノ浦の戦いで平氏を滅ぼした**。やがて頼朝と対立するようになり，奥州藤原氏のもとにのがれたが攻められて自害した。

★**壇ノ浦の戦い** 1185年，壇ノ浦（山口県下関市）で，**源氏が平氏を滅ぼした**戦い。**源義経**などが活躍した。

★**守護** **鎌倉幕府が国ごとに設置した役職**。国内の**軍事・警察**や，**御家人の統率**にあたった。1185年，源頼朝が弟の義経をとらえることを理由に，朝廷に設置を認めさせた。

★**地頭** **鎌倉幕府が，荘園[➡p.143]や公領ごとに設置した役職**。1185年，源頼朝が守護と同じように朝廷に設置を認めさせた。荘園や公領の**管理**や，**年貢**[➡p.177]の取り立てなどにあたった。

公領 荘園[➡p.143]以外の土地。国司[➡p.136]による支配を受けていた。

★**鎌倉幕府** **源頼朝が鎌倉（神奈川県）に開いた武家政権**。頼朝は，1192年に征夷大将軍に任じられ，全国の武士を従える地位についた。源氏の将軍は3代で絶え，そののち，北条氏による**執権政治**が行われた。鎌倉幕府のしくみは，律令に基づく朝廷のしくみに比べて，簡単で実際的なものだった。

★**鎌倉時代** 12世紀末から1333年までの鎌倉（神奈川県）に幕府が置かれていた約140年間。

★**征夷大将軍** **武家政治を行う者**に，朝廷から任命された役職。もともとは，

平安時代，東北地方の蝦夷を平定するための最高指揮官に与えられた臨時の役職だった〔➡p.141〕。

侍所 鎌倉に置かれ，御家人の統率にあたった役職。

政所 鎌倉に置かれ，政治一般にあたった役職。

問注所 鎌倉に置かれ，訴訟や裁判にあたった役職。

評定衆 承久の乱後，重要事項を決めるために鎌倉に置かれた役職。有力な御家人が選ばれ，執権とともに評定とよばれる会議を行った。

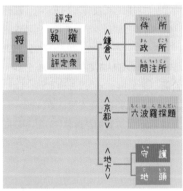

▲鎌倉幕府のしくみ

封建制度 土地を仲立ちにして結ばれた，主従関係に基づく社会のしくみ。

★**御家人** 鎌倉幕府の将軍と主従関係を結んだ武士。将軍からの御恩に対して，御家人は，将軍に忠誠をちかい，奉公をした。

★**御恩** 御家人が，将軍から領地を保護されたり，手がらがあると新しい領地をもらったりすること。守護や地頭に任命されることも，御恩の1つ。

★**奉公** 将軍からの御恩に対して，御家人が幕府や都の警備を行い，「いざ鎌倉」という戦いのときには，一族を率いて命がけで戦いに参加すること。

！御恩と奉公の関係をおさえよう

領地を保護
手がらがあると
新しい領地を与える！

御恩

将軍

奉公

将軍のために戦う！

御家人

★★**執権** 鎌倉時代に将軍を助けて政治を行った役職。北条氏が，代々その地位を独占した。

★**執権政治** 北条氏が代々執権につき，鎌倉幕府の実権をにぎって行った政治。源頼朝の死後，北条政子の父時政が政治の実権をにぎって執権となったことに始まる。鎌倉幕府が滅びるまで続いた。

北条氏 平氏の一族であったが，北条時政が源頼朝に従い，鎌倉幕府内で勢力をのばした。時政の娘の政子は頼朝の妻。頼朝の死後は，執権となり，一族で代々その地位を独占した。

北条時政 1138～1215 娘の政子が

源頼朝の妻となったことから，頼朝に従い，挙兵に協力した。頼朝の死後は，将軍の祖父として政治の実権をにぎり，1203年に初代執権となった。

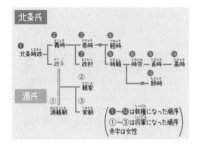

北条氏

```
         ②          ③         ④
       義時        泰時       経時
❶                 ⑦         ⑤        ⑥         ⑧          ⑨
北条時政            ┃政子   ┃政村   ┃時頼   ┃時宗     ┃貞時      ┃高時
源氏
①                 ③
源頼朝            ┃実朝
          ②
          頼家
                  ┃⑩
                  師時

❶～⑨は執権になった順序
①～③は将軍になった順序
赤字は女性
```

★ **北条政子** 1157～1225 **源頼朝**の妻で，初代執権**北条時政**の娘。承久の乱では，頼朝の御恩を説いて，**御家人**たちを団結させた。頼朝の死後に出家して尼となったあとも，幕府政治の主導権をにぎったので，**尼将軍**ともよばれた。

▲北条政子

北条政子の訴え
みなの者，よく聞きなさい。…頼朝公が…幕府を開いて…その御恩は山より高く，海より深いものでした。…名誉を大事にする者は，京都に向かって出陣し，幕府を守りなさい。

（一部要約）

源実朝 1192～1219 **鎌倉幕府**の3代将軍。北条政子の子。兄の2代将軍**源頼家**の後，将軍となる。1219年，頼家の子に殺害され，源氏の将軍は3代で絶えた。

★ **後鳥羽上皇** 1180～1239 **鎌倉時代**初期の天皇・上皇。3代将軍源実朝が殺害されて，源氏の将軍が絶えると，1221年，鎌倉幕府をたおすために**承久の乱**をおこしたが，幕府の大軍に敗れ，**隠岐**(島根県)に流された。

★ **承久の乱** 1221年，京都で**院政**〔➡p.147〕を行っていた**後鳥羽上皇**が，幕府をたおして，朝廷の勢力を回復させようとしておこした反乱。勝利した幕府は，京都に**六波羅探題**を置いて朝廷を監視し，上皇に味方した貴族や西国の武士の領地を取り上げ，そこの**地頭**に東国の武士を任命した。これにより，幕府の支配力は全国に広がった。

★ **六波羅探題** 承久の乱後，京都に置かれた役職。朝廷の監視・京都の警護・西国の武士の統制などにあたった。

★ **御成敗式目(貞永式目)** 1232年，3代執権北条泰時が定めた，**武士独自の最初の法律**。公平な裁判の基準を示すため，武士の社会での慣習に基づいて定められた。こののち，長く武士の法律の手本とされた。

御成敗式目
一，諸国の**守護**の仕事は，御家人に京都の御所の警備をさせることと，謀反や殺人などの犯罪人を取りしまることに限る。
一，武士が20年間，土地を支配していれば，所有を認める。

（一部要約）

★ **北条泰時** 1183～1242 **鎌倉幕府**の3代執権。承久の乱で総大将となり勝

利し，初代**六波羅探題**となる。1224年に執権となり，評定とよばれる会議を制度化し，1232年に**御成敗式目(貞永式目)**を定めた。

惣領　武士の一族のかしら。武士の家は惣領を中心に団結した。惣領は，戦いのときなどは，一族を率いて**御家人**としての務めをはたした。

武士(もののふ)の道　弓や馬の武芸によって育てられた，名誉を重んじ，恥をきらう態度や，武士らしい心がまえ。「弓馬の道」ともいう。江戸時代まで，武士の行動や考え方の基準とされた。

★**二毛作**　同じ土地で1年間に2回，別の作物をつくること。鎌倉時代には，近畿地方を中心に，米の裏作として麦をつくるようになった〔➡p.62〕。

牛馬耕　牛や馬を利用して田畑を耕すこと。鎌倉時代には，西日本を中心に普及した。

(東京大学史料編纂所模写)

牛を使った田植え

阿氏河荘の農民のうったえ　鎌倉時代，農民は**荘園領主**と**地頭**〔➡p.149〕との二重の支配を受けていた。地頭はしばしば，慣習を無視してさまざまな負担を要求してきた。紀伊(和歌山県)に

あった荘園〔➡p.143〕の農民たちはそのひどい行いを，かな書きの訴状にして荘園領主に訴えた。

阿氏河荘の農民の訴え

(地頭が農民を)何かにつけて人夫としてこき使うので，材木を切り出すひまがありません。また，「逃げ出した百姓の畑に麦をまけ」と命じ，「麦をまかないと，女や子どもをとらえ，鼻をそぎ，髪を切って縄で手足をしばって痛めつけるぞ」とおどされます。

(一部要約)

★**定期市**　寺社の門前や交通の便利なところで，月に数回，**決まった日に開かれた市**。回数はしだいに増えていった。

▲定期市

鎌倉文化　武士や民衆の力がのびてきたことを背景に生まれた，鎌倉時代のわかりやすく力強い文化。

★★**『新古今和歌集』**　**後鳥羽上皇**の命令で，**藤原定家**らによって編集された**和歌集**。西行や鴨長明などの歌が収められている。

西行　1118〜1190　鎌倉時代の歌人。元は武士だったが，僧となり，諸国をめぐって優れた和歌を残した。

兼好法師(吉田兼好)　1283?〜1352?

鎌倉時代末期の歌人・随筆家。兼好法師と名のる。随筆『徒然草』で鎌倉時代の人々の生活などを書く。

『徒然草』 兼好法師(吉田兼好)が書いた随筆。鎌倉時代の人々の生活や人生の観察などが,生き生きと書かれている。

『方丈記』 鴨長明が書いた随筆。人生のはかなさや,むなしさなどがえがかれている。

★**『平家物語』** 源平の争乱〔➡p.149〕での武士の活躍を,わかりやすい文章でえがいた軍記物。琵琶法師によって語り広められ,多くの人々に親しまれた。

★**軍記物** 武士の活躍を題材にした物語。力強くわかりやすい文章で書かれ,多くの人々に親しまれた。『平家物語』に代表される。

★**琵琶法師** 琵琶をひきながら,物語などを語る,盲目の僧。

▶琵琶法師

★**東大寺南大門** 東大寺〔➡p.139〕の正門。源平の争乱で焼失し,鎌倉時代に宋(中国)〔➡p.142〕の建築様式を取り入れて再建された。再建には,民衆から寄付も集められた。左右に金剛力士像が安置されている。

▲東大寺南大門 (東大寺/撮影:飛鳥園)

付も集められた。左右に金剛力士像が安置されている。

★**金剛力士像** 寺院の門などに置かれる一対の仏像。仁王像ともいう。東大寺南大門の左右に安置されているものが代表的で,運慶・快慶らによってつくられた。武士の気風が反映された,力強い彫刻。

(東大寺/撮影:飛鳥園)

▲東大寺南大門の金剛力士像

★**運慶** ?～1223 鎌倉時代に活躍した彫刻家(仏師)。東大寺南大門が再建されるときに,金剛力士像(仁王像)をつくる中心となった。

快慶 ?～? 鎌倉時代に活躍した彫刻家(仏師)。運慶とともに,東大寺南大門の金剛力士像(仁王像)をつくった。

似絵 実際の人物を写実的にえがいた肖像画。「源頼朝像」と伝えられる肖像画がその代表。

(神護寺)

▶源頼朝像(伝)

★**法然** 1133～1212 浄土宗を開いた僧。京都を中心に,「南無阿弥陀仏」とひたすら念仏を唱えれば,だれもが極

楽浄土に生まれ変われると説いた。

★ **浄土宗** **法然**が開いた仏教の宗派。貴族・武士などに広まった。

★ **親鸞** 1173～1262 **浄土真宗**を開いた僧。**法然**の弟子。法然の教えをさらに徹底させ，ひたすら**阿弥陀如来**の救いを信じる心さえあれば救われると説いた。その対象は，自分の罪を自覚した悪人であるとした。

★ **浄土真宗** **親鸞**が開いた仏教の宗派。**一向宗**ともよばれる。農民や地方の武士を中心に広まった。

一遍 1239～1289 **時宗**を開いた僧。念仏の教えを広めるため，念仏の札を配ったり，踊りながら念仏を唱える（**踊念仏**）など，くふうをこらした。全国を歩いて教えを説いた。

★ **時宗** **一遍**が開いた仏教の宗派。

日蓮 1222～1282 **日蓮宗**を開いた僧。法華経を重んじ，**題目**（南無妙法蓮華経）を唱えれば，人も国も救われると説いた。ほかの宗派をはげしく攻撃し，鎌倉幕府をも批判した。

★ **日蓮宗（法華宗）** 日蓮が開いた仏教の宗派。

★ **禅宗** 座禅により，自分の力で悟りを開こうとする仏教の一派。武士の気風に合い，幕府の保護をうけた。

★ **栄西** 1141～1215 **禅宗**の一派である**臨済宗**を伝えた僧。宋（中国）〔➡p.142〕から茶を飲む習慣ももたらした。

臨済宗 **栄西**が宋（中国）から伝えた禅宗の一派。鎌倉幕府の保護を受けて，京都や鎌倉の有力者を中心に広まった。

曹洞宗 **道元**が中国（宋）から伝えた禅宗の一派。北陸地方を中心に，地方武士の間に広まった。

道元 1200～1253 **禅宗**の一派である**曹洞宗**を伝えた僧。

2.東アジア世界と日本

モンゴル帝国 13世紀はじめ，チンギス＝ハンがモンゴル民族を統一して建設した国。その子孫たちによって，ユーラシア大陸の東西にまたがる大帝国

! 鎌倉時代の新しい仏教についておさえよう　大きく分類するとおぼえやすい。

――――――― 念仏宗 ―――――――　　　　　―― 禅宗 ――

念仏を唱えれば極楽浄土へ。　悪人こそ救われます。　踊念仏　題目を唱えましょう。　座禅で悟りを開くのだ。

法然（浄土宗）　親鸞（浄土真宗）　一遍（時宗）　日蓮（日蓮宗）　栄西（臨済宗）　道元（曹洞宗）

（学研・資料課）

▲フビライ=ハン

となった。

チンギス=ハン

1167?～1227

▲モンゴル帝国の広がり

モンゴル帝国の初代皇帝。13世紀はじめに，モンゴル民族を統一して大帝国を建設した。

★ **フビライ=ハン** 1215～1294　チンギス=ハンの孫でモンゴル帝国の5代皇帝。都を大都（今の北京）に移し，国号を元と定めて元の初代皇帝となった。南宋を滅ぼして中国全土を支配し，日本も従えようと2度にわたって攻めてきたが，失敗した。

フビライは，3度めの日本襲来を計画したけど，実現しなかったんだ。

★★ **元** モンゴル帝国の5代皇帝フビライ=

（地図中）

神聖ローマ帝国

ベネチア

ビザンツ帝国

モンゴル帝国

大都（北京）

元

高麗

日本

元寇

インド

　元の領土

　モンゴル帝国の領域

ハンが，1271年に国号を元として大都（今の北京）を都にして建てた国（王朝）。

マルコ=ポーロ 1254～1324　イタリアの商人。元のフビライ=ハンに17年間仕えた。帰国後，その経験を『**世界の記述（東方見聞録）**』としてまとめ，その中で，日本を「黄金の国ジパング」と紹介した。

★ **元寇（蒙古襲来）** 元に従うよう求めたフビライ=ハンの要求を執権の**北条時宗**が無視したため，13世紀後半，2度にわたって**元が九州北部に襲来して**きたできごと。

文永の役 1274年，高麗を従えた元が，日本も従えようと九州北部に襲来し，

（宮内庁三の丸尚蔵館）

▲元軍と戦う日本の武士（文永の役）

火薬を使った兵器（てつはう）が破裂してるね。

引きあげたこと。幕府軍は，元軍の**集団戦法や火薬を使った兵器**に苦しめられたが，元の損害も大きく，元と高麗の対立もあり，元軍は引きあげた。

弘安の役　1281年，南宋を滅ぼした**元**が，再び九州北部に襲来し，引きあげたこと。御家人の活躍や，海岸に築かれた**防塁（石塁）**などのため，元軍は上陸できないまま暴風雨にあって引きあげた。

防塁（石塁）　博多湾岸に築かれた石のかべ。**文永の役**のあと，元軍がふたたび襲来したときに上陸を防ぐために，幕府が御家人に築かせた。

▲防塁（石塁）　　　　　　　　　　　　（菊池神社）

★**北条時宗**　1251〜1284　鎌倉幕府の8代執権。元に従うように求めてきたフビライ＝ハンの要求を無視し，**文永の役・弘安の役**の2度の元の襲来を退けた。

恩賞　戦などでの活躍に対して，将軍が御家人に与えるほうび。**元寇**は外国との戦いだったので，新しい領地は得られず，幕府は，御家人に十分な恩賞を与えられなかった。そのため，御家人の幕府への不満が高まった。

★**徳政令**　借金の帳消しを命じる法令。

鎌倉幕府は，**元寇**のあとの御家人の生活苦を救うため，1297年に**永仁の徳政令**を出したが，あまり効果はなく，かえって経済が混乱した。

> **永仁の徳政令**
> 　所領を質に入れて流したり売買したりするのは，御家人の生活苦のもとであるから，以後は禁止する。これまで，御家人以外の武士や庶民（一般の人々）が御家人から買い取った土地については，年数に関係なく，もとの所有者に返させる。　　　（一部要約）

★**悪党**　年貢をうばうなど，幕府や荘園領主に反抗した武士などの集団。鎌倉時代末期にあらわれた。楠木正成など。

★**楠木正成**　?〜1336　後醍醐天皇が倒幕の兵をあげたときに味方となった新興の武士。

鎌倉幕府の滅亡　鎌倉時代末期，幕府の支配力がおとろえるなか，**後醍醐天皇**が政治の実権を朝廷に取りもどそうとして倒幕の兵をあげた。一度は失敗し，隠岐（島根県）に流されたが，有力な御家人の**足利尊氏**や，楠木正成などの新興の武士を味方につけ，**1333年**，鎌倉幕府をたおした。

★**後醍醐天皇**　1288〜1339　鎌倉幕府をたおし，**建武の新政**を行った天皇。1333年，**足利尊氏**や楠木正成の協力で鎌倉幕府をたおし，天皇中心の建武の新

（清浄光寺（遊行寺））

▲後醍醐天皇

政を始めたが，2年ほどで失敗した。天皇は**吉野**(奈良県)にのがれて，**南朝**をたて，京都の**北朝**と対立した。

★★ **建武の新政** 鎌倉幕府をたおした後醍醐天皇が始めた政治。**公家**[→p.163]を重視する政策に，武士の間で不満が高まった。足利尊氏が，武士の政治の復活を目指して兵をあげると，新政はわずか2年ほどで失敗した。

> 二条河原の落書
>
> このごろ都ではやっているものは，夜討や強盗，にせの天皇の命令，囚人や急を告げる早馬，たいしたこともないのにおこる騒ぎ……。
>
> (一部要約)

「二条河原の落書」は，建武の新政によって世の中が乱れたことを皮肉っているよ。

★★ **足利尊氏** 1305〜1358 **室町幕府の初代将軍**。鎌倉幕府の有力な御家人[→p.150]だったが，幕府をたおそうとする後醍醐天皇に味方して京都の六波羅探題を攻め落とした。1335年，建武の新政に不満をもつ武士とともに武家政治の復活を目指して兵をあげ，翌年，京都を占領した。尊氏が京都に新たに天皇をたてると(**北朝**)，後醍醐天皇は吉野(奈良県)にのがれた(**南朝**)。1338年，北朝の天皇から征夷大将軍に任命され，室町幕府を開いた。

南北朝の動乱(内乱) 1336年，足利尊氏が京都に新たに天皇をたてた北

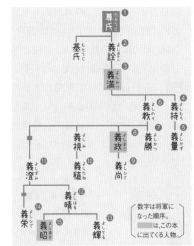

▲足利氏の略系図

数字は将軍になった順序。
■は，この本に出てくる人物。

朝，後醍醐天皇がのがれた吉野(奈良県)の南朝の二つの朝廷が生まれたことによっておこった争い。各地の武士は，二つの朝廷のどちらかにつき，全国的な動乱が続いた。

★ **南北朝時代** 京都の**北朝**と，吉野(奈良県)の**南朝**の，**二つの朝廷が対立し**ていた時代。1336年から1392年に**3代将軍足利義満**によって**南北朝が統一**(合一)されるまでの，約60年間続いた。

★ **室町幕府** 1338年，**足利尊氏**が京都に開いた幕府。3代将軍足利義満が，**京都の室町**に御所(「花の御所」とよばれた)を建てて政治を行ったことから，足利氏の幕府を**室町幕府**とよぶ。

★ **室町時代** 1338年に**足利尊氏**が室町幕府を開いてから，1573年に15代将軍足利義昭が織田信長[→p.170]に追放

されるまで，京都に幕府があった約240年間。1392年までは**南北朝時代**，1467年の**応仁の乱**〔➡p.161〕の後の約100年間は，**戦国時代**ともよばれる。

★★ **管領** 室町幕府で**将軍を補佐する役職**。鎌倉幕府での**執権**〔➡p.150〕にあたる。**発展** 足利一族の有力な**守護大名**，細川氏・畠山氏・斯波氏の３氏が，交代で任命された。

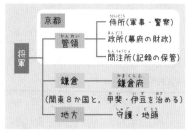

▲室町幕府のしくみ

鎌倉府 室町幕府が，**関東**（関東８か国と伊豆・甲斐）を支配するために鎌倉に置いた役所。

鎌倉公方 鎌倉府の長官。足利尊氏の子基氏とその子孫が代々受けついだ。はじめは将軍に従ったが，やがて独自に関東を支配するようになり，将軍と対立した。

★ **守護大名** 一国を自分の領地として支配するようになった守護。国内の武士を家来として従え，独自の支配を行う領主に成長した。

★ **足利義満** 1358～1408 室町幕府の３代将軍。足利尊氏の孫。**南北朝の統一**（合一）を実現し，将軍の地位をゆず

ったあとも太政大臣になって権力をにぎった。有力な守護大名をおさえ，室町幕府の全盛期を築き，

（鹿苑寺）

▲足利義満

を始めた。また，北山の別荘に**金閣**を建てた。

★ **明** 1368年，中国で**漢民族**が**元**を滅ぼして建てた国（王朝）。15世紀に最盛期をむかえ，日本とも貿易（**勘合貿易**）を行った。17世紀に国内で反乱が続いて滅び，**清**〔➡p.180〕が中国を支配した。

★★ **日明貿易（勘合貿易）** 1404年，足利義満が始めた**明**（中国）との貿易。正式な貿易船には**勘合**という合い札をもたせた。日本からは**刀剣・銅・硫黄・漆器・扇**などが輸出され，明からは**銅銭・生糸・絹織物・陶磁器・書画**などが大量に輸入された。貿易の利益は，

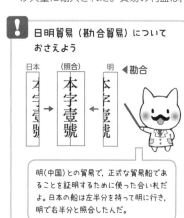

❗ **日明貿易（勘合貿易）についておさえよう**

日本	（照合）	明	◀勘合

明（中国）との貿易で，正式な貿易船であることを証明するために使った合い札だよ。日本の船は左半分を持って明に行き，明で右半分と照合したんだ。

室町幕府の財源となった。

★★ **倭寇** 鎌倉時代末期から室町時代にかけて，朝鮮半島や中国沿岸で貿易を強要し，ときには**海賊となった集団**。倭寇には，九州北部や瀬戸内海沿岸の人々のほか，朝鮮人や中国人など，日本人以外の人々も多くいた。

▲倭寇（右）

★ **宋銭・明銭** 日明貿易で輸入された中国の宋や明の銅銭。明の洪武通宝・永楽通宝が大量に輸入され，国内の取り引きで使われた。

▲明銭

★ **朝鮮国** 1392年，**李成桂**が，**高麗**をたおして建てた国。**ハングル**とよばれる文字がつくられ，朱子学（➡p.189）が発達するなど，独自の文化が発達した。日本とは，対馬（長崎県）の宗氏を通して貿易が行われた。日本からは銅や硫黄が輸出され，朝鮮からは綿織物や仏教

の経典などが輸入された。

李成桂 1335～1408 高麗をたおして朝鮮国を建てた人物。高麗の武将で，倭寇の取りしまりなどで活躍した。

★ **琉球王国** 1429年，沖縄諸島に成立した王国。中山王となった**尚巴志**が，分立していた中山・北山（山北）・南山（山南）の三つの勢力を統一して建てた。**首里**を都にし，日本や中国，朝鮮，東南アジアとの**中継貿易**で栄え，那覇の港は国際貿易港としてにぎわった。

首里城 琉球王国の王城として築かれ，支配の中心地となった。

▲首里城正殿（復元）

★ **中継貿易** ほかの国から輸入した産物を別の国へ輸出して利益を得る貿易。

★ **アイヌ民族** 古くから蝦夷地（北海道）を中心とした地域に住む先住民。狩りや漁，採集を中心とした生活を送り，独自の文化を発展させていた。14世紀には津軽（青森県）の十三湊の豪族，安藤（安東）氏と交易を行い，15世紀になると，**和人**（本州の人々）が蝦夷地南部に進出し，館という根拠地を築いた。和人との交易は，アイヌの人々の生活

を圧迫するようになり，しばしば争いがおこった。

アイヌ文化　アイヌ民族の文化。7世紀ごろから形づくられ，独特の文様がつけられた擦文土器をもつ文化(擦文文化)をもとに発展した。独自の生活様式や言葉をもち，とくに神話や英雄の伝説を語り伝えてきた「ユーカラ」は，貴重な民族文学として知られている。

コシャマイン　?～1457　アイヌの人々の首長。和人(本州の人々)との交易をめぐる不満から，15世紀中ごろにアイヌの人々がコシャマインを中心として蜂起したが，敗れた。

★**馬借・車借**　鎌倉時代から室町時代にかけての，陸上の運送業者。年貢などの物資を，馬借は馬で，車借は荷車で輸送した。

問(問丸)　鎌倉時代から室町時代にかけて，港など交通の要所に倉庫をかまえ，物資の輸送や保管にあたった業者。

土倉　鎌倉時代から室町時代にかけての金融業者(質屋)。物品(質物)をあずかって金を貸した業者。酒屋が土倉をかねることも多く，しばしば土一揆におそわれた。室町幕府は，土倉や酒屋に税を負担させ，大きな収入源としていた。

★**座**　鎌倉時代から室町時代にかけての，商人や手工業者などの同業者組合。武士や貴族，寺社に金(税)などを納めて

保護を受け，営業を独占する権利を認められた。

★**惣(惣村)**　室町時代，農村につくられた自治組織。有力な農民を中心にまとまり，寄合を開いて用水路の管理・森林の利用などについて村のおきて(きまり)などを定めた。

村のおきて

一、家を売った者は，100文について3文ずつ村に納めなければならない。

一、身元保証のない者を，村に住まわせないこと。

(一部要約)

★**寄合**　農村の自治組織である惣(惣村)の会合。寺や神社の境内などに集まって話し合い，村のおきて(きまり)などを定めた。

一揆　農民などが同じ目的のために神にちかって団結し，平等な立場で共に行動したこと。

★**土一揆**　室町時代，農民などが団結しておこした一揆。荘園領主や守護大名に年貢を減らすことを求めたり，土倉や酒屋などをおそい借金の帳消しを求めたりした。幕府に対して，徳政令(借金を帳消しにする法令)を要求することもあった。

★**正長の土一揆**　1428年，近江(滋賀県)の馬借が立ち上がったことをきっかけにおこった土一揆。畿内(京都周辺)の農村に広がり，室町幕府に徳政令を求めたが拒否されたため，京都の土倉や酒屋をおそった。

正長元年ヨリ
サキ者カンへ四カ
郷ニ負債アルへ
カラス
カウニヲ
メ
メアル
ヘ

▲正長の土一揆の徳政の碑

（学研・資料課）

「1428年より前の借金は帳消しにする」と刻まれているよ。

★ **足利義政** 1436～1490 **室町幕府8代将軍。** あとつぎ問題をめぐって1467年に**応仁の乱**がおこると、途中で将軍職を子の義尚にゆずり、京都東山の別荘に移って、趣味の生活を送った。別荘内に建てた**銀閣**〔➡p.163〕は、**東山文化**を代表する建物である。

★★ **応仁の乱** 1467年、有力な守護大名の細川氏と山名氏の対立に、将軍や管領のあとつぎ問題がからみ、京都でおこった戦乱。多くの守護大名が細川氏の**東軍**、山名氏の**西軍**に分かれて争った。全国に広がった戦乱は、1477年までの11年間続き、京都は焼け野原となった。この乱により将軍の力はおとろえ、こののち約100年間におよぶ**戦国時代**となった。

細川勝元 1430～1473 **応仁の乱**で東軍の中心となった守護大名・管領。将軍のあとつぎ問題などから、山名氏と対立、**応仁の乱**では東軍の中心とな

るが、乱中に病死。

山名持豊（山名宗全） 1404～1473 **応仁の乱**で西軍の中心となった守護大名。8代将軍足利義政の子義尚を支持して細川勝元と戦ったが、戦中に病死した。

山城国一揆 1485年、山城国（京都府）南部でおこった一揆。武士と農民が団結して守護大名の畠山氏の軍勢を追い出し、その後8年間自治を行った。

★ **一向一揆** 戦国時代、浄土真宗（一向宗）の信仰で結びついた武士や農民がおこした一揆。**加賀**（石川県）では、1488年に信者たちが団結して守護大名の富樫氏を滅ぼし、約100年間、自治を行った（**加賀の一向一揆**）。

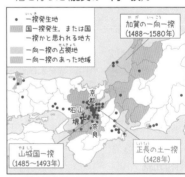

凡例
● ・・・一揆発生地
国一揆発生、または国一揆かと思われる地方
一向一揆の占拠地
一向一揆のあった地域

加賀の一向一揆（1488～1580年）

山城国一揆（1485～1493年）

正長の土一揆（1428年）

▲一揆の発生地

★ **戦国時代** **応仁の乱**のあとから室町幕府の滅亡（1573年）まで、あるいは豊臣秀吉〔➡p.171〕による全国統一（1590年）までの約100年の時期。**下剋上**の風潮が広がり、各地に**戦国大名**があらわれ、戦いをくり広げた。

★ **戦国大名** 応仁の乱後の戦国時代にあらわれた, **実力で領国を統一して支配した大名**。城を築き, その周りに**城下町**をつくって商工業者を保護し, 独自の**分国法**を定めるなどして, 家臣や領民を取りしまった。出身は, 守護大名だった者やその家臣, 有力な武士など。

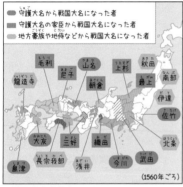

- 🔴 守護大名から戦国大名になった者
- 🟦 守護大名の家臣から戦国大名になった者
- 🟩 地方豪族や地侍などから戦国大名になった者

毛利 尼子 山名 上杉 秋田 南部
龍造寺 朝倉 最上 伊達
佐竹
大友 三好 織田 北条
島津 長宗我部 浅井 今川 武田

(1560年ごろ)

▲戦国大名の分布

北条早雲 1432〜1519 相模(神奈川県)の戦国大名。小田原城を本拠地とし, 北条氏発展の基礎をつくった。

上杉謙信 1530〜1578 越後(新潟県)の戦国大名。武田信玄と川中島で5回も戦った。

毛利元就 1497〜1571 安芸(広島県)の戦国大名。安芸から勢力を広げ, 中国地方と九州地方の一部を支配下においた。

武田信玄 1521〜1573 甲斐(山梨県)の戦国大名。上杉謙信と川中島で5回も戦った。**分国法**の「甲州法度之次第」を制定。

★ **下剋上** 身分の下の者が, 実力で身分の上の者をたおし, その地位をうばうこと。応仁の乱のあとにさかんになり, **戦国大名**の多くもこの風潮のなかから生まれた。

★ **自治都市** 裕福な商工業者によって政治が行われた都市。貿易で栄えた**博多**(福岡県)や**堺**(大阪府)のほか, **町衆**による自治が行われた**京都**などがある。

堺 和泉(大阪府)の港町。**日明(勘合)貿易**や南蛮貿易〔➡p.169〕で栄え, **商人による自治**が行われた。鉄砲〔➡p.169〕が伝来すると, 生産地の1つとなった。

博多 筑前(福岡県)の港町。日明(勘合)貿易で栄え, 商人による自治が行われた。

★ **城下町** 戦国大名が**城の周辺につくった町**。戦国大名は交通の便のよいところに城を築き, 家来や商工業者を集めて計画的に城下町をつくり, 領国の政治・経済の中心とした。

★★ **分国法(家法)** 戦国大名が, 領国を支配するために独自に定めた法律。「けんか両成敗」や「他国への手紙の禁止」など, 家来を統制する内容が多い。

分国法(家法)の例

一、けんかをしたときは, 理非を問わず両方罰すること。 (今川仮名目録−今川氏)

一、許しを得ないで他国に手紙を出してはならない。 (甲州法度之次第−武田氏)

★★ **町衆** 都市の自治を行った裕福な商工

業者。とくに京都の町衆が有名で，応仁の乱でとだえていた祇園祭は，町衆の力で再び行われるようになった。

公家 朝廷に仕えている貴族。武家に対する言葉として使われる。

室町文化 武家文化と公家文化が1つにとけあい，さらに大陸文化の影響をうけた文化。成長してきた民衆にも文化が広がった。とくに，3代将軍足利義満の時代の文化を北山文化，8代将軍足利義政の時代の文化を東山文化という。

北山文化 室町時代初期，3代将軍足利義満の時代の文化。義満が京都の北山の別荘に建てた金閣に代表される。公家文化と武家文化がとけあった文化で，能（能楽）や連歌などが発達した。

★ **金閣** 足利義満が京都北山の別荘に建てた建物。寝殿造〔➡p.144〕・武家風のつくり・禅宗様と建築様式のちがう3つの層からなる。2・3層の内外には，金ぱくがはられた。義満の死後，鹿苑寺となった。

★ **能（能楽）** 室町時代に，観阿弥・世阿弥父子によって大成された演劇。平安時代から親しまれていた猿楽や田楽などをもとに大成され，武家の保護を受けて発展した。

★ **観阿弥・世阿弥** 3代将軍足利義満の保護を受け，能（能楽）を大成した父子。父の観阿弥は猿楽や田楽にほかの芸能の要素を取り入れて発展させ，子の世阿弥は能（能楽）の理論書である

『風姿花伝（花伝書）』を書いた。

猿楽・田楽 平安時代から人々に親しまれていた芸能で，猿楽はこっけいな劇，田楽は田植えの神事から発展した，音楽に合わせて歌い，踊る芸能。

★ **狂言** 能の合間に演じられたこっけいな演劇。当時の話し言葉を使い，民衆の生活を題材としたものが多い。

狂言の多くは，民衆の側から，大名や僧などを風刺しているんだって。

東山文化 15世紀中ごろ，8代将軍足利義政の時代の文化。義政が建てた京都東山の銀閣に代表される。簡素で気品のある文化で，禅宗の僧が中国からもたらした水墨画がさかんとなり，書院造の部屋には書画・生け花（立花）などがかざられた。

★ **銀閣** 足利義政が，京都東山の別荘に建てた建物。禅宗様などの建築様式を用いて2層からなる。金閣にならって銀ぱくをはる計画があったともいわれている。義政の死後，慈照寺となった。

（慈照寺）

▲慈照寺の銀閣

書院造 室町時代に始まった建築様式。禅宗の寺院の建築様式を武家の住居に取り入れたもので，**床の間**や**ちがい棚**をつくり，**明かり障子**やたたみなどを用いている。**現在の和風建築のもと**になった。銀閣と同じ敷地内にある，足利義政の書斎だった**東求堂同仁斎**は，書院造の代表例。

ちがい棚　明かり障子

(イラスト／ゼンジ)

▲東求堂同仁斎(書院造)

枯山水 水を使わず，石や砂で自然(山や水)を表現する庭園の様式。京都の龍安寺の石庭，大徳寺大仙院の庭などが代表である。

河原者 室町時代，身分的に差別されていた人々。芸能や革細工などの工芸，庭づくりなどを仕事とし，すぐれた技術を発揮した。なかでも，足利義政に用いられた善阿弥は，銀閣の庭づくりにかかわるなどして「天下第一」の庭師とたたえられた。

茶の湯 きまった作法で，抹茶(茶葉を粉にしたもの)をたて，客をもてなすこと。茶を飲む習慣は，鎌倉時代に禅宗の僧の栄西〔➡p.154〕が宋(中国)から伝えた。室町時代になって作法などが整えられて茶の湯として流行し，やがて**千利休**〔➡p.173〕によって**わび茶**として大成された。

生け花(立花) 草木の枝や花などを切りとり，花器に入れてかざること。室町時代に立花という形式が整い，書院造の床の間などにかざられた。

★**水墨画** 墨の濃淡で自然などを表現する絵画。禅宗の僧によって中国(宋や元)から伝えられた。室町時代，**雪舟**が日本の水墨画を大成した。

▲秋冬山水図(雪舟画) 〔東京国立博物館蔵／Image:TNM Image Archives〕

★★**雪舟** 1420〜1506?　室町時代に日本の水墨画を大成した僧。守護大名の大内氏の援助で，明(中国)にわたり，多くの絵画技法を学んだ。帰国後，日

本各地をめぐり，日本の風景をえがいた。

連歌 和歌の上の句（5・7・5）と下の句（7・7）を，それぞれ別の人がよんでつないでいく文芸。**宗祇**が大成した。地方を旅した連歌師によって，民衆の間にも広められた。のちに，連歌の上の句が独立し**俳諧（俳句）**〔➡p.185〕となった。

★**御伽草子** 室町時代に多く書かれた，おとぎ話に絵を入れた物語。民衆の夢や幸福を求める話が多く，「一寸法師」「浦島太郎」「物くさ太郎」などが知られている。

足利学校 下野（栃木県）にあった教育機関。鎌倉時代に足利氏によって建てられ，1439年に上杉憲実が再興・保護してから発展し，儒学〔➡p.123〕などを学ぶため全国から多くの人材が集まった。 発展 「坂東の大学」として，ヨーロッパにも紹介された。

足利学校をヨーロッパに紹介したのは，日本にキリスト教を伝えたフランシスコ＝ザビエルなんだって。

1. ヨーロッパ人との出会いと全国統一

イスラム文化　イスラム教の広がりとともに生まれた文化。7世紀はじめにムハンマド〔➡p.122〕が始めたイスラム教は，やがて，アラビア半島を中心に北アフリカからヨーロッパの一部，アジアに広がった。イスラム世界では，古代ギリシャ・ローマの文化を受けつぎ，中国の羅針盤や火薬が改良されるなど，高度な文化が発達した。イスラム文化は，のちに**十字軍**などによりヨーロッパに伝わり，**ルネサンス(文芸復興)**にも影響を与えた。

正教会　ビザンツ帝国(東ローマ帝国)と結びつき，コンスタンティノープル教会を中心とする**キリスト教会**。儀式や聖書の解釈の違いなどから11世紀半ばに**カトリック教会**と分かれた。東ヨーロッパやロシアなどに広まる。

★**ローマ教皇(ローマ法王)**　キリスト教の**カトリック教会**で**最高の地位**にある聖職者(首長)。

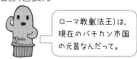

ローマ教皇(法王)は，現在のバチカン市国の元首なんだって。

カトリック教会　ローマ教皇(法王)を最高の指導者とする**キリスト教会**。ロ

ーマ＝カトリック教会ともよばれる。ローマ帝国〔➡p.126〕末期以降，西ヨーロッパなどに広まる。

十字軍　イスラム教の勢力に支配された，**キリスト教の聖地エルサレムを取り戻すため**，ローマ教皇(法王)が西ヨーロッパの王などによびかけて派遣された遠征軍。1096年から約200年の間にたびたび送られたが失敗し，ローマ教皇の権威がおとろえた。十字軍はキリスト教への信仰心だけでなく，王の領土に対する欲望や，商人の利益に対する欲望もあって送られた遠征軍だった。しかし，結果として**東西の世界の交流が進み**，ヨーロッパに新しい文化がもたらされた。

▲十字軍の遠征

★**ルネサンス(文芸復興)**　14世紀，イタリアの都市から始まった**文化の新しい動き**。教会の教えにとらわれず，人間

性を重んじる学問や芸術がさかんになった。古代のギリシャやローマの文明を学び直し復興させようとしたことから，**文芸復興**ともいう。この動きには，古代ギリシャなどの思想・学問を受けついだ**イスラム文化**も影響している。レオナルド＝ダ＝ビンチやミケランジェロなどが活躍した。

●ルネサンスの芸術

▲「モナ＝リザ」
（レオナルド＝ダ＝ビンチ）

▲「ダビデ」
（ミケランジェロ）

(PPS)

★ **宗教改革**　16世紀におこった，キリスト教のカトリック教会のあり方を正そうとする運動。**免罪符**の販売に抗議して，「聖書だけが信仰のよりどころだ」と，ドイツで**ルター**が，フランスやスイスでは**カルバン**が始めた。いっぽう，カトリック教会内部でも立て直しをめざす動きがおこった。

免罪符　カトリック教会が売り出した証書。贖宥状ともいう。これを買えば，罪を犯しても許されるとした。この販売に対する批判から，**宗教改革**がおこった。

★ **プロテスタント**　ルターやカルバンが行った**宗教改革を支持する人々**，またその宗派。「抗議する者」という意味。

プロテスタントは，オランダ・イギリス，のちにアメリカにも広まった。

★ **ルター**　1483～1546　1517年，**ドイツで宗教改革**を始めた神学者。カトリック教会が免罪符を売り出すと，「聖書だけが信仰のよりどころだ」と説き，宗教改革の口火を切った。

▲ルター

★ **イエズス会**　宗教改革に対して，**カトリック教会の立て直し**をめざしてつくられた組織。海外への布教に力を入れ，**フランシスコ＝ザビエル**[➡p.169]らがアジアなどで布教を行った。

大航海時代　15世紀末から17世紀にかけて，ヨーロッパの国々がキリスト教の布教と貿易の拡大を求めて**新航路を開拓**した時代。スペインやポルトガルの国王は，イスラム商人のいる地中海を通らずに直接アジアへ行く航路を求め，新航路の開拓を援助した。発展
このころ，**羅針盤の改良**や，航海技術の進歩などにより，以前より安全な遠洋航海ができるようになっていた。

羅針盤は，方位を知るための道具よ。船での航行には，必需品だよ。

植民地　外国によって支配されている地域。新航路の開拓後，**ヨーロッパ人はアメリカ大陸やアジア・アフリカなどに進出**して，植民地を広げた。

香辛料 こしょう・ナツメグなど，食肉の保存や味つけに欠かせない調味料。ヨーロッパ人がアジアへの航路を開拓したのは，香辛料を，イスラム商人を通さずに，直接手に入れようとしたことも大きな要因だった。

★**コロンブス** 1451〜1506　イタリアの航海者。スペインの援助で大西洋を横断してアジアをめざし，1492年に**アメリカ大陸付近の西インド諸島**に到達した。[発展]のちに，アメリカ大陸にも到達したが，コロンブスはこれらの地をインドの一部と信じていた。そのため，この地域の島々は「西インド諸島」とよばれるようになった。

★**バスコ＝ダ＝ガマ** 1469？〜1524　**インド航路を開拓**したポルトガルの航海者。1498年，アフリカ南端の喜望峰を回ってインドに到達した。

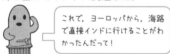

これで，ヨーロッパから，海路で直接インドに行けることがわかったんだって！

★**マゼラン** 1480？〜1521　**世界一周**をめざしたポルトガルの航海者。スペインの援助で，西回りで世界一周をめざした。マゼランは，途中のフィリピンで先住民と戦い命を落とすが，1522年，航海を続けた部下によって世界一周が達成された。これによって，地球が丸いことが証明された。

アステカ（帝国・王国） 14世紀から16世紀，中央アメリカの**メキシコ高原**を中心に栄えた国。すぐれた文化をもっていたが，16世紀に**スペイン**によって滅ぼされた。

インカ帝国 15世紀から16世紀，南アメリカの**ペルー**〔➡p.41〕を中心に栄えていた国。世界遺産の**マチュピチュ遺跡**にみられるように，高度な石造建築技術などをもって栄えたが，16世紀に**スペイン**によって滅ぼされた。

★**種子島** 鹿児島県南部の島。1543年，中国船に乗って流れ着いた**ポルトガル人**によって，日本に初めて**鉄砲**が伝え

▲新航路の開拓

こののち，イギリスやオランダも海外に進出していくよ。

られた。 発展 このため、国産の鉄砲（火縄銃）を「種子島」ともよんだ。このときのポルトガル人が、日本に来た最初のヨーロッパ人だった。

鉄砲伝来の影響には次のようなものがあったよ。
①城のつくり…山城から、鉄砲の攻撃に備えて、高い石垣のある平城へ。
②戦い方…足軽鉄砲隊を中心とする集団戦法へ。
③戦いの時間…勝敗が早く決まるように。

★★ **鉄砲** 1543年、ポルトガル人によって日本に伝えられた武器。そのころ**戦国時代**だった日本では、各地の戦国大名に注目され、堺（大阪府）や国友（滋賀県）などの刀鍛冶の職人によってつくられるようになった。鉄砲の普及で、全国統一の動きが急速に進んだ。

★★ **フランシスコ＝ザビエル**

1506〜1552 **1549年、日本にキリスト教を伝えたイエズ**ス会の宣教師。インドや東南アジアでの布教中に会った日本人の案内で来日した。鹿児島に上陸したあと、山口、京都、豊後府内（大分県）などで布教し、2年ほどで日本を去った。

（神戸市立博物館蔵 Photo/Kobe City Museum/DNPartcom）

▲ザビエル

キリシタン キリスト教の教えを信じ、**キリスト教徒**となった人。

キリシタン大名 **キリスト教徒（キリシタン）となった戦国大名**（➡p.162）。宣

教師は南蛮船に乗って来たので、貿易の利益を求めた戦国大名の中には、南蛮船を港によぶため、自ら信者となる者もいた。九州の大友宗麟・有馬晴信など。

天正遣欧少年使節 1582年、大友宗麟など九州の**キリシタン大名**3人が、宣教師のすすめでローマ教皇（法王）のもとに派遣した使節団。 発展 伊東マンショ・千々石ミゲル・中浦ジュリアン・原マルチノの4人の少年。4人はローマ教皇にも会い、歓迎された。

▲天正遣欧少年使節（左右の4人）（京都大学附属図書館）

1590年に帰国したけれど、そのとき、豊臣秀吉がキリスト教の布教を禁止していたんだって…。

南蛮人 16世紀以降、このころ南蛮とよんでいた南方から日本に来た**ポルトガル人やスペイン人**のよび方。

★★ **南蛮貿易** 16世紀後半に行われた、**ポルトガル人やスペイン人との貿易**。平戸（長崎県）や長崎などで行われた。中国産の生糸・絹織物などのほか、時計・ガラス製品などヨーロッパの物産

が輸入され，日本からはおもに銀が輸出された。

★ **安土桃山時代** 室町幕府〔➡p.157〕が滅んだ1573年から，江戸幕府〔➡p.175〕が開かれた1603年までの約30年間。織田信長の安土城（滋賀県）と，豊臣秀吉が晩年を過ごした伏見城（京都府，城跡が桃山とよばれた）にちなんでよばれる。

★★ **織田信長** 1534～1582 尾張（愛知県）の戦国大名。武力で天下をとるという意味の「天下布武」という印章を用いて全国統一をめざした。1573年，15代将軍**足利義昭**を京都から追放して，室町幕府を滅ぼした。安土城（滋賀県）を本拠地として，楽市・楽座などの政策で商工業の発展をはかる一方，自治都市の堺の自治権をうばった。比叡山延暦寺〔➡p.142〕や一向一揆〔➡p.161〕など，抵抗を続ける仏教勢力を屈服させ

〔長興寺〕
▲織田信長

たが，**キリスト教は保護した**。1582年，全国統一を目前に明智光秀にそむかれ，本能寺で自害した（**本能寺の変**）。

桶狭間の戦い 1560年，**織田信長**が駿河（静岡県）の**今川義元**を桶狭間（愛知県）で破った戦い。勝利した信長が，勢力を広げるきっかけとなった。

★ **長篠の戦い** 1575年，**織田信長・徳川家康**〔➡p.174〕**連合軍**が，甲斐（山梨県）の武田勝頼を破った戦い。織田・徳川連合軍は足軽の**鉄砲隊を有効**に使い，騎馬隊中心の武田軍を破った。

安土城 織田信長が**近江**（滋賀県）の安土に築き，全国統一の本拠地にした城。天守閣は5層7階。城下の**楽市・楽座**の政策や，各地の**関所の廃止**によって商工業の発展をはかった。[発展]
1582年，本能寺の変の後に焼失した。

石山本願寺 大阪にあった**浄土真宗（一向宗）**〔➡p.154〕の寺院。戦国大名に対抗する勢力をもち，各地の**一向一揆**〔➡p.161〕を指揮した。織田信長と10年間の戦いののちに降伏し，1580年に

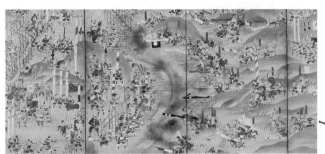

▲長篠の戦い

鉄砲隊のいる左側が織田・徳川連合軍，右側が武田軍だよ。

寺を明けわたした。

★ **楽市・楽座**　市の税や座の特権を廃止して，**だれもが自由に営業することを認めた政策**。戦国大名が城下町発展のために実施した。織田信長が安土城下で実施したものが有名。

> **楽市令（一部要約）**
> 安土城下の町中に対する定め
> 一　この安土の町は楽市としたので，いろいろな座は廃止し，さまざまな税や労役は免除する。

★ **本能寺の変**　1582年，**明智光秀**が京都の本能寺にいる織田信長をおそい，自害させたできごと。

明智光秀　1528?～1582　織田信長の家臣。信長にそむき，**本能寺の変**をおこしたが，まもなく豊臣秀吉との戦いで敗れた。

★ **豊臣秀吉**　1537～1598　**全国を統一**した尾張（愛知県）の武将。織田信長の家臣で，本能寺の変のあと明智光秀をたおして信長の後継者となった。**大阪城**を築いて本拠地とし，朝廷から関白に任じられて全国統一事業を進めた。太閤検地や刀狩の実施で，**兵農分離**が進んだ。1590年，関東の北条氏を滅ぼして**全国統一を達成**した。その後，2度にわたって**朝鮮**を侵略した。はじめはキリスト教の布教を許したが，のちに宣

▲豊臣秀吉

（高台寺）

教師を追放し，布教を禁止した。

★ **大阪城**　**豊臣秀吉**が全国統一の拠点として築いた城。石山本願寺のあとに建てられた。1615年の大阪の陣 [➡p.175] で焼失し，江戸時代初期に再建された。発展その後も数回の火災と修築がなされ，現在の城は昭和時代に再建されたもの。

★ **太閤検地**　**豊臣秀吉**が，全国的に行った**検地**。統一したものさしやます（京ます）で，田畑の面積や等級（土地のよしあし）を調べ，その収穫量を**石高**（米の体積）で表し，耕作者とともに検地帳に記録した。農民は耕作権を認められたかわりに，**年貢** [➡p.177] を納める**義務**を負わされた。発展これで複雑な土地関係が整理され，**荘園** [➡p.143] は**完全になくなり**，全国の土地は武士の支配下に置かれた。

秀吉が，関白を辞めて太閤とよばれたから太閤検地というんだって。

石高　土地（田畑）の予想収穫量を，米の体積で表した単位。武士に与えられる領地は石高（米1石は約150kg）で表された。

★ **刀狩**　1588年，**豊臣秀吉**が農民や寺社から刀や弓，やり，鉄砲などの武器を取り上げた政策。**一揆を防ぎ，農民を耕作に専念させる**ことが目的。

太閤検地と刀狩をおさえよう　これにより，兵農分離が進んだ。

太閤検地（検地）　　　　　　　刀狩

農民たちは
きめられた年貢を
しっかり納めるの
だぞ！

これで一揆は
おこせなくなった

刀狩令（一部要約）
諸国の百姓が刀やわきざし，弓，
やり，鉄砲，そのほかの武器などを
持つことは，固く禁止する。

★ **兵農分離**　武士と農民（百姓）[➡p.177]
の身分の区別がはっきりとしたこと。
太閤検地と**刀狩**で明確になった。武
士・百姓・町人など職業に基づく身分
と，身分ごとに住む地域が定められ，
身分を変えることは禁止された。これ
で，武士が支配権をもつ近世社会の身
分制度の基礎が整えられた。

バテレン追放令（宣教師追放令）　豊
臣秀吉が**宣教師の国外追放**を命じた法
令。長崎がイエズス会に寄進（寄付）さ
れたことを知り，キリスト教は全国統
一のさまたげになるとして1587年に
出した。一方，貿易は認めていたので
命令は徹底せず，キリスト教徒も増え
ていった。

★ **朝鮮侵略**　豊臣秀吉が2度にわたって

朝鮮を侵略したこと。**明**（中国）の征服
をめざした秀吉は，まず朝鮮を従わせ
ようと，1592年，大軍を送った（**文禄
の役**）。しかし，義兵とよばれる朝鮮民
衆の抵抗や**李舜臣**の水軍の活躍，明の
援軍などで失敗した。1597年，再び
兵を送った（**慶長の役**）が，その後も苦
戦が続き，秀吉の病死で全軍を引き上
げた。[発展] 2度の侵略で，朝鮮では多
くの人が犠牲になり，日本に連れてこ
られた人もいた。国内では，武士や農
民は戦費などの重い負担に苦しみ，大
名の対立などが表面化して，豊臣氏の
没落を早めた。

李舜臣　1545～1598　朝鮮の武将。文
禄の役では亀甲船で日本の水軍を破
り，日本軍の補給路を断った。

亀甲船は，李舜臣が改良した
朝鮮の軍船。亀の甲羅のよう
な形をしていたよ。

有田焼　佐賀県有田町周辺でつくられ

172

る焼き物（磁器）。朝鮮侵略のときに連れてこられた陶工**李参平**らによって始められた。江戸時代にはヨーロッパに輸出され，日本を代表する焼き物となった。このほか，薩摩焼（鹿児島県）・萩焼（山口県）なども，朝鮮から連れてこられた陶工が始めた焼き物である。

★ **桃山文化** 16世紀後半から17世紀にかけて，**織田信長・豊臣秀吉**の安土桃山時代を中心に栄えた**豪華で力強い文化**。新興の大名や大商人の権力と富を背景に生まれた。支配者の権威を示す雄大な天守閣をもつ城に代表される。

★ **姫路城** 兵庫県姫路市にある**桃山文化**を代表する城。5層の**天守閣**をもち，その美しい姿から白鷺城ともよばれる。**世界文化遺産**に登録されている。

▲姫路城

障壁画 屏風やふすまなどにえがかれた絵（屏風絵，ふすま絵）。安土桃山時代から江戸時代はじめにかけて，**狩野永徳**たちによって金箔の上に鮮やかな色を使ってえがかれるようになり，城の内部などを飾った。

★ **狩野永徳** 1543～1590 豪華な屏風絵

やふすま絵をえがいた，桃山文化を代表する画家。代表作は「**唐獅子図屏風**」。

▲唐獅子図屏風
（宮内庁三の丸尚蔵館）

★ **千利休** 1522～1591 **わび茶の作法**を**大成**した安土桃山時代の茶人。堺（大阪府）の商人出身で，織田信長・豊臣秀吉に仕えた。精神性を重視し，簡素な茶室で茶を楽しむ**わび茶**を大成させた。

★ **出雲の阿国** ？～？ 京都で**かぶき踊り**を始めた女性。出雲大社（島根県）の巫女ともいわれている。

★ **かぶき踊り** **出雲の阿国**が始めた踊り。能（能楽）〔➡p.163〕や狂言，当時流行していた念仏踊りなどの要素が取り入れられた。かぶき踊りは，のちに演劇の歌舞伎〔➡p.185〕に発展した。

浄瑠璃 安土桃山時代に三味線に合わせて語られるようになった芸能。室町時代から琵琶などに合わせて語られていた。浄瑠璃はのちに**人形浄瑠璃**〔➡p.185〕へと発展した。

★ **南蛮文化** 戦国時代から江戸時代のはじめにかけて栄えた文化。**南蛮貿易**〔➡p.169〕で来日した商人や宣教師たちによってもたらされた。パン・カステラ・カルタ・時計などの品々や，天文

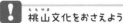

桃山文化をおさえよう

千利休

わび茶の作法を
大成

出雲の阿国

かぶき踊り

学・医学，航海術，**活版印刷術**など新しい学問や技術が伝わり，南蛮風の衣服が流行した。

活版印刷術 **南蛮貿易**で来日した宣教師によって伝えられたヨーロッパの印刷方法。聖書や辞典のほか，『平家物語』〔➡p.153〕などの日本の文学作品がローマ字で印刷された。

2. 江戸幕府の成立

★ **関ヶ原の戦い** 1600年，美濃（岐阜県）の関ヶ原での**徳川家康**を中心とする東軍と，**石田三成**を中心とする西軍の戦い。「**天下分け目の戦い**」ともよばれる。豊臣秀吉の死後，勢力を強めた徳川家康に対して，豊臣秀頼（秀吉の子）を守ろうとする石田三成が対立し，**全国の大名も東西に分かれて戦った**。東軍が勝利し，**徳川家康が全国支配の実権**をにぎり，豊臣氏は，一大名の地位に落とされた。

徳川氏 代々**江戸幕府**の**将軍**となった一族。三河（静岡県）の戦国大名の松平家康が徳川に改姓したことから始まる。

★ **徳川家康** 1542〜1616 三河（愛知県）の戦国大名で，江戸幕府の初代将軍。1600年，**関ヶ原の戦い**に勝利し，1603年に征夷大将軍となって**江戸（東京都）に幕府を開いた**。2年ほどで，将軍職を子の徳川秀忠にゆずったあとは

▲徳川家康

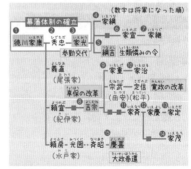

▲徳川氏の系図

大御所として実権をにぎった。2度の
大阪の陣で豊臣氏を滅ぼし，徳川氏の
全国支配を確立させた。

石田三成 1560～1600 安土桃山時
代の武将。豊臣秀吉の家臣。秀吉の死
後，徳川家康と対立して**関ヶ原の戦い**
をおこしたが，敗れて処刑された。

大阪の陣 徳川家康が，大阪城の**豊臣
氏**を滅ぼした2度の戦い（1614年が
大阪冬の陣，1615年が大阪夏の陣）。

大阪夏の陣で豊臣氏は滅び，徳川氏の
政権が確立した。

★ **江戸幕府** 1603年，徳川家康が征夷
大将軍〔→p.149〕に任命されて江戸（東
京都）に開いた武家政権。幕府と藩が
全国を支配する幕藩体制がとられた。

3代将軍**徳川家光**〔→p.176〕のころまで
に幕府の権力が確立し，やがて財政難
などから何度も幕政改革が行われた。
19世紀には開国し，その混乱のなかで
江戸幕府は滅びた。

★ **江戸時代** 徳川家康が征夷大将軍に任
命された1603年から，15代将軍**徳川
慶喜**が政権を朝廷に返す（**大政奉還**
〔→p.204〕）1867年までの，約260年間。
大きな戦乱のない平和な時代だった。

★ **大名** 江戸時代，将軍と主従関係を結び
1万石以上の領地を与えられた武士。

将軍家との関係によって，**親藩・譜代
大名・外様大名**に分けられた。

★ **親藩** 徳川氏の一族の大名。とくに，尾
張（愛知県）・紀伊（和歌山県）・水戸（茨

城県）の徳川家は，「**御三家**」とよばれ
て重んじられた。御三家は，将軍を補
佐する役割をもち，将軍家にあとつぎ
がないときは，御三家から将軍を出す
ことになっていた。

★ **譜代大名** 関ヶ原の戦い以前から徳川
氏に従っていた大名。石高は，最も多く
て彦根藩(滋賀県)の井伊氏の30万石。

譜代大名は石高はそれほど多くはない
が，おもに関東から近畿の重要な地に
置かれ，幕府の重要な役職についた。

外様大名

遠いところに配置された。

重要地にいるぞ！

譜代大名

▲大名の配置

★ **外様大名** 関ヶ原の戦いののちに徳川
氏に従った大名。おもに江戸から遠い
地に置かれ，幕府の要職にはほとんど
つけなかったが，加賀藩(石川県)の前
田氏の103万石，薩摩藩(鹿児島県)の
島津氏の73万石など，石高の多い大名
が多い。

★ **幕藩体制** 江戸時代の，**幕府**と**藩**が全
国の土地と人民を統治する政治制度。

★ **藩** 将軍から与えられた大名の領地と
その支配のしくみ。幕府は，藩の政治
は大名に任せた。江戸時代の後期には

約270の藩があった。

老中 将軍のもとで政治全般をみる，江戸幕府の**常設の最高職**。譜代大名のなかから数名が選ばれ，大目付・勘定奉行・町奉行などを指揮した。

大老 江戸幕府で臨時に置かれた**最高職**。非常時に**老中**の上に置かれ，重要な事がらの決定などに加わった。幕末の井伊直弼〔➡p.201〕などがいる。

三奉行 江戸幕府の**町奉行・勘定奉行・寺社奉行**の三つの奉行。町奉行は江戸の町政など，勘定奉行は幕府の財政と幕領の監督，寺社奉行は寺社の取りしまりに，それぞれあたった。

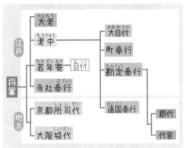

▲江戸幕府の政治のしくみ

京都所司代 江戸幕府で，朝廷と西日本の大名の監視にあたった役職。

朝廷の監視は，鎌倉時代は六波羅探題，江戸時代は京都所司代。まちがえないでね！

幕領 江戸幕府の直接の支配地。約400万石あった。将軍直属の家臣である旗本・御家人の領地をあわせると約700

万石になり，全国の石高約3000万石の4分の1近くにおよんだ。

旗本 1万石未満の将軍直属の家臣で，直接将軍に会うことのできた武士。将軍直属の家臣で，将軍に会うことのできない武士は，御家人とよばれた。

★**武家諸法度** 江戸幕府が大名を統制するために定めた法律。1615年に徳川家康が2代将軍徳川秀忠の名前で出したのが最初で，将軍が代わるごとに出された。幕府に無届けで城を修理することや，許可なく結婚することなどを禁止し，違反した大名は，きびしく罰せられた。3代将軍徳川家光のときには，参勤交代が制度化された。

武家諸法度

一．文武弓馬の道（学問と武芸）にはげむこと。

一．大名は領地と江戸に交代で住み，毎年四月中に参勤せよ。

一．新しく城を築いてはならない。

（徳川家光のときのもの，一部要約）

禁中並公家諸法度 江戸幕府が，天皇や公家を統制するために1615年に定めた法律。「天皇は学問を第一とすること」などを内容とし，天皇や公家に政治上での力をもたせないようにした。

★**徳川家光** 1604～1651 **江戸幕府の3代将軍**。武家諸法度で参勤交代を制度化し，**キリスト教の禁止の強化**，鎖国に

（日光山輪王寺）

▲徳川家光

よる貿易の統制などを行って，幕藩体制の確立につとめた。江戸幕府のしくみは，家光のころまでにほぼ整った。

★★ **参勤交代**　大名が1年おきに領地と江戸を往復し，妻子を江戸に住まわせた制度。1635年，3代将軍徳川家光が武家諸法度に加えて制度化した。大名は，往復(大名行列)の費用や江戸での生活費などに多くの出費をしいられ，経済的な負担に苦しんだ。

★ **武士(江戸時代)**　江戸時代に，百姓・町人などを支配した身分。俸禄(領地や米)を与えられて，主君に仕えていた。名字を名のること，刀を差す(帯刀)などの特権が認められた。[➡p.146]

★ **百姓**　江戸時代，農業を中心に漁業や林業などで生活した人々。総人口の約85％を占めた。農民では土地をもつ**本百姓**と，土地をもたず本百姓から土地を借りて小作を行う水のみ百姓の区別があった。有力な本百姓は，村役人となって村の自治を行った。幕府や藩は，

年貢を安定して得るために百姓の生活心得を出したり，土地の売買を禁止したりするなどの規制を設けた。

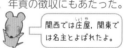

> 百姓の生活心得(一部要約)
> 一　朝は早く起きて草をかり，昼は田畑の耕作をし，晩には縄をない，俵を編み，それぞれの仕事に気をぬくことなくはげむこと。

★ **五人組**　江戸時代，おもに**百姓を統制**するためにつくられた制度。5〜6戸を一組として，犯罪の防止や年貢の納入などに連帯責任を負わせ，互いを監視させた。

庄屋(名主)　村役人のなかで最上位の役職。有力な本百姓のなかから選ばれ，組頭・百姓代とともに村の自治を行い，年貢の徴収にもあたった。

> 関西では庄屋，関東では名主とよばれたよ。

★ **年貢**　百姓が領主に納めた**税**。米が中心で，四公六民や五公五民を基準としていたが，百姓にとって重い負担だった。

！　江戸幕府の参勤交代についておさえよう

江戸
妻子は人質として江戸に住む

大名は1年おきに往復する

出費がかさんでたいへんだ。

大名の経済力を弱くするのもねらいじゃ。

領地

大名が行列(大名行列)で江戸と領地を往復したことで，交通路や宿場町が整備されて，江戸は大都市になったよ。

五公五民 百姓が領主に，税として収穫高の半分の**米を納めた年貢の割合**。江戸時代初期は，収穫高の40%を納める四公六民だったが，江戸中期以降は五公五民が基準とされた。

村八分 江戸時代，百姓の間で行われた制裁(罰)の一つ。村のしきたりや，寄合で決まったことを守らなかったりした者に対して，葬式と火事のとき以外には協力しない(仲間はずれにする)というもの。

★★ **町人** 江戸時代，**都市に住んだ商人や職人**。幕府や藩に営業税を納め，町ごとに名主などの町役人が選ばれて自治を行った。

地主 町に土地や家をもっている人。町の運営に参加した。

家持 町に土地や家をもち，その町に住んだ人。町の運営に参加した。

えた身分・ひにん身分 百姓・町人とは別に，きびしく差別された身分。死んだ牛馬の処理やその皮革を加工する履物づくり，芸能など，社会的に必要とされる仕事や文化を支えた。幕府や藩は，住む場所や服装，ほかの身分の人々との交際などさまざまな制限をして，これらの身分の人々に対する差別意識を強めた。

朱印状 将軍や大名など，支配者の朱印(朱色の印)が押された公的な文書。戦国時代から使われた。徳川家康は，**日本船の海外への渡航を許可する朱印状**を発行し，貿易の発展につとめた。17世紀のはじめは，スペインやポルトガル以外にオランダとイギリスとの貿易も許していた。

▲朱印状
(公益財団法人前田育徳会)

★★ **朱印船貿易** 江戸時代のはじめにさかんだった，**朱印状**をもった船(**朱印船**)による貿易。西日本の商人や大名がルソン(フィリピン)，安南(ベトナ

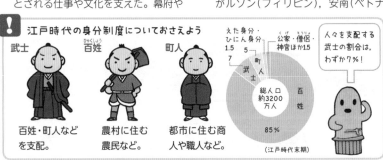

！ 江戸時代の身分制度についておさえよう

武士
百姓・町人などを支配。

百姓
農村に住む農民など。

町人
都市に住む商人や職人など。

えた身分・ひにん身分 1.5
公家・僧侶・神官ほか 1.5
町人 5
武士 7
総人口 約3200万人
百姓 85%

(江戸時代末期)

人々を支配する武士の割合は，わずか7％！

ム），シャム（タイ）など，**東南アジア各**
地に出かけて貿易を行った。

★ **日本町** 江戸時代はじめ，**東南アジア**
各地に日本人が移住してできた町。朱
印船貿易の発展とともに多くの日本人
が東南アジアに移り住み，自治を行う
日本町が各地に栄えた。シャム（タイ）
のアユタヤの日本町の指導者となった
山田長政は，国王の信頼を得て，シャ
ムの役人にもなった。

▲朱印船の航路と日本町

（キリスト教の）禁教令 江戸幕府が
出したキリスト教を禁止する命令。徳
川家康は，貿易の利益のためキリスト
教の布教を黙認していたので，信者は
全国に広まった。1612年，幕府は幕
領に禁教令を出し，さらに翌年には全
国に禁教令を出した。のちに，禁教令
は強化され，さらに貿易も統制される
ようになった。

★ **島原・天草一揆** 1637年，**九州の島**
原（長崎県）・**天草**（熊本県）**地方でおこ**
った一揆。キリスト教徒への迫害や，

重い年貢に苦しんでいた島原・天草地
方の人々は，**天草四郎**（益田時貞）とい
う少年を大将にして立ち上がり，原城
跡にたてこもった。幕府は大軍を送
り，翌年，ようやく一揆を鎮圧した。
以後**キリスト教への取りしまりは，い**
っそう強化された。

★★ **鎖国** 江戸幕府が行った，**キリスト教**
の禁止，貿易統制，外交を独占する政
治体制。1639年に**ポルトガル船の来**
航を禁止し，1641年にはオランダ商
館を長崎の**出島**に移した。こののち，
中国と**オランダ**だけに，長崎で貿易を
認めた。この体制は，1854年に開国
するまで200年余り続いた。

> 中国とオランダはキリスト教
> を広めなかったから，貿易が
> 認められたんだ。

★★ **出島** 長崎港内につくられた**扇形の人**
工の島。1641年，オランダ商館を平
戸（長崎県）から移した。幕府の監視の
もと，**オランダ**との貿易をここだけで
認め，鎖国体制が固まった。

▲出島　　　　　　　　　　（長崎歴史文化博物館）

平戸 **南蛮貿易**のおもな来航地の１つ。

179

16世紀半ばにポルトガル船が来航して以降，オランダ，イギリスなども商館を設け，1641年にオランダ商館が長崎の出島に移されるまで貿易港として栄えた。

★ **絵踏** 江戸幕府が，キリスト教徒を発見するために，イエスや聖母マリアが彫られた板(踏絵)をふませたこと。ためらったり，拒否した者は信者とみなされてきびしく罰せられた。

〔東京国立博物館〕

▲絵踏に使われた踏絵

宗門改 人々が信仰する宗教を調査した江戸幕府の政策。キリスト教の禁教を徹底するために行われた。

寺請制度 人々が，仏教の信者であることを寺院に証明させた制度。キリスト教の信者ではなく，仏教の信者と証明されると，**宗門改帳**に名前などが記録され戸籍の役割を果たした。寺院は結婚や旅行などの際には，その人が信者だという証明書を発行した。

★ **清** 1616年，女真(満州)族が**中国東北部**に建てた国(王朝)。1644年，国内の反乱で明〔➡p.158〕が滅びたあと，中国全土を支配した。日本が鎖国体制となったあとも長崎に来航して貿易を行った。

清(中国)とは，長崎に建てた唐人屋敷で貿易が行われたんだって。

オランダ商館 江戸時代，オランダが日本との貿易のために置いた，オランダ東インド会社〔➡p.200〕の支店。はじめは**平戸**(長崎県)に置かれたが，1641年に長崎港内の**出島**に移された。

オランダ風説書 江戸時代，オランダ商館長が幕府に提出したヨーロッパやアジアのできごとの報告書。オランダ船が来航するたびに提出された。その報告書は世界情勢を知る重要な情報源で，幕府だけが独占した。

★★ **朝鮮通信使(通信使)** 江戸時代，将軍が代わるごとに朝鮮から訪れた祝賀の使節。一行は300〜500人におよび，対馬藩(長崎県)主の案内で江戸を訪れた。江戸に着くまでの間，各地で歓迎を受け，学者などと交流した。

▲朝鮮通信使
〔長崎県立対馬歴史民俗資料館〕

対馬藩 九州北西部の対馬(長崎県)の**宗氏**を藩主とする藩。幕府から**朝鮮との貿易**の独占を認められ，銀や銅などを輸出して，木綿や朝鮮にんじんなどを輸入した。

琉球使節 薩摩藩(鹿児島県)に服属した**琉球王国**(沖縄県)〔➡p.159〕から，将軍や琉球国王の代替わりごとに江戸にきた使節。[発展]薩摩藩は，中国風の衣

装を着せた使節を江戸に連れてきて将軍にあいさつをさせ，幕府と薩摩藩の権威が琉球まで及んでいることを示した。

* **アイヌ民族** [➡p.159]

* **松前藩** 蝦夷地(北海道)南西部の松前に置かれた，**松前氏を藩主とする藩。アイヌの人々との交易の独占**を江戸幕府から認められ，わずかな米や日用品を，大量のさけやこんぶなどと交換する，アイヌの人々に不公平な交易を行い，大きな利益を得た。

シャクシャイン ?～1669 松前藩

と戦った**アイヌの人々の指導者**。松前藩との交易に不満をもつアイヌの人々によびかけ，1669年に乱をおこした(シャクシャインの戦い)。しかし，戦いに敗れ，松前藩にだまされて殺された。こののち，アイヌの人々はさらにきびしい支配を受けるようになった。

（学研・資料課）

▲シャクシャインの像

3. 諸産業の発達と幕府政治の動き

* **新田開発** 江戸時代にさかんになった**新しく田畑を開発する(広げる)こと**。幕府や藩は，**開墾や干拓**などによって開発を行い，耕地面積は18世紀(江戸時代中ごろ)には，豊臣秀吉のころ(安土桃山時代)の約2倍に増えた。

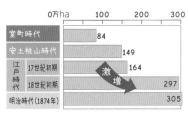

	0万ha	100	200	300
室町時代	84			
安土桃山時代	149			
江戸時代 17世紀初期	164			
江戸時代 18世紀初期			297	
明治時代(1874年)				305

激増

▲耕地面積の増加

農具の発達 江戸時代には，**千歯こき**や**備中ぐわ，唐箕**など，農業の生産力を高める農具が普及した。

* **千歯こき** 江戸時代に発明された**脱穀のための農具**。く

し形にならんだ竹や鉄製の刃の間に稲や麦の穂を入れて引き，もみを落とすもの。これで脱穀の能率を高めた。

* **備中ぐわ** 江戸時代に普及した，土地を**深く耕す**ことが

できるくわ。くわの刃の部分が3～4本に分かれていて，土を深く耕す

ことができる。荒地の開墾や,田おこ
しなどの能率を高めた。

唐箕 江戸時代に普及した,風力を利用
して,米つぶ・もみがら・ごみなどを
効率よく選別する農具。

★**商品作物** 商品として**売ることを目的
につくられた農作物**。江戸時代にな
り,手工業の発達とともに,織物の原
料となる麻や綿(木綿),明かり用の油
をとる油菜,染料に使うあいや紅花な
どが栽培されるようになった。

佐渡金山 佐渡島(新潟県)にあった鉱
山。16世紀末に開発されて金・銀を採
掘した。豊臣秀吉が直轄し,その後も
江戸幕府が直接支配し,開発した。

★**石見銀山** **島根県**にあった鉱山。戦国
時代に博多

(福岡県)の商
人によって開
発され,江戸

そのほかのおもな鉱山
・生野銀山(兵庫県)
・別子銅山(愛媛県)
・足尾銅山(栃木県)

時代には幕府が直接支配した。産出し
た銀の多くは輸出された。産出量は江
戸時代初期に最盛期となり,その後は
減少し,20世紀初めに閉山した。

幕府は,江戸や京都の金座や
銀座,各地の銭座で貨幣をつく
り,全国に流通させたよ。

大判 安土桃山時代・江戸時代につくら
れた,大きい楕円形の金貨。おもに贈
答用として使われた。

寛永通宝 江戸時代,全国的に流通した
銅貨。全国の銭座で大量につくられた。

そのため,中国から
輸入された明銭(永
楽通宝など)〔➡p.159〕
は,使われなくなっ
た。発展江戸時代に

使われた貨幣はほかに,小判(金貨)・丁
銀(銀貨)・豆板銀(銀貨)などがある。

藩札 諸藩が発行した,藩内のみで通用
した紙幣。藩の財政が苦しくなってき
た17世紀後半から発行されるように
なった。

ほしか(干鰯) いわしを日干しにした
肥料。九十九里浜(千葉県)でとれたい
わしは,ほしかに加工され,おもに近
畿地方などの綿作地域に売られた。江
戸時代に使われるようになった肥料は
ほかに,菜種などから油をしぼったか
すの油かすがある。それまでと違い,
購入して使われた。

飛脚 江戸時代,手紙や小荷物の**配送**を
した人。街道や宿場
が整備されてさか
んになり,江戸と京
都(約500km)を最
短で3日で走りつ
いだといわれる。

(郵政博物館)
▲飛脚

五街道 江戸(東京都)の日本橋を起点
に整備された,**東海道・中山道・甲州
道中(街道)・奥州道中(街道)・日光道
中(街道)**の5つの主要街道。街道には
宿場が設けられ,箱根などの要地には
関所が置かれた。

——五街道

回り
航路

日光道中(街道)

京都
文化の中心

甲州道中
(街道)

大阪
天下の台所

中山道

白河

下諏訪

奥州道中(街道)

日光

草津

西廻り航路

東海道

江戸

将軍のおひざもと

江戸・上方航路(南海路)
(菱垣廻船・樽廻船)

▲都市と交通の発達

関所 五街道などの交通の要地で，通行人や物資の取りしまりにあたった施設。とくに江戸に近い**東海道**の箱根は重要で，武器などが江戸に運び込まれないように，また，人質となって江戸にいる大名の妻子がこっそりと帰国しないように，きびしく取りしまった。

宿場 旅人が泊まるための施設と，荷物を運ぶための馬などを備えたところ。宿駅ともいう。東海道などおもな街道にそって設けられ，**宿場町**としてにぎわった。

★ **菱垣廻船** 江戸時代，**江戸と大阪を結んだ定期船**。木綿や菜種油，しょう油などの生活に必要なものを運んだ。積み荷が落ちないように，船べりにひし形に交差した垣(囲い)をつくったことからこうよばれた。

★ **樽廻船** 江戸時代，**江戸と大阪を結ん**だ定期船。はじめのうちは，おもに樽に入れた酒を運んでいたことからこうよばれた。

★★ **西廻り航路** 江戸時代，**東北地方から日本海沿岸・瀬戸内海を通って大阪**にいたる航路。東北地方や北陸地方の米などの輸送にさかんに利用された。

★ **東廻り航路** 江戸時代，**東北地方から太平洋沿岸を通って江戸**にいたる航路。おもに，東北地方の米を江戸に運ぶために利用された。

門前町 寺社の門前で栄え，発達した町。伊勢神宮(三重県の宇治山田)や善光寺(長野県)など有名な寺社は多くの参詣者を集めた。

三都 江戸時代に栄えた，**江戸・大阪・京都**の3つの都市。京都は天皇が住んだ都であり，文化の中心地・工芸の町である。

★ **将軍のおひざもと** 将軍が住んだ**江戸**のよび方。江戸時代，政治の中心地で最大の城下町。18世紀には，人口が約100万人を数え，世界でも有数の大都市であった。

★ **天下の台所** 江戸時代，全国の経済の中心である**大阪**のよび方。諸藩の蔵屋敷が多く置かれ，全国から年貢米や特産物が集まってきた。

▲にぎわう大阪の港

(大阪市立中央図書館)

★★ **株仲間** 江戸時代，問屋や仲買などの大商人の**同業者組織**。幕府や藩に一定の税を納めて営業の独占を認められ，大きな利益をあげた。

商工業者の同業者組織。室町時代は「座」〔➡p.160〕，江戸時代は「株仲間」。まちがえないようにね！

問屋 鎌倉・室町時代の問(問丸)〔➡p.160〕が発達したもので，生産者などと**仲買**や**小売商人の仲介**を行った。

★ **両替商** 江戸時代，金銀の貨幣の交換や金貸しを行った商人。江戸の三井家，大阪の鴻池家などの大商人は，大名にも貸付を行うなどして，藩財政にもかかわった。

★ **蔵屋敷** 江戸時代，諸藩が米や特産物を売るために設けた施設。全国の商業の中心となっていた大阪には，とくに諸藩の蔵屋敷が多く置かれた。

★ **徳川綱吉** 1646〜1709 江戸幕府の5代将軍。江戸に孔子をまつる聖堂を建て，**儒学(朱子学**〔➡p.189〕)を奨励して政治の引きしめをはかった(**文治政治**)。幕府の財政難を切り抜けるために，貨幣の質を落として大量に発行したことで物価が上がり，人々の生活は苦しくなった。また，**生類憐みの令**を出して，人々の反感をまねいた。

文治政治 武力を背景に行う**武断政治**に対して，**儒学**〔➡p.123〕的な道徳によって人々を治める政治。法制度の整備や学問の奨励などによって秩序の安定を図った。徳川綱吉や新井白石が行った。

★ **生類憐みの令** 5代将軍徳川綱吉が出した**極端な動物愛護令**。綱吉が戌年生まれだったので，とくに犬が大事にされ，違反した者は，きびしく罰せられた。

新井白石 1657〜1725 江戸時代の**儒学者**。6代・7代の将軍に仕え，**正徳の治**とよばれる文治政治を行った。

正徳の治 新井白石が6代・7代将軍に仕えて行った一連の政策。5代将軍徳川綱吉の時代に発行された**質の悪い貨幣の質をもとに戻したり，長崎貿易を制限して金や銀の流出を防いだりした。

★ **日光東照宮** 17世紀はじめに日光(栃木県)に創建された**江戸幕府の初代将軍徳川家康**をまつる神社。

★★ **元禄文化** 17世紀末から18世紀はじ

め（江戸時代前半），**上方（大阪・京都）**を中心に栄えた**町人文化**。5代将軍徳川綱吉の元禄のころが最盛期で，上方の経済力をもった町人が担い手となった。明るく活気に満ちた自由な文化で，**浮世草子・俳諧・人形浄瑠璃・浮世絵**などがさかんになった。

★ **浮世草子**　江戸時代に流行した小説。町人や武士の生活をありのままに書こうとしたもので，**井原西鶴**の『**好色一代男**』がその最初である。

> 「御伽草子」〔➡p.165〕は室町時代の絵入りの物語。「浮世草子」は江戸時代の小説。まちがえないようにね！

★ **井原西鶴**　1642〜1693　江戸時代前期の**浮世草子**の作家。武士や町人の生活を，欲望などもふくめ，ありのままに生き生きと書いた。おもな作品に『**好色一代男**』，『**日本永代蔵**』，『**世間胸算用**』などがある。

▲井原西鶴

人形浄瑠璃　浄瑠璃〔➡p.173〕と三味線の伴奏にあわせて，人形をあやつる演劇。**近松門左衛門**がその台本（脚本）を書いて，人々の人気を得た。現在は「**文楽**」として受けつがれている。

★ **近松門左衛門**　1653〜1724　江戸時代前期の，**人形浄瑠璃・歌舞伎**の台本（脚本）作家。実際の心中事件などを

もとに，義理と人情の板ばさみのなかで生きる男女の姿を書き，人々に大きな感動をあたえた。代表作に『**曽根崎心中**』，『**心中天網島**』などがある。

▲近松門左衛門

★ **歌舞伎**　江戸時代に発達した演劇。安土桃山時代に**出雲の阿国**〔➡p.173〕が始めた，かぶき踊りをもとに発達した。元禄のころ，上方（大阪・京都）に**坂田藤十郎**，江戸に**市川団十郎**などの名優が出た。各地に歌舞伎のための芝居小屋もつくられ，庶民の娯楽として発達した。

★ **俳諧（俳句）**　五・七・五の17音で，自然や感情をよむ文芸。連歌〔➡p.165〕から発達し，元禄のころ，**松尾芭蕉**が芸術にまで高めた。

★ **松尾芭蕉**　1644〜1694　江戸時代前期の俳人。各地を旅しながら自己の内面を表現する新しい作風を生み出し，**俳諧（俳句）**を，和歌のような芸術にまで高めた。代表作に俳諧紀行文の『**奥の細道**』などがある。

▲松尾芭蕉

俵屋宗達　17世紀前半　17世紀の画家。大胆な構図とはなやかな色彩で，独自の画風を生み出した。代表作に「**風神雷神図屏風**」がある。

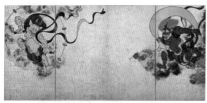
▲風神雷神図屏風 （建仁寺）

★**尾形光琳** 1658〜1716 江戸時代前期の工芸家・画家。大和絵〔➡p.145〕風のはなやかな装飾画の分野で活躍した。代表作に「燕子花図屏風」，「紅白梅図屏風」，蒔絵の工芸品の「八橋蒔絵螺鈿硯箱」がある。

（東京国立博物館蔵 Image:TNM Image Archives）

▲八橋蒔絵螺鈿硯箱

★**浮世絵** 江戸時代に流行した，町人の風俗や役者などをえがいた絵画。菱川師宣が大成した。浮世絵は木版画でも刷られるようになり，広く民衆にも売り出された。

★**菱川師宣**
1618〜1694
江戸時代前期

▲見返り美人図 （東京国立博物館）

の浮世絵師。町人の風俗を美しくえがき，浮世絵の祖となった。代表作に「見返り美人図」がある。

★**徳川吉宗** 1684〜1751 **江戸幕府の8代将軍**。1716年，御三家の1つ，紀伊（和歌山県）藩主から将軍となり，幕府の財政立て直しのために享保の改革を行った。とくに米の値段の安定につとめ，「米将軍」とよばれた。

▲徳川吉宗 （徳川記念財団）

★**享保の改革** 1716〜1745年，**8代将軍徳川吉宗**が行った幕府政治の改革。幕府の財政を立て直すため，質素・倹約と武芸をすすめ，**上げ米の制**，**新田開発**〔➡p.181〕，**公事方御定書**の制定，**目安箱**の設置などを行った。財政は一時的には立ち直ったが，1732年にききんがおこって米の値段が急に上がったため，農村では**一揆**がおこり，江戸では初めての**打ちこわし**がおこった。

上げ米の制 享保の改革で徳川吉宗が行った，幕府の収入を増やすための政策。大名が参勤交代〔➡p.177〕で江戸にいる期間を，1年から**半年に短縮する**かわりに，1万石につき100石の米を幕府に納めさせた。

★**公事方御定書** **8代将軍徳川吉宗**が定めた**裁判の基準**となる法律。これまでの法律や裁判の結果をまとめ，裁判の公正を図ったもの。

公事方御定書（一部要約）
一．人を殺したり，ぬすんだりした者
は引き回しの上獄門（死刑）
一．百姓が徒党を組んで領主に訴えご
とをしたとき，その代表者は死刑

目安箱　8代将軍徳川吉宗が，民衆の意見を政治にいかすため設置した投書箱。江戸城の評定所の前に置かれた。 発展 病気の人々の治療を行う**小石川養生所**（今の東京都文京区）や，江戸の町の防火・火事の消火にあたる**町火消し**の制度は，目安箱への投書をきっかけに設けられた。

享保のききん　1732年に西日本を中心におこったききん。翌年，江戸で初めての**打ちこわし**がおこった。

★**百姓一揆**　江戸時代の百姓がおこした，**領主に対する集団的な反抗**。年貢を減らすことや，不正を働く代官の交代などを求め，認められないと城下などに押し寄せることもあった。とくに，ききんや凶作のときに多くおこった。

★**打ちこわし**　おもに江戸や大阪など，**都市に住んでいる人々がおこした，集団での反抗**。米の買い占めをしている商人などをおそった。とくに，ききんのときに多くおこった。

★**からかさ(傘)連判状**　一揆などのときに，平等に団結の意思を表すため，円形に署名した書状。一揆の代表者（指導者）は死罪となったため，代表者がわからないように，円形に署名したともいわれている。

（福島県歴史資料館収蔵／蓮澤一家文書）
▲からかさ連判状

★**貨幣経済**　必要なものを手に入れるときに，**貨幣が交換手段となっている経済のしくみ**。18世紀になると，それまで自給自足に近かった農村でも，農具や肥料を手に入れるのに貨幣が必要になるなど，貨幣経済が広がった。

小作人　**地主から土地を借りて耕作する百姓**。18世紀ごろから貨幣経済が農

！ 享保の改革についておさえよう

上げ米の制
（大名に米を献上させた）

かわりに参勤交代をゆるめるぞ。

公事方御定書

判決！

目安箱の設置

民衆の意見を取り入れるぞ。

ほかに，新田開発も進めた。

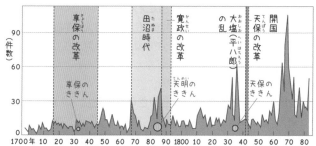

（件
数）

享保の改革

田沼時代

寛政の改革

大塩（平八郎）の乱

開国

天保の改革

享保のききん

天明のききん

天保のききん

ききんのときに，百姓一揆が増えているね。

▲百姓一揆の件数の推移

村にも広がると，農具や肥料を買うなど，**百姓**にも貨幣が必要となった。その結果，借金が増え土地を手放して小作人になる者が増えてきた。

問屋制家内工業　問屋が農民に道具や資金を貸して生産させ，製品を買い取るという生産方法。18世紀ごろから，織物業などでみられた。

★ **工場制手工業（マニュファクチュア）**
　分業によって製品をつくる方法。19世紀になると，大商人や地主は工場（仕事場）をつくって農民を集め，分業によって効率よく製品をつくった。 発展 灘（兵庫県）の酒，野田（千葉県）のしょう油，桐生（群馬県）や河内（大阪府），尾張（愛知県）の織物業などでみられた。

▲工場制手工業

（愛知県図書館）

のちの近代工業発展の基礎ともなった。

★ **田沼意次**　1719～1788　18世紀後半の老中（➡p.176）。
幕府の財政を立て直すため，商工業者の力を利用した。株仲間〔➡p.184〕の結成を

（勝林寺）

▲田沼意次

奨励して営業税をとったほか，長崎での貿易を活発にし，**蝦夷地（北海道）の開拓**も計画した。また，新田の開発をめざして，**印旛沼（千葉県）などの干拓**を始めた。意次の政治は，天明のききんがおこると，百姓一揆や打ちこわしが多発する中で，商人との結びつきを批判されて，1786年に老中をやめさせられた。

長崎貿易　長崎で行われた貿易。正徳の治〔➡p.184〕を行った**新井白石**は金や銀の流出を防ぐために長崎での**貿易を制限した**が，**田沼意次**は長崎での**貿易を活発にする**ために銅と俵物（海産物）をの輸出を奨励した。

印旛沼の干拓　田沼意次が始めた下総

(千葉県)の利根川下流域の印旛沼の干拓。新田の開発をめざしたが，利根川の洪水などにより失敗した。

★ **天明のききん** 1782〜1787年にかけての全国的なききん。浅間山（長野県・群馬県）の噴火なども重なって深刻な被害となり，各地で百姓一揆や打ちこわしがおこった。

★ **松平定信** 1758〜1829 18世紀後半に**寛政の改革**を行った**老中**〔➡p.176〕。祖父の，8代将軍徳川吉宗の政治を理想に幕政の改革を始めたが，あまりのきびしさに人々の反感をかい，約6年で失敗した。

▲松平定信

（鎮岡守國神社）

★ **寛政の改革** 1787〜1793年，**老中松平定信**が行った幕府政治の改革。農村の復興のために**出かせぎを制限**し，凶作に備えて各地に**倉**をつくって米をたくわえさせた。旗本・御家人の生活苦を救うために札差（金融業者）からの**借金を帳消し**にし，さらに，人材育成のために幕府の学問所である**昌平坂学問所**をつくり，武士に**朱子学**を学ばせた。庶民が読む出版物の内容を取りしまるなど，きびしい改革が人々の反感

> 寛政の改革を風刺する狂歌
> **白河**の　清きに魚の
> すみかねて
> もとの濁りの田沼**恋しき**
> ＊定信は白河藩主だった
> ＊＊定信の前の老中田沼意次のこと

をかい，約6年で終わった。

札差 旗本・御家人から年貢米をあずかり，売りさばいて手数料をとった商人。やがて，年貢米を担保にして金を貸すなどの金融業も行うようになった。

★ **朱子学** 儒学〔➡p.123〕の学派で，上下の身分秩序を重視する学問。鎌倉時代に中国から伝えられた。江戸時代には幕藩体制〔➡p.175〕を支える学問として，幕府に保護された。

昌平坂学問所 松平定信が寛政の改革のとき江戸の湯島につくった，江戸幕府の学問所。ここでは，朱子学以外の学問を教えることは禁止された。

藩政改革 財政難に苦しむ諸藩による藩政の改革。藩札という領内だけで通用する独自の紙幣を発行したり，家臣の年貢米を減らしたりした。特産物などの専売制や，有能な下級武士の登用などを行い，改革に成功する藩もあった。

> 改革に成功した薩摩藩（鹿児島県）と長州藩（山口県）は力をつけ，幕末には幕府の政治を動かすようになるよ。

専売制 特産物の生産や販売を独占する制度。18世紀後半ごろから，諸藩は財政を立て直すために専売制をとるようになった。 発展 米沢藩（山形県）のうるし，熊本藩のはぜ（ろうの原料），薩摩藩（鹿児島県）の砂糖などが知られ，これらの藩は藩政改革にも成功した。

★★ **寺子屋** 江戸時代，町や村に開かれた庶民の子どものための教育施設。「読み・書き・そろばん」など実用的な知識や道徳を教えた。

★ **藩校** 江戸時代，諸藩が人材育成のために設けた教育施設。僧や武士などが**武士の子弟**に学問や武芸を教えた。 発展
会津藩（福島県）の日新館，水戸藩（茨城県）の弘道館などがある。

★★ **国学** **日本の古典**を研究して，仏教や儒学〔➡p.123〕が伝わる前の，日本人の精神を明らかにしようとする学問。**本居宣長**が大成。

> 国学は，天皇を尊ぶ思想と結びついて，幕末の尊王攘夷運動〔➡p.201〕に影響を与えたよ。

★ **本居宣長** 1730〜1801 江戸時代中期の**国学者**。伊勢松阪（三重県）の医者で，『**古事記**』〔➡p.140〕を研究して『**古事記伝**』をあらわし，**国学を大成**した。

★★ **蘭学** オランダ語を通してヨーロッパの文化を学ぶ学問。18世紀後半，杉田玄白らの『**解体新書**』の出版によってその基礎が築かれた。

★ **杉田玄白** 1733〜1817 江戸時代中期の**蘭学者**。前野良沢らとオランダ語の人体解剖書を翻訳し，『**解体新書**』として出版した。

★★ 『**解体新書**』 日本で最初の西洋医学書。杉田玄白や**前野良沢**らが，オランダ語で書かれた医学書『**ターヘル＝アナトミア**』を日本語に翻訳して出版した。

（国立大学法人東京医科歯科大学図書館）

▲ 『解体新書』

> のちに杉田玄白は，翻訳のときの苦労を『蘭学事始』に書いたんだ。

平賀源内 1728〜1779 江戸時代中期の科学者。日本で最初の寒暖計やエレキテル（発電機）などをつくった。

！ 寛政の改革についておさえよう

農村の立て直し	旗本・御家人の生活の救済	朱子学の奨励
出かせぎの農民は故郷に帰って村ごとに米をたくわえなさい	やったー！ え〜！ 商人からの借金は帳消しにしてやろう	学問は朱子学のみ！

シーボルト 1796〜1866 長崎のオランダ商館の医師として来日したドイツ人。長崎郊外に医学塾(鳴滝塾)を開いて蘭学や医学を教え，多くの人材を育てた。

★★**伊能忠敬** 1745〜1818 江戸時代後期の地理学者。50歳をすぎてから西洋の測量技術などを学び，幕府の命令で全国の海岸線を歩いて測量し，今とほとんど変わらない**正確な日本地図**をつくった。

▲伊能忠敬

▲伊能忠敬の日本地図 (東京国立博物館蔵 Image:TNM Image Archives)

★★**化政文化** 19世紀はじめの文化・文政期に，**江戸**を中心に栄えた，皮肉やこっけいを好む**町人文化**。歌舞伎はますます人気を集め，**落語**を楽しむ寄席も生まれた。**錦絵**や**川柳・狂歌**が流行し，**長編小説**も多くの人に読まれた。また，都市で発展した文化は，地方にも広がっていった。

★**川柳・狂歌** 政治への批判や人情・風俗などを，五・七・五の俳諧・俳句の形

	元禄文化	化政文化
時期	17世紀末〜18世紀はじめ	19世紀はじめ
中心地	上方(京都・大阪)	江戸
担い手	町人(大商人)	町人(庶民)
特色	明るく活気に満ちた文化	皮肉やこっけいを好む文化

! 元禄文化と化政文化の違いをおさえよう

(川柳)や，五・七・五・七・七の短歌の形(狂歌)で，こっけい味をくわえて(おもしろおかしく表現して)よんだもの。

俳諧と川柳を比べてみよう。
俳諧(与謝蕪村)
菜の花や
月は東に　日は西に
川柳
抜かば抜け
あとで竹とは　いわさぬぞ

十返舎一九 1765〜1831 江戸時代後期のこっけい本作家。代表作に，弥次郎兵衛(弥次さん)と喜多八(喜多さん)を主人公に，東海道の旅をおもしろおかしくえがいた『**東海道中膝栗毛**』がある。

滝沢馬琴 1767〜1848 江戸時代後期の作家。代表作に，8人の勇士の活躍をえがいた長編小説『**南総里見八犬伝**』がある。

与謝蕪村 1716〜1783 江戸時代中ごろの俳人。自然の美しさを俳諧(俳句)で，絵画のようによんだ。

小林一茶 1763〜1827 江戸時代後期の俳人。弱い者へのいたわりをこめ

た俳諧(俳句)を多く残した。

錦絵 多色刷りの浮世絵版画。色ごとに版木を分けて刷るもので，18世紀後半に鈴木春信が始めた。やがて，喜多川歌麿，葛飾北斎，歌川広重などの作品が人気をよび，ヨーロッパの絵画にも大きな影響を与えた。

★ **喜多川歌麿** 1753〜1806 江戸時代後期の浮世絵師。顔や上半身を大きくえがく大首絵を得意とし，美人画を多くえがいた。

★★ **葛飾北斎** 1760〜1849 江戸時代後期の浮世絵師。風景画を得意とし，代表作に，富士山をいろいろにえがき分けた「富嶽三十六景」がある。

▲「富嶽三十六景」神奈川沖浪裏

★★ **歌川広重** 1797〜1858 江戸時代後期の浮世絵師。風景画にすぐれ，代表作に「東海道五十三次」がある。

伊勢参り 伊勢神宮(三重県)に参拝すること。室町時代から行われていた

オランダの画家ゴッホは，広重の浮世絵をまねた絵をかいているよ。

▲「東海道五十三次」日本橋

が，江戸時代になると街道の整備などもあって，さかんになった。

ラクスマン 1766〜? ロシアの軍人。1792年，漂流民の大黒屋光太夫を送り届け，通商を求めて根室(北海道)に来航した。幕府から長崎来航の許可を得たが，結局，長崎には行かず帰国した。

大黒屋光太夫 1751〜1828 アリューシャン列島に漂着してロシア人に助けられた船頭。ロシアの首都まで行き，女帝に会ったのち，1792年，ラクスマンにともなわれて帰国した。

フェートン号事件 1808年，イギリス軍艦フェートン号が長崎港に侵入した事件。当時対立していたオランダ船を追って侵入して，オランダ商館員を人質にしてまきと水・食料を要求した。

間宮林蔵 1775?〜1844 江戸時代後期の探検家。幕府の命令で蝦夷地(北海道)や樺太(サハリン)を探検し，樺太が島であることを確認した。

★★ **異国船打払令(外国船打払令)** 1825年，江戸幕府が出した**外国船**を

192

追い払う方針を定めた法令。19世紀になり，外国船がしきりに日本の沿岸に現れるようになった。鎖国を守ろうとした幕府は，沿岸の警備を強めるとともに，沿岸に接近する外国船を撃退することを命じた。

凡例
- ロシア船の来航
- イギリス船の来航
- アメリカ船の来航

ロシア
函館
根室
1792ラクスマン
清
朝鮮
江戸
大阪
浦賀
長崎
下田
山川
1804レザノフ
1853プチャーチン
1808フェートン号
1849イギリス船
1853ペリー
1837モリソン号
イギリス
アメリカ合衆国

（数字は来航年）

▲日本に接近する外国船

モリソン号事件　1837年，アメリカ商船モリソン号が撃退された事件。漂流民を送り届けるとともに，通商を求めて浦賀(神奈川県)に来航したが，幕府は**異国船打払令**に基づいて，砲撃を行った。

蛮社の獄　1839年，江戸幕府が蘭学者を弾圧した事件。蘭学者の**渡辺崋山**と**高野長英**がモリソン号事件を批判する書物を書いたとして，幕府にきびしく処罰された。

渡辺崋山　1793～1841　江戸時代後期の蘭学者・画家。高野長英らとともに蘭学を研究した。モリソン号事件における幕府の対応を批判する書物を書いたことから，**蛮社の獄**で処罰された。

高野長英　1804～1850　江戸時代後期の医者・蘭学者。シーボルトに学ぶ。モリソン号事件における幕府の対応を批判する書物を書いたことから，**蛮社の獄**で処罰された。

天保のききん　1833年から1839年ごろにかけての全国的なききん。各地で**百姓一揆・打ちこわし**〔➡p.187〕がおこり，大阪では**大塩(平八郎)の乱**がおこった。

★**大塩(平八郎)の乱**　1837年，**大阪町奉行所**のもと役人で陽明学(儒学の1つ)者の**大塩平八郎**が大阪でおこした反乱。天保のききんで苦しむ人々の救済を奉行所に受け入れられなかったことから，弟子などとともに米屋などをおそった。乱は，わずか1日でしずめられたが，幕府の直轄地である大阪での，もと役人の反乱は幕府に大きな衝撃を与えた。

(大阪城天守閣)

▲大塩平八郎

★**水野忠邦**　1794～1851　19世紀中ごろ，幕府の力を回復しようと**天保の改革**を行った**老中**〔➡p.176〕。**株仲間**〔➡p.184〕**の解散**などを行ったが，ぜいたくを禁じるなどのきびしい政策が人々の反感をまねき，さらに**上知(地)令**について大名たちからも反対され，改革は2

(首都大学東京図書館)

▲水野忠邦

年余りで失敗。忠邦は老中をやめさせられた。

★★天保の改革 1841～1843年，老中水野忠邦による幕府政治の改革。幕府の力を回復させるため，ぜいたくの禁止や株仲間の解散，江戸に出かせぎに来ている農民を村に帰らせることなどを命じた。さらに上知(地)令を行おうとしたが，大名や旗本たちの反対にあって，改革は2年余りで失敗した。

> 幕府政治のおもな改革は，
> 享保の改革…8代将軍徳川吉宗
> 寛政の改革…老中松平定信
> 天保の改革…老中水野忠邦
> だよ。
> まちがえないようにね！

上知令(上地令) 老中水野忠邦が行うことをめざした政策。江戸・大阪周辺の土地を幕府の直轄地にしようとしたが，大名や旗本の反対にあって実現しなかった。

渋染一揆 幕末に岡山藩で差別されていたえた身分〔➡p.178〕の人々がおこした一揆。1855年，財政難の岡山藩は倹約令を出して，えた身分の人々に対し「衣類は柄のない渋染(茶色)か藍染(青色)に限る」などと定め，百姓との差別の強化をはかった。これに対し，えた身分の人々千数百人が立ち上がり，交渉の結果，藩は倹約令の実施をとりやめた。

! 天保の改革についておさえよう

| 生活の規制 | 出かせぎの禁止 | 株仲間の解散 | 江戸・大阪周辺の土地を直轄地に |

百姓は村に帰ること！

ここは幕府の土地にするから

幕府

ぜいたくは禁止！派手な風俗や政治批判の本も禁止！

株仲間は解散！物価を下げるぞ！

第**4**章 近代の日本と世界

1.欧米の進出と日本の開国

啓蒙思想 18世紀にヨーロッパで広まった，古くからの慣習や体制を変えようとする考え方。理性を重視し，カトリック教会〔➡p.166〕や絶対王政の社会などの非合理性を批判，人間の自由と平等を主張した。**フランス革命**〔➡p.197〕などの**市民革命(近代革命)**を理論的に支えた。

ロック，モンテスキュー，ルソーが啓蒙思想家の代表だよ。

★ **ロック** 1632〜1704 イギリスの啓蒙思想家。「政府によって自由・平等の権利が侵されたら，政府をかえることができる」として**社会契約説**と**抵抗権**を説いた。〔➡p.262〕

★ **モンテスキュー** 1689〜1755 フランスの啓蒙思想家。『**法の精神**』を書いて**三権**(立法・行政・司法)**分立**を説いた。〔➡p.263〕

★ **ルソー** 1712〜1778 フランスの啓蒙思想家。『**社会契約論**』を書いて，**社会契約説**と**人民主権**を説いた。〔➡p.263〕

社会契約説 社会(国家)は，自由で平等な個人の契約によって成り立っているという考え方。17〜18世紀にヨーロッパで広まり，**市民革命(近代革命)**にも影響をおよぼした。

立憲君主制 憲法に基づいて，君主(国王や皇帝)が政治を行うしくみ。一般に君主の権限は議会(法)によって制限されるとし，17世紀にイギリスで確立した。

★ **絶対王政** 常備軍と官僚制に基づいて，国王が絶対的な権力をもって政治を行うしくみ。16〜18世紀のヨーロッパでみられ，イギリスの**エリザベス1世**，フランスの**ルイ14世**に代表される。

国王の権力は神から授かったものという王権神授説が，絶対王政を支えていたんだよ。

エリザベス1世 1533〜1603 イギリスの女王。イギリスの**絶対王政**の最盛期を築いた。

ルイ14世 1638〜1715 フランス国王。1643年に即位し，太陽王とよばれ，フランスの**絶対王政**を確立した。ベルサイユ宮殿を建設した。

市民革命(近代革命) 身分制度を改め，自由・平等の社会をめざすため，豊かな商工業者などの市民が中心となって絶対王政をたおした社会の変革。17世紀のイギリスの**ピューリタン革命(清教徒革命)**・**名誉革命**，18世紀の

アメリカの独立戦争，フランス革命が代表的。

★ ピューリタン革命（清教徒革命） イギリスでおこった市民革命（1642〜1649年）。国王の専制政治に対して，議会で多数を占める**ピューリタン**（清教徒＝カルバンの教えを忠実に守ろうとする人々）が**クロムウェル**の指導で国王軍を破り，1649年に国王を処刑して**共和制**を実現した。

クロムウェル 1599〜1658 イギリスの革命家・政治家。ピューリタン革命を指導して国王の専制政治を破り，**共和制**を実現した。

★★ 名誉革命 1688年，**イギリス**でおこった市民革命。ピューリタン革命のあと王政にもどったイギリスで，国王が再び専制政治を行ったので，議会は国王を退位させてオランダから新しい国王をむかえた。翌年に「**権利（の）章典**」が制定された。 発展 この革命は血を流すことなく行われたことから，名誉革命（無血革命）とよばれる。

権利章典（権利の章典） 1689年，名誉革命後に**イギリス議会が定めた法律**。「国王は議会の同意なしに法律を停止してはならない」など，政治の中心が議会にあることを示した。これに

「権利（の）章典」

1．議会の同意なしに，国王が法律を制定したり，停止したりすることはできない。

4．国王は議会の承認なしに課税することはできない。

（一部要約）

より，イギリスの**立憲君主制**と議会政治の基礎が確立された。

★ アメリカ独立戦争 1775年に始まった，アメリカの13の植民地がイギリスからの独立を求めておこした戦争。**ワシントン**を最高司令官として，翌年には**独立宣言**を発表。1783年，フランスなどの支援を得て勝利し，イギリスはアメリカの独立を認めた。1787年には**人民主権，連邦制，三権分立**〔➡p.293〕を柱とする**アメリカ合衆国憲法**を制定。1789年，ワシントンが初代の大統領に選出された。

★★ （アメリカ）独立宣言 1776年，**アメリカ独立戦争**の際に出された宣言。「**すべての人は生まれながらに平等である**」ことなどを示し，フランスの**人権宣言**などにも影響を与えた。

「独立宣言」

われわれは，自明の真理として，すべての人々は平等につくられ，創造主によって一定のうばいがたい生まれながらの権利を与えられ，そのなかに，生命・自由および幸福の追求が含まれている。

また，これらの権利を確保するために政府がつくられ，その正当な権力は人々の同意によるものであることを信ずる。 （一部要約）

ワシントン 1732〜1799 アメリカ合衆国の初代大統領。**アメリカ独立戦争**の最高司令官として植民地軍を率い，イギリス本国軍に勝利した。独立後の

（学研・資料課）

▲ワシントン

1789年に，選挙で大統領に選ばれ，アメリカ合衆国の基礎を築いた。

★ **フランス革命** 1789年に始まったフランスの市民革命。絶対王政に不満をもつ市民がバスチーユ牢獄を襲撃して始まり，市民の代表者からなる**国民議会**は**人権宣言**を発表した。1792年，王政は廃止されて**共和制**となり，翌年，国王ルイ16世は処刑された。フランス革命の広がりを恐れた諸外国は革命に干渉し，不安定な政治が続いた。

★★ **(フランス)人権宣言** 1789年，フランス革命で発表された宣言。前文と17か条からなり，**自由，平等，人民主権，私有財産の不可侵**などを規定した。この宣言は近代市民社会の人権確立の基礎となった。

> 「人権宣言」
> 第1条 人は生まれながらにして自由・平等の権利をもつ。
> 第3条 あらゆる主権の源は，本来国民のなかにある。
> 第11条 思想と言論の自由な発表は，人間の最も貴重な権利の一つである。 （一部要約）

★ **ナポレオン** 1769〜1821 **フランスの軍人・皇帝**。フランス革命後に不安定な政治が続くなかで権力をにぎり，1804年に国民投票で皇帝となった。「**法の下の平等**」〔→p.266〕など革命の理念を内容とした「**ナポレオン法典**」を定め，ヨーロ

▲ナポレオン (PPS)

ッパの大部分を支配して，フランス革命の精神をヨーロッパに広げたが，ロシア遠征に失敗して退位した。

共和制（共和政，共和国） 国民が主権をもち，政治は国民が選んだ代表者が行うことを原則とする政治体制。この反対の考えが君主制である。

! **さまざまな政治体制**

君主政治		民主政治
専制君主制	立憲君主制	共和制
君主（皇帝や国王）が自らの意志で行う政治体制	君主が法律に従って政治を行う政治体制	国民が法律に基づいて政治を行う政治体制

★ **産業革命**(世界) 18世紀後半，イギリスから始まった，機械の発明・改良にともなう産業・社会のしくみの大きな変化。**工場制機械工業**が広まり，**資本主義社会**のしくみができあがった。

蒸気機関 水蒸気を利用して動力を得る機関。18世紀中ごろに，イギリスの**ワット**が改良に成功した。蒸気機関で動く機械が工場や炭鉱でさかんに使われ，さらに蒸気機関車が発明されて原料や製品の輸送に大きく役立った。

ワット 1736〜1819 イギリスの技術者・発明家。従来の蒸気機関を改良し，より効率がよく実用的な新しい蒸気機関を発明した。ワットの蒸気機関は，さまざまな分野の動力源として使用で

きたため，**産業革命**を進める大きな力となった。

「世界の工場」
19世紀のイギリスをあらわした言葉。産業革命をなしとげたイギリスは，広大な植民地をもち，世界各地に安価な工業製品を送り出したことから，「世界の工場」とよばれた。

産業は発達したけれど，労働者は貧しい生活をしいられ，女性や子どもの長時間労働などの問題もおこったんだ。

万国博覧会（万博）
世界各国が参加して，産業や文化関連の出品・展示を行う国際的な博覧会。ＥＸＰＯともいう。第1回は1851年にイギリスのロンドンで開催され，その後数年ごとに世界各地で開かれている。

★ 資本主義
土地・機械など生産手段（資本）をもつ資本家が，利潤（もうけ）を得ることを目的に，労働者を賃金で雇って生産する経済のしくみ。**産業革命**によって広まった。〔➡p.308〕

★ 社会主義
生産のもとになる土地や機械を社会全体のものとして共有し，平等な社会をつくろうとする考え。資本主義を批判する考え方として生まれた。**マルクス**の著作などで知識人や労働者に広まった。〔➡p.308〕

マルクス
1818～1883　ドイツの経済学者・哲学者。『**資本論**』などを著した。労働者が団結することで**社会主義社会**が実現できると説いた。

ビスマルク
1815～1898　ドイツの政治家。プロイセンの首相となり，ドイツの統一は鉄（兵器）と血（兵力）によるとして，富国強兵を進めたことから「**鉄血宰相**」とよばれた。1871年にドイツを統一して**ドイツ帝国**を成立させた。

南下政策（ロシア）
18世紀～20世紀はじめにロシアが南方へ進出しようとした動き（政策）。中国東北部へも進出しようとしたため，のちに日本と利害が対立した。

★ 南北戦争
1861年に始まった，アメリカ合衆国の南北間での内戦。**自由貿易**や**奴隷制**をめぐって南部と北部が対立・分裂して内戦となったが，戦いはリンカン（リンカーン）大統領が指導する北部が優勢となり，1865年に**北部が勝利した**。発展 アメリカは合衆国としての統一を取りもどし，西部への開拓も進み，資本主義が発展した。

	北部	南部
経済	商工業が発展	大農場
政治	中央集権を主張	地方分権を主張
貿易	保護貿易を主張	自由貿易を主張
奴隷制	廃止を主張	継続を主張

▲アメリカ南部と北部の比較（南北戦争のころ）

奴隷解放宣言
1863年，南北戦争中に**リンカン（リンカーン）大統領**が出した宣言。北部の戦争目的の正当性を主張して人々の支持を集め，北部を勝利に導いた。その後，憲法修正によって奴隷解放は実現したが，黒人に対する社会的差別は根強く残った。

★ **リンカン(リンカー**
ン) 1809〜1865

（衆議院憲政記念館）

アメリカ合衆国の
16代大統領。南北戦
争では，奴隷解放宣
言を出して北部を勝

▲リンカン

利に導いた。戦争中の演説の「**人民の，**
人民による，人民のための政治」とい
う言葉は，民主主義の理想を示すもの
として有名。

三角貿易 18世紀末〜19世紀はじめに
行われた，**イギリス・清(中国)**〔➡p.180〕・
インドの間の貿易。イギリスは清との
貿易の赤字をうめるため，インドに**工**
業製品を輸出し，インドでつくらせた
アヘン(麻薬)を清に売って(密輸)，**銀**
を手に入れ，清から輸入する**茶・絹**な
どの代金とした。

▲イギリスの三角貿易

★ **アヘン戦争** 1840〜1842年，アヘ
ン(麻薬)の密輸(禁止されている物の
輸出入)をめぐっておこった**イギリス**
と清(中国)〔➡p.180〕**との戦争**。清がア
ヘンの密輸をきびしく取りしまると，
イギリスは軍艦を送って戦争となっ
た。清が破れ，1842年に**南京条約**が

結ばれた。

（公益財団法人東洋文庫所蔵）

清の船　　　イギリスの船

▲アヘン戦争

アヘン戦争の結果を知った
江戸幕府は，外国との衝突
を恐れ，異国船(外国船)打
払令をゆるめたんだって！

★ **南京条約** 1842年，**アヘン戦争**の講和
条約としてイギリスと清(中国)が結ん
だ。清は上海など**5港を開き**，イギリ
スに**香港**〔➡p.20〕をゆずり，多額の賠償
金を支払った。

不平等条約 条約を結んだ一方の国に，
とくに不利になる内容を含んだ条約。
アヘン戦争後に結ばれた**南京条約**は中
国に，幕末に結ばれた**日米修好通商条**
約〔➡p.200〕などは日本にとって不利な
条項をふくんだ不平等条約であった。

★ **太平天国の乱** 1851年，清(中国)〔➡p.180〕
で**洪秀全**を指導者としておこった反
乱。アヘン戦争での賠償金などを支払
うため，清が農民に重い税を課したこ
とも要因となった。**洪秀全**は，貧富の
差のない社会をつくろうと**太平天国**を
建国し，南京を首都に勢力を広げたが，
1864年，外国軍の協力を得た清に滅
ぼされた。

★ **洪秀全** 1813〜1864 太平天国の指

導者。貧富の差のない社会をつくろうと重い税に苦しむ農民たちの支持を得て挙兵し太平天国を建国した。太平天国が滅びる直前に病死した。

東インド会社 **アジアとの貿易や植民地支配のために**，イギリス・オランダなどヨーロッパ諸国が設立した会社。イギリスの東インド会社は1600年に設立され，国家的な機関として，インドなどアジアとの貿易や植民地支配に大きな役割をはたした。

ムガル帝国 16世紀前半に，イスラム教徒がインドに建てた国。**インド大反乱**をきっかけに，1858年にイギリスに滅ぼされた。

★**インド大反乱** 1857年，インドでおこった**イギリスへの反乱**。イギリスの東インド会社に雇われていたインド人兵士の反乱に各地の人々も加わり，インド全土に広がる反乱となった。2年がかりで鎮圧したイギリスは，**ムガル帝国**を滅ぼし，東インド会社を解散させてインドを直接支配し，世界に広がる植民地支配の拠点とした。

黒船 16世紀半ば〜19世紀に来航したヨーロッパやアメリカ合衆国の船の通称。船が黒く塗られていたのでこうよばれ，幕末には欧米の船全般をさすようになった。一般には1853年の**ペリー**来航時の4隻の軍艦をいう。

★**ペリー** 1794〜1858 開国を求めて日本に来航したアメリカ合衆国の軍人（東インド艦隊司令長官）。1853年，4隻の軍艦（黒船）で浦賀(神奈川県)に来航

（玉泉寺ハリス記念館）
▲ペリー

し，江戸幕府にアメリカ大統領の国書を差し出した。翌年，7隻の軍艦で再び来航し，**日米和親条約**を結んだ。

★**日米和親条約** 1854年，江戸幕府がアメリカ合衆国との間で結んだ条約。**下田**(静岡県)・**函館**(北海道)の2港を開き，入港する船に食料や水，石炭(燃料)を供給すること，下田に領事を置くことなどを認めた。これにより200年以上続いた鎖国政策はくずれた。

★**日米修好通商条約** 1858年，江戸幕

▲黒船…1854年，ペリーの再来航時のものとされる。
（一般財団法人黒船館）

日米修好通商条約で開港の5港
函館(両方の条約で開港)
新潟
神奈川(横浜)
下田
兵庫(神戸)
長崎
日米和親条約で開港の2港
（下田は，日米修好通商条約の締結で閉鎖）

▲日米和親条約と日米修好通商条約の開港地

府の大老井伊直弼がアメリカ合衆国と結んだ条約。函館・神奈川(横浜)・長崎・新潟・兵庫(神戸)の5港を開き, 自由な貿易などを認めた。この条約はアメリカに領事裁判権(治外法権)を認め, 日本に関税自主権のない不平等条約であった。ついで, オランダ・ロシア・イギリス・フランスとも同じような内容の条約を結んだ(安政の五か国条約)。

★★ **井伊直弼** 1815〜1860　彦根藩(滋賀県)藩主で幕末の大老。1858年, 朝廷の許可がないままに日米修好通商条約を結んだ。幕府の政策に反対する公家・大名などを処罰した(安政の大獄)ことから桜田門外で暗殺された(桜田門外の変)。

▲井伊直弼

(彦根 清涼寺)

ハリス 1804〜1878　1856年, 下田(静岡県)に来たアメリカ合衆国の初代駐日総領事。江戸幕府に通商条約を結ぶことを強くせまり, 1858年に日米修好通商条約を結ぶことに成功した。

★ **領事裁判権(治外法権)** 罪を犯した外国人を, その国にいる領事が自分の国の法律で裁判する権利。

★ **関税自主権** 輸入品にかける関税率を, 自分の国で独自に決める権利。日米修好通商条約などでは日本にこの権利がなく, 相手国と協議して決めることになっていた。発展そのため, 外国の安い綿製品などが輸入され, 日本の

生産地は大きな打撃を受けた。

★ **尊王攘夷運動** 天皇を尊び朝廷をもり立てようとする尊王論と, 外国勢力を追い出そうとする攘夷論が結びつい

尊王　＋　攘夷

天皇を敬おう！

外国を追い払え！

尊王攘夷運動

た, 江戸幕府に反対する政治運動。

安政の大獄 1858〜1859年にかけて, 大老井伊直弼が江戸幕府の政策に反対する大名や武士, 公家を処罰した事件。長州藩(山口県)の吉田松陰などをとらえ, 処刑した。

松下村塾 幕末期に長州藩(山口県)の萩郊外にあった, 吉田松陰の私塾。松陰がおじの開いた私塾を引き継ぎ, 高杉晋作らが学んだ。

吉田松陰 1830〜1859　長州藩(山口県)の藩士。松下村塾で高杉晋作ら倒幕運動や明治維新で活躍する人材を育てた。幕府の対外政策を批判したことでとらえられ, 処刑された(安政の大獄)。

▲吉田松陰

(山口県文書館所蔵)

★ **桜田門外の変** 1860年, 大老井伊直

弼が暗殺された事件。**安政の大獄**などに反感をもった**水戸藩**(茨城県)の元藩士らが、江戸城の桜田門外で井伊直弼を暗殺した。

公武合体(策) 朝廷(公)と幕府(武)の結びつきを強めるなど、**朝廷の力を借りて幕府の政治を安定させようとする幕府の政策。**🔵発展 桜田門外の変のあとに強まり、14代将軍徳川家茂の夫人に孝明天皇の妹の和宮をむかえるなどしたが、尊王攘夷運動の高まりをおさえることはできなかった。

生麦事件 1862年、生麦村(神奈川県横浜市)で、**薩摩藩**(鹿児島県)の藩士がイギリス人を殺傷した事件。藩主の父の行列の前を、馬に乗ったイギリス人が横切ったことからおこった。翌年の薩英戦争のきっかけとなった。

薩英戦争 1863年、**生麦事件**の報復として**イギリス艦隊が鹿児島を砲撃した**事件。これをきっかけに薩摩藩(鹿児島県)は攘夷が不可能であることをさとり、軍備を強めるためにイギリスに接近し、倒幕をめざすようになった。

薩摩藩は薩英戦争で、長州藩は四国連合艦隊下関砲撃事件で、それぞれ攘夷は不可能なことがわかったんだね。

四国連合艦隊下関砲撃事件 1864年、**イギリス、フランス、アメリカ合衆国、オランダの4か国の連合艦隊が**、下関の砲台を攻撃した事件。前年に、長州

藩(山口県)が関門海峡を通る外国船を砲撃した(**攘夷の実行**)ことへの報復。わずか3日で敗れた長州藩は攘夷が不可能であることをさとり、以後イギリスに接近して軍事力の強化につとめ、倒幕をめざすようになった。

高杉晋作 1839〜1867 長州藩(山口県)の藩士。**吉田松陰**の**松下村塾**で学び、尊王攘夷運動で活躍した。欧米諸国に対抗できる統一国家をつくることが必要と考え、藩を率いて、**倒幕運動**を進めた。

★**木戸孝允** 1833〜1877 長州藩(山口県)の藩士で、明治時代初期の政治家。若いころは**桂小五郎**と名のり、**吉田松陰**に学んだ。四国連合艦隊の下関砲撃で攘夷が不可能であること

▲木戸孝允

をさとり、**高杉晋作**らと藩の主導権をにぎり、**薩長同盟**を結んで幕府をたおした。明治新政府では版籍奉還〔➡p.205〕などを進め、**岩倉使節団**〔➡p.209〕にも参加した。

★**西郷隆盛** 1827〜1877 薩摩藩(鹿児島県)の藩士で、明治時代初期の政治家。薩英戦争のあと、**大久保利通**らと藩の主導権をにぎり、**薩長同盟**を結んで幕

▲西郷隆盛

府をたおし，**戊辰戦争**では新政府軍を指揮した。**征韓論**〔➡p.209〕が受けいれられずに，明治新政府を去り，のちに**西南戦争**〔➡p.211〕をおこしたが敗れて自殺した。

★**大久保利通** 1830〜1878 薩摩藩（鹿児島県）の藩士で，明治時代初期の政治家。西郷隆盛とともに藩の主導権をにぎって江戸幕府をたおした。明治新政府では征韓論〔➡p.209〕を退けたあと政府の中心となり，**地租改正**〔➡p.206〕などを行った。

★**坂本龍馬** 1835〜1867 **土佐藩**（高知県）の出身。幕府の勝海舟に航海術を学び，やがて長崎で貿易を行う亀山社中（のちの海援隊）を結成した。対立していた薩摩藩（鹿児島県）と長州藩（山口県）を仲介して薩長同盟を結ばせたが，

（国立国会図書館）
▲坂本龍馬

大政奉還が実現した1か月後に京都で暗殺された。

土佐藩 土佐（高知県）にあった藩で，藩主は山内氏。幕末に，前藩主の山内豊信を中心として**公武合体**や**大政奉還**のために力をつくした。明治新政府でも，出身者が，薩摩藩（鹿児島県）や長州藩（山口県）出身者とともに**藩閥政府の中心**となった。

★**薩摩藩** 薩摩（鹿児島県）を中心とした藩で，藩主は島津氏。幕末に，西郷隆盛や**大久保利通**が藩の主導権をにぎり，**薩長同盟**を結んで幕府をたおした。明治時代にも，出身者が，長州藩（山口県）や土佐藩（高知県）出身者とともに**藩閥政府の中心**となった。

★**長州藩** 長門（山口県）を中心とした藩で，藩主は毛利氏。幕末に，**高杉晋作**や**木戸孝允**が藩の主導権をにぎり，**薩長同盟**を結んで幕府をたおした。明治時代にも，出身者が，薩摩藩（鹿児島県）や土佐藩（高知県）出身者とともに**藩閥政府の中心**となった。

★**薩長同盟** 1866年，**薩摩藩と長州藩が結んだ同盟**。両藩は対立していたが，どちらも攘夷が不可能であることをさとり，欧米諸国に対抗できる統一国家をつくろうと考えるようになった。そのため，**坂本龍馬**の仲介で同盟を結び，倒幕をめざした。

世直し（一揆） 江戸時代末期〜明治時代はじめに広がった**打ちこわし**〔➡p.187〕や一揆。米価や物価の急上昇もあり，江戸や大阪を中心としてひんぱんにおこった。

ええじゃないか 1867年，新しい世へ

（国文学研究資料館）
▲ええじゃないか

歴史

第4章 近代の日本と世界

の期待と不安のなか, 伊勢神宮(三重県)などの寺社のお札が降ってきたとして, 人々が「ええじゃないか」とはやしたてながら熱狂して踊ったさわぎのこと。東海地方や近畿地方を中心におこった。

★ **徳川慶喜** 1837～1913 江戸幕府最後の15代将軍。**大政奉還**を行ったが, **王政復古の大号令**と同時に官職や領地を返すことを命じられた。

★ **大政奉還** 1867年, 15代将軍**徳川慶喜が政権を朝廷(天皇)に返した**こと。これで約260年続いた江戸幕府は滅んだ。**発展**徳

川慶喜は, 幕府にかわる新政権でも主導権をにぎろうとしたが, 王政復古の大

(聖徳記念絵画館)
▲大政奉還

号令などにより, 実現できなかった。

★ **岩倉具視** 1825～1883 幕末～明治時代の公家出身の政治家。**王政復古の大号令**を実現した。明治新政府で要職につき, 条約改正の下交渉のために, **岩倉使節団**〔➡p.209〕の全権大使となって欧米にわたった。

★ **王政復古の大号令** 1867年, **江戸幕府の廃止と天皇中心の新政府の成立**を示した宣言。これと同時に**徳川慶喜**に官職や領地の返上を命じた。これに反発した旧幕府の人々は, **戊辰戦争**を

おこした。

勝海舟 1823～1899 幕末～明治時代の政治家。幕府の海軍育成に力をつくした。**戊辰戦争**では幕府の代表として**西郷隆盛**と話し合い, 戦わずに江戸城を明けわたすことを決めた。

★ **戊辰戦争** 1868年に始まった, **明治新政府軍と旧幕府軍の戦い**。鳥羽・伏見の戦い(京都市)に始まり, 翌1869年の函館(北海道)の**五稜郭の戦い**で新政府軍の勝利により終わった。

鳥羽・伏見の戦い 1868年1月, 京都郊外の鳥羽・伏見でおこった新政府軍と旧幕府軍との戦い。**王政復古の大号令**のあと, 新政府が徳川氏に官職や領地の一部を返すよう命じたことを, 旧幕府軍が不満としたためにおこり, **戊辰戦争**の始まりとなった。

五稜郭 1864年に完成した, 北海道函館市にあるヨーロッパ様式の城郭。函館の開港に外国からの防衛を目的としてつくられた。1868年からの**戊辰戦争**で旧幕府軍が立てこもった。

(学研・資料課)
▲五稜郭

2.明治維新

★ **明治維新**　明治新政府が，日本を近代国家にするために行った改革と，それにともなう社会の動き。**五箇条の御誓文**で新しい政治の方針を示し，**富国強兵・殖産興業**をめざして**地租改正**をはじめとするさまざまな改革を進めた。

明治天皇　1852〜1912　明治時代の天皇。五箇条の御誓文で新政府の方針を明らかにし，**大日本帝国憲法**の発布などで**天皇主権**を確立した。**日清戦争・日露戦争**で勝利し，国力を強めた。

★ **五箇条の御誓文**　1868年，明治新政府が示した**新しい政治の方針**。世論に基づいた政治や外国との交流を深めることなどを内容とし，**天皇が神に誓う**という形で出された。**発展**同時に国民には，キリスト教の禁止など，江戸時代と変

> 王政復古の大号令は徳川慶喜らが政治に関わるのを終わらせたもの，五箇条の御誓文は新政府が新しく政治をスタートさせたときのものなのだよ。

「五箇条の御誓文」

一、広ク会議ヲ興シ万機(重要な国務)公論ニ決スヘシ

一、上下心ヲ一ニシテ盛ニ経綸(政策)ヲ行フヘシ

一、官武一途庶民ニ至ル迄　各其志ヲ遂ケ人心ヲシテ倦マサラシメンコト7要ス

一、旧来ノ陋習(攘夷運動などの愚習)ヲ破リ天地ノ公道ニ基クヘシ

一、智識ヲ世界ニ求メ大ニ皇基ヲ振起スヘシ

わらない内容の**五榜の掲示**が示された。

太政官制　太政官を中心とする明治新政府のしくみ。太政官の下に正院・左院・右院を設け，正院の下に各省を置いた。正院は太政大臣・右大臣・左大臣・複数の参議で構成され，**西郷隆盛**(薩摩藩)や**木戸孝允**(長州藩)などがついた。1885年，内閣制度(➡p.212)がつくられ，**廃止**された。

藩閥政治　**薩摩**(鹿児島県)・**長州**(山口県)・**土佐**(高知県)・**肥前**(佐賀県)の**4藩**の出身者たちが**明治新政府の実権を**にぎって行った**政治**。とくに，江戸幕府をたおすことに活躍した薩摩藩と長州藩の出身者が中心となった。

★ **版籍奉還**　1869年，**中央集権国家**をつくるため，大名から**土地**(版図)と人民(戸籍)を天皇に返させた改革。しかし，藩の政治はもとの藩主が行ったので，改革の効果はあまりなかった。

★ **廃藩置県**　1871年，**藩を廃止して新たに府・県を置いた改革**。各県には**県令**(のちの県知事)を，東京・大阪・京都の3府には**府知事**を中央から送り，政治にあたらせた。これにより，**中央集権国家のしくみ**が整った。

府知事・県令　1871年の廃藩置県にともなって中央から送られた，府・県の長官。**発展**1886年に県令は県知事に改められた。

★ **四民平等**　国民を1つにまとめようと，**皇族以外はすべて平等**とした封建的身

分制度の廃止。天皇の一族は**皇族**，もとの公家・大名は**華族**，武士などは**士族**，百姓・町人は**平民**とよばれるようになった。平民も名字を名のり，居住や職業の制限などがなくなった。

版籍奉還と廃藩置県の違いをおさえよう

版籍奉還
もとの藩主がそのまま政治を行ったので効果が不十分

廃藩置県
藩を廃止して府・県を置き中央から知事を送り治めさせた

これからは○○県とし私が治める！

もとの大名 ○○県 政府が任命した役人（知事）

★**「解放令」** 1871年，「えた」・「ひにん」など江戸時代から差別されてきた身分を廃止することにした布告。平民と同じ身分とされたが，実際には差別が根強く残った。

平民 1869年，版籍奉還にともなって明治新政府がそれまでの百姓・町人に与えた身分。1870年には名字を名のることが許され，華族や士族との結婚や，居住・職業の自由が認められた。

★**富国強兵** 欧米諸国に追いつくため，経済を発展させて国力をつけ，軍隊を強くすることをめざした明治新政府の

スローガン（標語）。そのために，**学制・兵制（徴兵令の発布）・税制の改革（地租改正）**の明治維新の三大改革が行われた。

★**学制** 1872年，近代的な**学校制度の基本を定めた法令**。6歳以上のすべての男女に，小学校で**義務教育を受けさせる**ことにした。しかし，学校の建設費用や授業料は人々の負担だったので，はじめは入学する者は多くなかった。

小学校は3〜4年間だったけれど，1907年に6年間に延長されたよ。

（東書文庫）

▲小学校の授業風景

★**徴兵令** 1873年に発布され，**満20歳になった男子に兵役を義務づけた法令**。3年間の兵役を義務づけたが，負担が増えるのをきらって，各地で**徴兵令反対一揆**がおこった。発展最初は多くの免除規定（役人や長男は免除など）があり，実際に兵役についたのは平民の二男や三男などが多かった。

★**地租改正** 1873年から実施された，**土地制度・税制の改革**。土地の所有者

と地価を定めて**地券**を発行し，課税基準をこれまでの収穫高から**地価の3％**にして，土地の所有者が**現金で納める**ことにした。地租は全国統一の税となり，明治政府の収入の大半を占めたので，**財政が安定した**。

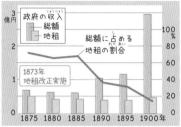

▲明治政府の収入の移り変わり

★**地券** 地租改正で明治政府が発行した，土地の所有を確認する証書。土地の場所・土地の広さ・所有者・地価などが記されている。

(学研・資料課)

▲地券

地租改正反対の一揆 地租改正で税の負担がほとんど変わらなかったことから，農民がおこした一揆。各地で一揆がおこったため，1877年に政府は地租を**2.5％**に引き下げた。

お雇い外国人 明治時代，西洋の制度・学問・技術などを学ぶために，政府が招いた外国人。札幌農学校(今の北海道大学農学部)で教えた**クラーク**，東京美術学校(今の東京芸術大学)の設立に力をつくした**フェノロサ**，大森貝塚(東京都)を発見した**モース**，法律の整備を進めた**ボアソナード**などが知られる。

クラーク 1826～1886 アメリカ合衆国の教育者・科学者。開拓使に招かれて，**札幌農学校**でキリスト教の精神に基づいた教育を行った。帰国するときに，学生たちにおくった「Boys, be ambitious !(少年よ，大志をいだけ)」の言葉はよく知られている。

★**殖産興業** 明治新政府が**近代産業の育成**をめざした政策。交通・通信の整備などのほか，**官営模範工場**の建設などが行われた。

★**富岡製糸場** 1872年，群馬県富岡につくられた**官営模範工場**。日本の輸出を支える生糸の品質の向上・増産をめざし，フランスから最新の機械を購入し，技師を招いて，働く女性(工女)を養成した。2014年，世界遺産に登録された。

▲富岡製糸場

★**官営模範工場** 富岡製糸場(群馬県)に代表される，近代産業を育てるために建てられた，政府が経営した工場(官

営工場)。

渋沢栄一 1840〜1931 明治時代の
実業家。大蔵省(今
の財務省)につとめ,
富岡製糸場の建設を
担当。そののち,第
一国立銀行や大阪紡
績会社など多くの会

〔国立国会図書館〕
▲渋沢栄一

社の設立・経営に関係し,産業の発展
に力をつくした。

鉄道の開通 1872年,新橋(東京都)〜
横浜(神奈川県)間にはじめて開通。新
橋と横浜を約50分で結び,「陸蒸気」
とよばれ人気となった。続いて神戸
(兵庫県)〜大阪間,大阪〜京都間で開
通し,全国各地でつくられていった。

★**北海道** 明治新政府が改めた蝦夷地の
名称。北方の開拓・警備のため,1869
年,新政府は**開拓使**を置いて蝦夷地を
北海道と改め,全国からの移住者によ
る開拓事業を進めた。

開拓使 北海道開拓・警備のため,1869
年に設置された役所。**屯田兵**による開
拓事業を進め,さらに**札幌農学校**(今
の北海道大学農学部)をつくり,アメ
リカ合衆国からクラークなどの教師を
招いて農業の改良などにあたった。

屯田兵 北海道の開拓と警備にあたっ
た農兵(農業兼業の兵士)。はじめは職
を失った士族などが送られたが,やが
て農民からも募集されるようになった。

★**文明開化** 明治新政府の近代化政策

で欧米の文化が取り入れられ,社会や
生活が変化してきた風潮。れんが造り
の建物,**人力車**や**馬車**,ランプや**ガス
灯**,洋服,**牛鍋**,**太陽暦の使用**など,
さまざまにみられた。このような風潮
は当初は開港地と大都市の周辺だけ
で,農村にはほとんど広まらなかった。

▲銀座通り(東京都)文明開化の町

★**太陽暦** **太陰暦**〔➡p.124〕に代わり,
1873年から採用された暦。1日を24
時間,1週間を7日とした。

円・銭・厘 1871年に決められた日本
の新しい貨幣の単位。1円＝100銭,
1銭＝10厘の10進法が採用された。

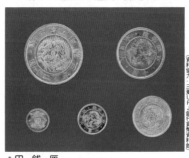
〔資料協力・三菱UFJ銀行貨幣資料館〕
▲円・銭・厘

郵便制度 飛脚制度〔➡p.182〕に代わっ
てつくられた近代的な通信制度。
1871年に東京・京都・大阪間で始め
られ,やがて全国にも広げられて料金

は全国均一となった。

★ 福沢諭吉 1834〜1901　明治時代の思想家・教育者。慶応義塾を開いて人材を育てるとともに，欧米の思想を紹介した。『学問のすゝめ』をあらわし，人間の

（国立国会図書館）

▲福沢諭吉

平等と民主主義をわかりやすい表現で説いた。

『学問のすゝめ』　「天は人の上に人をつくらず」で始まる**福沢諭吉**の著書。1872年〜1876年に17編まで発行された。社会に大きな影響を与えた。

★ 中江兆民 1847〜1901　明治時代の思想家。岩倉使節団に同行し，フランスに留学した。帰国後，フランスのルソー〔➡p.195,263〕の思想（人民主権）を紹介して「東洋のルソー」ともよばれ，**自由民権運動**にも大きな影響を与えた。

★ 岩倉使節団 1871〜1873年にかけて，**条約改正の下交渉**などのため欧米に派遣された使節団。岩倉具視〔➡p.204〕を全権大使にして，**大久保利通**〔➡p.203〕・**木戸孝允**〔➡p.202〕・**伊藤博文**〔➡p.212〕など明治政府の多くの有力者が送られた。法律が整備されていないなど，近代化が進んでいないという理由で条約の改正交渉には失敗したが，欧米の先進国で学んだ政治・産業・文化は，日本の近代化におおいに役立った。使節団には**津田梅子**ら女子5人をふくむ多

くの留学生も同行した。

山口尚芳　伊藤博文
木戸孝允　岩倉具視　大久保利通

▲岩倉使節団

津田梅子 1864〜1929　明治・大正時代の教育者。**岩倉使節団**に同行し，わずか7歳でアメリカ合衆国に留学し，帰国後は女子英学塾（今の津田塾大学）をつくり，女子教育に力をつくした。

★ 樺太・千島交換条約　1875年，日本とロシアの間で結ばれ，国境を確定した条約。**樺太（サハリン）をロシアの領土とし，千島列島はすべて日本の領土**とした。

★ 日清修好条規　1871年，**日本と清（中国）との間で結ばれた対等な条約。**これにより，清との国交が開かれた。

★★ 征韓論　武力をもって**朝鮮に開国をせまる明治時代初期の主張。**政府は，鎖国を続けて国交に応じない朝鮮を武力で開国させることを決定したが，欧米の視察から帰国した**大久保利通**らが国力（国の経済力や軍事力など）の充実が先だとして反対し，中止された。政府は分裂し，征韓論を主張した**西郷隆盛**や**板垣退助**は政府を去った。

征韓論をめぐる対立をおさえよう

岩倉具視
木戸孝允
板垣退助
西郷隆盛
大久保利通

「国力を充実させるべきだ！」

「朝鮮を開国させるべきだ！」

1875年
樺太・千島交換条約で交換

1876年
日朝修好条規で進出

樺太（ロシア）
千島列島
（日本）

朝鮮
日本
1876年
領有宣言

小笠原諸島
1872年
琉球藩を置く

台湾
琉球諸島
1874年
台湾出兵
琉球

1879年
沖縄県となる

▲明治時代初期の日本の領土の確定

かれた県。

江華島事件 1875年，朝鮮沿岸を無断で測量した日本の軍艦が朝鮮の砲台から砲撃され，武力衝突に発展した事件。これをきっかけに，日本は翌年に**日朝修好条規**を結び朝鮮を開国させた。

★日朝修好条規 1876年，日本と朝鮮が結んだ条約。日本は朝鮮を独立国として認めるいっぽう，日本の領事裁判権（治外法権）〔➡p.201〕を認めさせるなど，**朝鮮にとって不平等な条約**だった。

朝鮮〔➡p.159〕

★琉球処分 1872〜1879年の，明治政府による琉球王国〔➡p.159〕に対する一連の行動。1872年，政府は清（中国）とも関係をもっていた琉球を**琉球藩**とし，琉球の漁民が台湾で殺された事件をきっかけに1874年に**台湾に出兵**した。1879年，軍隊を送り琉球の人々の反対をおさえつけて琉球藩を廃止し，**沖縄県**の設置を強行した。

★沖縄県 1879年，**琉球藩**を廃止して置

尚泰 1843〜1901 **琉球王国**〔➡p.159〕最後の国王。1872年，明治政府により琉球藩が置かれると，「藩王」と位置づけられた。1879年に**琉球処分**で琉球藩が廃止され，沖縄県が置かれたのち，華族として東京に移住させられた。

★板垣退助 1837〜1919 明治・大正時代の政治家。土佐藩（高知県）出身。征韓論に敗れ政府を去ったが（明治六年の政変），1874年に**民撰（選）議院設立の建白書**を政府に提出して，高知県に**立志社**をつくり**自由民権運動**の中心となった。国会開設が決まると**自由党を結成**して党首になった。のちに大隈重信の内閣に加わった。

▲板垣退助

（国立国会図書館）

立志社 **板垣退助**が結成した政治団体。1874年，**民撰（選）議院設立の建白書**を政府に提出したあと地元の高知県に

設立したもので、**自由民権運動**の中心的な役割をはたした。

★ **民撰（選）議院設立の建白書**　1874年、板垣退助らが政府に提出した、**国会開設を求める意見書**。専制政治を批判して、国民が政治に参加できるように国会の開設を求めたもので、**自由民権運動**のきっかけとなった。

★ **士族の反乱**　明治時代初期、特権（帯刀・俸禄など）の廃止などに不満をもった士族が各地でおこした反乱。**萩の乱**（山口県）・神風連の乱（熊本県）など西日本で多くおこり、1877年の**西南戦争**が最も大規模なものだった。

★ **西南戦争**　1877年、政府を去った**西郷隆盛**〔➡p.202〕を中心に鹿児島の士族などがおこした反乱。最大規模の士族の反乱だったが、徴兵制度でつくられた近代的な政府軍に敗れた。**これ以後、政府への批判は言論が中心**となった。

★ **自由民権運動**　明治時代前期、国民が政治に参加する権利を求めて始まった運動。1874年の**民撰（選）議院設立の建白書**の提出に始まり、やがて士族に加え商工業者や地主（豪農）も参加して、運動は全国的に広がった。1880年、大阪で**国会期成同盟**が結成された。1881年、

▲自由民権運動の演説会

（東京大学法学部附属明治新聞雑誌文庫）

政府は10年後に国会を開くことを約束し、1890年に国会の開設が実現した。

国会期成同盟　1880年、**国会を開くことを求めて結成された**全国的な組織。全国の自由民権運動の代表者が大阪に集まって結成し、政府に国会開設の請願書を提出し、国会を早く開くことをせまった。これに対して、政府は自由民権派への取りしまりを強めた。

私擬憲法　大日本帝国憲法が発布される前に、政党や民間人などがまとめた憲法草案の総称。基本的人権の尊重などを内容とする「**五日市憲法草案**」などがある。

開拓使官有物払い下げ事件　1881年、政府が開拓使の施設や財産を関係者に安く払い下げようとした事件。薩摩藩（鹿児島県）出身の商人に安く払い下げようとしたことに世論の批判が高まり、自由民権派も政府を攻撃したので、政府は払い下げを中止した。政府は自由民権派と関係しているとして大隈重信を政府から追放するとともに、10年後の国会開設を約束した。

国会開設の勅諭　1881年に政府が**10年後に国会を開くことを約束したこと**。伊藤博文らは自由民権派や世論の批判をしずめるために、天皇の名で10年後（1890年）の国会開設を約束した。この後、自由民権派の人々は、国会開設に備えて政党を結成した。

★ **自由党**　1881年、板垣退助を党首とし

て，フランスの人権思想に基づいて，士族や小地主を中心に結成された政党。発展各地で演説会などを行ったが，政府の弾圧などで1884年に解散した。

★ **立憲改進党** 1882年，**大隈重信**を党首として，イギリス流の議会政治をめざして，大商人や大地主，都市の知識人中心に結成された政党。

★ **大隈重信** 1838〜1922 明治・大正時代の政治家。肥前藩（佐賀県）出身。国会を早く開くことを主張して政府を追い出され，1882年に**立憲改進党**を結成して党首になった。のちに板垣退助と内閣を組織して内閣総理大臣になった。東京専門学校（今の早稲田大学）をつくったことでも知られている。

▲大隈重信
［国立国会図書館］

政党名と党首をおさえよう
自由党
板垣退助
立憲改進党
大隈重信
「これからの時代は政党が必要じゃ！」

激化事件 1880年代に，おもに東日本でおこった自由民権派が関係した事件。自由民権運動に対する政府の弾圧や，深刻な不景気を背景に，自由民権派や農民たちが実力で政府と対決しよ

うとしておこしたもの。福島事件・群馬事件などのほか，1884年の**秩父事件**（埼玉県）はとくに規模が大きかった。

秩父事件 1884年，埼玉県秩父地方でおこった**自由民権運動の激化事件**。生活に苦しんだ約1万人の農民たちが，解散したもと自由党員に指導されて高利貸しや役所をおそった。政府は軍隊を出動させてしずめた。

★★ **伊藤博文** 1841〜1909 明治時代の政治家で**初代の内閣総理大臣**。長州藩（山口県）出身。大久保利通のあとに政府の中心となり，憲法制定などに力をつくした。1885年に内閣制度ができると初代の内閣総理大臣となった。

▲伊藤博文
［国立国会図書館］

ドイツ（プロイセン）憲法 ドイツ帝国の憲法。ドイツは，プロイセンを中心に多くの王国などが集まった連邦国家だったので，国をまとめるために君主権の強い憲法が必要だった。**伊藤博文は，君主権の強いドイツ憲法を中心にヨーロッパで学んで，大日本帝国憲法の草案をつくった。**

★ **内閣制度** 1885年につくられた，国の政治を行うためのしくみ。立憲政治の開始に備えて太政官制〔➡p.205〕に代わってつくられた。内閣は，天皇の政治を補佐する機関で，**初代の内閣総理大臣には伊藤博文が就任した。**

枢密院 天皇の相談にこたえ，重要問題を審議する機関。もともとは，**憲法草案を非公開で審議するため**，1888年に設けられた。

★ **大日本帝国憲法** 1889年に発布された憲法。天皇が国民に与えるという形で発布された。**天皇が国の元首で**，内閣・帝国議会・裁判所は天皇を補佐する機関とされた。国民は「臣民」とされ，基本的人権は法律の範囲内でしか認められなかった。〔➡p.262〕

このときの内閣総理大臣は黒田清隆だよ！

（聖徳記念絵画館）

▲大日本帝国憲法発布式典

★ **帝国議会** 大日本帝国憲法のもとでの最高の立法機関。天皇が任命する議員などからなる**貴族院**と，選挙で選ばれた議員からなる**衆議院**の**二院制**で，最終的な権限は天皇にあったが，法律や予算の成立には議会の同意が必要とされた。第1回帝国議会は1890年に開かれた。

★ **貴族院** 大日本帝国憲法のもとで，衆議院とともに帝国議会を構成していた議院。皇族・華族の代表，天皇が任命した人，多額納税者の代表からなり，予算の先議権はないが，ほかはほぼ衆議院と同等の権限をもっていた。

1947年に廃止された。

★ **衆議院** 大日本帝国憲法のもとで，貴族院とともに帝国議会を構成していた議院。予算の先議権をもつほかは，貴族院とほぼ同等の権限をもっていた。**選挙権**ははじめ，**直接国税を15円以上納める満25歳以上の男子**に限られ，総人口の1.1％にすぎなかった。

民法 財産や家族関係について定め，1898年に施行された法律。 発展 はじめフランスの民法を参考につくられ，1890年に公布されたが，日本の道徳に合わないとして施行されなかった。その後，封建的な「家の制度」を残した，家長（家族の長）の権限の強い新民法が1898年に施行された。

★ **教育勅語** 1890年に明治天皇の言葉（勅語）という形式で発布された，**教育の基本方針**。忠君愛国の道徳が示され，国民の精神的・道徳的なよりどころとされた。

地方制度 大日本帝国憲法制定前後に明治政府が整えた，市制・町村制，府県制・郡制など。知事や市長は政府によって任命されるなど，地方制度は政府の強い統制のもとに置かれていた。

3. 日清・日露戦争

★ **帝国主義** 列強が，軍事力などを背景にしてほかの地域・国を支配する動き。19世紀後半，資本主義を発展させた欧

213

米諸国（列強）は，資源や市場を求めて軍事力によってアジア・アフリカに進出し，**植民地**〔➡p.33〕としていった。

列強　世界規模で大きな影響力をもった国々。経済力や軍事力，外交力において大きな力をもち，積極的に市場を拡大していった。イギリス・フランス・ドイツ・ロシア・アメリカなど。

シベリア鉄道　シベリアの東西（ヨーロッパとアジア）を結んだ鉄道。1891年に建設を始めた。

欧化政策　明治時代初期，条約改正を有利に進めるために，外務卿（大臣）の**井上馨**が始めた，西洋化をめざした政策。外国人を招いて鹿鳴館で舞踏会などを開いたが，国民の批判を受けて政策は失敗した。

井上馨　1835～1915　明治時代の外交官・政治家。長州藩（山口県）出身。条約改正を進めるために**欧化政策**を行った。

鹿鳴館　1883年，東京の日比谷に建てられた，れんが造りの官営の国際社交場。条約改正を有利に進めるための欧化政策を象徴する建物で，外国人を招いて洋装での舞踏会などが開かれた。

★ **ノルマントン号事件**　1886年におこり，不平等条約改正を求める世論を高めた事件。イギリス船ノルマントン号が和歌山県沖で沈没し，イギリス人船長と船員は全員助かったが，日本人乗客は全員水死した。イギリスの領事裁判所による裁判で，船長は軽い罰だ

けだった。これで，**国民の不平等条約改正を求める声がいっそう高まった。**

〔美術同人社〕

▲ノルマントン号事件

★ **条約改正**　幕末の**不平等条約**（安政の五か国条約）を改正しようという外交交渉。**岩倉使節団**〔➡p.209〕による最初の下交渉は失敗したが，1894年に**陸奥宗光が領事裁判権（治外法権）**〔➡p.201〕の撤廃に成功し，1911年には**小村寿太郎が関税自主権**〔➡p.201〕**の完全回復**に成功した。

日英通商航海条約　1894年，イギリスとの間で結ばれた**領事裁判権（治外法権）**〔➡p.201〕を撤廃した最初の条約。日清戦争直前に外務大臣の陸奥宗光が結び，その後，アメリカ合衆国・ロシア・フランス・オランダとも改正が実現した。

★ **陸奥宗光**　1844～1897　明治時代の政治家・外交官。1894年の日清戦争直前に，外務大臣としてイギリスとの間で日英通商航海条約を結び，**領事裁判権（治外法権）の撤廃に成功した。**

★ **小村寿太郎**　1855～1911　明治時代の政治家・外交官。外務大臣として日

英同盟・ポーツマス条約に調印し，1911年にはアメリカ合衆国との間で完全に対等な条約を結び，**関税自主権の完全回復**に成功した。

★ **甲午農民戦争** 1894年，朝鮮でおこった農民の蜂起。政治改革や外国人の追放を求めて，**東学**(朝鮮の民間信仰をもとにした宗教)の信者を中心とする農民が，朝鮮半島南部で立ち上がった。清(中国)が朝鮮の求めに応じて出兵すると，日本も対抗して出兵し，**日清戦争に発展**した。

★★ **日清戦争** 1894年におこった，**朝鮮の支配権をめぐる日本と清(中国)との戦争**。甲午農民戦争をきっかけに始まり，1895年，近代的軍備を備えた日本が勝利し，**下関条約**が結ばれた。

★ **下関条約** 1895年，下関(山口県)で結ばれた**日清戦争**の講和条約。清(中国)は，朝鮮の独立を認め，**遼東半島・台湾・澎湖諸島**を日本にゆずり，賠償

▲日清戦争直前の風刺画(ビゴー)

日本と清がつろうとしている魚(朝鮮)をロシアが横取りしようとしているよ。

金2億両(当時の日本円で約3億1000万円)を支払うことなどが決められた。

▲下関条約の内容

★★ **三国干渉** 1895年，**ロシア・ドイツ・フランスが遼東半島を清に返すように日本に要求**したこと。満州(中国東北部)への進出をねらう**ロシア**が，ドイツとフランスをさそって求めてきた。対抗する力のなかった日本は，賠償金の追加とひきかえに受け入れた。これ以後，国民の間にロシアへの反感が高まった。

遼東半島 満州(中国東北部)の南部にある半島。**下関条約**によって一時的に日本の領土となったが，**三国干渉**を受けて清(中国)へ返還した。

台湾総督府 下関条約で日本が得た台湾に置かれた日本の機関。武力で住民の抵抗をおさえ植民地支配を進めた。

大韓帝国(韓国) 1897年，朝鮮が改めた国号。清(中国)の支配を脱し，独立国であることを示そうとして国名を変え，国王を皇帝とした。

中国分割 日清戦争後，**列強**が経済的

215

な利権を手に入れて中国にそれぞれの勢力範囲をつくったこと。

▲列強に分割された中国

立憲政友会 1900年, 伊藤博文を総裁として結成された政党。大正時代には政党内閣を組織した。

★ **義和団事件** 1899年におこった清(中国)での義和団の蜂起に, **日本をはじめとする各国が出兵**した事件。日清戦争後に進んだ列強の中国侵略に対して, 「扶清滅洋(清を扶けて外国の勢力を排除する)」を唱えた義和団という農民の自衛組織を中心とする人々が立ち上がった。1900年には北京の外国公使館を取り囲み, 清も列強に宣戦布告したが, 日本をはじめとする連合軍によって鎮圧された。

★★ **日英同盟** 1902年, **日本とイギリスとの間で結ばれた軍事同盟**。ロシアの勢力拡大をみたイギリスは清(中国)での権益を, 日本は韓国での優位を守ろうとして, 共通した利害のもと, ロシアに対抗するために結んだ。第一次世界大戦〔➡p.222〕がおこると, 日本は日英同盟を理由に連合国側で参戦した。

主戦論・非戦論 日清戦争後に南下を強めるロシアとの間で, 開戦するかどうかの国内の意見。新聞などは開戦を主張(**主戦論**)して世論を動かしたが, 社会主義者の**幸徳秋水**やキリスト教徒の**内村鑑三**らは開戦に反対する**非戦論**を主張した。

★ **与謝野晶子** 1878〜1942 明治〜昭和時代の歌人。ロマン主義の代表的歌人。日露戦争では戦争に疑問を感じ, 戦場にいる弟を思って「**君死にたまふことなかれ**」という詩を発表した。代表作に『**みだれ髪**』がある。

> 君死にたまふことなかれ
> あゝをとうとよ　君を泣く
> 君死にたまふことなかれ
> 末に生れし君なれば
> 親のなさけはまさりしも
> 親は刃をにぎらせて
> 人を殺せとをしへしや
> 人を殺して死ねよとて
> 二十四までをそだてしや
> 　　　　　　　　（一部）

★ **幸徳秋水** 1871〜1911 明治時代の社会主義者。日本で最初の社会主義政党である社会民主党の結成に参加し, 日露戦争では開戦に反対した。**大逆事件**で死刑になった。

大逆事件 1910年, 天皇の暗殺を計画したとして社会主義者たちをとらえた事件。**幸徳秋水**ら12名が死刑になったが, 現在は多くの人が無関係であった

ことが明らかにされている。

内村鑑三 1861〜1930 明治〜昭和
時代の宗教家。キリスト教徒。札幌農
学校(今の北海道大学農学部)で学び,
教師などをつとめた。日露戦争ではキ
リスト教徒の立場から開戦に反対した。

満州 中国北東部のよび名。19世紀末
から20世紀はじめにかけてロシアが
進出した。

★★**日露戦争** 1904年に始まった,満州・
韓国をめぐる日本とロシアとの戦争。
満州への進出を強めるロシアに対し
て,日本は日英同盟を結んで対抗し,
戦争が始まった。しかし,日本は戦費
などの問題で,ロシアは国内の革命運
動などで戦争を続けるのが困難になっ
た。1905年,日本海海戦で日本が勝
利したのをきっかけに,**アメリカ合衆
国大統領の仲介**で**ポーツマス条約**を結
んで戦争は終わった。

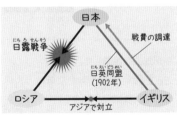

▲日露戦争のときの関係図

日露戦争に日本が勝利したことで,
列強の圧迫に苦しんでいたインド
やベトナムなどのアジア諸国では,
日本にならった近代化や民族独立
運動の動きが高まったよ。

日本海海戦 日露戦争中の1905年5
月,日本海での日本とロシアの海戦。
東郷平八郎が率いる日本海軍がロシア
艦隊を破り,日露戦争が終わるきっか
けになった。

東郷平八郎 1847〜1934 明治・大正
時代の軍人。日露戦争のとき,連合艦
隊司令長官として日本海海戦に勝利し
た。

★**ポーツマス条約** 1905年に結ばれ
た日露戦争の講和条約。アメリカ合衆
国のポーツマスで結ばれた。ロシア
は,**韓国における日本の優越権**を認
め,**旅順・大連の租借権**(期限つきで借
りる権利)や**長春以南の鉄道利権**を日
本にゆずること,**樺太(サハリン)の南
半分を日本の領土**とすることなどを認
めた。賠償金はなかった。

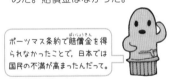

ポーツマス条約で賠償金を得
られなかったことで,日本では
国民の不満が高まったんだって。

▲ポーツマス条約で日本が得たもの

217

日比谷焼き打ち事件　1905年，ポーツマス条約に反対する民衆の暴動。戦争中の増税などに苦しんだ国民は，講和条約で賠償金が得られないことを知ると政府への不満を高め，東京の日比谷公園での講和反対国民大会は，新聞社や交番をおそう暴動に発展した。

★ **韓国統監府**　日本が韓国を支配するために置いた機関。1905年，ポーツマス条約でロシアに韓国での優越権を認めさせた日本は，韓国を保護国として外交権をうばって，韓国統監府を置き，初代統監に伊藤博文（➡p.212）が就任して支配を強めた。これに対し，韓国の人々は義兵運動などで抵抗を続けた。1909年，前統監だった伊藤博文は満州のハルビン駅で義兵運動家の安重根に暗殺された。

★★ **韓国併合**　1910年，日本が韓国（大韓帝国）を併合して植民地としたこと。日本は朝鮮総督府を置いて，武力を背景とした植民地支配を行った。学校では朝鮮の歴史を教えることを禁じるなど，日本人に同化させる教育が行われた。植民地支配は，1945年の日本の敗戦まで続いた。

韓国を保護国にして韓国統監府を置き，韓国を併合して朝鮮総督府を置いたよ。

★ **朝鮮総督府**　1910年，韓国併合にともなって置かれた植民地支配のための機関。韓国統監府に代わって置かれ，

総督には軍人がついて，武力による植民地支配を続けた。

南満州鉄道株式会社（満鉄）　ポーツマス条約で得た長春以南の鉄道を管理・運営するために設立された会社。1906年，政府が半分資金を出して設立され（半官半民），鉄道を中心に鉱山や製鉄所なども経営し，満州（中国東北部）での利権を独占した。

★ **辛亥革命**　1911年に中国でおこった，清をたおそうとする革命。武昌（今の武漢）での軍隊の反乱をきっかけに革命運動が全国に広がり，1912年，孫文を臨時大総統にして南京を首都とする中華民国が建国された。

★ **孫文**　1866～1925　中国の革命家・政治家。三民主義を提唱して1905年に東京で中国同盟会を結成し，1911年に辛亥革命がおこると中国にもどり，1912年に臨時大総統となって南京を首都に中華民国を建国した。

（学研・資料課）

▲孫文

★ **三民主義**　孫文が唱えた革命の指導理論。民族主義＝民族の独立，民権主義＝政治的な民主化，民生主義＝民衆の生活の安定の三つからなる。

★ **中華民国**　1912年，辛亥革命で成立したアジアで最初の共和国。孫文のあと，袁世凱が大総統になると都を北京に移し，独裁的な政治を行った。その

のち混乱したが，**蒋介石**が率いる中国国民党が国民政府をつくって中国を統一した。第二次世界大戦後は中国共産党との内戦に敗れて台湾に移った。

袁世凱 1859～1916 中国の軍人・政治家。清(中国)の実力者だったが，孫文と結んで清を滅ぼした。孫文に代わって**中華民国の大総統**になると，北京に首都を移して革命勢力をおさえ，独裁的な政治を行った。

★ **産業革命(日本)** 1880年代から始まった産業や社会の大きな変化。イギリスより約100年おくれて始まった。**日清戦争前後に紡績・製糸などの軽工業**が発展し，その後，**八幡製鉄所**の建設をきっかけに，**日露戦争前後には鉄鋼・造船などを中心に重工業**が発展した。

```
日清戦争前後         日露戦争前後
軽工業中心    ➡    重工業中心
```

★ **八幡製鉄所** 1901年から操業を始めた，北九州(福岡県)に建設された官営の製鉄所。**日清戦争の賠償金の一部**をもとにつくられ，原料の鉄鉱石はおもに中国から輸入し，石炭は地元の筑豊炭田のものを使った〔➡p.79〕。

★ **財閥** 銀行を中心にさまざまな業種に進出し，経済を支配するようになった資本家グループ。**三井・三菱・住友・安田**がその代表で，やがて朝鮮や満州にも進出し，政治にも影響を与えるようになった。

★ **足尾銅山鉱毒事件** 足尾銅山(栃木県)の廃水が原因となっておこった明治時代の**公害問題**。足尾銅山の廃水が渡良瀬川に流れ，流域の農業や漁業が大きな被害を受けた。1890年代から大きな問題となり，住民は地元選出の衆議院議員の**田中正造**とともに政府にうったえたが，政府は十分な対策を取らなかった。日本の公害問題の原点とされる。

❗ 女性の工場労働者(工女)の生活

▲製糸工場で働く女性 (PPS)

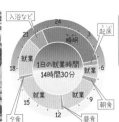

```
1日の就業時間
14時間30分
入浴など 21
睡眠
24 起床 3
就業 18        6 就業
        9 朝食
就業 15
12
夕食      昼食
```

製糸工場の労働者の多くは女性で，昼夜二交替制のもと安い賃金で働いていたんだ。

★ 田中正造 1841〜1913 明治時代の政治家。住民とともに足尾銅山鉱毒事件の解決に力を注いだ。衆議院議員をやめて天皇に直訴しようとするなど、生涯を鉱毒事件の解決にささげた。

▲田中正造
（国立国会図書館）

★ フェノロサ 1853〜1908 アメリカ合衆国の教育者・日本美術研究家。来日して哲学を教えながら日本の美術にも関心をもち、岡倉天心と協力して東京美術学校（今の東京芸術大学）を設立するなど、日本美術の復興につとめた。

岡倉天心 1862〜1913 明治時代の美術研究家。フェノロサとともに日本美術の復興に力をいれ、東京美術学校（今の東京芸術大学）の校長もつとめた。

狩野芳崖 1828〜1888 明治時代の日本画家。フェノロサに認められ、日本画の復興に力をつくした。代表作に「悲母観音像」がある。

横山大観 1868〜1958 明治〜昭和時代の日本画家。岡倉天心に学び、新しい時代の日本画の開拓につとめ、日本美術院の設立にも参加した。代表作に「無我」「生々流転」がある。

高村光雲 1852〜1934 明治〜昭和時代の彫刻家。伝統的な日本の木彫に西洋の写実的な技法を取り入れて、近代日本彫刻の基礎を築いた。代表作に「老猿」がある。

★ 黒田清輝 1866〜1924 明治・大正時代の洋画家。フランスから帰国して印象派の明るい画風を紹介

▲湖畔
（東京国立博物館所蔵）

し、日本の西洋画の発展に力をつくした。代表作に「湖畔」「読書」がある。

荻原守衛 1879〜1910 明治時代の彫刻家。フランスのロダンに学び、欧米風の近代的彫刻を制作した。代表作に「女」がある。

滝廉太郎 1879〜1903 明治時代の作曲家。唱歌（音楽教育に使われた曲）の作曲を多く行うなどして、洋楽の道を開いた。代表作に「荒城の月」「花」がある。

二葉亭四迷 1864〜1909 明治時代の小説家。言文一致とよばれる、話し言葉によって書かれた文体を用いた小説『浮雲』を書いた。

ロマン主義 個人の自由な感情を重んじる文芸上の考え方。日清戦争前後の文学で主流となり、与謝野晶子〔➡p.216〕などが活躍した。

★★ 樋口一葉 1872〜1896 明治時代の女流作家。代表作に『たけくらべ』がある。

▲樋口一葉
（国立国会図書館）

今の五千円札の肖像は樋口一葉だよ。

自然主義 社会の暗い面もありのままにえがこうとする文芸上の考え方。フランスを中心におこり，日本では日露戦争前後から文学の主流となった。島崎藤村に代表される。

正岡子規 1867～1902 明治時代の俳人・歌人。写生に基づいた俳句・短歌の近代化につとめた。

★★**夏目漱石** 1867～1916 明治・大正時代の作家。個人の生き方を冷静な観察でえがく，独自の作風を示した。代表作に『坊っちゃん』『吾輩は猫である』がある。

［国立国会図書館］
▲夏目漱石

★**森鷗外** 1862～1922 明治・大正時代の作家・軍医。陸軍の軍医をつとめながら，西洋文学の紹介や翻訳のほか，創作活動も行った。代表作に『舞姫』『高瀬舟』がある。

★**石川啄木** 1886～1912 明治時代の歌人・詩人。貧しい生活のなかで社会の現実を，詩や短歌で感情豊かに歌った。代表作に『一握の砂』がある。

★★**野口英世** 1876～1928 明治～昭和時代の細菌学者。北里柴三郎のもとで研究し，アメリカ合衆国で多くの業績を残し世界に知られた。アフリカで黄熱病の研究中，自らも感染してなくなった。

［国立国会図書館］
▲野口英世

野口英世は今の千円札の肖像に使われているよ。

北里柴三郎 1852～1931 明治～昭和時代の細菌学者。ドイツ留学中に破傷風菌の血清療法を発見した。帰国後，伝染病の予防や治療を行う伝染病研究所を設立した。

長岡半太郎 1865～1950 明治～昭和時代の物理学者。原子模型の研究や地球物理学の研究で大きな業績を上げた。

義務教育 親が義務として子どもに受けさせる教育。1872年の学制 [➡p.206] で開始され，1907年の小学校令改正により，それまで3～4年だった義務教育期間が6年間となり，就学率は97％に達した。

221

1.第一次世界大戦と日本

★★ **三国同盟** 1882年，フランスを孤立させるためにドイツ・オーストリア・イタリアが結んだ軍事同盟。第一次世界大戦中の1915年，領土問題でオーストリアと対立していたイタリアが三国協商側についたことで崩壊した。

★★ **三国協商** 1894年にロシアとフランスが露仏同盟，1904年にイギリスとフランスが英仏協商，1907年にイギリスとロシアが英露協商を結んで成立した，**イギリス・フランス・ロシア**の協力関係。ドイツ中心の**三国同盟**に対抗した。1917年のロシア革命により消滅。日本は，三国協商側についた。

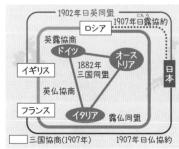

▲三国同盟と三国協商の対立

★ **ヨーロッパの火薬庫** 第一次世界大戦前の**バルカン半島**の情勢を表す言葉。バルカン半島は，多くの民族・宗教が入りくんでいたため紛争が絶えず，進出しようとする列強の利害も加わって，いつ戦争がおこってもおかしくない不安定な状態が続いていた。

サラエボ事件 1914年，オーストリア皇太子夫妻が，ボスニアの**サラエボ**でセルビアの青年に暗殺された事件。この事件をきっかけに，オーストリアはセルビアに宣戦布告し，**第一次世界大戦**が始まった。

★ **第一次世界大戦** 1914年，**サラエボ事件**をきっかけに始まった世界戦争。歴史上初めての**総力戦**であり，ヨーロッパがおもな戦場となった。オーストリアがセルビアに宣戦布告すると，ドイツを中心とする**同盟国**側と，セルビアを支援するイギリスを中心とする**連合国**(協商国)側に分かれて戦った。日

▲第一次世界大戦中のヨーロッパ

本は**日英同盟**〔➡p.216〕を理由に連合国側で参戦し，中立の立場をとっていたアメリカ合衆国も1917年に連合国側に加わり，世界各国を巻きこむ戦争となった。戦争は，1918年にドイツが降伏して終わり，翌年に**ベルサイユ条約**が結ばれた。

同盟国　第一次世界大戦で**ドイツ側**についた国々。**ドイツ・オーストリア・オスマン(トルコ)・ブルガリア**の4か国。イタリアは領土をめぐってオーストリアと対立して三国同盟を離れ，連合国側で参戦した。

連合国(第一次世界大戦)　第一次世界大戦で**三国協商側**についた国々。**イギリス・フランス・ロシア**のほか，日英同盟を理由に参戦した**日本**，ドイツの潜水艦の無差別攻撃をきっかけに参戦したアメリカ合衆国など。

★**総力戦**　軍事力だけではなく，国民をはじめ経済，科学技術，資源など，国力のすべてを動員して行われる戦争。第一次世界大戦は，とくにヨーロッパ各国の総力戦となった。

第一次世界大戦では，戦車，飛行機，潜水艦，毒ガスなどが新兵器として使われたんだ。

★★**二十一か条の要求**　1915年，**日本が中国に示した要求**。第一次世界大戦で列強のアジアへの関心がうすれると，日本は，山東省のドイツ権益の継承や，満州(中国東北部)での権益拡大をねらって要求をつきつけた。日本は軍事力を背景に大部分を認めさせたため，**中国では反日運動がおこった。**

★**ロシア革命**　第一次世界大戦中の1917年，ロシアでおこった革命。戦争や皇帝の専制に不満をもつ民衆が立ち上がり，各地に代表会議(**ソビエト**)を設け，皇帝を退位させて臨時政府をつくった。しかし臨時政府による政治は安定しなかったため，**レーニンの指導のもと，世界で最初の社会主義を唱える新政府**(ソビエト政府)ができた。

レーニン　1870〜1924　ロシアの革命家・政治家。**ロシア革命**を指導し，世界で最初の社会主義政府(ソビエト政府)を樹立した。

(学研・資料課)

▲レーニン

★**シベリア出兵**　ロシア革命に対する列強の干渉戦争。1918年，日本・アメリカ合衆国・イギリス・フランスなどが出兵したが，結局失敗した。日本は最後まで兵力をとどめていたが，国の内外からはげしい非難をあび，1922年に兵を引きあげた。

★**ソビエト社会主義共和国連邦(ソ連)**　1922年に成立した**世界で最初の社会主義国家**。**ロシア革命**に対する列強の干渉戦争(**シベリア出兵**)に勝利した革命政府(ソビエト政府)が，国内の複数の共和国を一つにし，ソビエト社会主

義共和国連邦（ソ連）を成立させた。ソ連は1991年に解体され，ロシア連邦などに分かれた。

共産主義　生産手段を社会全体のもの（共有）として，貧富の差のない社会をつくろうという考え。**マルクス**[➡p.198]によれば，社会主義はその第一段階とされている。

★ベルサイユ条約　1919年，連合国とドイツが結んだ，**第一次世界大戦の講和条約**。フランスのパリ郊外の**ベルサイユ宮殿**で調印され，**ドイツはすべての植民地と本国の一部を失い**，巨額の賠償金を支払うことになった。日本は，ドイツが中国にもっていた権益を引きつぐとともに，ドイツ領南洋諸島の委任統治権も得た。

★民族自決　民族は，そのあり方や進むべき方向を，自分たちで決める権利があるという考え方。第一次世界大戦の末期に，アメリカ合衆国の**ウィルソン大統領**が提唱した。この考え方に基づいて，東ヨーロッパにハンガリーやポーランドなどの国家が生まれた。

★ウィルソン　1856〜1924　アメリカ合衆国の28代大統領。1918年，民族自決の原則や国際機関の設立などを唱える「十四か条の平和原則」を発表した。

▲ウィルソン

（学研・資料課）

★国際連盟　1920年に設立された，世界平和と国際協調のための国際機関。アメリカ合衆国の**ウィルソン大統領**の提唱で，スイスの**ジュネーブ**を本部に設立され，イギリス・フランス・イタリア・日本が常任理事国となった。**アメリカ合衆国は議会の反対で加盟せず**，ドイツ・ソ連の加盟は，設立当初は認められなかった。

新渡戸稲造　1862〜1933　明治〜昭和時代の教育者。国際連盟設立とともに事務局次長となり，国際平和のために活躍した。

（国立国会図書館）
▲新渡戸稲造

★ワシントン会議　1921〜1922年，アメリカ合衆国のワシントンで開かれた**軍縮会議**。アメリカ合衆国・イギリス・フランス・日本など9か国が参加し，海軍の軍備の制限や太平洋地域の現状維持，中国の独立と領土の保全を確認した。このときに結ばれた**四か国条約**で，**日英同盟**[➡p.216]**は解消**された。

四か国条約　1921年，**ワシントン会議**でアメリカ合衆国・イギリス・フランス・日本の4か国が結び，太平洋地域の現状維持を求めた条約。この条約により，日英同盟は解消された。

ワイマール憲法　1919年に制定されたドイツ共和国憲法。普通選挙権や労働者の団結権などを認め，当時**最も民主的な憲法**といわれた。

★三・一独立運動　1919年3月1日，

朝鮮でおこった日本からの独立を求める運動。民族自決の考えの影響を受けて，京城（今のソウル）での「独立万歳」をさけぶ人々のデモ行進に始まった独立運動は，朝鮮半島全体に広がった。朝鮮総督府は，軍隊や警察の力でこれをおさえたが，独立運動はこのあとも続けられた。

★ **五・四運動** 1919年5月4日，中国で始まった反日・反帝国主義運動。パリ講和会議で二十一か条の要求の取り消しを求める主張が無視されると，北京の学生を中心に反日運動がおこった。運動は全国に広がって，反帝国主義の国民運動に発展した。

★ **中国共産党** 1921年に結成された中国の政党。日中戦争では中国国民党と協力した。第二次世界大戦後，中国国民党との内戦に勝利し，今の**中華人民共和国（中国）**〔➡p.242〕を建国した。

★ **中国国民党（国民政府）** 1919年，孫文〔➡p.218〕が結成した中国の政党。孫文の死後は蒋介石〔➡p.232〕が指導者となり，1927年に国民政府をつくった。日中戦争では中国共産党と協力した。第二次世界大戦後は，中国共産党との内戦に敗れて台湾にのがれた。

★ **ガンディー（ガンジー）** 1869〜1948 **インドの独立運動**の指導者。第一次世界大戦に協力すれば戦後に自治を認めるというイギリスの約束が守られなかったので，**非暴力・不服従**の方針で完全な自治獲得をめざして抵抗運動を指導した。インドは，第二次世界大戦後にイギリスからの独立をはたし，ガンディーは「**インド独立の父**」とよばれている。

桂太郎 1847〜1913 明治・大正時代の政治家・軍人。長州藩（山口県）出身。藩閥の代表として，1912年に3度目の組閣をしたが，議会を無視した態度をとったため，**第一次護憲運動**がおこり，退陣した。

★ **第一次護憲運動** 藩閥の桂太郎内閣を

アジアの民族運動についておさえよう

朝鮮
日本からの独立を求めて
三・一独立運動がおこる(1919年)

日本からの独立をめざそう！

中国
反日運動から
五・四運動がおこる(1919年)

日本の二十一か条の要求は許さないぞ！

インド
イギリスからの独立を求めて
非暴力・不服従の抵抗運動が高まる

イギリスからの独立をめざそう！

ロシア革命や民族自決の動きに刺激されて，アジア各地で民族運動がおこったんだ。

退陣させた運動。1912年，3度目の内閣を組織した桂太郎が議会を無視した態度をとったことから，新聞や知識人などが立憲政治を守れという運動をおこすと，全国に運動が広がり，桂内閣は50日あまりで退陣した。

尾崎行雄〔おざきゆきお〕 1858〜1954 明治〜昭和時代の政治家。犬養毅〔⇒p.233〕らとともに**第一次護憲運動**の中心となり，普通選挙の実現などを求めて力をつくした。「憲政の神様」とよばれる。

★★**民本主義**〔みんぽんしゅぎ〕 政治学者の**吉野作造**が主張した，普通選挙によって国民の意向を反映した政党政治を実現させるべきという考え方。デモクラシーの思想を広めるうえで大きな役割をはたした。

★**吉野作造**〔よしのさくぞう〕 1878〜1933 明治〜昭和時代の政治学者。普通選挙によって政治に民意（国民の意見）を反映させることを主張する**民本主義**を唱え，**大正デモクラシー**を理論的に支えた。

▲吉野作造 〔国立国会図書館〕

天皇機関説〔てんのうきかんせつ〕 憲法学者の**美濃部達吉**が主張した，主権は国家にあり，天皇は国家の最高機関として憲法に従って統治するという学説。吉野作造の民本主義とともに，デモクラシーの思想を広めるうえで大きな役割をはたした。

★★**大正デモクラシー**〔たいしょう〕 大正時代にさかんになった，**民主主義・自由主義**を求める風潮。吉野作造の**民本主義**や，美濃部達吉の**天皇機関説**がその支えとなった。

★**大戦景気**〔たいせんけいき〕 **第一次世界大戦による日本の好景気**。戦争でヨーロッパからの輸出がとだえたので，日本の製品がアジア・アフリカにも輸出されるようになり，日本は好景気をむかえた。

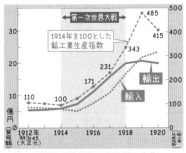

▲第一次世界大戦前後の貿易額の変化

成金〔なりきん〕 **大戦景気**で急に金持ちになった人々。将棋の「歩」が敵陣に入ると「金」になることから使われた言葉。発展 海運業の繁栄による「船成金」が多かった。

★**米騒動**〔こめそうどう〕 1918年におこった，米の安売りを求める騒動。第一次世界大戦の好景気（**大戦景気**）で物価が上がったところへ，**シベリア出兵**〔⇒p.223〕をみこした商人や地主による米の買い占めがおこり，米の値段が急に上がった。富山県の主婦が米の安売りを求めると，「越中の女一揆」などと新聞で報道され，安売りを求める騒動が全国に広がった。政府は軍隊を使って，約3か月かかって騒動をしずめた。この騒動で

藩閥の寺内正毅内閣が退陣し，このの
ちに日本で最初の本格的な政党内閣で
ある原敬内閣が誕生した。

★ **政党内閣**　議会で多数を占める政党が
組織する内閣。最初の本格的な政党内
閣は，1918年，米騒動のあとに成立
した立憲政友会の原敬内閣。1932年
の五・一五事件で犬養毅内閣がたおれ
てとだえた。

★ **原敬**　1856〜1921　明治・大正時代の
政治家。1918年，立憲政友会の総裁と
して内閣総理大臣
（首相）となり，**本格
的な政党内閣**を組織
した。華族でも藩閥
出身でもない平民出
身で「**平民宰相**」と

［国立国会図書館］
▲原敬

よばれて国民の期待を集めた。1919年
に選挙法を改正し，選挙権をもつのに
必要な納税額を10円以上から3円以上
に引き下げた。

第二次護憲運動　1924年，護憲勢力
が非政党内閣をたおしたこと。原敬内
閣のあと再び非政党内閣が続いたが，
憲政会などの護憲政党が普通選挙の実
現などをかかげて衆議院議員選挙に勝
利し，憲政会の加藤高明を内閣総理大
臣（首相）とする連立内閣を成立させ
た。以後，1932年に犬養毅（➡p.233）内
閣がたおれるまで政党内閣が続いた
（**憲政の常道**）。

憲政の常道　衆議院で多数を占める政

党が内閣をつくる慣例のこと。第一党
が総辞職後は第二党に交代する。
1924年の加藤高明内閣から1932年
の犬養毅内閣まで続いた。

加藤高明　1860〜1926　明治・大正時
代の政治家。憲政会総裁として**第二次
護憲運動**をおこし，護憲政党との連立
内閣で内閣総理大臣（首相）となった。
1925年，**普通選挙法**と**治安維持法**を
成立させた。

★ **普通選挙法**　1925年，加藤高明内閣
で成立した，満25歳以上の男子に選挙
権を与えた法律。**納税額による制限
（制定時は直接国税3円以上）をなくし
た**ことで，有権者は約4倍に増えた。

女性に選挙権があたえられ
たのは，第二次世界大戦後
の1945年のことだよ！

★ **治安維持法**　1925年，普通選挙法と
同時に制定された法律。天皇中心の国
のしくみの変革や私有財産制を否定す
る運動を取りしまるもの。普通選挙で
拡大が予想された共産（社会）主義運動
に対する取りしまりを強化するために
制定された。やがて社会運動全般の取
りしまりにも用いられるようになった。

★ **労働争議**　労働者と使用者の間でおこ
る**労働時間や賃金などをめぐる紛争**。
デモクラシーの高まりやロシア革命な
どの影響を受けて，大正時代には労働
運動がさかんになって労働組合がつく

227

られ，労働争議も活発になった。

メーデー　世界各地で毎年5月1日に行われている，国際的な労働者の祭典。日本では，1920年5月2日に東京の上野公園ではじめて行われ，最低賃金制や8時間労働制などを要求した。

日本労働総同盟　1921年に結成された労働組合の全国的組織。1912年に結成され，労働者の地位向上などをめざした友愛会が発展・改称したもの。

★**小作争議**　地主と小作人との間で，小作料の引き下げなどをめぐっておこる紛争。大正時代に労働運動とともにさかんとなり，1922年には小作人の全国的な組織として**日本農民組合**が結成された。

★**日本共産党**　1922年に結成された，共産主義社会をめざす非合法の政党。ロシア革命の影響で社会運動が高まるなか，ひそかに結成されたが，治安維持法などで徹底的な弾圧を受けた。第二次世界大戦後に再建され，合法政党として認められた。

★**全国水平社**　1922年に結成された，

被差別部落の**解放運動**を進めるための全国組織。京都で開かれた創立大会で，日本で最初の人権宣言といわれる**「水平社宣言」**が発表された。

> **水平社宣言**（一部要約）
> 全国に散在する部落の人々よ，団結せよ。われわれが人間を尊敬することによって，自らを解放しようとする運動をおこしたのは当然である。われわれは，心から人生の熱と光を求めるものである。
> 人の世に熱あれ，人間に光あれ。

北海道アイヌ協会　1930年に結成された，**アイヌ民族**〔→p.159〕の**解放運動**を進めた組織。明治政府が進めていたアイヌ民族の同化政策に反対した。

★**平塚らいてう（ちょう）**　1886～1971
大正・昭和時代の女性解放の運動家。女性差別からの解放をめざして**青鞜社**を結成し，雑誌『**青鞜**』を発刊した。1920年，市川房枝らと女性の政治参加などを求めて**新婦人協会**を設立した。

（国立国会図書館）
▲平塚らいてう

★**青鞜社**　1911年，平塚らいてうらによ

⚠️ **社会運動の広がり**

労働運動	農民運動
・大戦景気による経済の発展にともない労働争議が増加。	・農村で小作料の減額を求める小作争議が増加。

部落解放運動	女性運動
・被差別部落の解放をめざし，京都で全国水平社を結成。	・女性差別からの解放をめざし，平塚らいてうらが青鞜社，新婦人協会を結成。

> 第一次世界大戦後，日本では労働運動や解放運動などの社会運動が高まったんだよ！

って結成された，女性差別からの解放をめざす，女性のみの文芸団体。雑誌「青鞜」を創刊し，創刊号の「元始，女性は実に太陽であった。」の宣言はよく知られる。

文化住宅　大正〜昭和時代初期に流行した，和洋折衷の住宅。外観は洋風で応接室がある。比較的裕福なサラリーマンなどが住んだ。

★**ラジオ放送**　1925年，東京などで開始された電波による音声放送。新聞とならぶ情報源として，全国に広まった。

西田幾多郎　1870〜1945　明治〜昭和時代の哲学者。著書の『善の研究』で，東洋と西洋の哲学を統一しようとした独自の西田哲学をつくりあげた。

柳宗悦　1889〜1961　大正・昭和時代の民芸評論家。朝鮮の美術工芸品などを高く評価し，三・一独立運動〔→p.224〕における朝鮮総督府の行動を批判した。

▲柳宗悦
（共同通信社）

白樺派　大正時代，雑誌『白樺』に集まった文学者グループ。人道主義・新理想主義をかかげた。志賀直哉・武者小路実篤らがいる。

武者小路実篤　1885〜1976　明治〜昭和時代の作家。志賀直哉らとともに白樺派の中心となる。代表作に『友情』『愛と死』がある。

志賀直哉　1883〜1971　明治〜昭和

時代の作家。武者小路実篤らと雑誌『白樺』を創刊して活動。代表作に『暗夜行路』『城の崎にて』がある。

谷崎潤一郎　1886〜1965　明治〜昭和時代の作家。美に最高の価値を見いだす作風で耽美派とよばれる。代表作に『刺青』『細雪』がある。

★**芥川龍之介**　1892〜1927　大正・昭和時代の作家。新鮮な発想によって，知性的な短編小説を多く書いた。代表作に『羅生門』『蜘蛛の糸』がある。現在の代表的な文学賞である芥川賞は彼の業績を記念したもの。

▲芥川龍之介
（国立国会図書館）

山田耕筰　1886〜1965　大正・昭和時代の作曲家・指揮者。日本で最初の職業オーケストラを組織した。代表曲に『この道』『赤とんぼ』がある。

★**プロレタリア文学**　労働者や農民の生活・運動などをえがいた文学作品。大正・昭和時代はじめにさかんになった。小林多喜二の『蟹工船』に代表される。

★**関東大震災**　1923年9月1日，東京・横浜(神奈川県)を中心におこった大地震とその被害。死者・行方不明者は10万人以上に達した。混乱のなかで朝鮮人や社会主義者が暴動をおこすとのうわさが流れ，多くの朝鮮人や中国人，社会主義者などが殺された。

（共同通信社）
▲関東大震災

2.世界恐慌と日本

★世界恐慌 1929年10月のニューヨーク株式市場における株価の大暴落をきっかけに始まった，世界的な不景気と経済混乱。アメリカ合衆国は第一次世界大戦後，世界経済の中心として繁栄の頂点にあったが，株価の大暴落をきっかけに，銀行や工場がつぶれ，農産物の価格も急落し，失業者があふれた。混乱は世界中に広がり，世界恐慌となった。恐慌に対して，**アメリカはニューディール政策**，**イギリス・フラ**ンスは**ブロック経済**などの対策をとったが，植民地などが少ない**イタリア・ドイツ**などでは**ファシズム**が台頭するようになった。

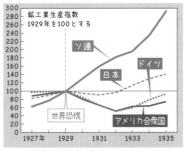
▲1929年前後の鉱工業生産指数

★★ニューディール政策 世界恐慌対策として，アメリカ合衆国の**フランクリン＝ルーズベルト（ローズベルト）大統領**が行った新規まき直しの政策。失業者を救済するため，政府が積極的にダム建設などの公共事業をおこし，農業・工業の生産調整を行い，労働者の賃金を引き上げるなどの政策を行った。

❗ 世界恐慌への各国の対策をおさえよう

1929年 世界恐慌

アメリカ合衆国の対策

公共事業をおこして
失業者を減らそう

ルーズベルト
（ローズベルト）
大統領

ニューディール政策

イギリス・フランスの対策

他国の商品に高い関税をかけ，
本国と連邦内の植民地の結びつきを強化。

ブロック経済

★**ブロック経済** 植民地など，関係の深い国や地域との間だけで貿易を行い，**他国の商品をしめ出そうとする政策**。世界恐慌対策として，多くの植民地をもつ**イギリスやフランス**が行った。

スターリン 1879～1953 ソ連の政治家。レーニン〔➡p.223〕のあとをついで，1922年ソ連の指導者となり，独裁体制をしいた。1928年から工業化と農業の集団化を強行する**「五か年計画」**を実施した。独裁政治により，多くの人々が弾圧され犠牲となった。

▲スターリン

（学研・資料課）

★**五か年計画** 1928年から実施されたソ連の計画経済。**スターリン**によって工業化と農業の集団化が強行された。この計画でソ連は**世界恐慌の影響を受けることなく**，工業国として発展した。

★**ファシズム** 民主主義や自由主義を認めない全体主義的で軍国主義的な独裁政治。1930年代，世界恐慌後の**ドイツ**や**イタリア**にみられ，日本でも軍部勢力のもとで同じような体制がとられた。

ムッソリーニ 1883～1945 イタリアの政治家。1922年に**ファシスト党**を率いて政権をにぎり，独裁政治を行った。世界恐慌で経済が行きづまると，エチオピアを侵略して併合した。第二次世界大戦中に，日本・ドイツと日独伊三国同盟を結んだ。

★**ヒトラー** 1889～1945 ドイツの政治家。世界恐慌の影響で，政治や経済が混乱するなか，**ナチス**を率いてベルサイユ条約への国民の不満をあおり，支持を広げた。1933年に政権をにぎると，翌年に総統になって独裁体制をしいた。国際連盟を脱退して再軍備を進め，1939年にポーランドに侵攻して**第二次世界大戦**を引きおこした。

★**ナチス** 国民社会主義ドイツ労働者党の通称。**ヒトラー**を党首としたドイツの政党で，ドイツ民族の優秀性を宣伝して支持を広げ，国民の不満をそらすために**ユダヤ人**〔➡p.235〕を迫害した。1933年に政権をにぎると，ほかの政党を解散させ独裁体制をとり，民主主義を否定して国の利益を優先させるファシズム国家をつくりあげた。

金融恐慌 1927年，関東大震災〔➡p.229〕後の経済の混乱で，銀行の経営状態が悪化しておこった日本の恐慌。人々は預金を引き出そうと銀行に殺到し，多くの銀行が休業・倒産に追いこまれた。

★**昭和恐慌** 1930年，世界恐慌の影響を受けておこった深刻な不況。とくに農村では，生糸の原料となるまゆをはじめ農産物の価格が暴落し，人々の生活は苦しくなった。翌年には，北海道・東北地方が大凶作となって，ききんがおこり，「娘の身売り」や「欠食児童」が社会問題となった。

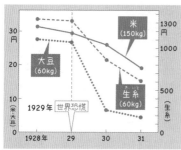

▲農産物の価格の下落

（グラフ内のラベル）
30 円
20
10
（米・大豆）
大豆（60kg）
米（150kg）
生糸（60kg）
1929年　世界恐慌
1928年　29　30　31
1300 円
1000
500
（生糸）
0

* **ロンドン海軍軍縮会議**　1930年，イギリスのロンドンで開かれた軍縮会議。日本，アメリカ合衆国，イギリスが補助艦の保有を制限する**ロンドン海軍軍縮条約**を結んだ。一部の軍人や国家主義者たちが天皇の権限（**統帥権**）を犯すとして攻撃し，条約に調印した浜口雄幸首相が右翼の青年におそわれる事件がおこった。

浜口雄幸　1870〜1931　大正・昭和時代の政治家。1929年，立憲民政党の総裁として内閣総理大臣（首相）となり，**ロンドン海軍軍縮条約**を結んだ。1930年，条約に不満をもつ右翼の青年におそわれて負傷し，翌年に死去。

* **蔣介石**　1887〜1975　中国の政治家。孫文のあと**中国国民党**〔➡p.225〕の指導者となり，1927年，南京に国民政府を樹立した。日中戦争では**中国共産党**〔➡p.225〕と協力して戦ったが，第二次世界大戦後は中国共産党との内戦に敗れ，台湾にのがれた。

関東軍　1919年に日本の権益を守ることを目的に，**満州（中国東北部）に置かれた日本の軍隊**。満州事変を引きおこすなど，しだいに政府の方針を無視するようになり，大きな権力をにぎった。

** **満州事変**　1931年9月，満州（中国東北部）にいた関東軍が奉天郊外の柳条湖で南満州鉄道の線路を爆破する事件（**柳条湖事件**）をおこし，これを中国軍のしわざとして始めた軍事行動。関東軍は政府の方針を無視して満州全域を占領し，1932年に**満州国**を建国して実質的に支配した。

▲満州事変と満州国

（地図内のラベル）
ソ連
モンゴル
中華民国
満州国
奉天
北京
朝鮮
日本
柳条湖事件
（満州事変の口火）1931年

* **満州国**　1932年3月，満州（中国東北部）に建国された国。清朝最後の皇帝**溥儀**を元首としたが，日本が政治・軍事・経済の実権をにぎっていた。日本からは，多くの農民が開拓と警備のために集団移住した。

溥儀　1906〜1967　清朝最後の皇帝。満州国が建国されると，日本の要請で満州国の執政となり，その後，皇帝となった。

** **五・一五事件**　1932年5月15日，政

党政治に不満をもつ海軍の青年将校ら
が首相官邸や警視庁などをおそい、満
州国の承認に反対したとして**犬養毅首
相を暗殺した**事件。これで、1924年
以来の**政党政治が終わった。**

犬養毅　1855〜1932　明治〜昭和時代
の政治家。**第一次護
憲運動**〔➡p.225〕では
尾崎行雄〔➡p.226〕ら

（国立国会図書館）

▲犬養毅

とともに運動の中心
となって桂太郎内閣
を総辞職させ、1924
年の**第二次護憲運動**〔➡p.227〕では護憲
勢力の一員として活躍した。1931年、
立憲政友会の総裁として内閣総理大臣
（首相）となるが、満州国の承認に反対
する態度をとったため、1932年、**五・
一五事件**で暗殺された。

リットン調査団　1932年、**満州事変**
の調査のために**国際連盟**が派遣した、
イギリスの**リットン**を団長とする調査
団。日本の軍事行動や満州国の建国は
正当なものではないと報告した。

（共同通信社）

▲リットン調査団の調査のようす

★**国際連盟脱退（日本）**　1933年、日
　本が国際連盟を脱退したこと。国際連盟

が派遣したリットン調査団の報告によ
って**国際連盟が満州国を認めず**、日本
軍の占領地からの撤兵を求める勧告が
採択された。これを不満として、日本
は国際連盟を脱退した。こののち日本
は国際的な孤立を深め、軍備拡充に力
を入れていった。

★**二・二六事件**　1936年2月26日、陸
軍の青年将校らが約1400人の兵を率
いて反乱をおこし、大臣などを殺傷し
て、東京の中心部を一時占拠した事
件。軍事政権をつくって政治改革を行
おうとしたが、結局失敗した。しかし、
**こののち軍部は政治への発言力をいっ
そう強め、**議会は無力化した。

五・一五事件で政党政治が
終わり、二・二六事件で軍部
が政治への発言力をいっそう
強めたんだって。

日独防共協定　1936年、日本がドイ
ツと結んだ協定。ソ連など共産主義勢
力に対抗するために結ばれたもので、
翌年にはイタリアも加わって日独伊防
共協定となり、日本はファシズム諸国
に近づいていった。

★**盧溝橋事件**　1937年、中国の北京郊
　ルー コウ チァオ
外の盧溝橋付近でおこった日中両国軍
の武力衝突事件。この事件をきっかけ
に、**日中戦争**が始まった。

★**日中戦争**　1937年、**盧溝橋事件**をき
　にっちゅうせんそう
っかけに始まった日本と中国の戦争。
中国国民党と中国共産党は**抗日民族統**

一戦線を結成して，日本に対抗した。戦争は長期戦となり，日本が太平洋戦争に敗れる1945年まで続いた。

★ **南京事件**　1937年，日中戦争で日本軍が首都の南京を占領したとき，女性や子どもをふくむ一般の住民や捕虜など多数の中国人を殺害した事件。南京大虐殺として国際的な非難を受けた。

抗日民族統一戦線　1937年に結成された，日本に対抗するための**中国国民党（国民政府）**と**中国共産党の協力体制**。内戦を続けていた両党は，日本の侵略に対し，協力して戦うことを決めた。

軍国主義　軍事力の強化を国の最優先とし，戦争によって国の力を示そうとする考え方。軍国主義のもとでは，軍が政治・経済・教育などのすべてを戦争のために利用する。

★ **国家総動員法**　1938年に制定された，日中戦争の継続のために**政府が必**

▲日中戦争の広がり

234

要な人員や物資を自由に動員できるようにした法律。国民や物資を議会の承認がなくても政府が動員できることになった。

★ **大政翼賛会**　1940年，ほとんどの政党・政治団体が解散してまとめられた組織。労働組合が解散してできた大日本産業報国会から**隣組**まで，さまざまな組織が国民生活を統制した。

近衛文麿　1891〜1945　昭和時代の政治家。1937年，貴族院議長を経て内閣総理大臣（首相）となった。**国家総動員法**の制定や，「挙国一致」の戦時体制をつくるための**大政翼賛会**の結成などを行った。

★ **配給制**　生活必需品を必要に応じて割りあてる制度。日中戦争の長期化で軍需品の生産が優先され，生活物資が不足したため行われた。米は**配給制**，砂糖やマッチなどは**切符制**となった。

隣組　戦争協力と国民生活の統制のための組織。10戸ほどを一つの単位として，情報の伝達や生活物資の配給などを行った。

★ **皇民化（政策）**　植民地（台湾・朝鮮）や占領地の人々を日本人に同化させようとした政策。日本語教育のほか，朝鮮では，姓名を日本式に改める「**創氏改名**」が行われた。

創氏改名　日本の皇民化政策の1つ。朝鮮人の姓名を，強制的に日本式に改めさせたこと。

3. 第二次世界大戦

★★第二次世界大戦 1939〜1945年，**枢軸国**と**連合国**との世界戦争。1939年，**ドイツのポーランド侵攻**に対してイギリス・フランスがドイツに宣戦布告して始まった。1941年には**太平洋戦争**が始まり，戦争は世界中に広がった。1943年にイタリア，1945年5月にはドイツが降伏してヨーロッパでの戦争は終わり，1945年8月には日本も降伏して終わった。

凡例：
■ 枢軸国　▨ 1942年の枢軸国側の最大支配地および占領地
□ 中立国
□ 連合国

▲第二次世界大戦中のヨーロッパ

枢軸国 第二次世界大戦で，連合国と戦った**日本・ドイツ・イタリア**などの国々。

連合国（第二次世界大戦） 第二次世界大戦で，枢軸国と戦った**アメリカ合衆国・イギリス・フランス・ソ連**などの国々。

★日独伊三国同盟 1940年，**日本・ド**イツ・イタリア**の間で結ばれた軍事同盟。防共協定での結びつきを強めるために結ばれ，アメリカ合衆国の参戦をおさえようとしたが，かえって反発をまねくこととなった。

★独ソ不可侵条約 1939年，ドイツとソ連の間で結ばれた条約。互いに侵略しないことを決めたもので，これをきっかけに**ドイツはポーランドに侵攻**し，第二次世界大戦が始まった。

レジスタンス 第二次世界大戦での**ドイツの占領政策に対する抵抗運動**。ドイツへの協力拒否や武力での抵抗を行い，とくにフランスでさかんに行われた。

ユダヤ人 ユダヤ教〔➡p.18〕を信じる人々。ドイツ人の生活が苦しいのはユダヤ人のためだとして**ナチス**〔➡p.231〕**から弾圧され**，第二次世界大戦が始まるとアウシュビッツ（ポーランド）などの**強制収容所**に収容された。約600万人のユダヤ人が殺害されたといわれる。

強制収容所 政治や軍事的な理由などにより，裁判なしで人々を無理やりとじこめた施設。第二次世界大戦中，ドイツのナチスはユダヤ人などを各地につくった強制収容所に収容し，殺害した。

アンネ＝フランク 1929〜1945 ドイツ生まれのユダヤ人。ナチスの弾圧で強制収容所に送られ，15歳で死んだ。残された『アンネの日記』は，今も世界中で読まれている。

杉原千畝（すぎはらちうね） 1900～1986　昭和時代の外交官。第二次世界大戦中，リトアニアの日本領事館で，ドイツに占領されたポーランドから逃れてきたユダヤ人らにビザ（旅行許可証）を発行して脱出を助け，多くの命を救った。

▲杉原千畝

（共同通信社）

★ **日ソ中立条約**（にっソちゅうりつじょうやく）　1941年に日本とソ連の間で結ばれた条約。北方の安全を確保した日本は，石油やゴムなどの資源を求めて南方に進出し，フランス領インドシナ南部を占領した。

チャーチル　1874～1965　イギリスの政治家。1940年に首相となり，大西洋憲章を発表した会談やヤルタ会談などで，第二次世界大戦後の世界についてアメリカ合衆国などの首脳と話し合った。

大西洋憲章（たいせいようけんしょう）　1941年，アメリカ合衆国のルーズベルト（ローズベルト）大統領とイギリスのチャーチル首相が発表した宣言。領土の不拡張・民族の自決など，第二次世界大戦後の平和構想を示したもので，**国際連合憲章**のもとにもなった。

ABCD包囲陣（網）（エービーシーディーほういじん）　アメリカ合衆国（America）・**イギリス**（Britain）・**中国**（China）・**オランダ**（Dutch）による日本に対する経済封鎖。1941年の日本によるフランス領インド

シナ南部の占領に対して，アメリカなどの4か国が，日本の南方進出（南進）を防ぐために日本への石油の輸出禁止を行った。

ABCDは，それぞれの国の英語の頭文字をとったものだよ！

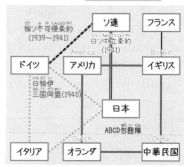

▲太平洋戦争をめぐる国際関係

★ **真珠湾攻撃**（しんじゅわんこうげき）　1941年12月8日，日本の海軍がハワイの真珠湾にあるアメリカ合衆国の海軍基地を奇襲攻撃したこと。日本の陸軍は，この攻撃とともにイギリス領マレー半島へ上陸した。こ

▲太平洋戦争

236

うして**太平洋戦争**が始まった。

★**太平洋戦争** 1941年に始まった，アジアでの日本と連合国との戦争。第二次世界大戦の一部で，**日本軍のイギリス領マレー半島への上陸とハワイの真珠湾への奇襲攻撃**で始まった。日本ははじめ有利に戦いを進めたが，1942年の**ミッドウェー海戦**に敗れてからは劣勢になり，1945年の原子爆弾の投下とソ連の参戦で**ポツダム宣言**を受け入れ，無条件降伏した。

大東亜共栄圏 太平洋戦争中に日本が唱えたスローガン。欧米の植民地支配を脱して，日本を中心にアジアにとっての共存共栄の地域をつくろうという考え。実際は，日本のアジアへの侵略を正当化しようとしたもの。

東条英機 1884〜1948 昭和時代の軍人・政治家。1941年に内閣総理大臣(首相)となって**太平洋戦争**を始めたが，戦局の悪化で1944年に退陣した。第二次世界大戦後，**極東国際軍事裁判(東京裁判)**〔➡p.239〕でＡ級戦犯(戦争犯罪人)として処刑された。

ミッドウェー海戦 1942年6月，太平洋のミッドウェー諸島近海で行われた日本とアメリカ合衆国との海戦。日本が敗れ，これをきっかけにアメリカの反撃が始まった。

★**学徒出陣** 在学中の学生が召集されて戦場に送られたこと。戦局の悪化で兵力が不足し，徴兵を猶予(延期)されて

いた文科系の学生などが，1943年から軍隊に召集されるようになった。

★**勤労動員** 中学生や女学生，未婚の女性が軍需工場などへ動員されたこと。戦争で労働力が不足し，中学生以上のほぼ全員が軍需工場や農村にかり出されて働かされた。

★**学童疎開(集団疎開)** 空襲を避けるため，都市の小学生が集団で農村などへ移住したこと。1944年から始まり，多くの小学生が親元を離れて集団生活をした。

(共同通信社)

▲学童(集団)疎開

★**空襲** 爆撃機による空からの攻撃。1944年からアメリカ軍による日本本土への空襲がはげしくなり，翌1945年3月には東京が空襲を受けた(**東京大空襲**)。

東京大空襲 1945年3月10日にアメリカ軍が行った東京への大空襲。無差別爆撃によって一夜で約10万人が犠牲となったといわれ，こののち，都市への空襲が本格的になった。

★**沖縄戦** 1945年に行われた，沖縄での日本軍とアメリカ軍との戦闘。

1945年3月，沖縄に上陸したアメリカ軍に対して，日本軍は3か月にわたって抵抗したが敗れた。戦闘は，日本が降伏したのちも，散発的に9月まで続いた。中学生や女学生までもが動員され，集団自決に追いこまれた人もいた。沖縄県民の約4分の1にあたる12万人以上が犠牲になった。

沖縄では，日本軍の組織的な戦いが終わった6月23日を「慰霊の日」としているよ！

ひめゆりの塔 沖縄戦で看護要員として動員され，犠牲となった女学生（ひめゆり学徒隊）を慰霊するために建てられた塔。最後の激戦地となった沖縄県糸満市に建てられた。

★ **ヤルタ会談** 1945年2月，**アメリカ合衆国・イギリス・ソ連**の首脳がクリミア半島のヤルタで行った会談。降伏後のドイツの管理などが決められた。ソ連が対日参戦する条件として千島列島・南樺太（サハリン）をソ連が領有する密約も結ばれた。

★ **ポツダム宣言** **日本の無条件降伏を求めた**，アメリカ合衆国・イギリス・中国の名による**共同宣言**。1945年7月，アメリカ・イギリス・ソ連の首脳がドイツのポツダムで会談して決定した。ソ連が日本と中立条約を結んでいたため，宣言はソ連のかわりに中国の名を借りて発表され，ソ連は対日参戦

後に宣言に加わった。しかし，日本ははじめこれを無視した。

★ **原子爆弾（原爆）** 核分裂によるエネルギーを利用した爆弾。アメリカ合衆国が，1945年8月6日に**広島**，9日に**長崎**に投下した。投下から数年間で，広島では20万人以上が，長崎では14万人以上の人々が生命をうばわれ，今も多くの人が後遺症に苦しんでいる。

(UPI＝共同)

▲原爆ドーム（広島県）

日本の降伏 1945年8月14日，日本が**ポツダム宣言**を受け入れ降伏したこと。国民には，翌15日に昭和天皇がラジオ放送（**玉音放送**）で知らせた。

玉音放送 1945年8月15日正午に行われた，昭和天皇が太平洋戦争における日本の降伏を国民に知らせたラジオ放送。

(共同通信社)

▲終戦の玉音放送

第6章 現代の日本と世界

1. 戦後の日本

★ **連合国軍最高司令官総司令部（GHQ）**
ポツダム宣言（→p.238）に基づいて，日本占領のために置かれた連合国軍の機関。最高司令官はアメリカ合衆国の**マッカーサー**。第二次世界大戦で連合国に降伏した日本は，アメリカ軍を主力とする連合国軍に占領された。GHQは，軍国主義を排除（非軍事化）し，民主化を進める戦後改革を，日本政府に指令を出す間接統治の方法で行った。

★ **マッカーサー** 1880〜1964 **連合国軍最高司令官総司令部（GHQ）**の最高司令官として，日本の戦後改革を進めたアメリカ合衆国の軍人。

（共同通信社）
▲マッカーサー

GHQは，日本から軍国主義を取り除くため，まず，軍隊を解散させたよ。

昭和天皇 1901〜1989 昭和時代の天皇。大日本帝国憲法では神聖な存在とされ大きな権限をもったが，敗戦後は「**人間宣言**」を行い，日本国憲法の象徴天皇制のもとで国と国民統合の象徴となった。

極東国際軍事裁判（東京裁判） 戦争を進めた，日本の軍や政府の指導者に対して連合国が行った裁判。1946年から東京で開かれ，東条英機元首相（→p.237）ら7名が「平和に対する罪」などにより死刑となった。

中国残留日本人孤児 第二次世界大戦後，中国に残された日本人移民の子ども。満州事変以降，日本から満州へ移民を送りこんでいたが，ソ連の参戦などによる混乱により肉親と生き別れとなり，中国人の養父母に育てられるなどした。

公職追放 戦争中に重要な地位にあった人（軍人など）を，公職（公務員や議員など）につかせないようにしたこと。軍国主義を排除する政策の1つ。

★ **労働組合法** 労働者の団結権などを認めた法律。1945年，GHQの民主化政

敗戦後の日本の領土
●北海道・本州・四国・九州と周辺の島々に限る
●沖縄・奄美群島，小笠原諸島→アメリカ軍が直接統治
●北方領土→ソ連が占領
●植民地はすべて失う

北方領土とは，北海道のいちばん東にある，国後島，択捉島，歯舞群島，色丹島のこと。ソ連の解体後も，ロシアに不法に占領されているんだって。

策に基づいて制定された。

★ **労働基準法** 労働条件の最低基準を定めた法律。1日8時間労働などを内容とし、1947年に制定された。

★ **財閥解体** 三井・三菱・住友・安田などの財閥を解体したこと。**経済の民主化**政策の一つ。日本経済を支配し、軍国主義を支えていた財閥が所有する株式を売り出すなどして、財閥に支配されていた企業を独立させた。

★ **農地改革** 自作農を増やし、**農村を民主化**するための改革。1946年から行われた。地主がもつ耕地を政府が強制的に買い上げて、安い値段で小作人に売りわたした。この結果、**多くの自作農が生まれ**、地主が農村を支配する力がおとろえ、農村の民主化が進んだ。

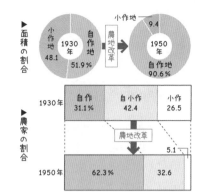

▶面積の割合

▶農家の割合

1930年	自作 31.1%	自小作 42.4	小作 26.5

農地改革

| 1950年 | 62.3% | | 32.6 | 5.1 |

▲農地改革による農村の変化

★ **自作農** 自分の土地をもち、その土地で農業を行う農民。これまで日本では地主から土地を借りて農業を行う小作人〔➡p.187〕が多かったが、**農地改革**によって、多くの自作農が生まれた。

天皇の「人間宣言」 天皇が神である

❗ **戦後のおもな改革についておさえよう**

政治の民主化
・治安維持法廃止
・女性参政権
・日本国憲法 など

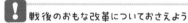

経済の民主化
・財閥解体
・農地改革
・独占禁止法
・労働組合法 など

やっと自分の農地をもてたー!

教育の民主化
・教育基本法 など

義務教育は9年間!

教育の機会は均等になり、男女も共学になったよ!

小学校6年　中学校3年　高等学校3年　大学4年

非軍事化
・軍隊の解散
・極東国際軍事裁判 など

という考え方を否定した宣言。1946年1月1日に，昭和天皇が自ら発表。

治安維持法の廃止
共産（社会）主義などを取りしまるため，1925年に制定された治安維持法〔➡p.227〕を，1945年10月に廃止。共産（社会）主義などの政治活動や言論の自由が認められた。

女性の参政権
1945年，GHQの民主化政策に基づいて選挙法が改正され，女性の参政権が認められた。1946年4月には満20歳以上の男女による初めての衆議院議員総選挙が行われ，39名の女性国会議員が誕生した。

★★日本国憲法
1946年11月3日に公布され，1947年5月3日に施行された憲法。国民主権・基本的人権の尊重・平和主義（戦争放棄）の三つを基本原理としている〔➡p.263〕。

5月3日は，憲法記念日（国民の祝日）になってるね。

★国民主権
国のあり方を最終的に決める権限（主権）を，国民がもつということ。大日本帝国憲法のもとで主権をもっていた天皇は「日本国と日本国民統合の象徴」とされた〔➡p.264〕。

★基本的人権の尊重
だれもが生まれながらにもっている，侵すことのできない永久の権利（基本的人権）を保障すること〔➡p.264〕。

大日本帝国憲法での基本的人権は「法律の範囲内」でしか認められていなかったんだよ。

★平和主義（戦争放棄）
国際紛争を解決するための手段として戦争は永久にしない（戦争放棄），そのために戦力はもたない（戦力の不保持），国家が戦争する権利（交戦権）は認めないということ。戦争を再びおこさないために，日本国憲法の前文と第9条に規定されている〔➡p.264〕。

★教育基本法
民主主義の教育の基本を示した法律。1947年に制定。教育の機会均等（すべての国民が性別や人種，社会的身分などに関係なく等しく教育を受けられる）・男女共学などを定めている。義務教育は，6年から9年に延長された。

★国際連合（国連）
1945年10月に発足した世界の平和と安全を維持するための国際機関。国際連盟が第二次世界大戦を防げなかったことを反省し，武力制裁ができるなどの強い権限をもっている。本部は，アメリカ合衆国のニューヨーク。日本は1956年に加盟し，今では，世界のほとんどの国が加盟している〔➡p.327〕。

★安全保障理事会　〔➡p.328〕

51か国で国際連合発足

平和維持の中心機関は
安全保障理事会

北大西洋条約機構(NATO) アメリカ合衆国を中心とする**資本主義陣営(西側諸国)の軍事同盟**。1949年, ソ連を中心とする社会(共産)主義陣営に対抗するために結成された。ソ連崩壊後は, 東ヨーロッパ諸国や旧ソ連圏の国々が加盟した。

ワルシャワ条約機構 ソ連を中心とする**社会(共産)主義陣営(東側諸国)の軍事同盟**。1955年, 北大西洋条約機構(NATO)に対抗して結成された。冷戦の終結後, 1991年に解体。

ソビエト連邦
アメリカ合衆国
対立 (1955年ごろ)
北大西洋
条約機構
(NATO)
ワルシャワ
条約機構

★ **冷たい戦争(冷戦)** 第二次世界大戦後の, **アメリカ合衆国中心の資本主義陣営とソ連中心の社会主義陣営の間のきびしい対立状態**。両陣営は, 直接に戦火を交えることはなかったが, 核兵器をふくむ軍備の拡張を競いあい, 世界は緊張した状態にさらされた。

冷戦の終結 〔➡p.249〕

ベルリンの壁 1961年, 東ドイツが西ベルリンを取り囲むように築いた, **冷戦を象徴する壁**。人々が東ドイツから西ドイツへ流出するのを防ぐ目的で東西ベルリンの境界に築かれ, 東ドイツ側には警備兵が配置された。1989年に取りこわされた。

鉄のカーテン ヨーロッパを分断するように引かれた, **ソ連を中心とする社会(共産)主義諸国と資本主義諸国の境界線**を, 鉄のカーテンにたとえた言葉。1946年にイギリスの元首相の**チャーチル**〔➡p.236〕が演説内で使用した。

★ **毛沢東** 1893~1976 **中国共産党の指導者**。中国国民党との内戦に勝利して, 1949年, **中華人民共和国(中国)を成立させ, 国家主席となった**。

(共同通信社)

▲毛沢東

★ **中華人民共和国(中国)** 1949年に成立した社会主義国家。**毛沢東が指導す**

! **国際連合と国際連盟のちがいをおさえよう**

国際連合(1945年設立)		国際連盟(1920年設立)
総会…多数決 安全保障理事会 …常任理事国に拒否権	議決方法 など	総会…全会一致 →議事が進まない
国連軍による武力制裁も可能	制裁方法	経済制裁のみ→紛争解決が困難

今あるのは, 国際「連合」だよ! まちがえないでね。

る**中国共産党**（➡p.225）が，中国国民党との内戦に勝利して建国。首都は北京。日本とは，1972年に**日中共同声明**（➡p.248）で国交を正常化した。

★ **大韓民国（韓国）** 1948年，**アメリカ合衆国**の援助を受け，朝鮮半島南部に成立した資本主義国。首都は**ソウル**。

日本とは，1965年に日韓基本条約（➡p.248）で国交を結んだ。

★ **朝鮮民主主義人民共和国（北朝鮮）** 1948年，**ソ連**の援助を受け，朝鮮半島北部に成立した社会主義国。首都は**平壌**。日本とは国交が結ばれていない。

南をアメリカ合衆国に，北をソ連に占領されました。

北緯38度線

北朝鮮

韓国

▲第二次世界大戦直後の朝鮮半島

★ **朝鮮戦争** 1950年，北朝鮮が北緯38度線をこえて韓国に侵攻して始まった，

韓国と北朝鮮の戦争。アメリカ合衆国を中心とする国連軍が韓国を支援すると，中国が義勇軍を送るなどして北朝鮮を支援し，戦争は長期化した。1953年，**北緯38度線**付近を軍事境界線として休戦協定が結ばれた。

警察予備隊 1950年，GHQの指令で，在日アメリカ軍が**朝鮮戦争**に出撃したあとの日本の治安を守るためとしてつくられた組織。のちに保安隊，ついで自衛隊となる。

★★ **自衛隊** 1954年に，日本の安全を守るためとしてつくられた組織。**警察予備隊**が発展し1952年につくられた保安隊をへて，自衛隊となった。陸上・海上・航空の3隊からなっている。

★ **特需景気（朝鮮特需）** 1950年に始まった**朝鮮戦争**をきっかけとしておこった日本の好景気。アメリカ軍が朝鮮戦争で必要なもの（軍需物資）を日本に注文したので，日本の産業が活気づき，好景気となった。第二次世界大戦の敗戦で落ちこんでいた**日本経済の復興**が

！ **占領政策の転換についておさえよう**

占領政策
民主化・非軍事化

背景
・冷戦の開始
・冷戦を背景とする朝鮮半島の分断
・中国で社会主義国家が成立 など

経済復興の重視
警察予備隊→自衛隊の設置 など

アメリカ合衆国は，日本を資本主義陣営の一員にしようとした。そのため，日本との講和への動きを早めたんだ。

早まった。

★サンフランシスコ平和条約

1951年、アメリカ合衆国のサンフランシスコで結ばれた、日本と連合国との第二次世界大戦の講和条約。吉田茂首相を首席全権としてアメリカ・イギリスなど48か国との間で結ばれ、1952年4月に条約が発効して日本は独立を回復した。しかし、ソ連など調印しなかった国や、中国など講和会議に招かれなかった国もあった。同じ日にアメリカとの間で、**日米安全保障条約(日米安保条約)**が結ばれた。

吉田茂 1878～1967 昭和時代の外交

[共同通信社]

▲サンフランシスコ平和条約の調印
…署名しているのが吉田茂首相

官・政治家。第二次世界大戦後、5回にわたり、内閣総理大臣(首相)として内閣を組織した。1951年には、**サンフランシスコ平和条約**を首席全権として調印した。

★日米安全保障条約(日米安保条約)

1951年、日本とアメリカ合衆国の間で結ばれた日本の安全と東アジアの平和を守るための条約。**サンフランシスコ平和条約**と同時に結ばれた。日本の独立後も引き続きアメリカ軍の駐留を認め、日本への攻撃や内乱の発生時におけるアメリカ軍の出動などを定めた。1960年の改定の際には、「**安保闘争**〔➡p.246〕」がおこった。

日米安全保障条約によって、独立後も日本国内にアメリカ軍基地が残されることになったよ。

★日ソ共同宣言 1956年、日本とソ連との間の戦争状態を終結し、国交を回

! 第二次世界大戦後のおもなできごとを確認しよう

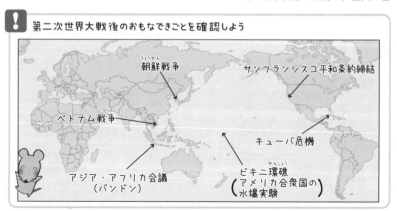

朝鮮戦争

サンフランシスコ平和条約締結

ベトナム戦争

キューバ危機

アジア・アフリカ会議
(バンドン)

ビキニ環礁
(アメリカ合衆国の
水爆実験)

復することにした宣言。これによりソ連の反対がなくなり，日本の**国際連合加盟**が実現し，日本は国際社会に復帰した。発展北方領土については意見が対立し，平和条約は結ばれなかった。

★**アジア・アフリカ会議** 1955年，インドネシアの**バンドン**で開かれたアジア・アフリカ諸国の会議。第二次世界大戦後に独立した29か国が参加して，植民地主義に反対し，**平和共存**をうったえた。**バンドン会議**ともよばれる。

キューバ危機 1962年，ソ連がキューバに建設しようとしたミサイル基地をめぐる，**アメリカ合衆国とソ連の対立**。基地の撤去を要求したアメリカが，海上封鎖を行ったことで，米ソによる核戦争の危機が高まったが，ソ連がミサイル基地を撤去したため，危機が回避された。

★**ベトナム戦争** 南北に分かれて内戦が続いていたベトナムに，1965年，南ベトナムを支援するアメリカ合衆国が軍事介入して激化した戦争。アメリカは50万人以上の大軍を送るとともに，北ベトナムを爆撃した（**北爆**）。戦争の長期化でアメリカの財政は苦しくなり，世界各地で反戦運動が高まったことなどから，1973年にアメリカは兵を引きあげた。1975年に戦争が終わり，翌年ベトナムは北ベトナムによって統一され，**ベトナム社会主義共和国**が成立した。

ヨーロッパ共同体（EC） 西ヨーロッパの経済統合をめざして，1967年に西ドイツやフランスなど6か国で発足した組織。1993年に，**ヨーロッパ連合（EU）** [➡p.250]へと発展した。

原水爆禁止運動 原水爆の禁止を求める国民運動。1954年にアメリカ合衆国が太平洋の**ビキニ環礁**で行った**水爆実験**で，日本のまぐろ漁船の**第五福竜丸**が放射線を出す灰である「死の灰」を浴びたことをきっかけに始まった。東京都の主婦が始めた原水爆の禁止を求める署名運動は全国に広がり，1955年には広島市で**第1回原水爆禁止世界大会**が開かれた。

自由民主党（自民党） 1955年，革新勢力（保守と対立する勢力。このときは日本社会党）の動きに危機感をもった**日本民主党**と**自由党**が合同してできた**保守政党**。このこのち，1993年まで，長期にわたって政権を担当した。

日本社会党（社会党） 1945年，社会主義思想をもつ政党が集まってできた**革新政党**。保守政党である自由民主党に対抗する勢力として活動した。1955年に党内の2つの勢力が統一し，野党第一党として55年体制をになった。1996年に社会民主党となった。

★**55年体制** 1955年から続いた，政権を担当する自由民主党（自民党）と，野党第一党の日本社会党（社会党）が対立する政治体制。1993年に細川護熙首相に

よる非自民連立内閣ができるまで，38年間続いた。

安保闘争　1960年に調印された，新しい**日米安全保障条約**（日米安全保障条約を改定）をめぐっておこった国民的な反対運動。条約の承認が衆議院で強行採決されると，国民の間で「民主主義を守れ」との声が高まり，大規模なデモ隊が国会を取り囲んだ。条約が発効したあと，**岸信介**内閣は退陣した。

新しい安保条約によって，アメリカ合衆国の戦争に日本が巻きこまれる危険があるとして，反対運動がおこったんだって。

★沖縄の復帰　1972年，**沖縄がアメリカ合衆国から日本に返還**されたこと。沖縄は，サンフランシスコ平和条約が結ばれたあともアメリカの統治下に置かれていた。沖縄の人々のねばり強い復帰運動によって，佐藤栄作内閣のときに日本に返還された。しかし，広大な**アメリカ**軍基地は残されたままで，今でもさまざまな問題がおきている。

佐藤栄作　1901～1975　昭和時代の政治家。内閣総理大臣を務めた。**日韓基本条約**〔➡p.248〕を結んで大韓民国（韓国）との国交を正常化させるとともに，**沖縄の日本復帰**を実現させた。

▲佐藤栄作　（学研・資料課）

佐藤栄作は，1974年にノーベル平和賞を受賞しているよ。

★★非核三原則　核兵器を「**もたず，つくらず，もちこませず**」という日本の方針。1971年，**佐藤栄作**内閣のもとで沖縄の復帰運動が進むなか，衆議院でこの原則が国の方針として決議された〔➡p.266〕。

★★高度経済成長　1950年代後半から1970年代はじめまで続いた，**日本経済**

!　沖縄島のアメリカ軍基地についておさえよう

0　20km

沖縄島

北部訓練場

キャンプ・ハンセン
名護

辺野古弾薬庫

嘉手納飛行場

キャンプ・シュワブ

普天間飛行場
うるま
沖縄
宜野湾
那覇
浦添

おもなアメリカ軍基地（2018年）

◀沖縄島のアメリカ軍基地

今でも，沖縄島の約15％がアメリカ軍基地なんだ。事故・犯罪など，多くの問題がおきているよ。

の急激な成長。経済成長率が年平均約10％の成長を続け，1968年には国民総生産（ＧＮＰ）も資本主義国でアメリカ合衆国について第2位となった。その反面，過疎・過密[➡p.56]問題や**公害問題**などさまざまな問題もおこった。高度経済成長は，1973年の第四次中東戦争をきっかけにおこった**石油危機（オイル・ショック）**で終わった。

三種の神器
1950年代半ばから1960年代半ばにかけて普及した，**白黒テレビ・電気洗濯機・電気冷蔵庫**の3種類の電化製品。1960年代半ばから1970年代半ばにかけて普及した**カラーテレビ・乗用車（カー）・クーラー**は，「新三種の神器」または頭文字をとって**3C**とよばれた。

所得倍増
1960年，**池田勇人**内閣がかかげた，1961～1970年の10年間で1人あたりの国民所得を2倍にするというスローガン。

★公害問題
企業の生産活動などによって自然環境や生活環境が悪化し，人々の健康がおびやかされること。1950年代後半からの**高度経済成長**期に行われた経済優先の生産活動により深刻となった。**水俣病・イタイイタイ病・四日市ぜんそく・新潟水俣病**の四大公害裁判[➡p.323]では，被害を受けた住民が裁判をおこし，公害を発生させた企業に勝訴した。

公害対策基本法
1967年に制定された公害対策の基本を定めた法律。企業や国，地方公共団体に公害を防ぐ責任があることを明らかにした。1993年，地球環境問題などにも対応できるようにした**環境基本法**[➡p.324]に受けつがれた。

> **公害に対する政府の対応**
> ● 1967年　公害対策基本法を制定
> ● 1971年　環境庁を設置（現在の環境省）
>
> 公害対策基本法は，1993年に環境基本法に受けつがれた。

環境庁　[➡p.324]

東京オリンピック・パラリンピック
1964年，高度経済成長のなか，東京で開かれた第18回夏季オリンピック大会。アジア初のオリンピックであった。開会の直前に東海道新幹線が開通し，高速道路も整備され，日本の戦後復興を世界に示す大会ともなった。

東海道新幹線
1964年に営業を開始した，東京～新大阪間を結ぶ新幹線。同年に開かれた東京オリンピック直前に開通した。

★石油危機（オイル・ショック）
1973年，石油価格の大はばな上昇によりおこった世界的な経済混乱。**第四次中東戦争**で，アラブの産油国が石油の値上げや輸出制限などをしたことから石油の価格が上昇し，先進（工業）国は不況となった。日本では，**高度経済成長が終わった**。

中東戦争
イスラエルとアラブ諸国と

の戦争。1948年から1973年までの間に4回にわたって戦われた。1973年の第四次中東戦争は、**石油危機（オイル・ショック）**とよばれる世界的な経済混乱を引きおこした。

パレスチナ問題　パレスチナをめぐる、**アラブ諸国とイスラエルの対立**。パレスチナは、地中海の南東岸に位置する地域。第二次世界大戦後の1948年、この地域にユダヤ人がイスラエルを建国し、それまで住んでいたアラブ人が土地を追われた。そのため、イスラエルと周辺アラブ諸国の間で紛争となり、4度の**中東戦争**がおこった。今も対立が続いている。

★ **日韓基本条約**　1965年、**日本と大韓民国（韓国）が結び国交を正常化した条約**。日本は、韓国政府が朝鮮半島のただ1つの政府であることを認めた。

★ **日中共同声明**　1972年に出され、**日本と中国との国交が正常化した声明**。日本の**田中角栄**首相が中国を訪問して調印した。日本は中華人民共和国政府が中国を代表する政府であると認め、戦争で中国国民に大きな損害をあたえたことに深い反省を表明した。

田中角栄　1918〜1993　昭和時代の政治家。1972年、**内閣総理大臣（首相）**となり、**日中共同声明**によって、中国と

（学研・資料課）

▲田中角栄

の国交回復を実現した。

1972年は、佐藤栄作内閣で沖縄の返還が実現された年でもあるよ。

★★ **日中平和友好条約**　1978年に、**日本と中国の間で結ばれた平和条約**。経済や文化の面で、日本と中国との友好関係がいっそう深まった。

ノーベル賞　ダイナマイトの発明者ノーベルの遺言により創設された賞。物理学、化学、生理学・医学、文学、平和、経済学の6部門で人類に貢献した人々に毎年与えられる。

> **おもな日本人のノーベル賞受賞者**
> ● 1949年　湯川秀樹（物理学賞）
> ● 1968年　川端康成（文学賞）
> ● 1974年　佐藤栄作（平和賞）
> ● 2002年　田中耕一（化学賞）
> ● 2012年　山中伸弥（生理学・医学賞）

湯川秀樹　1907〜1981　昭和時代の物理学者。中間子理論を発表し、1949年、日本人初の**ノーベル物理学賞**を受賞。平和運動にも積極的に参加し、核兵器の廃絶をうったえた。

川端康成　1899〜1972　大正・昭和時代の小説家。新感覚派の作家として活躍し、日本的な叙情の美しさを繊細に描いた。1968年、ノーベル文学賞を受賞。代表作に『雪国』『伊豆の踊子』がある。

黒澤明　1910〜1998　昭和時代の映画

監督。すぐれた映画作品を多く制作し，国際的な評価を受けた。1951年に「羅生門」がベネチア国際映画祭でグランプリを受賞。

手塚治虫　1928〜1989　昭和時代の漫画家。本名は治。日本におけるストーリー漫画を開拓し，日本初の本格的連続テレビアニメを制作した。代表作に「鉄腕アトム」「火の鳥」がある。

2. 現代の日本と世界

★ **ベルリンの壁の崩壊**　1989年，東ヨーロッパ諸国の民主化が進むなかで，ベルリンの壁〔➡p.242〕が取りこわされたこと。冷戦の終結を象徴するできごとで，翌年の1990年には，**東西ドイツが統一**された。

★ **冷戦の終結**　第二次世界大戦後に始ま

▲ベルリンの壁の崩壊　(Woodfin Camp/PPS通信社)

った，アメリカ合衆国とソ連を中心とした**冷戦**〔➡p.242〕が終わったこと。1989年，アメリカのブッシュ大統領とソ連のゴルバチョフ共産党書記長が，地中海の**マルタ島**で会談して冷戦の終結を宣言した。

独立国家共同体(CIS)　1991年，ソ連が解体されたのち，ソ連を構成していた共和国(ロシアを中心とした11の共和国)によって結成された国家連合。

❗ **激変したヨーロッパについておさえよう**

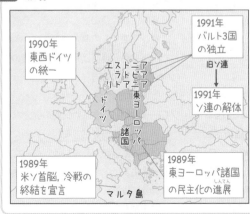

1990年
東西ドイツ
の統一

1991年
バルト3国
の独立

旧ソ連

1991年
ソ連の解体

エストニア
ラトビア
リトアニア

ドイツ

東ヨーロッパ諸国

1989年
米ソ首脳，冷戦の終結を宣言

1989年
東ヨーロッパ諸国の民主化の進展

マルタ島

1989年，東ヨーロッパでは民主化運動が高まり，共産党政権が次々とたおれた。1991年，バルト3国が分離・独立したソ連は，同じ年に，解体したんだって。

★ **主要国首脳会議(サミット)**　世界の政治・経済の諸問題を話し合うため，毎年開かれている主要8か国(G8)とEU代表による国際会議。1975年，石油危機後の世界経済について話し合うため，フランス・アメリカ合衆国・イギリス・西ドイツ(現ドイツ)・日本・イタリアの6か国がフランスで開催したのが最初。以後，カナダ，ロシアが加わりG8となった。2008年からは，中国・インド・ブラジルなどが加わった20か国(**G20**)による拡大会議も開かれている。**発展** ロシアはウクライナ問題で2014年から参加を停止されている。

★ **ヨーロッパ連合(EU)**　1993年，EC(ヨーロッパ共同体)が発展してつくられた**ヨーロッパの地域統合組織**。冷戦の終結の後，東ヨーロッパの多くの国が加盟した。加盟国の**政治的・経済的統合を目的**にし，共通通貨の**ユーロ**が導入されている。27か国が加盟(2020年現在)。

地域紛争　民族・宗教・文化などのちがいからおこる局地的な紛争。旧ユーゴスラビアやアフリカ諸国の内戦など，冷戦の終結の後も各地で続いている。紛争の解決には，**国連平和維持活動(PKO)**や，民間の**非政府組織(NGO)**〔→p.341〕が大きな役割をはたしている。

★ **平和維持活動(PKO)**　紛争の停戦合意が成立した地域での，国連の平和維持活動。停戦が守られているかの監視や，新しい国づくりのための選挙を見守るなど，さまざまな活動がある。日本は1992年に**国連平和維持活動(PKO)協力法**を制定し，それ以来，カンボジアや東ティモールなどに自衛隊を派遣している。

国連の平和維持活動はPKO，民間の非政府組織はNGO。まちがえないで！

★ **バブル経済(景気)**　1980年代末に発生した日本経済の好景気。株式と土地の価格が，泡(バブル)がふくらむように異常に高くなった。1991年に崩壊し，企業の倒産や失業者が増え，日本経済は長い**平成不況**となった。

★ **少子高齢社会**　総人口にしめる子どもの割合が低く，高齢者(65歳以上)の割合が高い社会。出生率が低下し，平均寿命がのびている近年の日本では，少子高齢化が急速に進んでいる。高齢者に対し，働く人の割合が減っているので，年金や介護など**社会保障制度の維持や，産業の衰退**などが課題となっている〔→p.323〕。

★ **グローバル化**　通信や交通の発達などによって，国境をこえて世界の国々がたがいに依存を深めている状態。**世界の一体化**。インターネットなどで情報は瞬時に世界を移動し，国境をこえる経済活動がさかんになるなど，近年グ

ローバル化が急速に進んでいる〔➡p.255〕。

> グローバル化の動きは、これからも強まっていくと考えられているよ。

日米貿易摩擦（経済摩擦）
日本とアメリカ合衆国との間の貿易をめぐる問題。カラーテレビや自動車などの輸出で、1980年代には、日本が大幅な貿易黒字となった。日本は輸出を自主規制するなどして対応したが、アメリカは、市場開放などを強くせまった。

★ 湾岸戦争
イラクがクウェートに侵攻したことで1991年におこった戦争。アメリカ合衆国を中心とする多国籍軍がイラクを攻撃し、勝利した。

南北問題
先進（工業）国と発展途上国の間の経済的格差と、そこからおこる政治的・経済的なさまざまな問題。先進（工業）国が地球の北側に多く、発展途上国が南側に多いことから、こうよばれる。近年は、発展途上国の間でも、資源をもち工業化を進めている国々と、資源をもたず工業化が進んでいない国々の格差が問題となっており、これは南南問題とよばれている。

> 南南問題は、発展途上国どうしの経済格差の問題だよ。まちがえないでね。

同時多発テロ
2001年9月11日、アメリカ合衆国で、テロリストに乗っとられた航空機が、ニューヨークの世界貿易センタービルなどに突入した事件。約3000人が犠牲となった。同年10月、テロリストをかくまっているとして、アメリカはアフガニスタンを攻撃した。

（ロイター＝共同）

▲同時多発テロ

> 同時多発テロののち、アメリカは、「テロとの戦い」を宣言したんだ。

イラク戦争
2003年、アメリカ合衆国やイギリスがイラクを攻撃し、フセイン政権を崩壊させた戦争。**発展** イラクが大量破壊兵器をかくしているという理由で攻撃したが、国連の安全保障理事会の決議なしで行われた攻撃で、大量破壊兵器も発見されなかったことから、アメリカとイギリスの攻撃を批判する声もあがった。

★ 阪神・淡路大震災
1995年1月17日、兵庫県南部を震源としておこった地震（兵庫県南部地震）とそれによる災害。

神戸市（兵庫県）を中心にマグニチュード7.3の大地震がおこり，多くの建物や高速道路がたおれ，火災もおこり，6400人以上の人々がなくなった。全国から**ボランティア**が集まって復興に協力した。

1995年は，
「ボランティア元年」と
言われているよ。

日朝平壌宣言　2002年，小泉純一郎首相が朝鮮民主主義人民共和国（北朝鮮）を訪問し，金正日国防委員長との会談で結んだ宣言。国交正常化の交渉を行うこと，核問題の国際的な合意を守ることなどを確認した。この会談で，北朝鮮は日本人を不法に拉致したことを認めて謝罪し，被害者5人とその家族の帰国が実現した。しかし，いまだ消息が明らかでない拉致被害者も数多く，拉致問題は未解決である。

世界金融危機　2008年，アメリカ合衆国の大手証券会社・投資銀行の倒産をきっかけとした世界的な金融の混乱。発展 日本でも，製造業を中心に深刻な不況となり，多くの派遣社員の解雇などの社会問題が発生した。

★★**東日本大震災**　2011年3月11日，岩手県・宮城県・福島県を中心に東日本でおこった地震とそれによる災害。宮城県沖を震源とするマグニチュード9.0の巨大地震で，同時に発生した**津波**が沿岸の市町村をおそい，死者・行方不明者は約2万人を数える大惨事となった。また，福島県の**原子力発電所**では爆発がおって放射性物質がもれだし，周辺の多くの人々が避難させられるなど，二次災害もおこっている。

アラブの春　2011年に北アフリカや中東のアラブ諸国で広がった，民主化を求める動きのこと。この動きの中で，アラブ諸国で長年続いてきた，軍や権力者などによる独裁政権が次々とたおれた。

公民

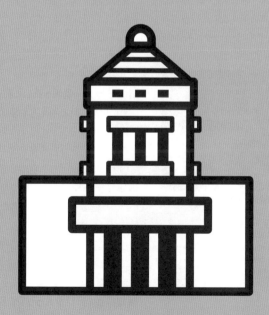

1.現代社会と私たちのくらし

高度経済成長　1950年代後半から1970年代前半にかけての，**日本経済の急速な成長**。経済成長率が年10％を超え，人々の所得も増えるとともに家庭電化製品が普及し，人々の生活様式の変化をもたらした。1968年には，**国民総生産（GNP）**〔➡p.320〕が資本主義国で世界第2位となったが，反面，各地で公害や過疎・過密などの問題もおこった。1973年の第4次中東戦争による**石油危機（オイル・ショック）**〔➡p.247〕によって高度経済成長は終わった。

▲東海道新幹線の開通（1964年）

1950年代後半に，電気洗濯機・白黒テレビ・電気冷蔵庫が「三種の神器」といわれ，その後は，カラーテレビ・自動車・クーラー（エアコン）が3Cとよばれて，人々のあこがれのまとになったんだ。

★ **情報化**　社会において情報の役割が大きくなりさまざまな影響を受けること。情報通信技術（ICT）の発達によって，短時間のうちに大量の情報が高速・広範囲に発信・入手できるようになったことで進んだ。情報が資源とみなされ，価値をもつようになった社会は**情報社会**とよばれ，情報社会では**情報リテラシー**が求められる。

インターネット　世界のコンピュータを相互に接続した国際的なネットワーク。電子メールや情報交換などさまざまに利用され，1990年代に一般の人に普及し急速に広まった。

インターネットは，アメリカが軍事目的でつくったネットワークから始まったんだって！

情報モラル　情報を正しく利用するために求められる考え方や態度。情報社会では他人のプライバシーを侵すような情報や，誤った情報を流すことのないように心がける必要がある。

情報リテラシー　大量の情報の中から自分に必要な情報を選び取り，それを使いこなす知識・能力のこと。インターネットなどで情報を得る機会が増えるとともに，この力を身につけることが大切になっている。

情報格差（デジタルデバイド〈ディバイド〉）　情報通信機器を利用でき

る人と，できない人との格差。また，その格差によって生じる経済的・社会的格差。高齢者ほどインターネット利用者が少なくなるように，年齢の違いによるほか，利用環境が都市と地方で差があることなどが原因。情報社会では，この格差が経済的格差につながることがあり社会問題にもなっている。

情報通信技術（ＩＣＴ）　インターネットや携帯電話などの情報をやり取りする技術。政府はこの情報通信技術を最大限活用するために高速通信網を整備し，いつでもどこでもだれでもネットワークが活用できる社会の実現をめざしている。**ＩＴ(情報技術)**ともいう。

ビッグデータ　インターネットやコンピュータの高速処理化など，ＩＣＴ(情報通信技術)の進展によって収集・蓄積された大量のデジタルデータ。この活用によって，利用者の要望に応じたサービスの提供や，新しい産業をつくり出そうという動きが広まっている。

ＳＮＳ（ソーシャル・ネットワーキング・サービス）　友人や知人との交流を深めたり，新しい人間関係をつくるために提供されるインターネット上のサービス。身近な情報などが得られるが，一方的でかたよったり，信頼性の低い情報が発信されることもある。Facebook（フェイスブック），Twitter(ツイッター)などが代表的。

★ **産業の空洞化**　〔➡p.69,325〕

★ **食料自給率**　国内で消費する食料のうち，**国内生産でまかなえる割合**。日本の食料自給率はカロリーベース換算で38％，穀物自給率も28％(2016年度。飼料用含む)しかなく，ほかの先進国と比べると著しく低い。食料の多くを輸入に依存する日本は，食料価格の高騰や異常気象による干ばつなどによって，いつ食料が手に入らなくなるかわからない。そのため，食料自給率を上げることが求められている〔➡p.65〕。

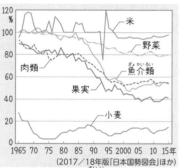

▲日本の食料自給率の推移
(2017／18年版「日本国勢図会」ほか)

★ **グローバル化**　大量の人・もの・お金・情報などが国境を越えてさかんに移動できるようになり，**世界の一体化**が進んだこと。交通・通信技術の発達や，国際的な取り決めの結果，グローバル化が進んだ。

国際化も同じような意味で使われるけれど，国際化はもともと，国と国との関係で考えることで，グローバル化は国の枠をこえて地球規模で考えることだよ。

グローバルスタンダード 特定の国や地域などに限らず，世界的に通用している標準や規格・規則。世界標準。国際標準ともいい，国際標準化機構（ISO）が工業・農業製品の規格の世界標準を決めている。

★★多文化社会（多文化共生社会）
国籍や民族，宗教などの異なる人々が，互いの個性や文化を尊重し，協力しながら共存していく社会。とくに1つの国・地域内でのこのような社会を**多文化共生社会**ともよぶ。

文化の多様性
世界には，さまざまな価値観・生活習慣・社会があることを表すことば。世界の多様な文化には優劣がなく対等であるとの考えのもと，国連教育科学文化機関（UNESCO）〔➡p.329〕は，2001年に「文化の多様性に関する世界宣言」を採択した。

> 文化の多様性に関する世界宣言
> 第1条…文化の多様性は，その交流，革新，創造性の源として，人類にとって不可欠なものである。この意味において，文化の多様性は人類共通の遺産であり，現在および将来の世代のために，その重要性が確認され，主張されなければならない。
> （部分）

異文化理解
自分（自国）の文化以外の文化に接し，その歴史や社会的背景を理解し尊重すること。多文化共生社会の実現のために求められる。

国際競争
グローバル化にともない，国際市場で世界の企業が質のよい商品をいかに安く提供できるかを競うこ

と。そのため，企業は技術革新やブランドの強化が求められている。

★貿易
国や地域の間で行われる商品の取り引き。製品や資源などを外国に売ることが**輸出**で，外国から製品や資源を買うことを**輸入**という。

国際分業
それぞれの国や地域が**得意とするものを生産**し，不足するものや外国から買った方が安いものを，**貿易によって交換し合うこと**。日本も石油や石炭などの資源を輸入し，工業製品を輸出するという国際分業によって発展してきた。

★国際協力
グローバル化が進むなかで，国境を越えて協力し助け合っていこうという考え方。地球温暖化などの環境問題や発展途上国の貧困など，地球規模の問題はその国だけでは解決することが難しいので，国際協力が重要となる。日本も先進国の責任として**政府開発援助（ODA）**〔➡p.335〕や民間による**非政府組織（NGO）**〔➡p.341〕などを通してさまざまな援助を行っている。

多国籍企業
本拠のある国のほか世界各地に拠点を設け，生産・販売までを世界的規模で行っている企業。日本ではトヨタ自動車など〔➡p.39〕。

★少子高齢化
生まれてくる**子どもの数が減り，65歳以上の高齢者の占める割合が高くなる**こと。日本では急速に進んでおり，少子高齢社会では，若い働き手が不足し，労働力不足がおこる

おそれがある。また，少ない労働力人口で多くの高齢者の生活を支えていかなければならず，その費用をまかなうために，**国民1人あたりの社会保障費**などの経済的負担が重くなる。

★ **少子化** 出生率が低下し，子どもの数が少なくなること。結婚しない人が増えたこと，結婚年齢が上昇したこと，女性の社会進出が進んで育児と仕事の両立が難しいこと，教育費の負担が大きいことなどの原因があげられる。

合計特殊出生率 1人の女性が一生のうちに生む子どもの平均人数。**発展** 日本は1.42～1.44で推移すると予測されるが，将来にわたって日本の人口を維持するためには2.07以上の出生率が必要とされている。

★ **高齢化** 65歳以上の高齢者が総人口に占める割合が高くなること。高齢化率が14％を超えた社会を高齢社会といい，日本はほかの先進国に比べて短期間で高齢社会をむかえた。

高齢化率が21％を超えた社会を超高齢社会というんだけど，日本はすでに超高齢社会になっているよ。

平均寿命 生まれたばかりの0歳児が，平均してあと何年生きられるかを示した年数。日本の平均寿命は男女とも80歳を超え，世界トップクラス。

★ **少子化社会対策基本法** 子どもを安心して生み，育てることができる社会の実現をめざすことを目的に，2003年に制定された法律。国や地方公共団体には，少子化への対策をとることを義務づけ，企業などには，出産や育児と仕事を両立できる雇用環境を整備することなどを求めている。

2.私たちの生活と文化

★ **文化** 人間が，便利で豊かな生活を求めてつくりあげてきたもの全体。**科学・芸術・宗教**などのほか，ふだんの生活のしかたやもののみかた，道徳，社会のしくみなども文化といえる。文化は，地域や国によってさまざまな違いをもつ。そのため，異なる文化の個性をたがいに尊重し合うことが大切。

●代表的な文化の領域
科学　芸術　宗教

●生活の中の文化
あいさつ　食事　道徳

日本では
おいしい料理を召し上がれ
割り込みはダメ！
フランス

★ **科学** 人々の幸福を実現するため，観察や実験によって確かめられ，積み重ねられてきた知識。科学技術の発展は人々の生活を快適で便利なものにしたが，その反面，環境破壊など負の面も

もたらした。この負の面をどのように解決していくのかが課題である。

万能細胞 体をつくるどの細胞にも変化できる細胞の一般的なよび名。自分の細胞から臓器をつくることができ、再生医療に役立つことが期待されている。山中伸弥教授が作製したiPS細胞（人工多能性幹細胞）に代表される。

[発展] 山中教授は、この業績でノーベル生理学・医学賞を受賞した。

★ **宗教** 不安や悩みを抱えた人間が、その解決を求めて神や仏など人間の力を超えた絶対的なものを信じて、それを信仰する営み。**キリスト教・イスラム教・仏教**は世界三大宗教とよばれ、国境や民族のかきねを越えて、広範囲の人々に信仰されている。

（フォト・オリジナル）
▲イスラム教徒の祈り

★ **芸術** 絵画や音楽などのように、人間がさまざまな方法で内面を表現する活動。人々は芸術作品にふれることによって、心のうるおいや安らぎを得ることができ、人生を豊かにすることができる。

伝統文化 長い歴史の中でつちかわれ、伝えられてきた文化。**茶道や華道、能や歌舞伎、落語**など一部の専門家によ

って受け継がれてきた文化のほか、庶民によって受け継がれ形づくられてきた衣食住、年中行事、冠婚葬祭（成人になったことを示す元服、婚礼、葬式、祖先を祭る祭祀の4大儀式）などの生活文化がある。

茶道　　　歌舞伎

伝統的工芸品 陶磁器、漆器、織物など昔から代々伝えられてきた技術でつくられているもの。伝統文化の1つで、おもに日常生活で用いられる実用品である〔➡p.112〕。

年中行事 毎年同じ時期に行われる伝統的な行事。日本には、節分や端午の節句、七夕など季節の変化とかかわりが深いものや、豊かな収穫や健康など、人々の願いが込められている年中行事が多い。

1月	初詣	7月	七夕
2月	節分	8月	お盆(盂蘭盆会)
3月	ひな祭り		(7月の地域もあり)
	彼岸会	9月	彼岸会
4月	花祭り	11月	七五三
5月	端午の節句	12月	大晦日

▲おもな年中行事

文化財 人間の文化活動の結集として

生み出されてきたもので，文化的価値の高いもの。**文化財保護法**（1950年制定）では，建造物や美術工芸品などのように形のある**有形文化財**と，演劇・音楽・工芸技術などのように形のない**無形文化財**のほか，民俗文化財・記念物・文化的景観・伝統的建造物群の6種類を対象としている。

★**家族** おもに夫婦や親子・兄弟・姉妹などからなり，さまざまな社会集団の中で**最も身近で基礎的な社会集団**。かつては祖父母と親・子がともに暮らす三世代家族が多かったが，高度経済成長期をさかいに，地方から都市へ移住する人が多くなり，**単独世帯**（1人世帯）や夫婦だけ，または親子だけで生活する，**核家族世帯**が増加している。

世帯とは，同じ家に住んで生計をともにしている家族のことなんだって！

★**核家族** **夫婦だけ，または親と未婚の子ども**からなる家族。日本では高度経済成長期以降に核家族化が進み，核家族の割合が約60％を占めている。近年は一人だけで生活する単独世帯（一人世帯）が増加し，家族のあり方も大きく変わってきている。

★**民法** 人々の財産や取り引きの関係，**家族関係**（婚姻・親子関係・相続）などを定めた法律。明治時代の1896年に制定され，第二次世界大戦後の1947年，日本国憲法第24条の原則（**個人の尊厳**

と両性の本質的平等）のもとに全面改正された。とくに家族関係では，それまでの封建的な古い家族制度は廃止され，相続に関しては，残された配偶者と子どもで財産を半分に分けること（均分相続）などが定められた。2018年に現在の社会にあわせた改正民法が成立した。

婚姻 法律上の手続きを経て男女が結婚すること。くわしくは，民法で定められている。2022年から施行される改正民法では，男女とも18歳になれば親の同意がなくても結婚できるようになる。

★**両性の本質的平等** 男性と女性が人間として根本的に平等であること。**憲法第24条**は，家族生活における個人の尊厳と両性の平等（夫婦間の平等）を保障している。

社会集団 人の集まり。人は**家族・学校・職場・地域社会・国家**などさまざまな社会集団に属している。だれもが1人では生きていくことはできず，これらの社会集団の一員として，互いに協力し合いながら生活し成長している。このことから，人間は**社会的存在**だといわれている。

地域社会 **地域住民が互いに協力し，支え合って生活していく社会**。近年では，個人の生活を重視する考えから，地域社会との人間的つながりは薄くなってきているが，核家族化が進み，家

族だけでは解決できないことも増えている。そのため、ふだんから地域社会との交流を深めて、住民どうしで支え合っていくことが大切である。

きまり（ルール）　前もって決められている約束ごと。学校のきまりやスポーツのルール、職場のきまりなどがあり、私たちが社会生活をトラブルなく過ごすうえで、これらのきまりを守ることが大切である。

契約　当事者どうしが、互いの権利に関して納得したうえで結ばれる約束。取り決められた約束は、守るべき義務があり、その約束を守れなかった場合には責任が問われることになる。

★★対立　ある社会集団において考え方や意見の違いが生

じ、お互いにゆずらないこと。人間には、人それぞれの個性があり、さまざまな考え方をもち利害も異なる。そのため、集団内や集団間でそれぞれの考えや要求を実現しようとすると、対立が生じることがある。

★★合意　互いの意見が一致すること。対立が生じた場合、みんなが受け入れることのできる解決策を求め

て話し合い、合意をめざす必要がある。なお、合意した場合、守る義務が生まれる。

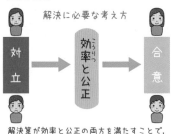

解決に必要な考え方

対立 → 効率と公正 → 合意

解決策が効率と公正の両方を満たすことで、対立が合意に導かれる。

★★公正　だれがみても公平であること。解決策を決める話し合いに、みんなが対等に参加し、参加できない人がいないようにすること（**手続きの公正さ**）や、年齢や性別、障害のあるなしなどで、特定の人が不当に扱われてはならないこと（**機会・結果の公正さ**）。

★★効率　むだを省くこと。解決策を得るためには、関係する人々が、それぞれ最大

の利益を得られるよう、時間やお金・労力などのむだが出ないようにすることが大切である。

全員一致　みんなの意見がまとまること。きまりの採決のしかたの1つ。**全会一致**ともいう。みんなが納得できる結果となるが、1人でも反対があれば合意できず、解決までに時間がかかる

ことがある。

多数決　賛成者の多いほうの意見を採
用すること。きまりの採決のしかたの
1つ。より多くの人が賛成するものを
採用する方法なので、**少数の意見が反
映されにくい。** そのため、話し合いの
際に、**少数意見も尊重すること**が大切。

話し合いで人数が多ければ、多数決のほうが効率的に決められるね。

決定のしかた	長所	短所
全員で話し合って決定	みんなの意見が反映される	決定に時間がかかることがある
複数の代表者で話し合って決定	みんなの意見がある程度反映される、全員で決めるより決定に時間がかからない	1人で決めるよりも決定に時間がかかる、みんなの意見がうまく反映されないこともある
1人で決定	決定に時間がかからない	みんなの意見が反映されない

採決のしかた	長所	短所
全員一致（全会一致）	みんなが納得する	決定に時間がかかることがある
多数決	一定の時間で決定できる	少数意見が反映されにくい

▲ものごとの決定・採決のしかた

1.人権と日本国憲法

マグナ=カルタ(大憲章)　1215年,イギリスで国王の専制を防ぐため,貴族の権利などを認めさせた文書。イギリスの立憲君主制のもとになったとされるとともに,**人権思想のめばえ**がうかがえる。

権利章典(権利の章典)　名誉革命の翌年の1689年,**イギリスで出された**法律。議会の権利を確認し,国民の自由・権利を保護したもので,イギリス議会政治の出発点となった。

★ **アメリカ独立宣言**　アメリカ独立戦争中の1776年に発表された宣言。**基本的人権**と**国民主権**を主張し,独立の正当性を述べている。独立後の1787年には,連邦制や三権分立制を採用した**アメリカ合衆国憲法**が制定された〔➡p.196〕。

人権宣言(フランス人権宣言)　1789年,フランス革命の際に,国民議会が発表した宣言。人間の**自由・平等**などの市民の権利のほか,**国民主権・権力分立**などを内容としている。**近代人権思想の基礎**となり,のちのヨーロッパ諸国の憲法に大きな影響を与えた〔➡p.197〕。

> **人権宣言**
> 第2条　政治上の結社のすべての目的は,自然で侵すことのできない権利を守ることにある。この権利とは,自由,財産,安全,および圧制(圧政)への抵抗である。

ワイマール憲法　1919年に制定されたドイツ共和国憲法の通称。**国民主権**,**普通選挙**のほか,人間らしい生活を求める権利(社会権〈**生存権**〉〔➡p.270〕)を初めて保障した憲法として,当時最も民主的な憲法とされた。

★ **大日本帝国憲法(明治憲法)**　1889(明治22)年2月11日に発布された憲法。天皇が定めた欽定憲法で,君主権の強いドイツ(プロイセン)の憲法を参考にした。国民の権利は,主権をもつ天皇から「臣民ノ権利」として「法律の範囲内」で認められたが,人権保障としては不十分だった〔➡p.213〕。

専制政治　少数の権力者が人々の意思を無視して,自分たちの考えだけで行う政治。16〜18世紀のヨーロッパなどでみられた,国王に権力が集中した**絶対王政**などがその典型。

★ **ロック**　1632〜1704イギリスの思想家。『**統治二論(市民政府二論)**』を著し,**抵抗権**を主張して名誉革命を正

▲ロック

当化した。

★ **モンテスキュー** 1689～1755 フランスの思想家。『法の精神』を著し、**三権分立**（→p.293）の理論を完成させた。

★ **ルソー** 1712～1778 フランスの思想家。『社会契約論』を著し、**社会契約説**（社会は、互いに自由・平等である個々人の約束ごとで成立するという考え）を

▲ルソー

唱え、**人民主権**（現在では国民主権とほぼ同じ意味）の考えを明らかにした。のちのフランス革命に大きな影響を与えた。

憲法 国の組織や運営の方法などの基本的なあり方を定めた**最高法規**。憲法に反する法律・命令は効力をもたない。

立憲主義（立憲政治） どのような政治も、憲法に基づいて行われなければならないとする原則。憲法は、国家権力を制限し、人権を守り保障する性格をもつが、こうした憲法を基礎にして行われる政治のあり方を**立憲政治**という。

法の支配 国の権力を、国民の代表である議会が定める法によって制限し、

▲人の支配と法の支配

国民の権利を守ろうとする考え。絶対王政時代の、国王などによる「人の支配」に代わるもの。

★ **最高法規** すべての法律や命令の中で最も上位にある法。憲法は、すべての法の中で最上位の法であり、法の法としての性格をもつ。そのため、憲法に反するすべての法律や命令などは無効となる。

▲法の構成

★★ **日本国憲法** 1946年11月3日公布、翌年5月3日から施行された現在の日本の憲法。**ポツダム宣言**（→p.238）に基づき、大日本帝国憲法を改正する形をとったが、天皇主権から**国民主権**にな

るなど，国民が定めた**民定憲法**で，実質的にはまったく新しい憲法といえる。**国民主権**（天皇は**象徴**），**基本的人権の尊重**，**平和主義**（**戦争の放棄**）の３つを基本原理とし，基本的人権の保障を強化しているのが特色。

憲法の改正　憲法は国の最高法規であるため，改正には厳格な手続きが定められている。日本国憲法第96条で，改正原案は国会が発議し，**国民投票で過半数の賛成**が必要とされている。

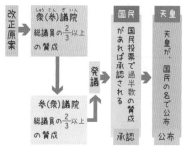

▲憲法改正の手続き

国民投票法　憲法改正に必要な国民投票に関する具体的な手続きを定めた法律。国民投票は改正発議の日から60日〜180日の間，投票権は満18歳以上などが定められている。**発展**これに合わせて，選挙権も満18歳以上に引き下げられた。

★国民主権　国の政治のあり方を最終的に決める権限（主権）が国民にあること（**主権在民**ともいう）。日本国憲法の基本原理の１つで，憲法の前文，第１条などに定められている。

★★基本的人権の尊重　日本国憲法の基本原理の１つ。基本的人権とは，人が生まれながらにしてもっている権利のこと。日本国憲法は，自由権・平等権・社会権などの基本的人権を，**侵すことのできない永久の権利**として保障している。

個人の尊重　１人ひとりの個性を尊重し，敬う気持ちをもって人間らしくあつかうという原理。日本国憲法第13条に定められており，人権の保障は，この原理に基づいている。

★平和主義　国際協調によって，永続的な国際平和を求めていこうとする考え方。日本国憲法の基本原理の１つで，憲法は，**前文で国際協調主義**を宣言し，**第９条で戦争の放棄，戦力の不保持，交戦権の否認**を定めている。

天皇　日本国憲法で，主権をもつ国民の総意に基づいて「**日本国と日本国民統合の象徴**」と位置づけられている地位。国の政治についての権限をもたず，憲法に定められた形式的・儀礼的な**国事行為**のみを行う。国事行為のほか，親善のための外国訪問や国内の被災地訪問などの公的活動も行っている。

★象徴　抽象的なものを具体的な形で表したもの。日本国憲法は，第１条で「天皇は，日本国の象徴であり日本国民統合の象徴であって，この地位は，主権の存する日本国民の総意に基く。」と定めている（象徴天皇制）。

★★ **国事行為** 内閣総理大臣の任命や衆議院の解散など，日本国憲法に定められた**天皇**が行う形式的・儀礼的な行為。天皇の国事行為には，**内閣の助言と承認**が必要で，**内閣**がその責任を負う。

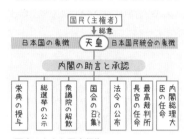

▲天皇のおもな国事行為

★★ **憲法第9条** 平和主義を具体的に定めた条文。国の権限としての戦争や，武力によるおどしや武力の行使は，国際紛争を解決する手段としては永久に放棄する（**戦争の放棄**），陸海空軍などの戦力はもたない（**戦力の不保持**），国が他国と戦いをする権利を認めない（**交戦権の否認**）などを定めている。

> **日本国憲法第9条**
> ①日本国民は，正義と秩序を基調とする国際平和を誠実に希求し，国権の発動たる戦争と，武力による威嚇又は武力の行使は，国際紛争を解決する手段としては，永久にこれを放棄する。
> ②前項の目的を達するため，陸海空軍その他の戦力は，これを保持しない。国の交戦権は，これを認めない。

★★ **日米安全保障条約（日米安保条約）**
1951年，サンフランシスコ平和条約の調印と同時に，日米間で結ばれた条約。日本の衛と東アジアの平和と安全のため，アメリカ軍の日本駐留などを認めている。1960年に内容の強化などを目的に改正されたが，このとき，国民的規模での反対運動（**安保闘争**〔➡p.246〕）がおこった。

自衛隊 日本の平和と独立を守り，安全を保つためつくられた防衛組織。1954年，防衛庁設置にともなって発足し，陸上・海上・航空の3部隊からなる。内閣総理大臣が最高指揮権をもち，防衛大臣が統括している（**文民統制**）。近年は日本の防衛だけでなく，国連の**平和維持活動（PKO）**〔➡p.330〕などにも参加している。

憲法と自衛隊 自衛隊が，日本国憲法第9条の戦力にあたるのかどうか，長い間論争がある。これまでの政府は，「主権国家には**自衛権**があり，日本国憲法は，自衛のための必要最小限度の実力をもつことは禁止していない」と説明している。しかし，自衛隊は「必要最小限度の実力を超えている」とし，憲法に違反するという意見もある。

自衛権 他国からの侵略に対して，自国を防衛するために，国が必要最小限度の実力を行使する権利。国際法上の権利の1つ。

集団的自衛権 ある国が武力攻撃を受けたとき，**その国と密接な関係にある国がともに防衛にあたる権利**。自衛権の一種で，国連憲章で加盟国に認められている。政府は憲法との関係で集団

的自衛権は行使できないとしてきたが，2014年に「限定的な行使は可能」と解釈を変えた。

核兵器 原子の核分裂などの核反応で生じるエネルギーを利用した兵器。通常の兵器と異なり，一度使用されると，人類が絶滅する危険があるといわれる。1945年，広島，長崎に投下された原子爆弾(➡p.238)も核兵器の1つ。

★**非核三原則** 日本が掲げる，核兵器を「持たず，つくらず，持ちこませず」という原則。1967年，佐藤栄作首相が表明し，1971年，国会で決議された。

文民統制(シビリアン・コントロール) 文民(職業軍人の経歴をもたない人)が軍隊の指揮権をもつという，民主政治の原則。自衛隊は，文民である内閣総理大臣と防衛大臣が指揮し，国会が自衛隊の定員や組織を，法律や予算で決定するしくみがとられている。

2.基本的人権の尊重

基本的人権 すべての人が生まれながらにもっている，人間としての基本的な権利。単に人権ということもある。日本国憲法では「基本的人権の尊重」を基本原理の1つとし，「侵すことのできない永久の権利」として平等権・自由権・社会権などを保障している。

平等権 差別を受けずに，だれもが平等な扱いを受ける権利。日本国憲法第13条は，「すべて国民は，個人として尊重される」として，国民はすべて平等に扱われると定めている。

★**法の下の平等** すべての人は，法的に平等に扱わなければならないとする人間平等の原則。日本国憲法第14条に定められている。

日本国憲法第14条
①すべて国民は，法の下に平等であって，人種，信条，性別，社会的身分又は門地により，政治的，経済的又は社会的関係において，差別されない。

両性の本質的平等 [➡p.259]

★**男女雇用機会均等法** 雇用において，採用や昇進などに関して男女を平等に扱うように求めた法律。1985年に定められ，その後何度か改正されており，性別を理由にした不利益扱いの禁止，またそれを理由とした嫌がらせや，事業者にセクシュアル・ハラスメント(性的いやがらせ)を防止するための配慮を義務づけるなど強化された。

★**男女共同参画社会** 男女が社会の対等な構成員として，政治や経済，社会などあらゆる分野で責任を担い協力する社会。実現には，性別による固定的な役割分担の考えを改めることが必要である。

★**男女共同参画社会基本法** 男女が社会のあらゆる活動に対等な立場で参加し，責任と理解を分かち合う社会をめざすために1999年に定められた法

律。男女共同参画社会の実現に向け，国や地方公共団体，国民の果たすべき役割を定めている。

育児・介護休業法 〔➡p.317〕

人権教育・啓発推進法 差別の解消を目的に2000年に制定された法律。国・地方公共団体に人権教育及び人権啓発のための政策の実施を，国民には人権尊重の精神を養うことを求めている。

部落差別 被差別部落の出身者に対する差別で，**同和問題**ともいう。明治時代の「**解放令**」〔➡p.206〕で制度上の身分は廃止されたが，政府が差別解消のための政策をほとんどとらなかったため，差別は根強く残った。1965年，政府は「部落差別をなくすことは国の責務であり，国民的課題である」と宣言し，人々の生活の改善をはかる事業などが進められた。

アイヌ民族 北海道，樺太(サハリン)，千島列島を中心に，独自の言葉や文化をもって生活してきた**先住民族**。明治政府により土地を奪われ，同化(「日本人」化)を強制された。国連で採択された「先住民の権利に関する国際連合宣言」を受けて，2008年，「アイヌ民族は先住民族である」とする決議が国会で採択された。

アイヌ文化振興法 1997年，アイヌ文化を振興し，アイヌの伝統を尊重することを求めて定められた法律。

在日韓国・朝鮮人 日本に定住する**韓国・朝鮮籍の人々**。植民地時代の朝鮮半島から強制的に日本に連れてこられた人たちとその子孫もおり，50万人以上が日本に暮らす。さまざまな分野で活躍しているが，結婚や就職などでの差別が残っている。また，日本国籍がないため，選挙権や公務員になることが制限されている。

共生社会 1人ひとりが，互いに生活や考え方などが違うことを認めたうえで，差別や偏見をもたず，互いを尊重し助け合って自分らしく生きていく社会。

★バリアフリー 障壁，障害となるもの(バリア)がない(フリー)といった意味で，障害のある人や高齢者が社会の中で安全，

▲車いす用のエレベーター

快適に生活できるように，**社会的，制度的，心理的なバリアを取り除こう**とする考え方。

ノーマライゼーション 障害のある人，ない人が分けへだてられることなく，**すべての人が普通の社会生活を送る**ことができる環境を実現しようとする考え方。

★ユニバーサルデザイン 年齢や性別，障害のあるなしに関係なく，**だれもが使いやすい施設・製品・環境づくり**が重要だとする考え方。

▲ユニバーサルデザインの例…牛乳とそれ以外の飲料の区別がつくように、切り込みが入っている。目の不自由な人でもわかる工夫だが、暗い場所で区別するときにも便利。

マークでの案内標識もユニバーサルデザインの1つだよ。

障害者雇用促進法　1960年、国や地方公共団体、企業への障害者の雇用義務を定めるなど、**障害のある人の雇用の促進と自立支援**などを目的に制定された法律。2016年の改正では雇用にあたって障害を理由とする差別的取扱いを禁止し、働く上での支障を改善すること（例えば車いすに合わせて作業台の高さを調整すること）などが義務づけられた。

セクシュアル・ハラスメント（セクハラ）職場などでの**性的ないやがらせ**のことで、相手の意に反する性的な言動。男性から女性へのものだけではなく、女性から男性や同性間のいやがらせも含まれる。

ＬＧＢＴ　レズビアン（女性同性愛者）、ゲイ（男性同性愛者）、バイセクシュアル（両性愛者）、トランスジェンダー（性同一性障害）など、心と体の性が一致しな

い人）の英語の頭文字をとったもの。国際連合の決議に基づいて先進国の多くではＬＧＢＴへの差別を禁止した法律が制定されているが、日本ではまだ法整備が進んでいない。

障害者基本法　1993年、障害者の自立や社会参加を進めるため、心身障害者対策基本法を改正して制定された法律。2011年には、国連の「障害者権利条約（2006年採択）」の考えに合わせて改正され、障害者の定義が拡大されて性同一性障害者なども法律の対象となった。

障害者差別解消法　障害のある人もない人も互いの人格と個性を認め、ともに生きる社会をめざして、2013年に制定された法律。障害に応じてわかりやすい表現での説明など、「合理的な配慮の提供」を国や地方公共団体、事業者（会社）などに求めている。

★★**自由権**　国から制約を受けずに、**自由に行動する権利**。人が人として生きていくためには、どのような権力からも干渉を受けることがあってはならない。そのため、日本国憲法は、**精神の自由**、**身体の自由**、**経済活動の自由**を保障している。自由権は、最も古くから認められてきた基本的人権であり、人権保障の中心である。

★**精神（精神活動）の自由**　自由にものを考えたり、意見を発表したりする自由。

●**思想・良心の自由**…個人がどのような

268

考えをもち，また良心に従ったどのような道徳的判断をするのも自由である。

●**信教の自由**…どのような宗教を信仰するか，また宗教を信仰するかどうかは自由に決められる。

●**集会・結社の自由**…共通の目的のもとに多数の人が集まったり，組織をつくったりすることは自由にできる。

●**表現の自由**…言論や出版によって，自分の考えを自由に表現できる。

●**学問の自由**…学問や研究は自由に行うことができる。

！ 精神の自由の種類をおさえよう

思想・良心の自由 / **信教の自由**

私はこう考えます。

ぼくの考えは違うな。

どんな宗教を信仰してもよく，またどんな宗教も信仰しなくてもよい。

集会・結社・表現の自由 / **学問の自由**

けしからん本だ。発行禁止！

表現の自由を奪うのですか？

学問や研究は自由に行うことができる。

政教分離（の原則） 国や地方公共団体が特定の宗教を支援したり宗教的な活動を行ってはならないという原則。戦前の国家神道の体制を反省し，信教の自由を守るための原則。

★ **身体（生命・身体）の自由** 正当な理由

がなければ，**身体を拘束されない自由**のこと。

●**奴隷的拘束・苦役からの自由**…犯罪で処罰される場合を除き，本人の意志に反する肉体的，精神的に苦しい労働を強いられない。

●**法定手続きの保障**…法律に定める手続きによらなければ，生命や自由を奪われたり，刑罰を科されることはない。

●**不当な逮捕からの自由**…現行犯を除いて，裁判官の令状がなければ逮捕されず，正当な理由がなければ自由を奪われて拘束されることはない。

！ 身体の自由の種類をおさえよう

奴隷的拘束および苦役からの自由 / **逮捕・拘禁などに対する保障**

もっと働かんか！

あやしいから逮捕する！

苦役とは肉体的・精神的な苦痛を受ける労働のことをいう。

逮捕令状がなければ逮捕できないはずです！

★ **経済活動の自由** 住居・職業を選んだり，自分の財産を利用したりするなど，経済活動を自由に行う自由。

●**居住・移転の自由**…好きな場所に住んだり，移動したりする自由。

●**職業選択の自由**…自由に好きな職業を選ぶ自由。

●**財産権の保障**…お金や土地などの財産をもち，それを自由に処分できる権利（財産権）は，他人や国に侵されない。

269

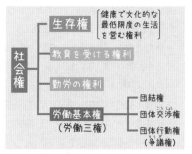

▲日本国憲法が保障する社会権

> 日本国憲法第25条
> ①すべて国民は，健康で文化的な最低限度の生活を営む権利を有する。
> ②国は，すべての生活部面について，社会福祉，社会保障及び公衆衛生の向上及び増進に努めなければならない。

経済活動の自由の制限

経済活動の自由は，「**公共の福祉**」の観点から，国によって制限を受けることがある。制限がないと，経済的に強い者が弱い者の生活をおびやかすおそれがあるため，身体の自由や精神の自由に比べて法律で広く制限されている。

★ 社会権

人間らしい生活の保障を国に要求する権利。資本主義の発達で富める者と貧しい者との差が拡大したため，人々の間に人間らしい生活の保障を要求する声が高まり，社会権が登場した。1919年に制定されたドイツの**ワイマール憲法**〔→p.262〕で最初に保障された。そのため社会権は，**20世紀の権利**ともいわれる。

★ 生存権

健康で文化的な最低限度の生活を営む権利。日本国憲法**第25条**に定められている。最低限度の生活ができない人々には，国が保障する責任があるため，**生活保護**などの**社会保障制度**〔→p.322〕が整えられている。

教育を受ける権利

自分の能力に応じて，ひとしく教育を受ける権利。人間らしく生きるためには，教育によって知識や能力を身につける必要がある。そこで日本国憲法第26条では，教育を受ける権利を保障し，**義務教育を無償**とすることを定めている。

教育基本法

日本国憲法に基づいて，教育の目的を示し，戦後日本の教育の確立をめざして，1947年に制定された法律。**教育の基本的なあり方**を定める。教育の機会均等，義務教育，男女共学などを定めている。2006年，生涯教育の理念や障害者に対する教育の機会均等などが加えられて，全面改正された。

★ 勤労の権利

働く意思と能力をもつ者

が，国に対して働く機会が得られるように要求する権利。日本国憲法第27条では，働くことによって安定した生活が営めるように，この権利を保障している。

★★ **労働基本権（労働三権）** 労働者に認められた3つの権利。労働者は，一般的に使用者よりも弱い立場にあるため，このような権利が認められている。

- **団結権**…労働者が**労働組合を結成**したり組合に加入したりする権利。
- **団体交渉権**…労働者が労働組合などを通じて，使用者側と賃金などの**労働条件などについて交渉する権利。**
- **団体行動権（争議権）**…労働者が，要求を通すためにストライキなどの争議行為を行う権利。

! 労働基本権をおさえよう

団結権 労働者に認められている3つの権利。
団体行動権（争議権）
団体交渉権

★★ **参政権** 国民が直接，または，代表者を通して間接的に政治に参加する権利。**選挙権・被選挙権**（選挙に立候補する権利）のほか，最高裁判所裁判官に対する**国民審査権**，地方公共団体の住民が首長（知事や市〈区〉町村長）や地方

議会の議員の解職などを求める権利（**直接請求権**〔➡p.297〕），**憲法改正の国民投票権**，地方自治の特別法の**住民投票権**などがある。

- 公務員の選定・罷免権
- 選挙権
- 被選挙権
- 最高裁判所裁判官の国民審査権
- 地方自治の特別法の住民投票権
- 憲法改正の国民投票権

★ **選挙権・被選挙権** 選挙権とは，国民が代表者を**選挙する権利**で，満18歳以上のすべての日本国民に認められている。被選挙権とは，代表者として国民に**選挙される資格（権利）**。信条や性別などで差別されず，等しく与えられる。

外国人参政権 居住している国の国籍をもっていない外国人に与えられる参政権。日本では認められていないが，ヨーロッパでは一定の条件を満たせば地方選挙の選挙権を認めている国が多い。

請願権 国や地方公共団体に自分たちの要望を述べる権利。日本国憲法第16条に規定され，一般に参政権の1つとされる。

★ **請求権** 基本的人権が侵されたとき，その救済を求める権利。**裁判を受ける権利**，**国家賠償請求権**，**刑事補償請求権**などがある。

★ **裁判を受ける権利（裁判請求権）** 人権が侵害されたとき，または犯罪の疑いをかけられて起訴〔➡p.291〕されたときに，

裁判所で公平で迅速な裁判を受けることができる権利。請求権の1つ。

国家賠償請求権

公務員の法律に違反する行為で損害を受けたときは，その損害を金銭におきかえて，国や地方公共団体に請求できる権利。

刑事補償請求権
抑留や拘禁（一定の間，身体を拘束すること）されたあと，刑事裁判で無罪の判決を受けた場合に，国に対して，受けた損害の補償を金銭におきかえて，請求できる権利。

★★公共の福祉
社会全体の共通の利益。人権の衝突を調整して，みんなの幸福を実現させるための原理で，日本国憲法第12条は，**自由や権利を「濫用」して**（むやみに使って）**はならず**，「常に公共の福祉のためにこれを利用する責任」があると定めている。何が「公共の福祉」にあたるかは，慎重に判断することが求められる。

表現の自由	他人の名誉を傷つける行為の禁止(刑法)
	わいせつ物の流布・販売・陳列の禁止(刑法)
経済活動の自由	企業の価格・生産量などの協定の禁止(独占禁止法)
	資格をもたない者の営業禁止(医師法など)
労働基本権	公務員のストライキの禁止(国家公務員法，地方公務員法)
財産権の保障	不備な建築の禁止(建築基準法)

▲公共の福祉に基づく人権の制限の例

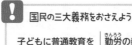

国民の三大義務をおさえよう

子どもに普通教育を受けさせる義務

勤労の義務（能力に応じて働く義務）

納税の義務（税金を納める義務）

★国民の義務
憲法によってさまざまな権利を保障されている国民が，国民として果たすべき義務。憲法には，**普通教育を受けさせる義務**，**勤労の義務**，**納税の義務**の3つを定めている（三大義務）。なお，教育と勤労は義務であると同時に権利でもある。

普通教育を受けさせる義務
国民の三大義務の1つ。子どもを育てているすべての国民は，その**子どもに普通教育**（小学校・中学校の教育）**を受けさせる義務**を負う。

勤労の義務
国民の三大義務の1つ。働く能力のある者は，すべてその能力に応じて**働く義務**を負う。

納税の義務
国民の三大義務の1つ。国民は，国や地方公共団体に**税金**（租税）**を納める義務**を負う。日本に住む外国人も，原則として納税の義務を負う。

★新しい人権
日本国憲法に明確に規定されていないが，社会の変化にともなって，新しく主張されるようになった人権。**環境権**，**知る権利**，**プライバシーの権利**などがある。

幸福追求権
日本国憲法第13条に規定されている，幸福な暮らしを求める権利。環境権やプライバシーの権利など，新しい人権の根拠の1つになる権利とされている。

★環境権
健康で快適な**人間らしい生活ができる環境を求める権利**。日本国憲法第25条に定める生存権，第13条に定める幸福追求権などをもとに保障されるべきだと考えられている権利。これを受けて，**環境基本法**〔➡p.324〕が定められ，環境に配慮した社会をつくることを国や地方公共団体，企業に求めている。

日照権
住居に日当たりの確保を求める権利で，環境権の1つ。健康で快適な生活を営むためにも太陽の光は必要。

▲日照権（環境権の1つ）に配慮したビル

マンションが上に行くほどせまくなっているね！

環境アセスメント（環境影響評価）
環境に大きな影響を与えるおそれのある大規模な開発を行う場合に，開発する業者がその**影響を事前に調査・予測・評価すること**。業者は，これを公表して地域住民や関係者の意見を求め，環境を守るため必要な対策をとる必要がある。1997年，国は環境悪化の防止をはかることを目的に，**環境影響評価法**を制定した。

肖像権
自分の顔や姿を無断で写真や映像などに撮影されたり，公表されたりすることを拒む権利。

知的財産権
人の知的な創作活動から生み出されるものに対する権利。文章や音楽などの著作物，特許，商品名などの商標，デザイン（意匠）などで，情報化の進展とともにその保護の必要性が増している。

★知る権利
国や地方公共団体がもつ**情報の公開を求める権利**。情報化が進む中で，国民が政治に関して正しい判断を下すためには，さまざまな情報を入手する必要がある。そのために主張されるようになった。

情報公開制度
知る権利に基づいて，国や地方公共団体などが保有している記録・資料などの情報を，国民の求め

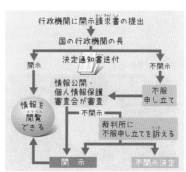

▲国の情報公開制度のしくみ

273

に応じて公開する制度。地方公共団体では1980年代から条例などで実施されていたが，1999年には国の行政を対象とした**情報公開法**が制定された。

★ **プライバシーの権利** 個人の私生活や情報をみだりに公開されない権利。
情報化の進展で，個人の名前，住所などの情報が知らない間に流出し，悪用されることがある。そのため，国は**個人情報保護法**を，地方公共団体では条例を制定して，個人情報の保護を進めている。

個人情報保護法 個人情報の流用や悪用を防ぐため，2003年に制定された法律。国や地方公共団体，民間企業に対して保有する個人情報を慎重に管理することを義務づけた。2017年に改正・施行され，個人情報を活用できるようにするため，個人を特定できないようにすれば，外部への情報の提供が可能になった。

★ **自己決定権** 個人が自分の**生き方や生活などについて，自ら自由に決定する権利**。尊厳死の選択，臓器移植の臓器提供意思表示カード（ドナーカード）も，臓器提供者の自己決定権を尊重したものである。

《 1．2．3．いずれかの番号を○で囲んでください。》
1．私は，脳死後及び心臓が停止した死後のいずれでも，移植の為に臓器を提供します。
2．私は，心臓が停止した死後に限り，移植の為に臓器を提供します。
3．私は，臓器を提供しません。
《1又は2を選んだ方で，提供したくない臓器があれば，×をつけてください。》
【 心臓・肺・肝臓・腎臓・膵臓・小腸・眼球 】
〔特記欄：　　　　　　　　　　　　　　　　　　〕
署名年月日：　　　　年　　　　月　　　　日
本人署名（自筆）：＿＿＿＿＿＿＿＿＿＿＿＿＿
家族署名（自筆）：＿＿＿＿＿＿＿＿＿＿＿＿＿

▲ドナーカード…脳死判定後の臓器移植の意思を表示したカード。

インフォームド・コンセント 医療行為にあたって，**医師から十分な説明や情報を得て同意する権利**。これによって，患者は納得した上で治療法などを自ら選ぶことができる。医療における自己決定権を尊重するものとして普及しつつある。

尊厳死 治療困難な病気などで死期をむかえたとき，延命治療を断り，自らの意思で死をむかえること。発展 日本では尊厳死は認められていないが，認めるためのルールを法律で定めるべきではないか，という意見もある。

★★ **世界人権宣言** 1948年，国連総会で採択された，**基本的人権の国際的な**

世界人権宣言（一部抜粋）

1．すべての人は，生まれながらに自由で，尊厳と権利について平等である。

2．すべての人は，人種，皮膚の色，性別，言語などによる差別を受けることなしに，この宣言に掲げる権利と自由を享有できる。

3．すべての人は，生命，自由及び身体の安全に対する権利を有す。

模範を示した宣言。この宣言は，法的拘束力をもたないが，人権の確立について世界の共通基準を示したものとして重要である。

★ **国際人権規約**　世界人権宣言に法的拘束力をもたせるため，1966年の国連総会で採択された条約。経済的，社会的，文化的権利に関するＡ規約と，市民的，政治的権利に関するＢ規約からなっている。日本は1979年に批准した。

人種差別撤廃条約　1965年，国連総会で採択された，人種や皮膚の色などに基づく**あらゆる差別を禁止**した条約。各国には，差別をなくすための必要な対策を義務づけている。日本は1995年に批准した。

女子差別撤廃条約　政治，経済，社会などの分野での，あらゆる形の男女差別の撤廃を求めた条約。1979年の国連総会で採択され，日本は1985年に批准したが，批准にあたり**男女雇用機会均等法**〔➡p.266〕などを定めた。

★ **子どもの権利条約（児童の権利に関する条約）**　1989年の国連総会で採択された，**子どもの人権の国際的な保障と保護**を目的とした条約。18歳未満の子どもに対する差別の禁止，子どもの意見表明権の保障などを内容とし，日本は1994年に批准した。

難民の地位に関する条約（難民条約）　1951年，国際連合で採択された，難民の人権保護と難民問題を解決するための条約。条約に基づいて**国連難民高等弁務官事務所（ＵＮＨＣＲ）**〔➡p.333〕が設置され，難民保護のための活動を行っている。

第3章 現代の民主政治と社会

1.現代の民主政治

政治 人々の利益や考え方の違いによる、対立や争いを解消するための**きまり（ルール）**〔➡p.260〕を定めて解決に導くはたらき。一般には、国や地方公共団体のはたらきをさす。

独裁政治 1人あるいは少数の人や集団が、一方的にものごとを決めていく政治。ドイツのヒトラー〔➡p.231〕による政治がその例である。

★ **民主主義** みんなで話し合い、ものごとを決めようとする考え方。この考え方のもとで行われる政治を**民主政治**といい、世界の多くの国で行われている。

> アメリカ、リンカンの「人民の、人民による、人民のための政治」は民主主義の理念を表したものとして有名だよ。

★ **間接民主制（議会制民主主義，代議制）**
国民が代表者（議員）を選挙で選び、代表者が集まった議会でものごとを決めていく政治のしくみ。世界の多くの国で行われている。

直接民主制 国民が直接政治に参加するしくみ。現在でもスイスの州民集会などが行われている。民主政治の理想だが、国土の広さ、人口の多さなどか

ら現実には不可能で、現代では**間接民主制**が一般的。

多数決の原理 話し合っても意見が一致しなかった場合、最後は最も多数の意見を採用して決めること。このとき、少数の反対の意見をもつ人も、多数の意見に従うことになるので、決める前に少数の意見もできるだけ尊重することが重要である（**少数意見の尊重**）。

選挙 選挙権をもつ人（有権者）が、国会議員や地方公共団体の首長や議員を投票で選ぶこと。選挙は、**普通・平等・直接・秘密**の4原則のもとで行われている。

普通選挙 選挙の4原則の1つ。一定の年齢に達した**すべての国民に選挙権・被選挙権**を認める選挙。日本では2016年から選挙権年齢が満20歳以上から満18歳以上に引き下げられた。

平等選挙 選挙の4原則の1つ。**1人1票**で、投票の価値をすべて等しくする選挙〔➡p.278：1票の格差〕。

直接選挙 選挙の4原則の1つ。選挙人（投票する人）が**候補者**に対して**直接投票**する選挙。

> アメリカの大統領選挙では、有権者が選んだ大統領選挙人が大統領を選挙する、間接選挙が採用されているよ。

秘密選挙 選挙の4原則の1つ。どの政党や候補者に投票したのか知られないように，投票用紙に**投票者の氏名を書かない(無記名)**で投票する選挙。

選挙の4原則をおさえよう

普通選挙 一定年齢以上のすべての人が選挙権をもつ。
昔は納税額などによって選挙権が制限されていたのだ。

秘密選挙 無記名で投票する。
自分の名前は書かなくていいの？

平等選挙 1人が1票をもつ。
当選してほしいから10票投票するぞ。

直接選挙 直接，候補者に投票する。
○○候補者に1票。

公職選挙法 選挙のしくみをくわしく規定して，1950年に定められた法律。選挙権，被選挙権，選挙に関する手続きなどが定められている。発展選挙運動の責任者が悪質な違反をしたときは，候補者本人が違反と無関係でも当選が無効になる連座制が採用されている。

大選挙区制 1つの選挙区から2名以上の代表を選出する選挙制度。

小選挙区制 1つの選挙区から1名の代表者を選出する選挙制度。大政党に有利で政権が安定するが，**死票が多くなる**ため，少数意見が反映されにくいといわれる。日本では，衆議院議員

選挙で一部採用されている。

死票 選挙で落選者に投じられた票。小選挙区制では多くなり，大選挙区制や比例代表制では少なくなる傾向にある。

比例代表制 各政党の得票数(率)に応じて議席を配分する選挙制度。死票が少なく国民のさまざまな意見が反映されるが，小政党が分立し，政権が不安定になりやすい。日本では，衆議院議員選挙と参議院議員選挙の一部で取り入れられている。

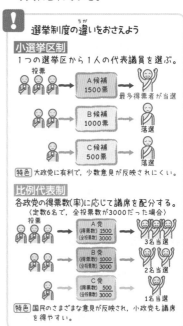

選挙制度の違いをおさえよう

小選挙区制 1つの選挙区から1人の代表議員を選ぶ。
投票 → A候補 1500票 → 最多得票者が当選
B候補 1000票 → 落選
C候補 500票 → 落選
特色 大政党に有利で，少数意見が反映されにくい。

比例代表制 各政党の得票数(率)に応じて議席を配分する。
〈定数6名で，全投票数が3000だった場合〉
投票 → A党 (得票数)1500 (全投票数)3000 → 3名当選
B党 (得票数)1000 (全投票数)3000 → 2名当選
C党 (得票数)500 (全投票数)3000 → 1名当選
特色 国民のさまざまな意見が反映され，小政党も議席を得やすい。

ドント方式 比例代表制で各政党に配分される議席を決める方法の1つ。各政党の得票数を1から順に整数で割り，

その数値の大きい順に定数まで議席を配分する。日本では，衆議院・参議院の比例代表選挙で取り入れられている。

★ **小選挙区比例代表並立制**　**小選挙区制と比例代表制**で議員を選出する，現在の**衆議院議員**の選挙制度。小選挙区で289名，比例代表で176名が選出される（2018年4月現在）。

小選挙区制と比例代表制の両方に立候補（重複立候補）できるから，選挙区で落選した候補者が比例代表で復活当選することが問題だという声もあるんだって。

参議院議員選挙　1つまたは2つの都道府県を選挙区とする選挙区選挙で148名（3年ごとに半数改選），全国を1つの単位とする比例代表制で100名（3年ごとに半数改選）選出される（2019年の選挙から）。

参議院議員の比例代表選挙では，投票のとき政党名を書いても，候補者名を書いてもいいよ。これを非拘束名簿式というよ。

期日前投票　決められた投票日に行けない場合，**前もって投票できる制度。**

投票率　選挙のとき，すべての有権者のうち，実際に投票した人の割合。最近は選挙に行かない**棄権**が多くなって投票率が下がり，問題となっている。

無党派層　明確に**支持する政党をもたない有権者**のこと。政治的無関心や，政党に対する不信感から増えている。

選挙では，これらの有権者の票は浮動票とよばれ，選挙の結果に大きな影響を与えることがある。

政権　国の政治を動かす権力。政党政治のもとでは，一般に選挙で**議会の多数を占めた政党**が政権を担当する。

★ **政権公約（マニフェスト）**　選挙のときに，政党が政権を担当した場合に実施する政策について，**数値目標や期限，財源などを明らかにした公約集。**具体的な目標などを示す点が，従来の公約とは違う。

★ **1票の格差**　投票した1票の**価値（重さ）に格差があること。**過密・過疎などの人口のかたよりのため，**各選挙区間で，有権者数と議員定数との割合に格差があり，**1票の価値に不平等が生まれている。これは，日本国憲法で定める「**法の下の平等**」〔➡p.266〕に反する状態であり，格差の縮小が求められている。

★★ **世論**　政治や社会の問題についての**国民の多くの意見のまとまり。**世論は政治を動かす大きな力となるため，「民主政治は世論による政治」，「世論は見えざる議会」などともいわれる。メディアなどは内閣支持率などについて**世論調査**を行う。

マスメディア　多数の人々に大量の情報を伝達する，**新聞，テレビ，ラジオ，雑誌**などのこと。マスメディアは国民の意見を政治に反映させる上でも大きな役割を果たすため，正確で公正な情

報を国民に提供する責任がある。

メディアリテラシー　メディアが発信するさまざまな**情報の価値を判断する能力**や，情報を取捨選択し活用する能力のこと。

情報リテラシー（➡p.254）の
1つだよ。

★ **政党**　政治に対する考え方や政策について**同じ考えをもつ人々が，その実現をめざしてつくる団体**。政党は，国民と議会を結ぶパイプの役割を果たす。

二党制（二大政党制）　議会の議席の大部分を**2つの大きい政党が**占め，選挙によって政権交代を行い，交互に政権を担う政治体制。**発展**アメリカ合衆国やイギリスなどに見られる。

多党制　議会の議席を多数の政党が占めている政治体制。選挙後に連立政権が組織されることが多い。**発展**フランスやオランダなどに見られる。

★ **政党政治**　政党を中心に運営される政治。議員は政党を中心に活動し，複数の政党が議席を争い，多数の議席を得た政党が内閣を組織し，政権を担当する。

★ **与党**　議会で多数の議席を獲得して内閣を組織し，**政権を担当している政党**。政府に協力し，政治の方向を決定する。連立政権では，連立している政党はすべて与党という。

★ **野党**　**与党以外の政党**。政府・与党を批判・監視する。

連立政権（連立内閣）　複数の政党が協力して政権を担当している政権（内閣）。議会で過半数をとる政党がない場合などに組織される。これに対して，議会で**過半数以上の議席を獲得した政党**が，その政党だけで政権を担当している政権（内閣）を**単独政権（単独内閣）**という。

利益集団（圧力団体，利益団体）　政府や議会に組織的にはたらきかけ，政策決定に影響を与え，自分たちの要求を実現しようとする団体。日本経済団体連合会（経団連）などの経営者団体，日本労働組合総連合会（連合）などの労働団体などがこれにあたる。

政党交付金（政党助成金）　政党助成法に基づいて，**政党の活動費用の一部を国が交付するお金**。政党への企業などからの資金提供を制限して，政治資金の透明化をはかるのが目的。国民1人当たり250円を負担して，申請のあった政党の得票や議席に応じて交付される。

政治資金規正法　政党の腐敗防止を目的とした法律。議員や政党が企業など

279

から受け取る資金（政治資金）の出入り（収入・支出）の報告を義務づけている。1948年に制定され，現在まで数回改正され規制が強化されている。

2.国会のしくみと仕事

★★ **国会** 国の最高の意思決定機関（**国権の最高機関**）であり，法律を制定できるのは国会のみ（**唯一の立法機関**）である。国会は，**衆議院**と**参議院**の２つの議院からなり，国民の直接選挙で選ばれた議員によって構成される。

▲**国会議事堂**…左右対称で，向かって左が衆議院，右が参議院。

国権の最高機関 主権者である国民が選んだ議員で構成される国会が，国を治める最高機関であるということ。憲法第41条で定められている。

唯一の立法機関 国会が**法律を制定できる**（立法）ただ１つの機関であるということ。憲法第41条で定められている。

国会の種類 審議を行う国会には，**常会**（通常国会），**特別会**（特別国会），**臨時会**（臨時国会）のほか，衆議院の解散中に開かれる参議院の**緊急集会**。

★ **常会（通常国会）** 毎年１回，１月中に召集される国会。会期は150日間。お

もに次の年度の**予算**を審議し議決する。 発展 両議院の議決によって１回だけ会期を延長できる。

★ **特別会（特別国会）** 衆議院解散による総選挙後30日以内に召集される国会。ほかの議案に先立って**内閣総理大臣の指名**の議決が行われる。 発展 会期は両議院の議決の一致により，２回まで延長できる。

★ **臨時会（臨時国会）** 臨時に召集される国会。内閣が必要と認めた場合や，どちらかの議院の総議員の４分の１以上の要求があった場合に召集される。 発展 会期は，両議院の議決の一致により，２回まで会期を延長できる。

参議院の緊急集会 衆議院の解散中，国会の議決を必要とする場合に，内閣が求めて召集される国会。

	召集・会期・議題
常会 （通常国会）	毎年1回，1月中に召集。会期は150日間。次年度の予算を**審議**。
特別会 （特別国会）	衆議院解散後の総選挙の日から30日以内。内閣総理大臣の指名。
臨時会 （臨時国会）	内閣か両議院どちらかの総議員の4分の1以上の要求があった場合。
緊急集会	衆議院の解散中，国会の議決を必要とする場合に参議院のみ。

▲国会の種類

立法 法律を制定すること。その権限を立法権という。憲法第41条は，国会が「国の唯一の立法機関である。」と定めている。 発展 内閣が定める**政令**〔➡p.285〕や地方公共団体が定める**条例**〔➡p.296〕も広

い意味での立法。

★ **二院制（両院制）**
議会が2つの議院から成り立っている制度。日本の国会は，衆議院と参議院の2つの院で構成されている。今日，多くの国が二院制をとるが，ヨーロッパには一院制をとる国もある。

法律案では

参議院が衆議院と異なった議決をした場合，衆議院が出席議員の3分の2以上の多数で再び可決すると → 法律になる

衆議院 参議院 → 衆議院で可決

臣の指名では 予算・条約の承認・内閣総理大臣の指名では

参議院が衆議院と異なる議決をした場合，／または，決められた期間内に参議院が議決しない場合，→ 両院協議会を開いても意見が一致しないと… → 衆議院の議決が国会の議決になる

▲衆議院の優越

> 2つの院で繰り返し審議することで，議案を慎重に検討することができると考えられているからだよ。

★★ **衆議院** 日本の国会を構成する議院の1つ。任期4年で解散がある。任期が参議院より短く解散があるため，**国民の意思をより的確に反映しやすい**と考えられており，参議院より強い権限（**衆議院の優越**）が認められている。

★ **参議院** 日本の国会を構成する議院の1つ。任期6年で解散がなく，3年ごとに半数ずつ改選される。慎重な審議をして**衆議院の行き過ぎをおさえる**役割が期待されている。

★★ **衆議院の優越** 衆議院に参議院より強い権限を認めていること。衆議院は参議院に比べて，任期も短く解散もある。そのため，**国民の意思をより的確に反映する**と考えられていることから，その権限を重くしている。議決の価値における衆議院の優越には，**法律案の議決，予算の議決と条約の承認，内閣総理大臣の指名**がある。ほかに，衆議院にのみ認められている権限として，予算を提出する場合には，必ず先に衆議院に提出しなければならない（**予算の先議権**），内閣の信任・不信任の決議ができるのは衆議院のみである（**内閣信任・不信任の決議権**）ことなどがある。

	衆議院		参議院	
議員数	465名	小選挙区 289名 比例代表 176名	※248名	選挙区 148名 比例代表 100名
任期	4年（解散で身分を失うことがある）		6年（3年ごとに半数改選）	
被選挙権	満25歳以上の日本国民		満30歳以上の日本国民	
選挙区	小選挙区選出 …全国を289区 比例代表選出 …全国を11ブロック		選挙区選出 …43都道府県と2合区 比例代表選出 …全国を1区	
特色	解散により世論を的確に反映		衆議院の行き過ぎを抑制	

▲衆議院と参議院の違い
※2022年の参議院議員選挙から248名になる。

問責決議 内閣総理大臣や国務大臣の

責任を問うために議会で行われる決議。両院で行える。参議院では，内閣不信任案の提出ができないので，それに代わって問責決議を提出することがあるが，**法的な拘束力はない。**

議員立法 国会議員が提出した法律案やそれによって成立した法律。法律案は，内閣と国会議員のどちらも提出することができるが，現実には，内閣が提出する法律のほうがはるかに多い。

★ **委員会** 本会議で議決する前に，あらかじめ議案を審議・調査する機関。衆議院と参議院に置かれ，委員は国会議員の中から選ばれる。予算委員会・総務委員会など常設の委員会(**常任委員会**)と，必要に応じて設けられる委員会(**特別委員会**)とがある。

★ **公聴会** 委員会での審議過程で，議案の利害関係者や学識経験者から意見を聞くために開かれる会。**予算審議のときは必ず開かれる**ほか，重要な問題の審議のときに開かれる。

利害関係者や学識経験者などの意見を聞くために開く。

本会議 衆議院・参議院とも，**その議院のすべての議員で構成される会議**のこと。衆議院本会議，参議院本会議とよ

ばれ，会議は**総議員の3分の1以上の出席**が必要で，特別な場合を除いて**出席議員の過半数**で議決される。

▲議案の審議過程

定数 会議を開いたり議決をするために必要な出席者数。本会議は総議員の**3分の1以上**，委員会はその委員会の委員の**半数以上**の出席が必要。

採決(表決) 議題について賛成，反対の意思を表す行為。一般の採決は，出席議員の**過半数**の賛成で決められる。**発展**起立採決や名前が書かれた木札を投票する記名投票がある。参議院では押しボタンによる採決も行われている。

議長が議院に対して表決を求めることを採決というよ。

両院協議会 衆議院と参議院の議決が一致しなかったときに，**意見の調整をはかるために開かれる会議。発展**予算の議決，条約の承認，内閣総理大臣の指名で両院の議決が異なった場合，必ず開かれる。衆議院と参議院の各議院から選ばれた10名ずつの合計20名の議員で構成される。

憲法改正の発議 国会で議決された憲法の改正原案を国民に提案すること。

衆議院，参議院の議員に発議権がある。衆議院，参議院とも**総議員の3分の2以上の賛成**で憲法改正の発議をし，その後の**国民投票**で**有効投票の過半数の賛成**があれば改正される〔➡p.264〕。 発展 発議に関しては両議院は対等で，両議院が賛成しなければ発議できない。

★ 法律案の議決

法律案を国会で議決すること。法律案の議決（法律の制定）は国会の最も重要な仕事で，法律案は**内閣**と**国会議員**のどちらも国会に提出できる。議長から担当の**委員会**に送られた法律案は，審議されたのち**本会議**で議決される。両議院で可決されて法律となるが，両議院の議決が異なった場合には，**衆議院の優越**により**衆議院で出席議員の3分の2以上の再可決**で法律となる。成立した法律は，内閣の助言と承認のもとに天皇が公布する。

★ 予算の議決

予算〔➡p.318〕を国会で議決すること。国会は，内閣が提出した政府の予算（案）を審議し，議決する。予算（案）は先に**衆議院に提出しなければならない（予算の先議権）**。提出され

た予算（案）は，予算委員会で審議され，衆議院本会議で議決後，参議院に送られて同じように審議・議決されて成立する。議決については**衆議院の優越**〔➡p.281〕が認められている。

予算委員会の審議では，必ず公聴会が開かれるんだ。

条約の承認

国会で，内閣が外国と締結した条約〔➡p.327〕を承認すること。承認については**衆議院の優越**〔➡p.281〕が認められている。 発展 条約は，締結前または締結後に必ず国会の承認が必要。

★ 内閣総理大臣の指名

国会が内閣総理大臣を指名すること。国会は，原則として両議院の一致した議決によって，**国会議員の中から内閣総理大臣を指名**する。両議院の指名が異なる場合は，**衆議院の指名が優越する**〔➡p.281〕。

弾劾裁判所（の設置）

裁判官をやめさせるかどうかを決めるため，**国会内に設けられる裁判所**。衆議院と参議院の各議院の議員のなかから選んだ7名ずつ，計14名の裁判員で構成される。

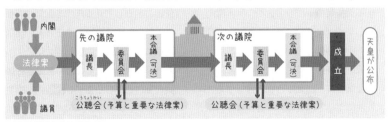

▲法律が公布されるまで

立法権…憲法改正の発議，法律の制定
承認権…予算の議決，条約の承認
指名権…内閣総理大臣の指名
設置権…弾劾裁判所の設置

国政調査権
衆議院と参議院がもつ，国の政治がどのように行われているかを調べる権限。国の政治を行う上で，正しい判断と法律を制定するのに必要な資料を得るため，国会に証人をよんで質問する**証人喚問**を行ったり，政府に記録の提出を求めたりするほか，議員が現地に出向いて調査することもある。

国会議員
国会を構成する，国民から選挙で選ばれた議員。衆議院議員と参議院議員の総称。

衆議院議員を代議士とよぶこともあるけれど，これは大日本帝国憲法では衆議院議員だけが選挙で選ばれていたことの名残なんだって。

国会議員の権利(特権)
国会議員に認められている特別の権利。国会議員には，国民の代表者として自由な言動を保障し，職務を十分に果たすことができるように，次の権利が保障されている。

●**不逮捕特権**…国会の会期中は，原則として逮捕されない。 発展 会期中でも，国会の外での現行犯や所属している議院の許可があれば逮捕される。

●**免責特権**…国会で行った発言・討論・表決について国会の外では，責任を問われない。

そのほかに歳費(給料)を受ける権利や議案を国会に提出する権利などがある。

3.内閣のしくみと仕事

行政
法律や予算に基づいて政治を行うことで，その権限を**行政権**という。内閣をはじめとする国の機関または地方公共団体が，実際の仕事を担当する。

★内閣
国の行政の仕事全体を指揮・監督し，行政全体に責任をもつ最高機関。**内閣総理大臣(首相)**と**国務大臣**で構成される。

★内閣総理大臣(首相)
内閣の長で，行政の最高責任者。**国会議員**の中から**国会が指名**し，**天皇が任命する**。一般的には与党(➡p.279)の党首がなる。内閣総理大臣は，ほかの**国務大臣を任免**(任命したり，やめさせたりすること)し，閣議を開いてその議長となるほか，内閣を代表して法律案や予算(案)を国会に提出し，各行政機関を指揮・監督する。

★国務大臣
内閣総理大臣とともに，**内閣を構成する大臣**。ふつうは各省庁の責任者(長)として，省庁内を指揮・監督し，新しい政策の提案や法律案の作成準備などをする。内閣総理大臣によって任命されるが，その**過半数は国会議員**でなければならない。 発展 内閣府や省に属さない大臣もいる。

284

内閣総理大臣は，必ず国会議員だけれど，国務大臣は，必ずしも国会議員というわけではないよ。

閣議 内閣の仕事の方針を決める会議。

内閣総理大臣を議長としてすべての国務大臣が参加し，その決定は全員が同意する**全会一致**が原則である。発展 閣議は非公開である。

内閣官房長官 内閣の補助機関である内閣官房の長で国務大臣。閣議で話し合われる内容の整理，行政各部の政策に必要な調査，内閣の政策に関する情報収集，調査などを行う。

政府の公式見解を発表する「政府報道官」として記者会見したりする役割もあるんだって。

内閣法制局 各省庁から出される法律，条約，政令などの法案を審査・立案する，内閣に置かれる機関。内閣の**法律問題を担当**し，法律問題に関する政府の統一見解をまとめたり，国会答弁などでの法律の解釈を提示したりする。

内閣の仕事 一般の行政事務のほか，次のようなものがある。

● **法律の執行**…法律に基づいて政治を進め，行政機関を指揮・監督する。内閣の最も重要な仕事。

● **法律案や予算（案）の作成**…法律案や予算（案）を作成して国会に提出する。発展 予算は各省庁の見積書をもとに財務省が原案をつくっている。

● **外交関係の処理と条約の締結**…外国と交渉（外交）して外国と条約〔➡p.327〕を結ぶ。

● **政令の制定**…憲法や法律の規定を実施するため，内閣の命令である**政令**を定める。

● **その他の仕事**…天皇の国事行為に対して，**助言と承認**をあたえる，**最高裁判所長官を指名**し，その他の裁判官を任命する，**国会の召集や衆議院の解散**を決定する。

❗ 内閣の仕事をおさえよう

法律の執行	法律案・予算（案）の作成
法律に従って政治を進める。 	法律案と政府の1年間の収入と支出の見積もりである予算をつくり，国会に提出する。
外交関係の処理と条約の締結	政令の制定
外国と交渉し，条約を結ぶ。 条約を承認するのは国会	憲法や法律の規定を実施するために定める。
天皇の国事行為に対し，助言と承認を与える。 	最高裁判所長官を指名し，その他の裁判官を任命する。

★★ 議院内閣制
内閣が国会の信任に基づいて成立し，国会に対して責任を負うしくみ。したがって，内閣が信頼を失い衆議院で不信任案が可決されると，内閣は総辞職するか，衆議院を解散して，新たに国民の意思を問うことになる。 発展 一般に，国会で多数の議席を占める政党が内閣をつくるので，内閣と国会は協力関係を保ちやすい。

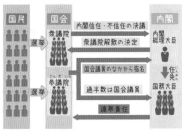

▲日本の議院内閣制

大統領制
国民の選挙で選ばれた大統領が行政の最高責任者となり，国民に直接責任を負うしくみ。アメリカ合衆国では，大統領と議会の議員は別の選挙で選ばれ，大統領は議会から独立して強力な権力をもっている。

内閣不信任の決議
内閣を信任できないという意思表示のことで，衆議院だけが行える。内閣の政治責任を問う行為。内閣不信任の決議が可決されると，内閣は10日以内に衆議院を解散するか，総辞職をしなければならない。

★ 衆議院の解散
衆議院議員

全員の資格を任期満了前に失わせること。衆議院で内閣不信任案が可決されるか，内閣信任案が否決されたときに，内閣がそれに対抗して，国民の意思を問うために行う。

> ほかに，重要問題で民意を問うために，衆議院を解散することもあるよ。

★ 総辞職
内閣総理大臣と国務大臣が全員そろって辞職すること。①衆議院で内閣不信任案が可決され，10日以内に内閣が衆議院を解散しないとき，②衆議院議員の総選挙後，最初の国会（特別会）が召集されたとき，③内閣総理大臣が死亡などで欠けたときなどに，それぞれ総辞職しなければならない。

内閣府
内閣の重要な政策に関する事務を助ける行政機関。内閣総理大臣を長として，各省より一段高い立場で省庁にまたがる重要政策などの企画や調整を行っている。

省庁
国の行政機関で，それぞれの行政事務を担当している。現在，内閣府のほか次の省があり，内閣府や各省の下には多くの外局（庁）が置かれている。

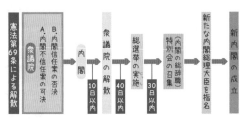

▲衆議院解散後の流れ

286

国のおもな行政機関

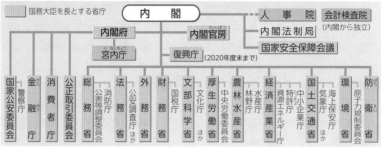

国務大臣を長とする省庁

内　閣

人　事　院　会計検査院（内閣から独立）
内閣法制局
国家安全保障会議

内閣府　内閣官房
宮内庁　復興庁（2020年度末まで）

国家公安委員会　金融庁　消費者庁　公正取引委員会　総務省　消防庁 公害等調整委員会 ほか　法務省 公安調査庁 ほか　外務省　財務省 国税庁　文部科学省 文化庁 ほか　厚生労働省 中央労働委員会 ほか　農林水産省 水産庁　経済産業省 特許庁 中小企業庁 資源エネルギー庁　国土交通省 気象庁 海上保安庁 ほか　環境省 原子力規制委員会　防衛省

（2018年4月現在）

● **総務省**…地方自治・選挙などに関する仕事を行う。
● **法務省**…裁判に関することや国籍・人権擁護などに関する仕事を行う。
● **外務省**…外国との交渉など国の外交に関する仕事を行う。
● **財務省**…国の財政・税金・通貨などに関する仕事を行う。
● **文部科学省**…学校教育，科学技術，文化などに関する仕事を行う。
● **厚生労働省**…社会保障，医療，労働関係の調整，職業紹介，失業対策などの仕事を行う。
● **農林水産省**…農業，林業，畜産業，水産業などに関する仕事を行う。
● **経済産業省**…貿易の振興，商工業などに関する仕事を行う。
● **国土交通省**…道路・港などの整備，交通政策，観光や防災などに関する仕事を行う。
● **環境省**…環境政策，公害防止対策などを行う。

● **防衛省**…自衛隊の管理・運営などの仕事を行う。

行政委員会　行政機関の一種で，**政治的中立性**や**専門的知識を必要とする分野**に設置され，一般の行政組織から独立した地位をもつ。国家公安委員会，中央労働委員会，公正取引委員会などがある。
● **国家公安委員会**…警察庁を管理する警察の最高機関で，国の行政機関。内閣府に置かれ，国務大臣である委員長と5人の委員で構成される。
● **公正取引委員会**…**独占禁止法**〔➡p.310〕の目的を実現するため，内閣府に置かれた国の行政委員会。

公務員　国や地方公共団体に勤務し，公の仕事を担当している人々。国の仕事に従事する**国家公務員**と，都道府県や市（区）町村の仕事に従事する**地方公務員**がある。発展 国家公務員の給与や試験など，人事に関することは行政委員会の人事院が行っている。

287

★ **全体の奉仕者** 日本国憲法第15条は，「すべて公務員は，全体の奉仕者であって，一部の奉仕者ではない。」と定め，公務員は国民全体への奉仕者としている。

官僚政治 一部の官僚(大臣を補佐するような上級の公務員)が政策の立案を通じて政治を動かすこと。官僚政治は，秘密主義，法律万能主義，権威主義などの弊害を生みやすいといわれる。**発展**官僚は選挙で国民が選ぶわけではないので，国民の意思が反映されにくいという問題点がある。

縦割り行政 行政の仕事を行うにあたって，各省庁間の横の連絡や調整がほとんどなく，それぞれが上から下への縦のつながりを中心に行われる行政のこと。その結果，似たような行政が別々の省庁で行われ，無駄が出たり，手続きが複雑になったりする。

天下り 退職した上級の公務員が，在職中に関連のあった民間企業や政府関係機関などに再就職すること。

★ **行政権の肥大化(拡大)** 行政の仕事が拡大し，複雑になって行政の役割が大きくなってきたこと。政府が大きくなると，仕事の無駄が多く非効率になったり，民間の活動が妨げられて経済が停滞するなどの問題が生じる。

大きな政府 人々の生活安定のため，行政や福祉サービスが手厚く，財政や人員の規模が大きい政府のこと。国民の税負担は重い。

★ **小さな政府** 政府の役割を治安維持など最小限にとどめた政府のこと。国民の負担は軽いが，行政や福祉サービスの水準は低い。

行政改革 大きくなりすぎた国や地方の仕事や組織を整理・縮小して，簡素で効率的な行政をめざす改革。**公的事業の民営化**や**規制緩和**が進められ，2001年には中央省庁の再編(1府22省庁から1府12省庁へ)や，事業の一部の独立行政法人化も行われた。

独立行政法人 国が行っていた事業から分離，独立して事業を行うようにした法人。行政の効率化・簡素化などを目的に，民営化にはなじまないが，切り離して運営した方が効率的とされる博物館・大学・病院・研究機関などが独立行政法人化された。

規制緩和 経済活動を活性化させるため，国や地方公共団体が民間の事業者などに対して，行っていた許可や認可などの規制(許認可権)を，ゆるめたり廃止したりすること。

4. 裁判所, 三権の抑制と均衡

★ **司法** 法に基づいて争いを解決すること。裁判ともいう。その権限を**司法権**といい，日本国憲法は，**最高裁判所**と**下級裁判所**だけが司法権をもつと定めている。

★★**最高裁判所** 司法権の最高機関で，東京にただ１つだけ設けられた**唯一の終審裁判所**。法律などが憲法に違反していないかを最終的に判断するので「**憲法の番人**」ともよばれる。長官は内閣が指名し，**天皇が任命**する。任期はないが**国民審査**〔➡p.293〕を受ける。発展15名の裁判官で構成されるが，長官以外の14名の裁判官は，内閣が任命し天皇が認証をする。

▲最高裁判所の大法廷

★**終審裁判所** 裁判において，最終的な判断を下す裁判所。そこでの判決は，刑などの確定を意味する。原則として最高裁判所。

下級裁判所 最高裁判所以外の裁判所で，次の４つがある。裁判官は，最高裁判所が**指名**し，内閣が**任命**する。

●**高等裁判所**…下級裁判所のうちの最上位の裁判所。おもに第二審を行い，全国に８か所置かれている。発展地方裁判所の第一審に対する控訴審や簡易裁判所が第一審を行った民事事件の上告審を行う。

●**地方裁判所**…一部を除き，**第一審を行う裁判所**。各都府県庁所在地に１か

所と，北海道に４か所，計50か所に置かれている。

●**家庭裁判所**…家庭内のもめごとや少年事件などを扱う。地方裁判所と同じく，全国50か所に設置されている。裁判(審理)は原則として非公開。

●**簡易裁判所**…請求額が140万円までの民事事件と，罰金以下の刑にあたる刑事事件など，罪の軽い事件の第一審を行う裁判所。全国に438か所設置されている。

★★**司法権の独立** 裁判が公正・中立に行われるため，国会や内閣などほかの政治権力や世論の干渉を受けない原則。そのためには，裁判官の独立や身分保障が必要である。

★**裁判官** それぞれの裁判所で，裁判事務を担当する国家公務員。判事ともいう。

裁判官の着用する服(法服とよぶ)は，何色にも染まらないという意味で黒色なんだって。

裁判官の独立 司法権の独立を確かなものにするために，裁判官は，**自らの良心に従って裁判を行い，憲法と法律のみに拘束される**という原則(憲法第76条)。裁判にあたっては，国会や内閣，上級の裁判所などほかのいかなる権力からの圧力にも屈してはならない。

裁判官の身分保障 裁判官の独立を保障するため，裁判官は次の理由以外でその意思に反して罷免される(やめさせられる)ことはない。①病気など

（**心身の故障**）のため，仕事が続けられないと裁判によって決定されたとき。②**弾劾裁判所で罷免**（やめさせる）の宣告があったとき。③最高裁判所の裁判官に対する信任投票（**国民審査**）〔➡p.293〕で，**不適任**とされた場合。

日本国憲法第76条
①すべて**司法権**は，**最高裁判所**及び法律の定めるところにより設置する下級裁判所に属する。
③すべて裁判官は，その良心に従ひ独立してその職権を行ひ，この憲法及び法律にのみ拘束される。

★ **三審制**　判決に不服の場合，**上訴**（上級の裁判所でやり直しを求めること）によって，同じ事件について原則として**3回まで裁判が受けられる制度**。裁判を公正・慎重に行い，人権の保障と裁判の誤りを防ぐための制度。

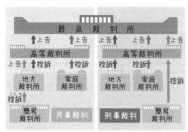

▲三審制のしくみ

控訴　**第一審**の判決に不服な場合，次の上級（第二審）の裁判所に裁判のやり直しを求めて訴えること。

上告　第二審（控訴審）の判決に不服な場合に，次の上級（第三審）の裁判所に裁判のやり直しを求めて訴えること。多くの場合，最高裁判所への訴えになる。

控訴は第一審の判決に対する上訴，上告は第二審の判決に対する上訴だよ。混同しないようにしよう。

★ **民事裁判**　**個人や企業間の利害の対立**，または**権利・義務に関する争いを裁く裁判**。民法や商法などの法律を適用して，どちらの言い分が正しいか判断を下す。民事裁判で裁判所に訴えた人を**原告**，裁判所に訴えられた人を**被告**という。

和解　**民事裁判**で争っている当事者（原告と被告）が，裁判をしないで互いに**譲り合って争いをやめること**。裁判官が立ち会って行われるものと，当事者だけでするもの（**示談**という）がある。

民事裁判では，和解のほか，裁判官のほかに第三者が間に入って仲裁をする調停などで争いを解決することもあるよ。

行政裁判　国や地方公共団体の公共機関の行為により，国民が被害を受けたり，権利を侵害されたりした場合に，**その行政機関を相手どっておこす裁判**。手続きは民事裁判と基本的に同じ。**行政訴訟**ともいう。

★ **刑事裁判**　強盗・殺人・放火など，**法律で犯罪と定められている事件に関する裁判**。裁判官は，検察官と被告人の言い分を聞いて，刑法などの法律に基づ

290

いて，**有罪・無罪の判決**を下す。有罪の場合は，罪に相当する**刑罰**を科す。

★ **起訴** 刑事事件で罪を犯した疑いのある人（**被疑者**）を**検察官**が原告となって**被告人として裁判所に訴える**こと。

★ **被告人** 刑事事件で罪を犯したとして，検察官によって裁判所に起訴された者。

★ **検察官（検事）** 刑事事件で，国（国民）を代表して**被疑者を裁判所に起訴する**ほか，警察から独立して捜査活動を行う国家公務員。

★ **弁護人** 刑事裁判で，被告人の立場に立ってその人の正当な利益を守る人。原則として，法律の専門家である**弁護士**がこれにあたる。経済的理由などで弁護人を頼めないときは，国の負担で**国選弁護人**をつける制度がある。

公判 刑事事件で，裁判官が，検察官と被告人・弁護人の言い分を聞いて審判を行うこと。公開の法廷で行われる。 発展

民事裁判では，ふつう**口頭弁論**とよぶ。

公開裁判の原則 裁判は公開が原則。一般の人々が傍聴できる裁判を公開裁判という。 発展 家庭裁判所での裁判は，少年の保護やプライバシーを考えて原則非公開である。

推定無罪の原則 刑事裁判では，有罪の判決を受けるまでは，被告人は無罪として扱われること。

「疑わしきは罰せず」 犯罪を証明する証拠がなければ，自白のみで有罪とされないという原則。

罪刑法定主義 法律で定められていなければ刑罰を科すことができないという原則。どのような行為が犯罪になり，その犯罪にどのような刑罰が科せられるかは，**前もって法律で定められていなければならない**。

★ **令状主義** 警察官や検察官が逮捕・押収（証拠物などを差し押さえたり提出させたりすること）・捜索（所持品や住居内を調べること）などを行うには，それぞれ裁判官が交付する**令状**が必要という原則。**ただし現行犯**（犯罪を行っているところ，またはその直後と認められた）の逮捕は例外である。

★ **黙秘権** 警察や

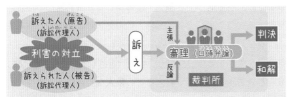

▲民事裁判の進行

▲刑事裁判の進行

検察官の取り調べや裁判において，被疑者や被告人が**自分に不利益になるようなことを話さなくてよい権利**。自白の強要を防ぎ，被疑者・被告人の人権を守るための権利でもある。

拷問の禁止
体に苦痛を与えるなどして自白を強要すること(拷問)は，憲法で禁じられているということ。拷問や強要などによる自白を証拠とすることができない。

冤罪
無実の罪で有罪の判決を受けること。冤罪がないようにすることは，司法制度にとって重要な課題。

再審制度
再審とは，**やり直しの裁判**のこと。判決で刑が確定したあとでも，新しい証拠の発見などで判決に疑いが生じたときに認められる制度。刑事裁判で死刑の判決を受けた人が，再審制度によって無罪となった例もある。

被害者参加制度
犯罪の被害者などが，裁判所に申し出ることによって刑事裁判に参加できる制度。被害者や遺族，その代理人は，法廷で被告人に質問したり，求刑で意見を述べたりすることができる。**発展**被害者や遺族の支援を目的に，2008年から一定の重大事件の裁判で導入された。

死刑制度
死刑は，刑事裁判で出される日本で最も重い刑罰。犯罪者の生命をうばう制度。凶悪な犯罪を防止するために死刑制度は必要であるとする意見がある一方，人が人を殺すことは許されないとして死刑制度の廃止を求める意見もある。

検察審査会
検察官が起訴しなかった事件について，その判断が正しく行われたかどうかを審査する機関。被害者らの申し立てがあった場合に審査される。審査員は20歳以上の国民から選ばれた11人で構成される。**発展**同じ事件に対して，「起訴相当」の議決が2回出されると必ず起訴しなければならない。

★司法制度改革
人々が利用しやすい裁判制度にするための改革。**裁判員制度**の導入や，裁判の期間短縮に向けた取り組み，誰もが身近に法律相談ができるよう**日本司法支援センター(法テラス)**の設置，裁判官・検察官・弁護士など司法関係者の養成を目的とした**法科大学院**(ロースクール)の設置などが行われた。

★裁判員制度
国民が裁判員として刑事裁判に参加して，裁判官といっしょに被告人の有罪・無罪や刑の内容を決める制度。裁判員は，20歳以上の国民から，くじで選ばれる。裁判員裁判は，殺人などの**重大な犯罪の刑事事件**でのみ行われ，1つの事件について6人の裁判員と3人の裁判官が担当するのが原則。裁判員が参加するのは**第一審のみ**で，第二審からは裁判官だけで裁判が行われる。裁判について国民の声を反映させるほか，司法への理解を深めるねらいがある。

公　判

・裁判官と公判に出て双方の主張を聞く

・必要があれば質問をする

↓

評議・評決

・評議する部屋で有罪か無罪か，有罪ならどのような刑罰を科すのか話し合い(評議)，決定する(評決)。

※全員が一致しないときは多数決だが，多数側に必ず裁判官が1人以上いることが必要。

↓

判　決

・法廷に戻り，評決に基づいて裁判官が判決を言いわたす。

公判前整理手続き　公判の前に，裁判官・検察官，弁護人が集まって事件の争点を明らかにして，証拠をしぼりこんだりする手続き。迅速な裁判をめざ

し，裁判員の負担を軽くするために始められた。発展 裁判員裁判では必ず行われる。

★★ **三権分立**　国家権力を立法権・行政権・司法権の3つの権力に分散し，それぞれの権力を独立した機関に担当させること。分散した権力を**相互に抑制**させることによって，国家権力の**濫用を防ぎ**，国民の権利と自由を守るのが目的。フランスの**モンテスキュー** [➡p.263] が唱えた。

国民審査　最高裁判所の裁判官が適任かどうかを，**国民の直接投票で審査する**こと。任命後の最初の衆議院議員総選挙のときに審査され，その後も10年を経た後の総選挙のときに，審査をくり返す。罷免(やめさせること)の投票が，罷免反対の投票より多い場合，その裁判官は罷免される。

★★ **違憲立法審査権(違憲審査権，法令審査権)**　法律や，内閣の命令・規則・処分などが憲法に違反していない

▲日本の三権分立

かどうかを裁判所が判断する権限。この権限は、すべての裁判所がもっているが、最高裁判所が最終的な決定権をもつ。このため、**最高裁判所**は「**憲法の番人**」とよばれる。

違憲立法審査権は、裁判所への訴えがあって初めて発動されるんだよ。

憲法の番人 違憲審査の最終的な決定権をもつ最高裁判所のこと。

5.地方の政治と自治

★ **地方自治** 地域住民が自らの意思と責任で地域の政治を行うこと。国からの関与を受けることなく、地域の実情に合った政治を実現し、住民の意思を尊重した政治を実現することが地方自治の目的である。

地方公共団体 地方自治を行う**都道府県**や**市町村**、**特別区**。**地方自治体**ともいう。地方公共団体には、おもな機関として、**地方議会**と**執行機関**(知事や**市〈区〉町村長**など)がある。

特別区 千代田区、新宿区など東京都の23区のこと(➡p.101)。地方公共団体の1つで、市とほぼ同じ権限をもち、区長は住民の選挙で選ばれる。 発展 政令指定都市にも区が置かれているが、これは事務を処理するために分けられた区域(行政区)である。

政令指定都市 内閣が定める政令で指定された人口50万人以上の都市。都道府県とほぼ同じような権限をもち、行政区分として区を設けることができる。2018年4月現在、20の都市が指定されている(➡p.56)。

★ **地方自治法** 地方公共団体の組織・運営を定めた法律。日本国憲法第92条に基づき、直接請求権などの住民の権利、執行機関や地方議会の組織・権限などを定めている。

住民自治 地域の政治が、その地域に住む住民の意思によって自主的に行われること。

民主主義の学校 地方自治は民主政治の原点である、ということをあらわす言葉。地方自治は、住民の最も身近な政治参加の機会であり、人々は地方自治を通じて政治を知り、政治への関心を高め民主主義の担い手としての能力を形成する。

★ **地方分権** 国が地方公共団体にできるだけ多くの権限を移し、国からの統制や介入を少なくすること。以前は、地方公共団体が国の下請け機関のようになっていて、**中央集権**の性格が強かった。このような状況を改めて、地方公共団体が地域の実情に合った独自の活動ができるように、1999年に**地方分権一括法**が成立した。

中央集権 政治権力が国(中央政府)に集中しているしくみ。地域住民の意思

が反映されにくくなるため，地方分権<ぶんけん>を進めることが望ましいといわれる。

地方分権一括法<ち ほうぶんけんいっかつほう>　国と地方の関係を，これまでの下請け<したうけ>のような関係から**対等の関係**に変えるため，1999年に制定された法律。これにより地方自治法が大幅<おおはば>に改正された。国の仕事の多くが地方公共団体に移され，地方公共団体が自主的にできる仕事が拡大<かくだい>した。現在も仕事や財源<ざいげん>を国から地方に移す**地方分権**<ち ほうぶんけん>が進められている。

首長<しゅちょう>　地方公共団体の**執行機関の長**<しっこう>で，**都道府県知事と市(区)町村長**のこと。住民の直接選挙で選ばれる。予算や条例<れい>の案を作成して議会に提出し，議決された予算や条例などに従って行政<ぎょうせい>を行うほか，地方の税金<ぜいきん>を集めたりする。

●**知事(都道府県知事)**<ち>…被選挙権は**満30歳以上**で任期は**4年**。補佐役として**副知事**<ふくちじ>が置かれる。

●**市(区)町村長**<ち>…被選挙権は**満25歳以上**で任期は**4年**。補佐役として**副市(区)町村長**が置かれる。

二元代表制<に げんだいひょうせい>　地方公共団体の首長と議<しゅちょう>員という2種類の代表を，**住民が直接選挙で別々に選ぶ**制度。首長・議員はそれぞれ住民に直接責任を負う。

国民の選んだ国会議員が内閣総理大臣<ないかくそうり だいじん>を指名し，内閣が国会に責任をもつ議院内閣制<ぎいんないかくせい>と違うんだね。

副知事<ふくちじ>　都道府県の首長<しゅちょう>である知事<ちじ>を補佐<ほさ>する職員で，知事の職務の代理や事務の監督<かんとく>などを行う。知事が議会の同意を得て任命し，任期は4年。同じように，市(区)町村には副市(区)町村長が置かれる。

行政委員会・委員<ぎょうせい い いんかい・い いん>　専門分野や政治的中立性を必要とする分野に設置される行政機関。首長からある程度，独立<しっこう>した執行機関。**教育委員会**<かんきょう>，**選挙管理委**<せんきょかんり>**員会**，**監査委員**<かんさ>，人事(公平)委員会，公安委員会<こうあん>(都道府県のみ)，農業委員会(市〈区〉町村のみ)などがある。〔➡p.287：国の行政委員会〕。

★**地方議会**<ち ほうぎ かい>　地方公共団体の議決機関。**都道府県議会と市(区)町村議会**<し く>がある。住民の直接選挙で選ばれた議員で構成される。議員の被選挙権は**満25歳以上**で任期は**4年**。ただし，解散<かいさん>があれば職を失う。地方議会は，**条例の制**<じょうれい>**定，予算の議決**<よさん ぎ けつ>を行う。

	選挙権	被選挙権	任期
議員	満18歳以上	満25歳以上	4年
首長	満18歳以上	市(区)町村長 満25歳以上 都道府県知事 満30歳以上	4年

▲地方議会議員と首長の選挙

国会は二院制だけど，地方議会は一院制だよ。

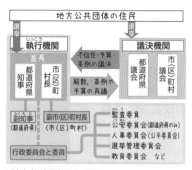

▲地方公共団体のしくみ

★ 条例
地方議会が，**法律の範囲内で定めるきまり**。定めた地方公共団体のみに適用され，罰則を設けることもできる。

各地で地域の特性を生かした条例がつくられているよ。

議会の不信任議決
首長の方針に反対のとき，地方議会が，首長の不信任議決をすること。決議されると，首長は10日以内に地方議会を解散しなければ，その職を失う。**発展**決議には議員の3分の2以上が出席し，その4分の3以上の賛成が必要。

議会の不信任議決も首長の再議要求も，お互いに監視し合って権力のつり合いをとるためなんだって。

再議要求
首長が，議会が議決した条例や予算の議決に異議があるときに，地方議会に**再議（再び審議し，議決をやり直すこと）**を要求すること。首長の議会に対する拒否権。

★★ 地方財政
各地方公共団体が税金などの収入で，地域住民に公共サービスを提供する経済活動のこと。具体的には，地方公共団体の**歳入（収入）と歳出（支出）**をいう。地方財政を安定させるために，国の税収の一部を地方公共団体へ移す税源移譲などの税制改革も進められている。

	国からの補助や支出			2017年度

	地方税 44.5%	地方交付税交付金 19.1	国庫支出金 16.3	地方債 10.5	その他
歳入					

	一般行政経費 42.0%	給与関係経費 23.1	公債費 14.4	投資的経費 13.9	その他
歳出					

(2017/18年版「日本国勢図会」)

▲地方財政の内訳

地方税
地方公共団体が集める税金。**都道府県税**（都道府県民税など）と**市(区)町村税**（市〈区〉町村民税など）がある。

地方債
地方公共団体が，**財源の不足を補うお金を借り入れるために発行する借金の証書**。公共施設の建設など必要な経費のために発行される。

★ 国庫支出金
国が使いみちを指定して**地方公共団体に支出するお金**。義務教育や公共事業，災害復旧事業など特定の仕事に使われる。

★★ 地方交付税交付金
地方財政の収入格差を減らすために，国が配分するお金。使いみちは指定されていない。

自主財源
地方公共団体が**自らの権限で徴収する財源**。大部分が**地方税**。

依存財源 国から支出される**国庫支出金，地方交付税交付金**や，借金である**地方債**など。多くの地方公共団体は，自主財源が少なく，依存財源に頼らざるを得ない。

国からの支出をチェック

地方交付税交付金	国庫支出金
地方財政の収入格差を減らすために国が配分するお金	国が使いみちを指定して支出するお金
しばる しばる	公共事業に使うように。
使いみちは自由です。	

地方交付税交付金は，財源の豊かなところには少なく，えしいところには多く配分されるんだよ。

自治体財政健全化法 地方公共団体の財政破たんを防ぐため，2007年に制定された法律。国がいくつかの基準で地方公共団体の財政状況を把握して，基準を超えた地方公共団体は，財政再建計画を作成し，国の監督のもとで立て直しをはかる。

ふるさと納税 納税者が税金を納めたいと思う地方公共団体へ，個人で寄付して貢献できる制度。一定額分は自分の住むまちに納める住民税からさし引かれる。寄付を受けた地方公共団体も，特性をいかした地域の取り組みに活用できる。

市町村合併 周辺の市町村がいっしょになって新しく1つの市町村になること。別々に行っていた仕事を統合・整理することで，**効率化をはかり経費を減らす**ことができるなどの長所もあるが，中心部から離れたところではサービスが行き届かないなどの問題も生じることがある。

★★**直接請求権** 地方公共団体の住民に認められた，**地方自治に直接参加する権利**。地域住民の一定数以上の署名をもって首長や選挙管理委員会などに対して行う請求。直接民主制[➡p.276]のしくみを取り入れた，住民の意思を地方自治に反映させる有力な権利である。

条例の制定・改廃の請求 直接請求権の1つで，住民が条例の制定・改正・廃止を地方議会で審議するよう請求すること。 **発展** 有権者が法令の制定や改廃について提案することを**国民(住民)発案(イニシアチブ)**といい，直接民主制の要素の1つ。地方公共団体の「条例の制定・改廃請求」はそれを制度化したもの。

監査請求 直接請求権の1つで，住民が，地方公共団体の事務・経理の監査(監督して検査すること)の請求をすること。

★**解職請求(リコール)** 直接請求権の1つで，住民が，地方議会議員，首長，副知事，副市(区)町村長，各種の委員などの**職を解くこと(リコール)**を請求すること。

解散請求 直接請求権の1つで，住民が，地方議会を解散して**議員を選び直**

直接請求		法定署名数	請求先	請求の効果
条例の制定・改廃の請求		有権者の50分の1以上	首長	●首長が地方議会を招集 ➡ 結果公表
監査請求			監査委員	●請求事項を監査 ➡ 結果公表
解職請求	首長・議員	有権者の3分の1以上※	選挙管理委員会	●住民投票 ➡ 過半数の賛成があれば職を失う
	その他の役職員		首長	●首長が地方議会にかける ➡ 3分の2以上出席 ➡ 4分の3以上の賛成で職を失う
解散請求			選挙管理委員会	●住民投票 ➡ 過半数の賛成があれば解散

▲直接請求の種類とその内容　　　※有権者数が40万人を超える場合は，超える数によって署名数が異なる。

すように請求すること。

住民投票　国が，特定の地方公共団体のみに適用される特別法を制定する場合，その地方公共団体の住民によって行われる賛成・反対の投票。日本国憲法第95条に定められている。

住民運動　住民が，地域のかかえる問題を解決するためにおこす自主的な運動。1960年代の公害反対運動や環境保護運動に始まり，最近は高齢者や障害者の福祉，人権問題などさまざまな分野で行われている。

町おこし・村おこし 〔➡p.86〕

NPO 〔➡p.341〕

条例に基づく住民投票　地域の重要な問題について，地方公共団体が定める住民投票条例に基づいて，地域住民が賛成か反対かの意思表示を行うための投票。原子力発電所の建設，産業廃棄物処理場の建設，市町村合併など，さまざまな問題で行われているが，結果に法的な拘束力はない。

自治基本条例　市民参加など，住民自治に基づいた地方公共団体の運営の理念を定めた条例。「地方自治の憲法」ともいわれ，地方分権の高まりとともに各地で定められている。名称は，地方公共団体によって，「まちづくり条例」，「市民参画条例」などさまざま。

オンブズパーソン(オンブズマン)制度　政府や地方公共団体などの**行政機関**を**監視**し，これらの機関に対する国民の苦情や要望を，中立な立場のオンブズマン(行政監察官)が処理する制度。

発展 19世紀にスウェーデンで初めて設けられ，日本では，1990年に神奈川県川崎市が初めて導入した。

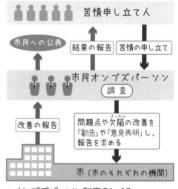

▲オンブズパーソン制度のしくみ

第**4**章 私たちのくらしと経済

1.消費生活と市場経済

* **経済(経済活動)** 生産・流通・消費のしくみの全体。私たちの日々の生活は，**財(もの)**や**サービス**を**生産**し，必要なところに移動(**流通**)し，**消費**することで成り立っている。こうした活動を通じて，私たちの生活を豊かにしていくしくみでもある。

* **財(もの)** 生活に必要な，目に見える**形のあるもの(商品)**。食料品や衣類，自動車や電化製品など。財には，**生産財**と**消費財**がある。

  生産財 原材料や機械など，生産のために使われる財。

  消費財 ティッシュペーパー，歯ブラシなど，家庭の生活のなかで消費される財。自動車や電化製品などのように長く使える財は，**耐久消費財**という。

* **サービス** 生活に必要な，**形のないもの**。教育や医療，運輸，美容院でのカットなど。

> ここでいうサービスは，私たちに利益があることを提供することで，無料という意味ではないよ！

国民経済 1つの国を単位とした，家計・企業・政府の3つの経済主体によって営まれる，生産・流通・消費といった経済活動のまとまり。

* **経済の循環** 家計・企業・政府(国と地方公共団体)の**3つの経済主体**の間を，お金を仲立ちに財(もの)・サービスが流れている全体のようす。1つの国のなかで，**家計**が消費の主体となり，**企業**が**生産**した財(もの)やサービスを**購入**する。また，家計は現金を得るために，企業に**労働力**を提供し，企業はそれに対して**賃金(給料)**を支払う。政府は，家計や企業が納めた**税金**を使い，**社会資本**や**公共サービス**を提供する**財政**〔➡p.317〕という経済活動を行う。なお，3つの経済主体の間をめぐるお金が，

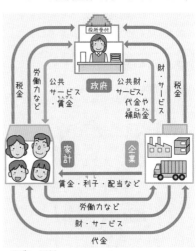

▲経済の循環(国民経済のはたらき)

とどこおらないで流れるようにする役割を担うのが**金融機関**[➡p.311]である。

★ **家計**　家庭が行う消費生活を中心とした経済活動。**消費**を中心とする**経済主体**の1つ。それぞれの家庭は、収入を得て、それをさまざまな目的のために支出する。

所得(家計の収入)　次のような種類がある。
- **給与所得(勤労所得)**…会社や役所などで働いて得る所得。家計の収入の中で最大の割合を占める。
- **事業所得(個人業主所得)**…農業や商店、工場の経営などによって得る所得。
- **財産所得**…所有している財産から得る所得。預貯金の利子や家賃収入、株式の配当など。

★ **消費支出**　家計の支出のうち、日常生活で必要になる財(もの)やサービスを購入するための費用(支出)。食料費や

住居費、光熱費、被服費(衣類など)、医療費、教育費など。

非消費支出　消費以外に支出される費用(支出)。所得税や住民税などの**税金**、**医療(健康)保険**、雇用保険などの社会保険[➡p.322]の保険料など。

★ **貯蓄**　家計の収入の一部を将来の支出に備えておく資金(お金)。銀行預金(郵便貯金)や生命保険料などの支払い、株式・国債の購入など。貯蓄されたお金は、企業などに貸し出されて経済活動のための資金となる。

★ **消費者の権利**　消費者が基本的にもっている権利。1962年にアメリカ合衆国のケネディ大統領が「消費者の4つの権利」を示してから世界中に広まった。日本では**消費者基本法**で明示されている。

消費者の4つの権利

①**安全を求める権利**(安全である権利)
②**知らされる権利**(知る権利)
③**選ぶ(選択する)権利**
④**意見を反映させる権利**(意見が反映される権利)

★ **消費者主権**　企業が生産する商品とその生産量は、消費者が自らの意思と判断で決まるということ。そのためには消費者自身が事前に調べるなどして、商品に対する正しい知識をもつことが大切である。

消費者運動　欠陥商品や悪質商法などの**消費者問題**に、消費者自身が取り組

! 所得の種類をおさえよう

給与所得
会社や役所などで働き、給与を得る。

事業所得
農業や商店などを営む

財産所得
預金の利子
アパートの家賃収入

み，消費者の権利を守り，消費生活の向上をめざす運動。

消費者運動は，食料品や製造物などの問題だけでなく，環境問題や経済政策，原発問題など多様化してきているよ。

契約　複数の当事者の間で，売買などの約束を交わすこと。ふつうは契約書を作成するが，買い物するときのように，口約束だけの合意でも成立する。契約の内容や方法は当事者間の自由意思によるが（**契約自由の原則**），結ばれた契約には守る義務と責任が生じる。

悪質商法　さまざまな手口で，消費者に不要なものや高額なものを売りつけて利益を得ようとする商売。以下のようなものがある。

●**マルチ（取引）商法**…「販売員になって会員を増やせば売り上げの一部が入ってもうかるよ」などといって販売先を広げていく悪質商法。しかし会員は増えず，商品は売れずに大量に残ってしまう。

●**アポイントメントセールス**…電話などで「あなたが当たりました！」などといって呼び出し，商品を売りつける悪質商法。

●**キャッチセールス**…町で「アンケートにこたえてほしい」などと声をかけて営業所にさそいこみ，高額な商品を売りつける悪質商法。

●**無料商法**…「無料キャンペーン中です」などと言ってさそい，別の商品を買わせる悪質商法。

★**クーリング・オフ**　訪問販売などで商品を購入したあと，**一定期間内であれば無条件で契約を解除することができる制度**。クーリング・オフとは「頭を冷やして考え直す」という意味。

取引の内容	期　間	適用対象
訪問販売	契約書面交付の日から8日間	指定された商品・サービスなど
割賦販売（クレジット契約）	クーリング・オフ制度告知から8日間，または20日間	指定された商品
マルチ商法	契約書面交付の日から20日間	すべての商品・サービス

▲おもなクーリング・オフ制度

★**消費者基本法**　消費者の権利を明確にするとともに，企業と行政の責任を定めた法律。1968年に制定された**消費者保護基本法**を改正して，2004年に成立。消費者が被害にあわないよう，国などに消費者の自立を支援する責務があることを定めている。

国民生活センター　国民生活の安定と向上をはかるため，国民生活に関する情報の提供や調査研究を行う**消費者保護機関**。商品テストや消費者からの相談とともに，悪質商法から国民を守るための情報提供などを行っている。1970年に設置され（現在は独立行政法人〔➡p.288〕），地方公共団体には**消費生活センター**（消費者センター）が置かれている。

★製造物責任法（PL法） 製品の欠陥によって消費者が被害を受けた場合に，**企業に過失がなくても**，製造者である**企業に損害賠償の責任を負わせる**法律。1995年に施行。この法律ができる以前は，製品の欠陥で被害を受けた場合，企業に過失があったことを消費者が証明する必要があった。

★消費者契約法 消費者を契約上のトラブルから守るための法律。消費者に不利益になる情報を告げないなど不適切な勧誘方法によって契約した場合，消費者は1年以内なら契約を取り消すことができることや，消費者の利益を不当に害する条項を無効にできることなどが定められている。 **発展** 高齢化の進展にともない，2016年の改正（2017年施行）で1人暮らしの高齢者などと知りながら大量の同一商品を販売した場合は，その契約を取り消せること（過量契約の取消権）などが追加された。

★消費者庁 各省庁に分かれていた消費者行政を取りまとめてあつかう国の行政機関。内閣府のもとに2009年に設置された。**悪質商法**に関する被害や，身近な消費生活に関するトラブルの相談にのる消費者ホットラインや，これまでにあった事故情報や危険情報のデータを集めた事故情報データバンクシステムなどが設置されている。

★流通 商品が，**生産者から卸売業者や小売業者を経て消費者に届くまでの流れ**のこと。商品の流通にたずさわる仕事（商業）には，卸売業，小売業のほかに，商品を輸送・保管する**運輸業**や**倉庫業**，商品を宣伝する**広告業**などがある。

契約が取り消せる場合

「確実にもうかる」など不確実なことを断定して伝えた。

消費者に不利益になることをわざと隠していた。

自宅などに押しかけて「帰ってくれ」といっても帰らなかった。

事務所に呼び出され「帰りたい」と言っても帰らせてくれなかった。

●一般的な流通経路

生産者 ➡ 卸売業者 ➡ 小売業者（小売店） ➡ 消費者

●野菜・魚などの流通経路

生産者 ➡ 産地問屋や農業（漁業）協同組合 ➡ 卸売業者 ➡ 小売業者 ➡ 消費者

▲商品が消費者に届くまで

★商業 商品の流通にたずさわる仕事のうち，**卸売業**と**小売業**などのこと。商業は，商品を生産者から消費者に販売することで，生産活動と消費活動を活発にする役割を担っている。

卸売業 生産者から食料品や衣服など

の商品を仕入れ，**小売業者(小売店)に販売**する仕事。卸売業者は一般に**問屋**とよばれる。

小売業 卸売業者から仕入れた商品を，**消費者に直接売る**仕事。小売業者には八百屋・魚屋などの個人商店からデパートやスーパーマーケット，コンビニエンスストアなどがある。

商社 国内・国外の商品を扱い，流通を担っている企業。卸売業者の1つで，とくに貿易を中心に行っている企業をいう。特定の商品を扱う**専門商社**と，世界各地に支店があり，扱う商品が広範囲に及ぶ**総合商社**がある。

POS(販売時点情報管理)システム 商品についているバーコードをレジで読み取って，商品名・価格・数量・日時などの**販売情報などを収集できるシステム**。これによって，どこで，どのような商品が売れたかなどを把握しやすくなり，売り上げや在庫の管理などが効率的に行える。また，コンビニエンスストアのPOSシステムでは客の年齢層や性別，天気や気温などのデータが本部へ送られ，販売戦略や商品開発などに生かされている。

★**流通の合理化** 流通のしくみを簡単にし，**流通にかかる費用をおさえること**。日本の流通は，卸売が何段階にも分かれるなど複雑化しており，そのぶん人手や流通費用などがかかる。そこで，スーパーマーケットや家電の量販

店などの大型(大口)小売店は，生産者から商品を直接仕入れ，流通費用の節約をはかっている。そのほかに，**プライベートブランド(PB)**の開発や，インターネットでの**オンライン・ショッピング**なども行われている。

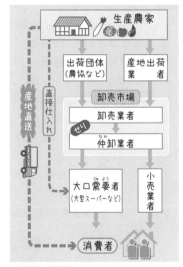

▲流通の合理化

プライベートブランド(PB) スーパーマーケットやデパートなどが**自ら企画・開発**してメーカーに製造を依頼し，独自のブランドとして販売する商品。消費者は安い値段で購入でき，**販売者は流通費用などが削減**でき利益が大きくなる。

オンライン(インターネット)・ショッピング **インターネット**を利用した商品の売買。消費者が小売業者(小売店)や卸売業者を通さずに，直接商

品を注文し購入できる。流通経路の短縮だけでなく、在庫費用の節約にもなることで販売量が伸びている。

商品を配達する人が足りなくなる問題がでているんだって。

★ **貨幣** 商品を買うときに仲立ちとなるもので、いわゆるお金のこと。貨幣には、次の3つのはたらきがある。

● **価値の尺度**…商品の価値をはかるものさしとなる。

● **交換の手段**…必要な商品を貨幣を支払うことで得られる。

● **貯蔵の手段**…財産として銀行などに預けておける。

なお貨幣には、**日本銀行**〔➡p.312〕が発行している**日本銀行券**（紙幣）と、政府が発行している**金属貨幣**（硬貨）がある。

紙幣は国立印刷局、硬貨は造幣局でつくっているよ。

★ **通貨** 社会で実際に流通している貨幣。流通貨幣の略。紙幣と硬貨をあわせた**現金通貨**〔➡p.312〕（現金）と、銀行などに預けてある**預金通貨**〔➡p.312〕（預金）がある。

クレジットカード 商品の代金を現金で支払う代わりに使用できる、銀行やクレジット会社などが発行するカード。カード発行会社が一時的に店に代金を支払い、後日カードを使った人の銀行口座から引き落とされる。現金がなくても商品を購入できるなど便利な

点もあるが、一種の借金であり使いすぎによる問題も発生している。

電子マネー 貨幣価値をもった電子的なデータのこと。ICチップが埋め込まれた専用のカードや携帯電話に現金と同じ役割をもたせたもので、さまざまな支払いや送金にも利用できる。

▲電子マネーの利用

プリペイドカード 現金と同じように使える代金前払い（プリペイド）式のカード。公共交通機関で使えるカードや、コンビニエンスストアなどで使用できるカードなどがある。

市場 売り手（供給者）と買い手（需要者）が出会い、特定の商品（財・サービス）の取り引きが行われる場。魚や野菜などの卸売市場、株式〔➡p.309〕の売買が行われる証券取引所などがある。

★ **市場経済** さまざまな市場が社会のすみずみにまで張りめぐらされ、**市場で自由に商品の売り買いが行われ、需要と供給の関係で価格が決まる経済**のしくみ。現在、世界のほとんどの国では、市場経済のしくみによって、財（もの）やサービスが生産・配分されている。

★★ **需要量** 消費者が**商品を買おうとする量**。需要量は、商品の価格の変化に応

じて増減する。

* **供給量** 生産者が**商品を売ろうとする**量。供給量は，商品の価格の変化に応じて増減する。

価格 商品の価値を金額で表したもの。値段ともいう。価格は，生産にかかった生産費や卸売や小売にかかった費用に，生産者，卸売業者，小売業者の経費と**利益(利潤)**を加えて決まる。

* **市場価格** 市場で**需要量**と**供給量**の関係で決まる価格。供給量に対して需要量が多ければ**価格は上がり**，供給量に対して需要量が少なければ**価格は下がる**。最終的には需要量と供給量が一致する価格となる(**均衡価格**)。

* **均衡価格** 自由競争が行われている市場で，**需要量と供給量が一致すると**きの価格。

市場メカニズム 市場において，商品の売り手と買い手が自由な取り引きを行うことで，**市場価格を均衡価格に近づけるしくみ**。その価格の変動が需要量と供給量を調整する。

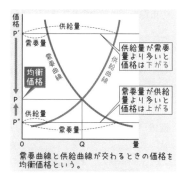

需要曲線と供給曲線が交わるときの価格を均衡価格という。

▲需要量と供給量と価格の関係

* **独占価格(寡占価格, 管理価格)**
１つあるいは**少数の企業が一方的に決める価格**。競争相手がなく，企業に有利なように高い価格に決定される(**管理価格**)ため，消費者に不利となることが多い。なお，少数の企業が決める価格を**寡占価格**ということもある。

オープン価格 商品の販売価格を製造したメーカーが決めるのではなく，小売業者が売れ行きなどを考えて自由に決める価格。家電製品やカメラなどに多く取り入れられている。

* **寡占** ある商品の生産・流通・販売など

！ 価格の変化のしくみをおさえよう

305

の**市場**を，少数の**企業**で支配している
こと。1つの企業への集中は**独占**とい
う。寡占化された市場では価格競争よ
り，デザインやアフターサービスなど
の面で競争が行われやすい。また，寡
占化が進むと1つの企業が価格（**独占
価格**）や生産量を決めることになりが
ちである。

携帯電話 (2017年3月末)
S社 26.0
携帯電話の契約数 1.6億
N社 44.6%
K社 29.4

家庭用ゲーム機 (2016年)
その他
N社 44.9
販売台数 492.6万台
S社 54.9%

（「日経業界地図」2018年版）

▲寡占化された市場の例

生産の集中　ある商品の生産が少数の
企業に集中すること。販売競争などに
敗れた企業が生産をやめることによっ
て，わずかな企業だけが生産を拡大し
ておこる。**生産の集中が進むと寡占**や
独占の状態が生まれ，消費者に不利益
になることもある。

日本でも自動車や産業用ロボット，家庭用ゲーム機，携帯電話などの製品で寡占化が見られるよ。

独占禁止法　[➡p.310]
公正取引委員会　[➡p.311]
★**公共料金**　国民の生活にかかわりの深
いものやサービスの料金。価格の変動が
国民生活に与える影響が大きいために
定められている。**鉄道やバスの運賃，電
気・ガス・水道料金**などは，国会や政府，

地方公共団体が決めたり認可したりする。

国会や政府が決定するもの	社会保険診療報酬，介護報酬
政府が認可・上限認可するもの	電気料金，都市ガス料金，鉄道運賃，乗合バス運賃，タクシー運賃，高速自動車国道料金，郵便料金(定期刊行物など)
政府に届け出るもの	国内航空運賃，電気通信料金(一部)，郵便料金(手紙・はがきなど)
地方公共団体が決定するもの	公営水道料金，公衆浴場入浴料，公立学校授業料

▲おもな公共料金

★**物価**　いろいろな**商品の価格をまとめ
て平均**したもの。物価の変動は，一般
に**物価指数**で表す。

物価指数　基準となるある年(月)の物
価を100として，その前後の物価の変
動をわかるようにした数値。**消費者物
価指数**と**企業物価指数**が代表的。

消費者物価指数　小売商品のうち，日
常生活に関係の深い商品の価格の動き
を表す指数。国民の暮らし向きを判断
する上で重要。**発展** 消費者物価指数は
政府が毎月発表している。

企業物価指数　企業間で取り引きされ
る商品の価格の動きを表す指数。景気
の動きをみるのに基本ともなる。**発展**
日本銀行が毎月発表している。

★**インフレーション（インフレ）**
**物価が上がり続けて，貨幣の価値が下
がる現象**。好景気のときにおこりやす
い。インフレになると，同じ賃金のも
とでは生活が苦しくなる。

★**デフレーション（デフレ）**　インフ

レーションと反対に，**物価が下がり続け，貨幣の価値が上がる現象**。不景気のときにおこりやすい。商品の価格が下がるので，企業の利益が減り，**企業の倒産や失業者が増え**，経済活動がにぶる。

★ **デフレ・スパイラル** デフレによる物価の下落と景気の悪化が連続しておこり，さらに物価が下がるという悪循環を繰り返す現象。物価が下がると，企業の売り上げが減少して業績が悪化するため，人件費をおさえたり，労働者を解雇したりする。このため消費が落ち込み，物価はますます下がり，不景気(不況)が深刻化する。スパイラルとは「らせん」という意味。

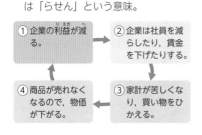

① 企業の利益が減る。
→ ② 企業は社員を減らしたり，賃金を下げたりする。
→ ③ 家計が苦しくなり，買い物をひかえる。
→ ④ 商品が売れなくなるので，物価が下がる。
→ ①へ

2.生産のしくみと企業

生産 私たちが生活に必要な，さまざまな財(もの)やサービスをつくり出すこと。生産活動は，おもに利潤(利益)の獲得を目的とする**企業**が行っている。

！ 生産の三要素をおさえよう

土地(自然)　　資本財　　労働力

工場や店を建てる土地。　原材料や工場の設備・機械など。　土地(自然)や資本財を使う人間の働き。

生産要素 生産するために必要な要素。企業が生産活動を行うためには，工場や店を建てる**土地**(自然)のほかに，**原材料や機械**などの資本財，そこで**働く人たち**(労働力)が必要である。これら**土地**(自然)・**資本財・労働力**の3つは生産活動をする上で欠かせないもので，生産要素という。近年は，これに**知的資源(知的財産)**を加える考え方もある。

知的資源(知的財産) 生産活動を効率的に行うために必要な，目に見えないもの。製法の特許やノウハウ(知識や知恵)やブランド(商標)のほかに，長年にわたって蓄積された労働者の熟練や技能などがある。発展企業の競争力のもとになるものでもある。

★ **拡大再生産** 生産が続けて行われることを再生産といい，拡大再生産とは生産が行われるたびに**生産の規模が拡大**していくことをいう。生産で得られた**利潤(利益)の一部を，機械や設備など次の生産に投入**(設備投資)していくことによって行われ，企業は拡大再生産を続けて成長をめざす。発展再生産

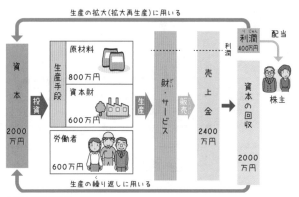

生産の拡大（拡大再生産）に用いる

資本 2000万円 → 投資 →

生産手段
　原材料 800万円
　資本財 600万円
労働者 600万円

→ 生産 → 財・サービス → 販売 → 売上金 2400万円 → 資本の回収 2000万円

利潤 利潤400万円 配当 → 株主

生産の繰り返しに用いる

▲拡大再生産のしくみ

の規模が前と同じ場合は単純再生産という。

技術革新（イノベーション） 企業が競争に勝つために，最新の機械や進んだ生産技術を発明したり，改善したりすること。技術革新は経済成長の原動力になる。発展 新商品の導入や新たな市場や資源の開拓，さらに新しい経営組織の実現なども含まれる。

経営者 企業の経営に責任を負う人。出資者がそのまま経営を担う場合もあるが，現在の複雑化した企業を経営するには，高度で専門的な知識が必要なため，出資者と経営者の分離が進んでいる。

★ **利潤（利益）** 商品の売り上げから，生産や販売などにかかった費用（原材料費や人件費など）を差し引いた残りの金額（もうけ）。企業は，利潤を多くあげるために機械の増設や工場拡大などの設備投資によって生産の拡大をはかるほか，コスト（生産費）削減なども行う。

資本 生産を始めるために，土地を買ったり工場を建てたりするための元手となる資金。

★ **資本主義経済** 私企業の生産活動を中心に営まれる経済。

工場や機械などの生産手段の私的所有（個人所有）が認められ（**私有財産制**），すべての経済活動は，企業・個人の自由とされ（**経済活動の自由**），企業・個人は，利潤を求めて自由に商品を生産する（**利潤追求の自由**）。世界の多くの国々が，資本主義経済を採用している。

社会主義経済 生産手段を国などの所有とし，社会全体の生産と消費を計画的に調整し，公平な所得の分配をめざす経済。

社会主義経済は，かつて旧ソ連や東ヨーロッパの国々で採用されていたよ。

★ **企業** 財（もの）やサービスの**生産を担っている組織**。3つの経済主体の1つ。企業は大きく，出資元により**公企業**と**私企業**に，規模により大企業と中小企業に分けられる。

★ <ruby>公企業<rt>こうきぎょう</rt></ruby> 国や地方公共団体が資金を出し，<ruby>利潤<rt>りじゅん</rt></ruby>（利益）の追求を目的とせず，**公共の利益を目的**とする企業。地方公共団体が運営する水道・ガス・電車・バス事業など。

★ <ruby>私企業<rt>しきぎょう</rt></ruby> 民間が資金を出して経営する企業。**利潤（利益）の追求を最大の目的**として生産を行う。<ruby>一般<rt>いっぱん</rt></ruby>に企業という場合は，私企業のこと。個人商店などの**個人企業**と，<ruby>株式会社<rt>かぶしきがいしゃ</rt></ruby>などの**法人企業**に分けられる。

● **個人企業**…農家や個人商店など，個人が1人で資金を出して設立して経営する<ruby>企業<rt>きぎょう</rt></ruby>。<ruby>自営業<rt>じえい</rt></ruby>ともいう。

● **<ruby>法人企業<rt>ほうじんきぎょう</rt></ruby>（共同企業）**…多数の人が資本（資金）を出し合って設立する，法律の上で人間と同じように<ruby>権利<rt>けんり</rt></ruby>・<ruby>義務<rt>ぎむ</rt></ruby>の能力をもつと認められた企業。

! **<ruby>公企業<rt>こうきぎょう</rt></ruby>と<ruby>私企業<rt>しきぎょう</rt></ruby>の<ruby>違<rt>ちが</rt></ruby>い**

公企業 公共の<ruby>利益<rt>りえき</rt></ruby>を目的とする。

水道局　　公立病院　　公営バス

私企業 <ruby>利潤<rt>りじゅん</rt></ruby>（利益）を<ruby>追求<rt>ついきゅう</rt></ruby>する。

美容院　　コンビニエンスストア　　工場

サービスを売る企業　ものを売る企業　ものをつくる企業

<ruby>会社企業<rt>かいしゃきぎょう</rt></ruby> 法律で定められた会社組織をとる企業。**株式会社**，**合同会社**，**<ruby>合資会社<rt>ごうしがいしゃ</rt></ruby>**，**<ruby>合名会社<rt>ごうめいがいしゃ</rt></ruby>**などがある。**<ruby>有限会社<rt>ゆうげんがいしゃ</rt></ruby>**もあるが，2006年の法律の改正で，

新たには設立できなくなった。

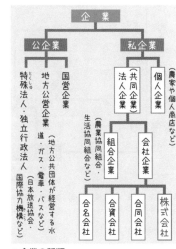

▲企業の種類

★ **<ruby>株式会社<rt>かぶしきがいしゃ</rt></ruby>** <ruby>会社企業<rt>かいしゃきぎょう</rt></ruby>の代表的なもの。必要とする資金を<ruby>小額<rt>しょうがく</rt></ruby>の**株式**に分けて広く<ruby>出資者<rt>しゅっししゃ</rt></ruby>を<ruby>募<rt>つの</rt></ruby>り，多くの人から資金を集めて設立される企業。<ruby>日本<rt>にほん</rt></ruby>の<ruby>大企<rt>だいき</rt></ruby><ruby>業<rt>ぎょう</rt></ruby>の多くがとっている会社形態。

★ **<ruby>株式<rt>かぶしき</rt></ruby>** もともとは，**株主が会社に対してもつ権利のもち分**のこと。<ruby>一般<rt>いっぱん</rt></ruby>には株券（株主がその会社の株式を所有していることを示す証券〈紙〉）を指す。

<ruby>発展<rt>はってん</rt></ruby> <ruby>証券取引所<rt>しょうけんとりひきじょ</rt></ruby>で売買される会社の株式は，現在は証書ではなく安全性などを考えて電子的に管理されている。

<ruby>株主<rt>かぶぬし</rt></ruby> 株式を購入して，会社に<ruby>出資<rt>しゅっし</rt></ruby>した人。<ruby>株主総会<rt>かぶぬしそうかい</rt></ruby>に出席して議決する権利のほか，所有している株式数に応じて<ruby>利潤<rt>りじゅん</rt></ruby>（利益）の一部を**配当**として受け取る権利などをもつ。

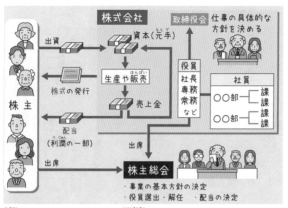

図中のラベル：

株式会社
- 資本（元手）
- 出資
- 生産や販売
- 株式の発行
- 売上金
- 配当（利潤の一部）
- 出席

株主

取締役会 仕事の具体的な方針を決める

役員 社長 専務 常務 など

社員 〇〇部—課・課 〇〇部—課・課

株主総会
・事業の基本方針の決定
・役員選出・解任 ・配当の決定

株主総会で選出される役員には、取締役のほかに、会社の業務・会計を監督する監査役がいる。

▲株式会社のしくみ

有限責任 会社が倒産した場合、株主は出資額の範囲内で損失を負担し、それ以上の責任を負わないこと。

配当（配当金） 所有する株式数に応じて株主に分配される利潤（利益）の一部。利潤が少ないときは、配当がないこともある。

★**株主総会** 株主で組織する株式会社の最高の意思決定機関。会社の事業の基本方針を決めたり、取締役を選出したり、解任したりする。

取締役会 株式会社の事業全般について、具体的な方針を決める機関。株主総会で選出された取締役で構成される。

証券取引所 株式や債券の売買が行われる場所。日本では、東京・名古屋・福岡・札幌にある。

上場 証券取引所が、証券取引所内で、

企業の株式の取り引きを認めること。企業には一定の基準を満たすことが要求されるので、上場を認められた企業は、その信用度が高まるなどの利点がある。

★**カルテル（企業連合）** 同じ業種の独立した企業どうしが、お互いの利益を確保するため、価格や生産量・販売地域などで協定を結ぶこと。消費者に不利益をもたらすことにもなり、公正取引委員会が監視している。

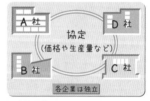

図中のラベル：A社 D社 協定（価格や生産量など） B社 C社 各企業は独立

▲カルテル

トラスト（企業合同） 同じ業種の企業が、その独立性をすてて合併し、新しい企業になること。

コンツェルン（企業連携） 多くの業種の企業が資本面で結合すること。各企業は法律上の独立性を保つが、実質的には持株会社（親会社）の支配下に置かれる。

★**独占禁止法** 企業間の公正で自由な

競争をうながして消費者の利益を守り、経済の健全な発達を進めることを目的に、1947年に制定された法律。公正取引委員会が運用している。

★ **公正取引委員会** **独占禁止法を運用するために設立された国の行政委員会**〔➡p.287〕。独占禁止法にふれる行為があれば、調査・勧告や排除命令などを出すことで企業の行動を規制し、公正な取り引きの確保をはかっている。

★ **中小企業** 資本・出荷額などで大企業より規模の小さな企業。中小企業基本法では、以下のように定められている。

- ●製造業その他…資本金3億円以下、または従業員300人以下。
- ●卸売業…資本金1億円以下、または従業員100人以下。
- ●小売・サービス業…資本金5000万円以下、または従業員50人(サービス業では100人)以下。

中小企業は、日本の企業の約99%を占め、多くは大企業の下請けとなっているが、独自の優れた技術力をいかして世界に進出している企業もある。

★ **ベンチャー企業** 独自の技術や高度な知識、さらにこれまでにないアイデアをいかして、新しい事業を展開する中小企業。ベンチャーとは冒険の意味。

★★ **金融** 資金(お金)に余裕のある人と、不足している人との間で**お金を融通すること**。ふつう、銀行などの**金融機関**がその仲立ちをする。金融は、経済活動に必要な資金の流れを円滑にするために重要なはたらきをしている。

★★ **金融機関** 金融の仲立ちをする機関。**銀行、信用金庫、証券会社、保険会社**などがある。 発展 お金を預かることはできないが、貸し出しのみを行う消費者金融会社などは、ノンバンクとよばれる。

★ **間接金融** 金融機関を通して、間接的

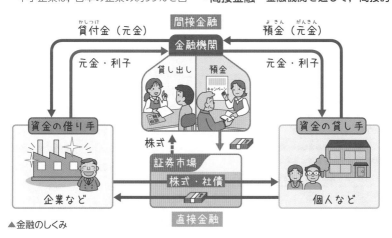

▲金融のしくみ

に資金をやりとりする方式。**銀行**は集めた**預金**などを貸し出すので，借り手は，間接的に預金者から借りていることになる。

★ **直接金融** 企業が**株式**や社債などの債券などを発行して，**市場を通じて直接資金を調達する**方式。企業にとっては有利な条件で資金が調達できるので，近年は直接金融の流れが加速している。

★ **銀行** 金融の仕事を行う代表的な機関。銀行には，**中央銀行**，**普通銀行**（都市銀行・地方銀行・ゆうちょ銀行など），信託銀行などがあるが，一般的には都市銀行や地方銀行のことをいう。銀行は，家計や企業からお金を預かる**預金業務**，資金を必要としている企業や家計にお金を融資し利子を受けとる**貸し出し業務**のほかに，現金を使わずに支払いをすませる送金や振り込みのほか，公共料金やクレジットカードの口座振替を行う**為替業務**も行う。

中央銀行	日本銀行
全国銀行 (普通銀行)	都市銀行・地方銀行・信託銀行など
中小企業 金融機関	商工組合中央金庫・信用金庫・ 労働金庫など
農林水産 金融機関	農林中央金庫・農業協同組合・ 漁業協同組合など
政　　府 金融機関	日本政策投資銀行・国際協力銀行・ 日本政策金融公庫など
保険会社	生命保険会社・損害保険会社
証券関係 金融機関	証券会社など

▲金融機関の種類

312

銀行は，預金のときの利子より貸し出しのときの利子を高くして利益を出しているんだ。

預金 銀行などの**金融機関にお金を預けること**，また預けたお金のこと。おもに次のような種類がある。

● **普通預金**…いつでも出し入れできる。

● **定期預金**…定められた期間は原則として引き出せない。

● **当座預金**…いつでも払い戻せるが，引き出しには小切手や手形を使用する。預金に対する利子はつかない。

郵便局（ゆうちょ銀行）や農協などに預けることは貯金っていうみたい。

預金通貨 銀行など金融機関に預けてある通貨（お金）のこと。いつでも引き出せ，小切手や振替制度を利用することで決済の手段としても使える。普通預金や当座預金などがある。

現金通貨 支払い手段に使われる通貨。日本では，日本銀行の発行する**紙幣（日本銀行券）**と政府の発行する**貨幣（硬貨）**がある。

★★ **日本銀行** 日本の**中央銀行**。一般の銀行とは違い，個人や一般企業とは取り引きせず，政府（国）や銀行とだけ取り引きをしている。「**発券銀行**」や「**政府の銀行**」，「**銀行の銀行**」の役割を果たしている。また，景気や物価の安定をはかるため**金融政策**を行っている。

★ **発券銀行** 紙幣（日本銀行券）を発行で

きるのは**日本銀行だけ**ということ。日本銀行の役割の1つ。現在千円札，二千円札，五千円札，一万円札の紙幣を発行している。

★ **政府の銀行**　日本銀行が，**政府（国）の資金の出し入れや，資金の貸し出し**を行うこと。日本銀行の役割の1つ。

★ **銀行の銀行**　日本銀行が，**一般の銀行に資金を貸し出したり，一般の銀行の資金を預かったり**すること。日本銀行の役割の1つ。

❗ 日本銀行の役割をおさえよう

発券銀行
紙幣（日本銀行券）を発行する。

政府の銀行
税金など，政府の資金の出し入れを行う。

銀行の銀行
一般の銀行への貸し出しや，資金を預かる。

★ **金融政策**　日本銀行が通貨量を調整して，景気や物価の安定をはかるために行う政策。**公開市場操作**や**預金準備率操作**などで通貨量を調整する。

★ **公開市場操作（オープンマーケットオペレーション）**　日本銀行が，一般の銀行との間で**国債や手形を売買する**ことで，通貨量を調整すること。景気や物価の安定をはかる**金融政策**の中心。好景気のときは，銀行に国債を売るなどして市場に出回るお金を減らし（売りオペレーション），景気を落ち着かせるようにする。不景気のときは，逆に国債を銀行から買うなどして（買いオペレーション），市場に出回るお金を増やして景気をよくしようとする。

預金準備率操作　日本銀行が，一般の金融機関に対する預金準備率（受け入れた預金を日本銀行に再預金させる割合）を上下させて，流通する通貨量を調整すること。**金融政策**の1つ。支払準備率操作ともいう。1991年以降は行われていない。

管理通貨制度　中央銀行（日本では**日本銀行**）が経済の状況に応じて，流通する通貨の発行量を調整する制度。この制度では，金と交換できない**不換紙幣**が発行される。**発展**かつては，貨幣は一定量の金貨と結び付いて保証されていた（金本位制度）。

★ **企業の社会的責任（CSR）**　企業が果たすべき社会的な責任。企業は利潤の追求だけでなく，社会の一員として，障がい者の積極的雇用や地域文化の伝承・保護，環境保全への貢献など，**社会的責任**も求められる。

メセナ　企業が，本業とは直接に関係しない文化的活動や社会的に意義のある活動を支援すること。資金を提供して美術館を建設したり，音楽コンサー

トを開いたり，災害のときにボランティア活動に参加したりする。

為替相場（為替レート）　自国の通貨をほかの国の通貨と交換するときの比率。相場は，世界の経済状況を反映して毎日変動している（**変動相場制**）。為替相場はふつう，国際通貨であるアメリカ合衆国のドルやEU（ヨーロッパ連合）の**ユーロ**との交換比率で表す。

昔は，毎日レートが変わる変動相場制ではなく，1ドル360円の固定相場制だったんだって。

★円高　外国通貨に対して**円の価値が上がる**こと。例えば1ドル100円が1ドル80円になることで，輸入品は安くなるが，輸出品は相手からみれば高くなり，輸出がふるわなくなる。1980年代から円高が進んだことで海外に生産拠点を移す企業が増え，現在**産業の空**

洞化〔➡p.69,325〕が問題となっている。

★円安　外国通貨に対して**円の価値が下がる**こと。例えば1ドル100円が1ドル125円になることで，輸入品は高くなるが，輸出品は相手からみれば割安になるので輸出が活発になる。

労働　生活のもとになる収入を得る（生計の維持）ため，生産活動を行うこと。労働には，生計の維持のほか，生産活動で役割分担をすることで**社会へ貢献**すること，それによって生きがいや充実感を得ること，などの意義がある。

公共職業安定所（ハローワーク）　国民に安定した雇用機会を確保することを目的として，国が設置している行政機関。**就職先の紹介や斡旋**（世話をする）を行うとともに就職に必要な技能の訓練などを行う。

★労働組合　労働者の地位の強化をはかるための，労働者が団結してつくる組

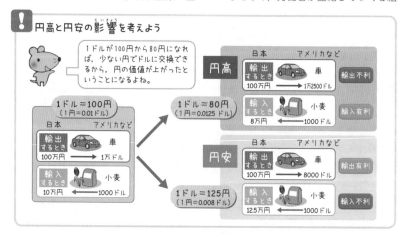

円高と円安の影響を考えよう

織。**経営者に比べて1人ひとりの立場の弱い労働者**が，賃金の引き上げや労働時間などの労働条件を改善するよう，経営者と対等の立場で要求することができる。

労働基本権(労働三権)　[➡p.271]

★★ 労働三法　労働者の権利を保障するために定められた法律の中で，とくに重要な**労働組合法，労働関係調整法，労働基準法**の3つの法律をいう。

★ 労働組合法　**労働三権**を具体的に保障し，労働者の地位の向上と，労働者と経営者の対等な交渉の助成を目的として定められた法律。労働組合の組織・権限，労働委員会の組織・権限などが規定されている。

★ 労働関係調整法　**労働者と使用者の対立を予防・解決する**ために定められた法律。労働委員会による争議の解決法(斡旋・調停・仲裁)などを規定している。

★★ 労働基準法　労働者の人間らしい生活を保障することを目的に定められた法律。労働時間を週40時間，1日8時間以内とすることや，少なくとも週1日の休日を与えることなど，**労働条件の最低基準**を規定している。

労働時間

1日8時間
週40時間

労働争議　労働条件などをめぐって労働者と使用者の意見が合わないときに

おこる争い。労働者は，要求を通そうとして団結して仕事を停止することもあり(**ストライキ**)，これに対して使用者は，工場などを閉鎖して労働者を働かせないようにする(ロックアウト)などして対抗する。

ストライキ　　　ロックアウト

雇用　企業などが労働者を雇うこと。雇用された側は会社のために労働し，これに対して会社側が報酬(賃金)を支払うことを互いに約束する。

賃金　労働者が労働力を提供したことによって，企業など使用者から受け取る報酬(金銭)。給料，手当など。

同一労働同一賃金　質・量ともに仕事内容が同じ労働に対しては，労働者の性別，年齢，国籍などに関係なく，同じ額の賃金を支払うべき，という原則。

★ 終身雇用(制)　企業が就職した者を定年退職まで雇用すること。近年はグローバル化[➡p.255]や技術革新の進展などによって雇用形態も多様化して，見直す企業が増えている。

★ 年功序列賃金(制)　年齢や勤続年数に応じて賃金が上がるしくみ。

成果主義　労働者の能力や仕事の達成

度などを評価して，それを賃金などに反映させる考え方。企業間の競争の激化や人件費を抑える必要などから，近年は成果主義をとる企業が増えている。

失業者　働く意思をもちながらも仕事につけず，公共職業安定所などで職を探している人。

非正規労働者（非正規雇用）　正規労働者以外の期間を定めて雇用される，労働者。パートタイマー（パートタイム）や派遣労働者などをさす。近年増加傾向にあるが，景気が悪くなると解雇されるなど雇用条件は不安定である。また，同じ仕事をしても賃金や労働条件に格差があるなど，正社員と比べ弱い立場にある。

★ **雇用形態の多様化**　日本では正規労働者（正社員）として働く人が減少し，契約社員や派遣労働者，パートタイマーなどの**非正規労働者**として働く人が増加していること。

● **正規労働者**…企業に正規に採用され，フルタイムで働く労働者。保険への加入，待遇などが法律で定められている。

● **契約社員**…期間と仕事の内容を決めて労働契約を結んで雇われる社員。

● **派遣労働者**…登録している派遣会社を通じて，派遣先の企業で働く労働者。

● **パートタイマー（パートタイム）**…1日または1週間の労働時間が，標準の労働時間よりも短い労働者。アルバイトなどはこれにあたる。

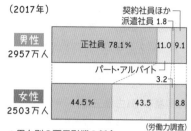

▲男女別の雇用形態の割合

外国人労働者　外国から来て働いている人のこと。東南アジア諸国や南アメリカ諸国からの労働者が多く，2016年には100万人を超えた。しかし，非正規労働者が多く，日本人労働者に比べ一般に賃金は低く，労働環境も厳しいなどの問題がある。

労働時間の問題　日本はヨーロッパ諸国と比べ労働時間が長いこと。働きすぎによる**過労死**などの**労働災害**や，時間外に働いても賃金が支払われない**サービス残業**などの問題。

▲1人あたり平均年間総労働時間

過労死　長時間労働や職場でのいやがらせ・いじめなどによる過労やストレスが原因で，死亡すること。過労が原因の自殺も過労死と認められる。

労働災害　労働者が仕事中に，負傷し

たり，病気になったり，死亡したりする事故などのこと。労働災害が認められると労働者災害補償保険〔➡p.323〕から保険金が給付される。

★ **リストラ**　企業が新しい分野への進出などで事業内容を再構築すること。日本では，事業所の統合や閉鎖，それにともなう**人員の削減(人員整理)**などをさす場合が多い。英語のリストラクチャリングの略。

ワークシェアリング　仕事を分かち合って，雇用を増やすこと。労働者1人あたりの労働時間を短縮するなどして雇用人数を増やし，より多くの人に労働と収入の機会を与えようとする考え方。

裁量労働制　実際の労働時間に関係なく，あらかじめ決まった時間を働いたとみなして賃金を支払う制度。働く人を時間ではなく，成果や実績で評価する能力主義による雇用の形の1つ。

フレックスタイム制　総労働時間を決めて，労働者が出社と退社の時間を自由に決めることができる制度。 **発展** 1日のうちで，全員が揃う時間帯(コアタイム)を設けることが多い。

ワーキングプア　フルタイムで働いているのに，収入が低く，貧しい生活から抜け出せない人々。

★ **ワーク・ライフ・バランス**　生活を支える仕事とそれ以外の生活が，バランスよく調和していること。「仕事と生活の調和」と訳され，日本では仕事と家事・育児・介護の両立という意味でも使われる。これを実現するために**育児・介護休業法**などが定められている。ワーク・ライフ・バランスは健康や生きがいのためにも大切。

★ **育児・介護休業法**　育児や介護を行う労働者が，仕事と家庭生活の両立ができることを目的に制定された法律。労働者は，一定期間，**育児・介護休業**をとることができる。また，労働時間の短縮やフレックスタイム制などを希望することもできる。2017年の改正で介護休業が分割して取れるなど，効率よく時間が使えるようになった。

3. 財政と国民の福祉

★ **財政**　政府(国や地方公共団体)が営む**経済活動**のこと。具体的には歳入(収入)と歳出(支出)をさす。家計や企業から集めた**税金(租税)**などをもとに，社会全体に必要な支出(社会資本や公共サービスなど)にあてている。国が営む経済活動を**国家財政**，地方公共団体が営む経済活動を**地方財政**〔➡p.296〕といい，1年ごとに見積もった予算に従って運営される。

★ **社会資本**　国や地方公共団体によって提供される，民間企業では提供が難しい多くの人々が利用する**公共性のある施設**。**インフラ(インフラストラクチャー)**，**公共財**ともいい，社会資本は道

317

路，空港，港湾などの**産業関連社会資本**と，上下水道や公園，病院などの**生活関連社会資本**に分けられる。

★ **公共サービス**　国や地方公共団体によって提供される，民間企業では提供が難しい**警察**，**消防**，**教育**，**防衛**などの公共性の高いサービス。

！社会資本と公共サービスの違いをおさえよう

社会資本　学校　警察　病院　橋　消防　公園　教育　公共サービス

予算　国や地方公共団体の，**1年間の歳入**（収入）と**歳出**（支出）の見積もり。国の予算は国会の，地方公共団体の予算は地方議会の，それぞれ審議・議決で成立する。予算には，一般会計予算と特別会計予算がある。

国の予算といえば，ふつうは一般会計予算のことをさすよ。

一般会計予算　政府が**一般的な行政**を行うための歳入と歳出の見積もり。国の場合，社会保障や地方財政，公共事業や教育，防衛などの費用にあてられる。

特別会計予算　一般会計予算と別に，特定の目的にあてるために設けられた予算。**道路や空港の整備**など，**国が特別な事業**を行ったり，特定の資金を特定の歳出にあてたりする。

★ **歳入**　国や地方公共団体に入ってくる1年間の**財政の収入**。国の歳入は，所得税や法人税，消費税などの**税金**（**租税**）が大きな割合を占めている。

★ **歳出**　国や地方公共団体が使う1年間の**財政の支出**。国の歳出は，**社会保障関係費**や**国債費**，**地方交付税交付金**などが大きな割合を占めている。

★ **所得の再分配**　財政が果たしている**所得の格差を調整**する役割の1つ。所得の多い人から税金を多く徴収（**累進課税〈制度〉**）して，社会保障制度のしくみなどを通じて，所得の低い人々に所得を再分配すること。

企業　税　社会保障　所得の多い人　税　国　地方公共団体　所得の少ない人　税　生活扶助

▲所得の再分配

★ **社会保障関係費**　国民の生活を保障するのに必要な経費。社会保険費・生活保護費・社会福祉費・失業対策費などが含まれる。近年の国の支出で最も割合が高い。

★ **国債費**　国債（国の借金）の元金の返済と利子を支払うための費用。近年，国の歳出に占める**国債費**の割合が増加し，財政を圧迫している。

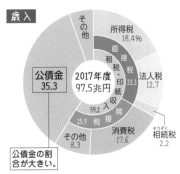

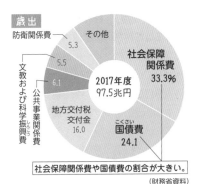

▲国の歳入と歳出の内わけ

★ 地方交付税交付金 〔➡p.296〕

★ 財政投融資 国が財政を通じて行う投資や融資。国が特別な債券を発行して資金を調達し、民間では難しい住宅の整備や都市整備、中小企業の振興のために、投資や融資を行うもの。かつては、一般会計予算の半分ほどの規模があり第二の予算とよばれてきたが、制度の見直しが行われ、その金額は大幅に減っている。

公債金 歳入の不足を補うために発行する国債の発行による借入金。近年では、国家予算の歳入に占める割合が最も大きい。

★ 税金(租税) 国や地方公共団体が、家計や企業から強制的に徴収するお金。国民が義務として納め、財政収入の中心となっている。納める先によって国税と地方税に、納める方法によって直接税と間接税に分けられる。

国税 国が集める税金。所得税・法人税などの直接税、消費税などの間接税がある。

地方税 〔➡p.296〕

★ 直接税 税金を納める人(納税者)と実際に負担する人(担税者)が同じ税金。所得税・相続税・住民税などがある。

★ 間接税 税金を納める人(納税者)と負担する人(担税者)が異なる税金。消費税が代表的なもので、ほかに酒税・揮発油税・たばこ税などがある。

		直接税	間接税
国税		所得税 法人税 相続税 など	消費税、酒税、 たばこ税、関税 揮発油税 など
地方税	都道府県	道府県民税 (都民税) 事業税 自動車税	地方消費税 ゴルフ場利用税 道府県たばこ税 (都たばこ税)
	市町村	市町村民税 軽自動車税 固定資産税	市町村たばこ税 入湯税

▲税金(租税)の種類

▲直接税と間接税の違い

★ **累進課税（制度）** 課税対象の金額が多くなるほど税金の割合（税率）を高くする課税制度。所得税や相続税などに適用されている。所得や財産の少ない人の税負担を軽くし，多い人の税負担を重くすることで，**所得の格差を調整する**はたらきがある。

	0　20　40　60　80　100%
195万円以下	5%
195万円超 330万円以下	10%
330万円超 695万円以下	20%
695万円超 900万円以下	23%
900万円超 1800万円以下	33%

課税所得金額
（1800万円超の分は40%，4000万円超の分は45%）
▲所得額による税率の違い

所得税 働いて得た給与など，個人が得た金額にかけられる税金。**直接税**の1つで国税。 **発展** 会社などの法人の所得には法人税がかけられる。

消費税 商品を購入した代金にかけられる税金。**間接税**で，国税と地方税に配分される。すべての人に同じ税率がかかるので，**所得の少ない人ほど税負担の割合が重くなる（逆進性）**という問題がある。

★ **公債** 国や地方公共団体が**財政収入（歳入）**の不足を補うために発行する借金の証書。国の公債を**国債**，地方公共団体の公債を**地方債**[⇒p.296]という。

★ **国債** 国が発行する公債。国債は，道路や港湾・ダムなどの公共財の建設費用にあてるための**建設国債**と，その年

に必要な税収不足を補うための**赤字国債（特例国債）**がある。国債の返済は後の世代の負担となり，発行は慎重に行わなければならない。 **発展** 赤字国債は，財政法で禁止されているが，特例公債法によって毎年，発行されている。

国債依存度 国の歳入（収入）に占める国債発行額の割合。国債は借金なので，依存度が高くなると元金の返済や利子の支払いにあてる国債費が増え，財政を圧迫することになる。

> 国債は借金なので，利子をつけて返さなければならないよ。

★ **国内総生産（GDP）** その国の総生産額（一国の中で1年間に生産された財やサービスの合計）から，原材料などの額を引いたもの。一国の経済活動の規模をはかる指標（基準になる数値）の1つ。

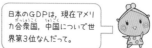

> 日本のGDPは，現在アメリカ合衆国，中国についで世界第3位なんだって。

国民総所得（GNI） 国内・海外も含めて，一国の国民（外国人は含まない）が1年間に受け取った所得の合計。国内総生産に，海外からの所得を加えたもの。現在は，**国民総生産（GNP）**に代わって使われるようになっている。

国民総生産（GNP） 1年間に**一国の国民が生産した総生産額**から，原材料などの額を引いたもの。海外で国民が

生産したものも含む。

★ 経済成長率　一国の経済の規模が1年間でどれだけ伸びたかを示す数値。ふつう、**国内総生産（GDP）**の前年度に対する伸び率で表される。

★ 景気変動（景気の循環）　資本主義経済で、経済活動が活発になる**好景気（好況）**と経済活動がにぶる**不景気（不況）**が交互に繰り返されること。資本主義経済では、必ずおこる。

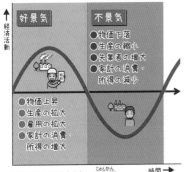

▲景気変動の波（景気の循環）

★ 好景気（好況）　経済活動が**活発な状態**。生産活動が活発となって商品がよく売れて企業の利益も増え、**雇用や賃金も上昇**する。

★ 不景気（不況）　経済活動が**にぶっている状態**。商品が売れず生産活動が停滞して、**失業者の増加や賃金の低下**がおこる。 発展 経済が急激に不景気になり、経済の大混乱がおこることを**恐慌**とよぶ。

★ 財政政策　景気を安定させるために、国（政府）が歳出や歳入（税金）を通じて

行う経済政策。不景気のときは、**公共事業を増やしたり、減税をして**経済を活性化する政策がとられる。財政政策は、**日本銀行の行う金融政策**〔➡p.313〕とならぶ景気調整の**2本柱**である。

★ バブル経済（景気）　土地や株式などの資産の価格が、経済の実態から大幅にかけ離れて上昇した状況。1980年代後半から1990年代初めにかけておこった。急速に進んだ円高の対策として低金利政策が続いたため、余った資金が株式や土地の購入にあてられ、**株価や地価**（土地の値段）**が泡（バブル）がふくらむように上昇**した。

バブル経済の崩壊　国（政府）や日本銀

321

行が, 景気の過熱をおさえる政策をとったため, **株価や地価が暴落して**バブル経済が終わり, 景気が後退したこと。その結果, 大量の土地や株式をもつ企業が倒産し, 巨額の貸付金(**不良債権**)をかかえた銀行が経営に行きづまった。バブル経済崩壊の1991年から, 日本経済は長い間, 低迷期が続いた。

★ **社会保障制度** 病気やけが, 失業, 高齢などを理由に生活が困難になったとき, 国の責任で国民の生活を保障する制度。**日本国憲法第25条**の**生存権**の規定に基づいて整備されている。日本の社会保障制度は, **社会保険**, **公的扶助**, **社会福祉**, **公衆衛生**の４つの柱で構成されている。社会保障制度は, 万一の事態に備えるセーフティーネット(安全網)の役割を果たしている。

▲日本の社会保障制度のしくみ

★ **社会保険** 加入者がふだんから掛け金を積み立てて, 病気や高齢, 失業などの場合に**一定の保険金の給付やサービスを受ける**制度。日本の社会保障制度の４つの柱の１つでその中心。**医療(健康)保険**, **年金保険**, **労災保険**, **雇用保険**, **介護保険**などがある。

★ **医療保険(健康保険)** けがや病気な

どのとき, 医療機関に保険証を提示すれば一部の負担で診療を受けられる社会保険。

★ **年金保険** おもに老後のために資金を積み立て, 一定の年齢になれば, 給付を受ける社会保険。国民全員が加入する**国民年金**, 会社員が加入する**厚生年金**, 公務員が加入する**共済年金**がある。**発展**国が実施している公的年金のほか, それを上乗せするために, 保険会社などが行う私的(個人)年金もある。

現在, すべての国民が医療保険に加入する国民皆保険と, 年金保険に加入する国民皆年金が実現しているよ。

★ **介護保険** 少子高齢化社会を迎え, 社会全体で高齢者の介護を支えようと, 2000年から導入された社会保険制

おもな社会保険をおさえよう

医療保険(健康保険)
(健康保険・国民健康保険)

治療費は一部だけ払ってください。

年金保険
老後の生活などを保障。

これで生活ができるよ。

雇用保険
失業した場合に保険金を受け取る。

よかった…

介護保険
高齢者など介護を必要とする人が介護サービスを受ける。

度。費用は40歳以上の人が支払う保険料と税金により，介護が必要と認定されると，原則，費用の1割の負担で介護サービスが受けられる。

後期高齢者医療制度　75歳以上または65歳以上で一定の障害がある高齢者を対象に，2008年から導入された医療保険制度。現役世代の負担増加にともない，75歳以上の高齢者(後期高齢者)にも保険料を負担してもらうため，国民健康保険などの医療保険から独立させて導入された。

雇用保険(失業保険)　保険の加入者が失業した場合に，一定期間に限って保険金を給付する社会保険。

労働者災害補償保険(労災保険)　仕事中や通勤中に病気・けが・死亡した場合に，その治療費，休業中の生活費，遺族への補償として保険金を給付する社会保険。

★**公的扶助**　生活に困っている人々に最低限度の生活を保障し，自立を助けるため，**国が必要な給付を行う**社会保障制度。生活保護法に基づいて，生活・医療・住宅・教育などの扶助がある。日本の社会保障制度の4つの柱の1つ。

生活保護法　**日本国憲法第25条の生存**権の規定に基づいて，生活に困っている人々にその最低限度の生活を保障し，自立を助ける目的で制定された法律。困っている程度に応じて扶助の内容や方法を定めている。

★**社会福祉**　働くことが困難で，社会的に弱い立場にある人々に生活の保障や支援を行う社会保障制度。**児童福祉**，**障がい者福祉**，**高齢者(老人)福祉**や**母子福祉**などがある。児童福祉施設の設置，老人ホームの設置や健康診断の実施などを行う。日本の社会保障制度の4つの柱の1つ。

★**公衆衛生**　国民の健康を増進し，生活環境を改善するために行う社会保障制度。上下水道の整備，感染症予防，公害対策，廃棄物処理などの保健衛生対策を行う。日本の社会保障制度の4つの柱の1つ。

★**少子高齢化**　[➡p.256]

高齢者の増加で増えていく社会保障の費用を，少子化で減少していく若い世代が負担することになるから，社会保障制度のしくみを考え直す必要が出ているよ。

★**公害**　企業の生産活動や人々の生活で，人々の健康や生活環境が損なわれること。公害には，**大気汚染**，**水質汚濁**，**土壌汚染**，**騒音**，**振動**，**地盤沈下**，**悪臭**などがある。日本では，1960年代の高度経済成長期に公害の被害が深刻化し，住民運動が展開された。

★**四大公害裁判**　高度経済成長期に**水俣**

病, イタイイタイ病, 四日市ぜんそく, 新潟水俣病の四大公害病〔➡p.80〕について, 被害者が企業を訴えた裁判。いずれも原告(患者)側が勝訴した。企業の責任と国が公害対策をおこたったことが指摘された。

公害病	地域	原因
水俣病	熊本県・鹿児島県の八代海沿岸	水質汚濁
イタイイタイ病	富山県神通川流域	水質汚濁
四日市ぜんそく	三重県四日市市	大気汚染
新潟水俣病(第二水俣病)	新潟県阿賀野川流域	水質汚濁

▲四大公害裁判

★**公害対策基本法** 深刻化する公害被害に対処するために, 1967年に制定された法律。事業者, 国と地方公共団体に公害の防止に関する責任や義務と, 公害防止に対して取り組むべき基本となる事項を定めた。1993年の**環境基本法**の制定にともない廃止。

環境庁 1971年に設置された, 公害防止, 自然環境の保全行政を行うための国の行政機関。2001年に**環境省**〔➡p.287〕となった。

汚染者負担の原則(PPP) 公害を発生させた企業が, 被害者に対する救済費用や環境汚染防止のために必要な費用を負担する, という原則。

ダイオキシン ごみの焼却施設などで, 不完全燃焼したときに発生する有害物質(有機塩素化合物)。発がん性などの毒性が強く, 健康や生態系への影響が大きいことから, 現在は法律によって規制が強化されている。

★**環境基本法** **公害対策基本法**を発展させる形で1993年に制定された法律。環境保全についての基本的な考え方や, 政府・企業・国民が負う責任のほか, 地球環境問題にも総合的に取り組むことが定められている。

★**環境アセスメント(環境影響評価)** 〔➡p.273〕

★**循環型社会** 資源やエネルギーの削減や再利用することで廃棄物を少なくし, **環境へ与える負担を減らしていく**ことをめざす社会。これまでの, 大量生産・大量消費・大量廃棄を前提とした社会に代わるものとして示された。

循環型社会形成推進基本法 循環型社会の実現のための基本的な枠組みを定めた法律。2000年制定。**環境基本法**の理念にのっとり, **リデュース**(廃棄物の発生をおさえること)→**リユース**(再使用)→**リサイクル**(再生利用)→焼却の際の熱の回収→廃棄物の適正処分という処理の優先順位を明らかにした。この法律のもと, **容器包装リサイクル法・家電リサイクル法**など各種のリサイクル法が制定された。

★**3R(3つのR)** リデュース(Reduce), リユース(Reuse), リサイクル(Recycle)の3つの頭文字をとったも

の。循環型社会を実現するための基本
的な考え方を示すものである。

* **リデュース(発生をおさえる)** 資源
を節約してゴミの発生をおさえること。

* **リユース(再使用)** 使えるものはで
きるだけ繰り返して使うこと。

* **リサイクル(再生利用)** 使い終わっ
たものを原料に戻して,再び資源とし
て利用すること。

3Rをおさえよう

リデュース(Reduce)
資源を節約してごみを
減らす。

レジ袋は
いりません。

リユース(Reuse)
くり返し使う。

リサイクル(Recycle)
再生利用する。

フリーマーケット

地産地消 ある地域で生産された農作
物や水産物などを,その地域内で消費
すること。食料自給率の向上や地域経
済の活性化,さらに輸送費用や輸送時
に発生する二酸化炭素などの削減など
が期待されている〔➡p.65〕。

* **産業構造の高度化** 経済が発展して
いくにつれて,産業の比重が農林水産
業などの**第1次産業**や製造業などの**第
2次産業**から,サービス業などの**第3
次産業**へ移行していくこと。日本も

1970年代から第3次産業の比重が高
まった。発展産業構造の高度化が進む
と,もの(ハード)よりも情報などのサー
ビス(ソフト)が重視されるようにな
る。このことを**経済のサービス化・ソ
フト化**という。

* **産業の空洞化** 製造業が生産拠点を海
外に移転することで,**国内の産業が衰
退すること**。経済のグローバル化の進
展や激しい国際競争を勝ち抜くため
に,多くの製造業が1980年代から**円
高**や**高い人件費**の対策として,安い労
働力や土地を求めて,海外に生産拠点
を移した。産業の空洞化によって国内
の雇用が減り,経済成長が低下するな
どの問題点が指摘されている〔➡p.69〕。

貿易自由化〔➡p.65〕

貿易摩擦〔➡p.72〕

1.国際社会と世界平和

国際社会　主権国家を中心に，お互いが関わり合って構成された社会。世界の国々は，政治・経済・文化など，さまざまな面で結びついている。

★ **主権国家**　国の政治・外交について，**自ら決定する権利**をもち独立している国家。領土と国民をもつ独立国。世界にはおよそ200の主権国家があり，**主権平等**と**内政不干渉**を原則として国際社会を形成している。

内政不干渉の原則　他国の国内政治には干渉してはならないという原則。国際法上の原則で，国際連合憲章でも示されている。

主権平等の原則　主権国家は，国土の大小などに関係なく，すべて平等に扱われ，互いに平等であるという原則。国際法上の最も基本的な原則で，国際連合憲章でも示されている。

★ **民族自決の原則**　すべての民族が，**他国の支配を受けずに，自らの政治を自らの手で決定すべき**という考え方。

〔➡p.224〕

領域　国の主権がおよぶ範囲。領土・領海・領空からなる。

領土　国が領有し，**国家の主権がおよぶ**

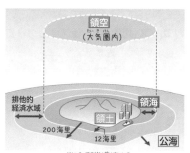

▲国家の領域と排他的経済水域

陸地（土地）。

領海　領土に接し，沿岸から一定範囲内の国の主権がおよぶ海域。一般に12海里（約22km）の範囲。

領空　領土と領海の上空で，国家の主権がおよぶ空域。一般に大気圏内までとされ，宇宙空間は含まない。

★ **排他的経済水域**　領海の外側で，沿岸から200海里（約370km）までの水域。この水域内の漁業資源や鉱産資源などの権利は，沿岸国にある。**発展** この水

▲日本の東西南北の端と排他的経済水域

域では，船の航行や飛行機の飛行は自由にできる。

日本の排他的経済水域を守るため，国土の南端の沖ノ鳥島では，水没を防ぐ護岸工事が行われたよ（➡p.45）。

★ 公海自由の原則 公海（排他的経済水域の外側）では，どの国の船や漁船も自由に航行や操業ができるとする国際法上の原則。

北方領土 北海道の北東にある，**択捉島・国後島・歯舞群島・色丹島**のこと。日本固有の領土だが，第二次世界大戦後にソ連に占領され，1991年のソ連解体後は**ロシア連邦**が占拠している。日本政府は返還を求めている。

竹島 島根県の沖，日本海の隠岐諸島の北西にある島。隠岐の島町に属する日本固有の領土だが，**韓国**が不法占拠しているため強く抗議している。**発展**日本は国際司法裁判所での解決を提案しているが，韓国は応じていない。

尖閣諸島 沖縄県の八重山列島の北に位置する島々。石垣市に属する日本固有の領土だが，周辺海域に石油や天然ガスが埋蔵されている可能性があると発表されると，1970年代に入って**中国**が領有権を主張し始めた。2012年に日本政府が土地所有者から大部分を買い上げ，国有化した。

国旗と国歌 国家を象徴する旗と歌。国々は互いに敬意を表し，尊重し合う

ことが国際的な儀礼となっている。日本では，1999年，「**日章旗（日の丸）**」を国旗，「**君が代**」を国歌と定める**国旗・国歌法**が成立した。

★ 国際法 国際社会で守らなければならない国家間のルール（きまり）。**国際慣習法**や**条約**がこれにあたる。各国は国際法を尊重し，国際協調を維持し向上させることが求められている。

★ 国際慣習法 国家間の長年のならわしで成立したきまり。**領土不可侵**（相手国の領域に無断で立ち入らない）や，外交使節の**治外法権**（駐在国の裁判を受けなくてもよい特権）などがある。

★ 条約 文書化された国家間の合意。2国間で結ばれるもののほかに，多国間や国家と国際機関の間で結ばれるものもある。広い意味での条約には，**協約，協定，議定書，宣言，憲章**なども含まれる。

国際司法裁判所 国際法に従って，国家間の争いを解決する，国際連合の主要機関の1つ。オランダのハーグに置かれている。裁判は，争っている当事国双方の合意があったときに開かれる。

★ 国際連合（国連） 世界の平和と安全の維持を最大の目的に，**国際連盟**（➡p.224）に代わり設立された国際機関。1945年に国際連合憲章に基づいて発足し，本部はアメリカ合衆国の**ニューヨーク**。**総会，安全保障理事会，経済社会理事会，国際司法裁判所，事務局**など

を中心に，さまざまな問題を解決するため，国際協力を進めている。発足時の加盟国は51か国で，現在は190を超える国々が加盟している。

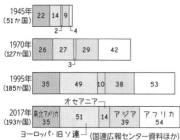

1945年 (51か国)	22	14	9		
1970年 (127か国)	26	27	29	42	
1995年 (185か国)	35	49	10	38	53
2017年 (193か国)	南北アメリカ 35	51	14	アジア 39	アフリカ 54

2 4
3
オセアニア
ヨーロッパ・旧ソ連　　（国連広報センター資料ほか）
▲国連加盟国数の推移

★ **国際連合憲章（国連憲章）** 1945年6月，サンフランシスコ会議で51か国によって採択された，**国際連合の目的・組織・活動などを定めた条約**。同年10月，この憲章が発効して国際連合が発足した。

★ **総会（国連）** 国際連合の**全加盟国で構成される，国連の中心機関**。世界のさまざまな問題を話し合い，**加盟国と安全保障理事会へ勧告する権限**をもつ。加盟国は平等に1国1票の議決権をもち，議決は多数決制が原則。総会には，毎年1回9月に開かれる定期総会のほか，特別総会・緊急特別総会がある。　発展 議決には，一般の問題は過半数，重要な問題については3分の2以上の賛成が必要。

★ **安全保障理事会（安保理）** 世界の**平和と安全の維持**に主要な責任をもつ，**国連の中心機関**。アメリカ合衆国・ロシア・イギリス・フランス・中国の5か国からなる**常任理事国**と，総会で選出された任期2年で10か国の**非常任理事国**の15か国で構成される。国際紛争を調査して解決方法を勧告したり，侵略行為などに対しては，貿易を制限する経済制裁や軍事行動などの強制措置を決定する。国連加盟国には，安全保障理事会の決定に従う義務がある。

★ **常任理事国** 国連の安全保障理事会で中心的な役割をもつ，**アメリカ合衆国・イギリス・フランス・ロシア・中国の5か国**のこと。任期がなく，**拒否権**をもつ。 発展 近年，常任理事国の拡大や拒否権について，改革の議論が行われているが，関係国の利害が対立し進んでいない。

★ **非常任理事国** 国連の安全保障理事会の理事国うち，常任理事国を除く**10か国**。任期は2年で，国連加盟国の中から総会で選ばれる。2018年現在，日本は11回選出されている。

★ **拒否権（常任理事国の拒否権）** 安全保障理事会の**常任理事国がもつ，重要な議題について，1か国でも反対すれば決議を決定できないという権利**。大国の意見が一致しなければ，問題を解決できない（**五大国一致の原則**）という考えから与えられている。

で，国連の運営に関する事務を行う機関。事務局の最高責任者は**事務総長**。事務総長自身が紛争地域の調査や紛争当事国双方への交渉にあたることも多く，その重要性は増している。 発展2018年現在の事務総長はポルトガル出身のアントニオ・グテーレス。

国際連合など，国際組織の事務局で働く職員を国際公務員というんだって。

平和のための結集決議

1950年に朝鮮戦争がおこったときに，緊急特別総会で採択された決議。大国の拒否権行使で安全保障理事会が機能しなくなった場合は，総会が代わって兵力使用などの必要な措置を加盟国に勧告できる。

★経済社会理事会

国連の主要機関。経済・社会・文化・教育などの国際協力を進め，各国の国民の生活水準の向上をはかっている。その目的を達成するために，**世界保健機関（WHO）や国際労働機関（ILO）・国連教育科学文化機関（UNESCO）**など多くの**専門機関と協力**して活動している。

事務局（国連）

国連の主要機関の1つ

専門機関（国連）

国連の経済社会理事会を通じて国連と協定を結んだ国際機関。経済，社会，文化，教育，保健など専門分野で国際協力を進めるため設立された。**国連教育科学文化機関（UNESCO），世界保健機関（WHO）**などがあり，国連と連携して活動している。

★国連教育科学文化機関（UNESCO）

国連の専門機関の1つ。**教育・科学・文化を通して**，世界の平和と安全をはかることを目的に，**ユネスコ憲章**をもとに

▲国連のおもなしくみ

1946年に設立された。本部はフランスのパリ。**世界遺産**〔⇒p.90, 341〕の登録などを行っている。

ユネスコ憲章の前文には、「戦争は人の心の中で生まれるものであるから、人の心の中に平和のとりでを築かなければならない。……」とあるよ。

国際労働機関（ILO） 国連の**専門機関**の1つ。国際社会の平和と**労働者の地位の向上**をはかることを目的に設立された。本部はスイスのジュネーブ。労働条件の最低基準を各国政府に勧告したりする。 [発展]1919年に国際連盟の付属機関として設立され、1946年に国連の専門機関となった。

世界保健機関（WHO） 国連の専門機関の1つ。世界のすべての人々の**健康維持・増進をはかること**を目的に、1948年に設立された。感染症対策などの保健政策を行う。本部はスイスのジュネーブ。

国際通貨基金（ＩMF） 国連の専門機関の1つ。**国際通貨の安定や貿易の拡大**などを目的に、1945年に設立された。世界経済の監視や、財政危機におちいった国への資金の融資などを行っている。本部はアメリカ合衆国のワシントンD.C.。

★ **国連児童基金（UNICEF）** 国連総会の決議で1946年に設立された、国連の補助機関。発展途上国の児童に対する長期援助や、災害地の児童、母親への緊急援助などを行う。

! 専門機関とその他の機関もチェック

UNESCO（国連教育科学文化機関）世界遺産の登録・保存などを行う。

UNICEF（国連児童基金）発展途上国の子どもたちを援助する。

WHO（世界保健機関）病気の対策、衛生の向上をめざす。

WTO（世界貿易機関）自由貿易の推進をはかる。

★ **平和維持活動（PKO）** 国連が、紛争地域に**平和維持軍（PKF）を派遣する**などして、**停戦の監視や選挙の監視など平和維持のために行う活動**。派遣には受け入れ国の同意が必要。日本は1992年に**国際平和協力法（ＰＫＯ協力法）**を制定し、自衛隊を初めて平和維持活動に派遣している。

★ **世界貿易機関（WTO）** **世界貿易の自由化と秩序維持の強化を目的に設立された機関**。世界貿易の拡大をはかるため、それまでの関税および貿易に関する一般協定（GATT）を発展的に解消して1995年に発足した。対象をものだけでなく、サービス（金融・情報・通信など）や知的所有権（特許権や著作権など）などにも広げ、貿易に関する国際ルールを定め、加盟国間の紛争処理

などを行っている。

* **自由貿易協定(FTA)**　特定の地域や国が，関税など貿易の妨げとなるものをなくして自由貿易を進めることを目的として結ぶ協定。2国間で結ばれるものと，**ヨーロッパ連合(EU)や北米自由貿易協定(NAFTA)** のように，多国間で結ばれるものがある。

* **経済連携協定(EPA)**　**自由貿易協定(FTA)** をさらに拡大して，投資規制の撤廃や知的所有権の保護，人の移動の自由なども含めた幅広い経済関係の強化をめざして結ばれる協定。

* **地域主義(リージョナリズム)**　特定の地域でまとまりをつくり，協調や協力を強めようとする動き。**地域統合**ともいう。経済のグローバル化が進む一方で，1国では解決できない経済・安全保障・環境などの問題が増えたことから，この動きが進み，**ヨーロッパ連合(EU)や東南アジア諸国連合(ASEAN)** が結成されている。

* **ヨーロッパ連合(EU)**　ヨーロッパの国々が，経済的・政治的な結びつきを強化するために結成した地域統合組織。**欧州連合**ともいう。1967年に発足した**ヨーロッパ共同体(EC)** を母体に，1993年のマーストリヒト条約の発効によ

って発足した。共通通貨**ユーロ**の導入や加盟国間での**関税の撤廃**などを実現し，人・もの・資本の移動を自由にしている。現在は，外交や安全保障などの面での共通政策を進めている。**発展**　2020年1月にイギリスが離脱し，2020年11月現在，27か国が加盟している。

* **ユーロ(EURO)**　EUで導入されている共通通貨。1999年に帳簿の上で導入され，2002年から紙幣と硬貨の流通が始まった。EU加盟国27か国のうち19か国が導入している(2020年現在)。

紙幣は同じデザインで統一されているけれど，硬貨の裏側は国によってちがうんだって。

* **東南アジア諸国連合(ASEAN)**　**東南アジア10か国**でつくっている地域統合組織。域内の経済成長や社会・文化的発展や政治・経済の安定を確保す

(2018年4月現在)

ASEAN
(東南アジア諸国連合)
加盟国数：10か国

APEC(アジア太平洋経済協力会議)
加盟国・地域数：21か国・地域

NAFTA(北米自由貿易協定)
加盟国数：3か国

▲ASEAN, APEC, NAFTA加盟国

ることなどを目的に1967年に結成された。最近は，ASEAN加盟国に，日本，中国，韓国（ASEAN＋3），さらにインド，オーストラリア，ニュージーランド（ASEAN＋6）を加えた会議も活発に行われている。

アフリカ連合（AU）
アフリカ諸国の政治的・経済的統合や紛争の予防・解決などをめざして，2002年に設立された地域協力機構。1963年に設立されたアフリカ統一機構を発展・改組してできたもので，55の国と地域が加盟(2018年現在)。

アジア太平洋経済協力会議（APEC）
アジア諸国と太平洋に面する国々が，**貿易の自由化など経済協力を進めること**を目的に毎年，開催している会議（枠組み）。1989年に始まり，日本・中国・オーストラリア・東南アジアの国々，アメリカ合衆国など，21の国と地域が参加している(2018年現在)。

★北米自由貿易協定（NAFTA）
アメリカ合衆国・カナダ・メキシコの3か国で合意された，**貿易の自由化を進めるための取り決め**。2020年に失効し，アメリカ・メキシコ・カナダ協定（USMCA）が発効した。

南米南部共同市場（MERCOSUR）
EU型の自由貿易市場をめざして，南アメリカの南部の**アルゼンチン・ブラジル・ウルグアイ**などが1995年に結成した関税同盟。域内の関税の撤廃で自由な貿易を進め，経済政策などでも

統合をめざしている。2018年現在，6か国が加盟。

環太平洋経済連携協定（ＴＰＰ）
アメリカ合衆国，日本，オーストラリア，シンガポールなど**アジア太平洋地域の国々がめざしている自由貿易協定**。貿易や投資・知的財産の保護など幅広い分野での共通ルールを定めることがねらい。 発展 2017年にアメリカが離脱したため，11か国で交渉が行われて合意し，2018年に発効した。

テロリズム（テロ）
政治目的を実現するために，暗殺や爆弾を使った無差別な殺傷などの非合法な手段を行使すること。

★同時多発テロ
2001年9月11日にアメリカ合衆国の各地で同時におきたテロ。イスラム急進派のテロリストにハイジャックされた旅客機が，ニューヨークの世界貿易センタービルに突入して，約3000人の犠牲者が出た。アメリカ合衆国はそのテロ組織を支援しているとして，アフガニスタンを攻撃した。

★地域紛争
国と国の間ではなく，1つの国の中や周辺の国を巻き込んでおこる局地的な争い。**民族・宗教の違いや領土問題が原因**でおこることが多く，武力衝突になることが多い。冷戦の終結〔➡p.249〕後，世界各地で見られるようになっている。

パレスチナ問題
1948年にパレスチナの地にユダヤ人の**イスラエル**が建国

されたことをきっかけにおこっている，パレスチナ人（パレスチナに住むアラブ人）とユダヤ人との対立。アラブ諸国とイスラエルとの間で4度にわたる**中東戦争**がおこり，**パレスチナ難民**などの問題が発生している。発展
1993年にイスラエルとパレスチナ自治政府が互いに承認することで合意したが，いまだ武力衝突が繰り返され，和平への展望が開けていない。

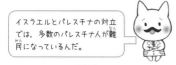

イスラエルとパレスチナの対立では，多数のパレスチナ人が難民になっているんだ。

ユーゴスラビア紛争
1991年から1999年にかけて，旧ユーゴスラビア連邦の国々の間で起こった紛争。冷戦の終結〔➡p.249〕後，ユーゴスラビア連邦内の6つの共和国がそれぞれ独立を宣言したことによって，民族対立が表面化して武力衝突に発展した。激しい紛争の後，旧ユーゴスラビアは7つの国に分裂した。

シリア内戦
中東でおこった「アラブの春」とよばれる民主化運動の影響をうけ，2011年に始まったシリアでの内戦。反政府デモを政府が弾圧したことをきっかけに，外国勢力さらにイスラム過激派組織ＩＳ（イスラミック・ステート）も加わるなど，いくつもの勢力が入り混じる内戦となった。この内戦で500万人以上の難民が発生している。

★難民
宗教・民族・政治上の理由による迫害などのため，他国に逃れた人々。
近年は，政治的な迫害のほか，武力紛争や人権侵害，環境悪化などを理由に逃れる人々も多い。

国連難民高等弁務官事務所（UNHCR）
「難民の地位に関する条約」に基づいて，難民の保護や救済・支援活動を行っている国連の機関。紛争地域で難民が多く発生し，急速にその仕事が増えている。発展1991年～2000年までの間，**緒方貞子**氏が最高責任者である高等弁務官を務めた。

北アイルランド紛争(1969～98)
ユーゴスラビア紛争(1991～99)
スーダン・ダルフール紛争(2003～)
パレスチナ問題(1948～)
チェチェン紛争(1994～96,99～)
アフガニスタン紛争・内戦 (1979～2001)
カシミール紛争(1947～)
シリア内戦 カンボジア紛争(1979～91)
(2011～) ニカラグア内戦(1979～90)
ソマリア内戦
(1988～) 東ティモール独立運動
モザンビーク内戦 (1975～99)
(1975～91)
ルワンダ内戦(1990～94)
アンゴラ内戦(1975～91,98～2002)
リベリア内戦(1989～2003)

◀世界の内戦・紛争

核抑止論 核兵器を持っていれば，報復攻撃をおそれて相手国は先制攻撃してこないという考え方。冷戦時代，アメリカ合衆国とソ連は，核保有を正当化する理論としてこの核抑止論を利用し，核兵器の開発を進めた。

核軍縮 核兵器の生産・実験・拡散を減らそうとする動き。これまで，核軍縮を進めるために，**部分的核実験停止条約，核拡散防止条約（NPT），包括的核実験禁止条約（CTBT）**，核兵器禁止条約などの条約が結ばれているが，条約に署名していない国や核開発に力を入れている国があるなど，課題も多い。

★ **部分的核実験停止条約** 1963年，アメリカ合衆国・イギリス・ソ連の3国間で結ばれた，地下核実験以外の核実験をすべて禁止する条約。

★ **核拡散防止条約（NPT）** 1968年に国連で採択された，**核保有国**（アメリカ合衆国・ソ連・イギリス・フランス・中国）**以外の国が核兵器を所有すること**を禁止した条約。核保有国が，非保有国へ核兵器を譲渡したり，製造を援助することなども禁止している。核兵器不拡散条約，核不拡散条約ともいう。1970年に発効し，日本は1976年に批准した。1995年に条約が無期限延長された。発展 原子力の平和利用の確認のため，非保有国には**国際原子力機構（IAEA）**の査察をうける義務がある。

★ **包括的核実験禁止条約（CTBT）** 1996年に国連総会で採択された，核不拡散を確実にするため，地下核実験を含む**すべての核実験を禁止**した条約。署名をしていない国や批准していない国があるため，まだ発効していない。

★☆ **国際原子力機関（IAEA）** 原子力の平和利用の促進と，軍事的利用への転用を防止することを目的として設立された国際機関。本部はオーストリアのウィーン。核拡散防止条約に基づいて，非保有国の原子力施設の査察・調査なども行う。発展 2009年12月から，日本の天野之弥氏が事務局長に就任している（2018年現在）。

戦略兵器削減条約（START） アメリカ合衆国とソ連との間で結ばれた，戦略核ミサイルなどの核兵器の削減に関する条約。第1次戦略兵器削減条約（START1）は1991年に調印され1994年に発効したが，2009年に失効した。それに代わって2011年に新戦略兵器削減条約（新START）を発効した。

対人地雷全面禁止条約 地雷の使用・貯蔵・生産・譲渡などを全面的に禁止することを定めた条約。オタワ条約ともいう。1999年に発効された。戦争が終わった後も人々に被害を与える，埋められた地雷の除去や地雷被害者への支援を進めることなども決められた。

核兵器禁止条約 核兵器の開発や使

用，保有などを全面的に禁止する条約。2017年の国連総会で採択されたが，核保有国は参加せず，唯一の被爆国である日本も参加していない。

消極的平和と積極的平和　戦争など，直接的な暴力のない状態を「消極的平和」という。これに対して，貧困・不正・抑圧・差別など，構造的な暴力がない状態を「積極的平和」という。「積極的平和」の言葉ができた背景には，戦争がなくても，貧困や差別などで苦しむ限りは，真の平和ではないとの考え方がある。

政府開発援助（ODA）　発展途上国に対して，先進国の政府が行う経済援助。発展途上国に直接行う二国間援助と，UNICEF〔➡p.330〕などの国際機関を通じて行う多国間援助がある。二国間援助には，発展途上国に対する無償の資金協力や技術協力と，返済義務のある有償資金協力がある。日本のODAの額は世界有数で，資金協力だけでなく，技術協力や教育の普及，紛争地域の復興支援などで大きな役割を果たしている。

国連中心主義　外交・安全保障政策を，国連の活動を支援する中で進めていこうとする考え方。第二次世界大戦後の日本の外交の柱の１つ。

非核三原則　〔➡p.266〕

日米安全保障条約（日米安保条約）
〔➡p.265〕

2.国際問題と私たち

地球環境問題　人間の生活・産業活動によって国や地域を越えて地球規模でおこる環境の汚染や破壊などの問題。**地球温暖化，酸性雨，オゾン層の破壊，砂漠化，熱帯雨林の減少，海洋汚染，野生動植物の絶滅**などがある。

地球温暖化　化石燃料（石油・石炭・天然ガスなど）の大量消費によって二酸化炭素（CO_2）などの**温室効果ガス**が増加し，地球全体の平均気温が上昇する現象。豪雨や干ばつなど異常気象が増え，農作物の収穫が減り，暑さに弱い動植物が死滅するなど，生態系にも大きな影響をおよぼすことが予想される。また，極地の氷がとけて海水面が上昇し，海抜が低い国が水没するおそれがある。

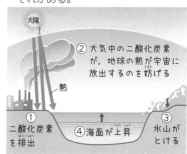

太陽

② 大気中の二酸化炭素が，地球の熱が宇宙に放出するのを妨げる

熱

① 二酸化炭素を排出

④ 海面が上昇

③ 氷山がとける

▲地球温暖化のメカニズム

温室効果ガス　二酸化炭素・メタン・フロンガスなど，大気中にあって温室効果をもたらし，**地球温暖化**の原因とな

っているガス。太陽からの熱は通すが，地球の熱が宇宙に逃げるのを妨げるため，大気中の濃度が高くなると地球全体が温室のようになって気温が上がり，**地球温暖化**がおこる。このため，温室効果ガスを削減する対策が国際的に進められている。

★ **酸性雨** 大気中の**硫黄酸化物**や**窒素酸化物**などがとけ込んで降る**酸性度が強い雨**。自動車や工場からの排出ガスが原因で発生する。森林が枯れたり，川や湖が酸性化して魚が死んだりする。ヨーロッパでは，歴史的な建造物や石像がとける被害も出ている。

硫黄や窒素の酸化物を排出

酸性雨

★ **オゾン層の破壊** 地球を取り囲んでいる，オゾンの濃度が高い**オゾン層**が破壊されていること。オゾン層は地上から10〜50kmの上空にあり，太陽からの有害な紫外線を吸収する役割を果たしているが，冷蔵庫・エアコンの冷媒やスプレーなどに使われてきた**フロンガス**が原因で破壊が進んだ。オゾン層が破壊されると，地上に届く有害な紫外線の量が増え，皮膚がんなど人体に影響を与える。南極上空には，オゾン

層が薄くなり大きな穴のようになった，**オゾンホール**が見られる。

★ **砂漠化** 人口の増加などでの**過放牧**，**過耕作**で土地がやせ，植物が育たない土地が増えること。砂漠化の進行で食料生産が減少し，ほかの土地に移る人々もいる。アフリカのサハラ砂漠南部の**サヘル地帯**などでとくに進行している。

立ち木の伐採

過放牧

カサカサよ

不毛の土地

★ **熱帯雨林(熱帯林)の減少** 赤道周辺に広がる熱帯雨林が減少していること。土地開発や輸出用木材の伐採がおもな原因で，**アマゾン川流域**や**東南アジア**などでとくに進んでいる。

★ **国連人間環境会議** 国際連合のよびかけで，1972年に**スウェーデン**の**ストックホルム**で開かれた，地球環境問題についての国際会議。「かけがえのない地球」をスローガンとして，環境問題に取り組む際の原則を記した「**人間環境宣言**」が採択された。また，この会議で**国連環境計画(UNEP)**の設立が決まった。

国連環境計画(UNEP) 国連人間環境会議の決議に基づいて，1972年に設立された国連機関。国連が取り組む

環境問題の総合的な調整などを行う。

★★ 国連環境開発会議(地球サミット)

1992年にブラジルのリオデジャネイロで開かれた，地球環境問題についての国際会議。「持続可能な開発」を原則に，「リオ宣言」や「気候変動枠組条約」などが調印され，具体的な行動計画である「アジェンダ21」が採択された。

リオ宣言

1992年の国連環境開発会議(地球サミット)で採択された宣言。「持続可能な開発」の原則に基づき，21世紀に向けた世界の環境保全のあり方についての原則を示している。

アジェンダ21

1992年の国連環境開発会議(地球サミット)で採択された，21世紀に向けた環境保全行動計画。「リオ宣言」を実行するための具体的な行動目標となっている。

★ 気候変動枠組条約(地球温暖化防止条約)

二酸化炭素(CO₂)をはじめとする温室効果ガスの排出量を規制して地球温暖化を防止しようとする条約。1992年の国連環境開発会議(地球サミット)で採択された。 発展 条約に基づいて，1995年から気候変動枠組条約締約国会議(COP)が毎年開かれている。

★ 地球温暖化防止京都会議

1997年に京都市で開かれた，気候変動枠組条約第3回締約国会議(COP3)。温室効果ガスの排出量の削減目標を定めた京都議定書が採択された。

★ 京都議定書

二酸化炭素(CO₂)などの温室効果ガスの削減目標を定めた合意文書。1997年の地球温暖化防止京都会議で採択され，2005年に発効した。先進国に対して国・地域別に，温室効果ガスの排出量の削減目標を具体的な数字で義務づけている。また，削減目

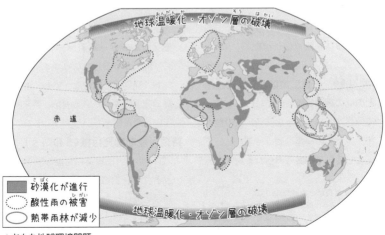

▲おもな地球環境問題

標を達成するため国や企業の間で排出量を売買できることにした（排出量取引）。2012年末に期限切れを迎えたが2020年まで延長された。発展アメリカ合衆国は2001年に離脱し，日本は延長後の京都議定書には不参加を表明した。

パリ協定 京都議定書に代わる地球温暖化対策のための新たな国際的な取り決め。発展途上国を含むすべての国が対象。2015年にフランスのパリで開かれた気候変動枠組条約第21回締約国会議（COP21）で採択された。21世紀後半には温室効果ガスの排出量を実質ゼロにし，産業革命〔➡p.197〕前からの平均気温上昇を2度未満におさえることをめざしている。2016年に発効し，日本も発効後に批准した。

ラムサール条約 〔➡p.116〕

生物多様性条約 地球上に存在し，たがいに依存し合い，関わり合っているさまざまな動植物を守っていこうという条約。1993年に発効した。

★**南北問題** 先進工業国と発展途上国との間の経済格差と，それにともなって発生するさまざまな問題。この数十年，南北間の格差は縮まらず，むしろ拡大している地域もみられる。

先進工業国は地球の北に多く，発展途上国は南に多いことから，南北問題というんだ。

★**南南問題** 発展途上国の中での経済格差の問題。発展途上国にも，石油などの資源をもつ国や工業化に成功した国，資源をもたず開発が遅れたままの国があることから生じる。

南南問題

石油のおかげで豊かになったぞ

機械がなくて大変だ

資源をもつ国　　資源をもたない国

先進国（先進工業国） 資本主義経済が高度に発展して工業化が進み，高い生活水準を実現している国。

発展途上国（開発途上国） 経済や産業の発展が遅れ，国民の所得水準が低い国。かつて植民地だった国が多く，特定の農作物や鉱産物の輸出にたよる**モノカルチャー経済**〔➡p.35〕の国が多く，経済が不安定になりやすい。発展なお，発展途上国のなかでも，とくに経済発展の遅れている国を後発発展途上国，最貧国ともいう。

持続可能な開発目標（ＳＤＧｓ） 2015年の「国連持続可能な開発サミット」で採択された，2030年までに持続可能な社会を実現するために示された国際目標。持続可能な社会を実現するため，貧困と飢餓の撲滅，質の高

い教育の普及，気候変動への対策など17のゴール（目標）と169のターゲット（具体的項目）をかかげ，「地球上の誰1人として取り残さない」ことを誓っている。

フェアトレード（公正貿易）　発展途上国で生産されたカカオやコーヒーなどの農作物や綿などの製品を，先進国の消費者が**適正な価格で継続的に購入・消費するしくみ**。発展途上国の人々の生活向上を目的として行われている。

フェアトレードは，援助する側の負担が少なく，無理なく支援が続けられる方法として注目されているんだよ。

マイクロクレジット（少額融資）　発展途上国の貧しい人々，とくに**女性の自立支援**のために，**少額のお金を貸し出す制度**。お金を借りるときに担保が必要ないため，この制度を利用して商売を始める女性が出るなど，大きな成果をあげている。

★**国連貿易開発会議（UNCTAD）**　南北問題の対策を検討するため，1964年に設置された国連の補助機関。発展途上国の経済開発や貿易拡大を進めるための政策を立てている。

主要国首脳会議（サミット）　世界の政治・経済などの問題を話し合うため，主要先進国とEUの代表が毎年1回開く国際会議。1975年，石油危機（→p.247）後の世界経済を話し合うため，フラン

スで開かれたのが最初。その後，**アメリカ合衆国・イギリス・フランス・ドイツ・イタリア・日本・カナダ・ロシア**の8か国が参加することでG8サミットなどともよばれたが，2014年以降ロシアが参加停止中でG7となっている。

20か国・地域首脳会議（G20〈サミット〉）　主要国首脳会議に参加するG7とEU，さらにブラジル・中国など新興国12か国の首脳が参加して毎年開かれる国際会議。金融・世界経済に関する首脳会議ともいい，メンバーのほかに国際機関も参加。近年は経済問題のほか，政治・環境・テロ対策などさまざまな問題が話し合われている。

人口爆発　おもに1950年代以降の，とくに発展途上国でおこった急激な人口増加のこと。

貧困　経済的に貧しく，健康で人間らしい生活を送ることが困難な状態。発展途上国では，人口増加や内戦，自然災害などから貧困におちいる人々が多く，先進国でも経済格差などから貧困層が増えてきている。発展世界銀行では，1日1.9ドル未満で生活している人々を貧困層としている。

食料問題　世界での食料配分のかたよりによっておこっている，食料に関するさまざまな問題。発展途上国で飢餓状態の人々がいる一方で，先進国では食料を家畜のエサにしていることなど

が問題となっている。日本では，食料自給率の低下が食料問題となっている。

飢餓 食料不足から，栄養不良になったり，飢え死にする人が出たりする状態。飢餓に苦しむ人々はほとんどが発展途上国に住んでおり，世界人口の約11％の人々が飢餓状態にある（2016年）。国連世界食糧計画（WFP）は，世界の飢餓状態を表した**ハンガーマップ**を作成している。

アフリカ・アジア・南アメリカで栄養不良の国が多いよ。とくにアフリカは深刻だよ。

★ **化石燃料** 石炭・石油・天然ガスなど，大昔の動植物が地層に埋もれ，炭化してできた燃料。世界で最も多く使われているエネルギー資源で，全消費の8割以上を占める。燃焼すると地球温暖化の原因となる**二酸化炭素（CO₂）**を排出するため問題になっている。

原子力発電（原発） ウランやプルトニウムなど放射性物質の核分裂によって発生する熱で蒸気タービンを回して発電する方法。発電するときに二酸化炭素（CO₂）を出さないため，日本政府は地球温暖化対策に有効として原子力発電を増やす方針だったが，2011年，東日本大震災の福島第一原子力発電所の事故を受けて，今後のエネルギー政策に関する議論が高まっている。

★★ **再生可能エネルギー** 資源が枯れることがなく，繰り返し使えるエネルギー。**太陽光・水力・風力・地熱・バイオマス（生物資源）**などがある。**自然エネルギー**ともいう。**地球温暖化**の原因となる**二酸化炭素（CO₂）**をほとんど排出しないため，環境への影響が少ないエネルギーとして開発が進められている。

太陽光発電 太陽電池などを使って，太陽の光エネルギーを電力に変える発電方法。電卓や時計にいたるまで広く利用されてきたが，近年は，太陽電池を屋根に設置する一般家庭が増え，余った電力を電力会社に売ることも可能となった。ただし，天候など自然条件に左右されるなどの問題点もある。

風力発電 風のよく吹くところに風車を設置して，その回転力で発電する方法。二酸化炭素（CO₂）の排出量が少な

！ 再生可能エネルギーをおさえよう

太陽光発電

風力発電

バイオマス

地熱発電

生ゴミ

い環境にやさしいエネルギーとして注目されているが，発電費用が高いうえに，自然条件に左右されて発電量が安定しない欠点もある。

地熱発電　地球内部の熱を利用して蒸気タービンを回して発電する方法。岩手県の松川，葛根田，大分県の八丁原などで実用化されている。

バイオマス(生物資源)発電　家畜のふん尿や，とうもろこしなどの農作物，木材などを発酵させたときに出るメタンガスなどを利用して発電する方法。

再生可能エネルギーによる発電には，供給量や費用の点で，まだまだ課題が多いんだって。

シェールガス(シェールオイル)　地中深くにある頁岩(シェール)層からとれる化石燃料。石油や石炭に比べて二酸化炭素(CO_2)の排出量が少なく，化石燃料の優等生として期待されている。技術の向上によって採掘費用が安くなり，アメリカ合衆国を中心に生産が進んでいる。

メタンハイドレート　メタンと水の分子が結合してできた氷状の化石燃料。火を近づけると燃え，水だけが残るので「燃える氷」ともいわれる。深海の海底や永久凍土層などに分布し，日本周辺の海底でも確認され，夢の国産エネルギーとして期待されているが，実用化のめどは立っていない。

都市鉱山　不要になった携帯電話や家電製品に含まれる貴金属(金や銀など)やレアメタル(希少金属)を再生可能な資源と考えて，それが大量に存在する都市を鉱山にみなそうとする考え。

世界遺産　ユネスコ〔➡p.329〕で採択された世界遺産条約に基づいて登録された，人類の貴重な財産として未来へ伝えていくべきとされた遺産。**文化遺産**と**自然遺産**，そして２つの要素を持つ**複合遺産**がある。

★**NGO(非政府組織)**　国境を越えて開発・人権・環境・貧困・難民など世界的規模の諸問題を解決するために活動している民間の組織。**国境なき医師団**や**グリーンピース**などがある。近年は，国連の会議にオブザーバーとして参加している組織もあり，ますますNGOの役割が重視されてきている。

★**NPO(非営利組織)**　教育や文化，医療や福祉，環境などの分野で社会活動を行う，利益を目的としない団体。日本では1995年の阪神・淡路大震災〔➡p.251〕以降，活動が活発化している。こうした活動を支援するために，NPO法(特定非営利活動促進法)が定められた。

NGOとNPOはほぼ同じ意味だけど，NGOはおもに国際的に活動する団体，NPOは国内で活動する団体に使われることが多いよ。

青年海外協力隊　国際協力機構(JICA)が実施している，日本の青年を発展途

上国へ派遣し，**ボランティア活動を行う事業**。日本の**政府開発援助（ODA）**〔➡p.335〕の一環として行われている。隊員は，自分のもっている技術や知識を生かし，現地の人々の自助努力をうながす形で活動している。 発展 1965年に活動が始まって以来，農林・水産・保健・衛生，教育・文化などの分野に４万人以上の隊員が派遣されている（2018年現在）。

人間の安全保障　軍事力を背景として，他国の脅威から国家の安全を守るのではなく，個人を基本としてさまざまな脅威から世界の人々を守ろうとする考え方。 発展 グローバル化が進み，これまでの軍事力が背景の「国家の安全保障」では，人権侵害，飢餓，紛争，地球環境など，世界の人々が直面する脅威から人々を守れないとして，この考えが生まれた。

★**持続可能な社会**　現在の世代だけでなく，**将来世代の経済的・社会的な利益**を考え，開発と環境保全を調和させながら発展をはかる社会。

用語の解説はここまで。
次のページからの
巻末資料も活用しよう。

巻末資料

日本の地形

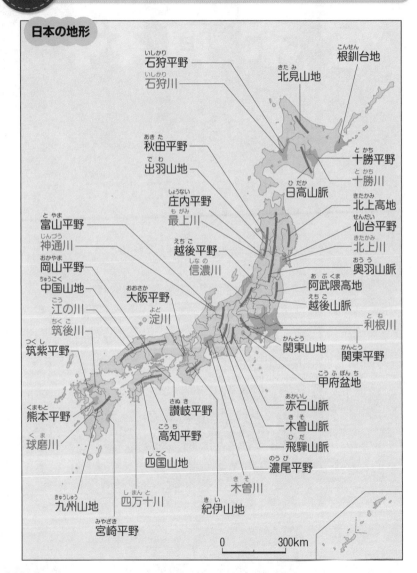

根釧台地

石狩平野
石狩川

北見山地

秋田平野
出羽山地

十勝平野
十勝川

日高山脈

庄内平野
最上川

北上高地

仙台平野

北上川

富山平野
神通川

越後平野
信濃川

奥羽山脈

岡山平野
中国山地

大阪平野
淀川

阿武隈高地
越後山脈

江の川

利根川

筑後川

関東山地

関東平野

筑紫平野

甲府盆地

熊本平野

讃岐平野

赤石山脈
木曽山脈

球磨川

高知平野

飛驒山脈

四国山地

濃尾平野

九州山地

四万十川

木曽川

紀伊山地

宮崎平野

0   300km

日本の新幹線網

- ━━━ 営業中の新幹線
- ┅┅┅ おもな計画，建設中の新幹線

（2018年4月現在）

- 札幌
- 新函館北斗
- 北海道新幹線
- 青函トンネル
- 八戸
- 秋田
- 盛岡
- 秋田新幹線
- 新庄
- 山形新幹線
- 上越新幹線
- 新潟
- 仙台
- 福島
- 東北新幹線
- 北陸新幹線
※一部ルート未定
- 金沢
- 長野
- 東京
- 山陽新幹線
- 新大阪
- 敦賀
- 名古屋
- 九州新幹線
（西九州ルート）
- 広島
- 京都
- 北陸新幹線
- 博多
- 新鳥栖
- 東海道新幹線
- 長崎
- 新八代
- 九州新幹線
- 鹿児島中央

0 300km

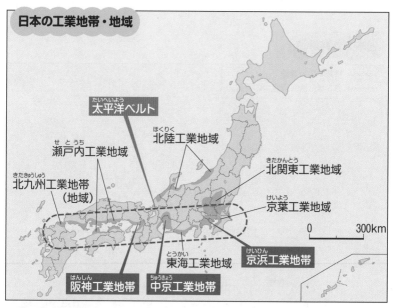

日本の工業地帯・地域

太平洋ベルト（たいへいよう）

瀬戸内工業地域（せとうち）

北陸工業地域（ほくりく）

北関東工業地域（きたかんとう）

北九州工業地帯（地域）（きたきゅうしゅう）

京葉工業地域（けいよう）

0　　　300km

東海工業地域（とうかい）

京浜工業地帯（けいひん）

阪神工業地帯（はんしん）

中京工業地帯（ちゅうきょう）

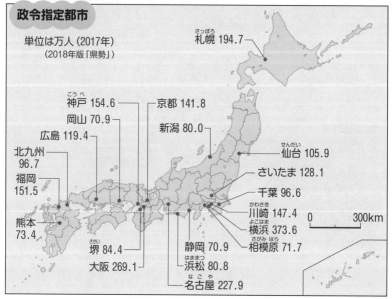

政令指定都市

単位は万人（2017年）
（2018年版「県勢」）

札幌 194.7（さっぽろ）

神戸 154.6（こうべ）

京都 141.8

岡山 70.9

新潟 80.0

広島 119.4

仙台 105.9（せんだい）

北九州 96.7

さいたま 128.1

福岡 151.5

千葉 96.6

川崎 147.4（かわさき）

熊本 73.4

横浜 373.6（よこはま）

0　　　300km

堺 84.4（さかい）

相模原 71.7（さがみはら）

大阪 269.1

静岡 70.9（しずおか）

浜松 80.8（はままつ）

名古屋 227.9（なごや）

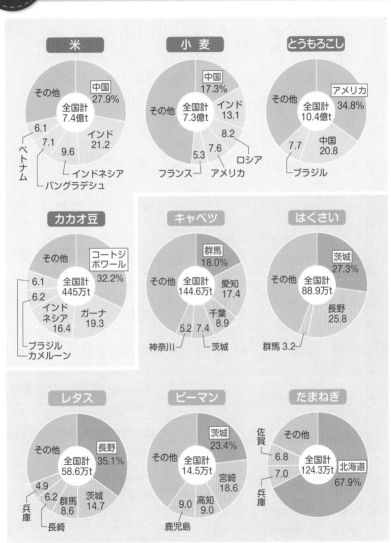

2017/18年版「世界国勢図会」(2014年)，2018年版「データでみる県勢」(2016年)

地方	都道府県	都道府県庁所在地	面積 (km²) (2016年)	人口 (万人) (2016年)	おもな産物
北海道	北海道	札幌市	83,424	535.2	じゃがいも, てんさい, バター
東北	青森県	青森市	9,646	129.3	りんご, にんにく, ごぼう, いか類, 津軽塗
	岩手県	盛岡市	15,275	126.8	養殖わかめ, 南部鉄器, 岩谷堂たんす
	宮城県	仙台市	7,282	233.0	養殖ぎんざけ, さめ類, 宮城伝統こけし
	秋田県	秋田市	11,638	101.0	はたはた, 大館曲げわっぱ, 樺細工
	山形県	山形市	9,323	111.3	さくらんぼ (おうとう), 西洋なし, 天童将棋駒, 山形いもの
	福島県	福島市	13,784	190.1	もも, 日本なし, さんま, 会津塗
関東	茨城県	水戸市	6,097	290.5	れんこん, くり, ピーマン, 結城つむぎ
	栃木県	宇都宮市	6,408	196.6	かんぴょう, 大麦, いちご, 益子焼, 結城つむぎ
	群馬県	前橋市	6,362	196.7	こんにゃくいも, キャベツ, きゅうり, 桐生織
	埼玉県	さいたま市	3,798	728.9	こまつな, ねぎ, ほうれんそう, 岩槻人形

地方	都道府県	都道府県庁所在地	面積(km²)(2016年)	人口(万人)(2016年)	おもな産物
関東	千葉県	千葉市	5,158	623.6	らっかせい, 日本なし, しょうゆ, 房州うちわ
	東京都	東京(新宿区)	2,191	1,362.4	つばき油, オフセット印刷物, 江戸切子
	神奈川県	横浜市	2,416	914.5	鎌倉彫, 箱根寄木細工, 光ファイバーケーブル
中部	新潟県	新潟市	12,584	228.6	米, まいたけ, 金属洋食器, 小千谷ちぢみ
	富山県	富山市	4,248	106.1	球根類, アルミサッシ
	石川県	金沢市	4,186	115.1	加賀友禅, 輪島塗, 九谷焼, 金沢箔
	福井県	福井市	4,190	78.2	越前がに, めがねフレーム, 越前和紙
	山梨県	甲府市	4,465	83.0	ぶどう, もも, 甲州水晶貴石細工, 甲州手彫印章
	長野県	長野市	13,562	208.8	レタス, はくさい, かんてん, 時計
	岐阜県	岐阜市	10,621	202.2	理髪用刃物, 美濃焼, 美濃和紙, 岐阜ちょうちん
	静岡県	静岡市	7,777	368.8	茶, みかん, まぐろ類, ピアノ, オートバイ
	愛知県	名古屋市	5,173	750.7	キャベツ, きく, 瀬戸染付焼, 常滑焼

地方	都道府県	都道府県庁所在地	面積（km²）（2016年）	人口（万人）（2016年）	おもな産物
近畿	三重県	津市	5,774	180.8	養殖しんじゅ, 茶
	滋賀県	大津市	4,017	141.3	はかり, 信楽焼, 彦根仏だん
	京都府	京都市	4,612	260.5	清酒, 西陣織, 京友禅, 清水焼
	大阪府	大阪市	1,905	883.3	毛布, 自転車, 堺打刃物
	兵庫県	神戸市	8,401	552.0	たまねぎ, 清酒, 線香, 播州そろばん
	奈良県	奈良市	3,691	135.6	かき, あめ菓子, ソックス, 奈良筆
	和歌山県	和歌山市	4,725	95.4	はっさく, うめ, かき, みかん, 紀州たんす, 紀州漆器
中国・四国	鳥取県	鳥取市	3,507	57.0	らっきょう, かに類, 因州和紙
	島根県	松江市	6,708	69.0	しじみ, あじ類, 雲州そろばん, 石州和紙
	岡山県	岡山市	7,114	191.5	ぶどう, 学生服, 水あめ, 備前焼
	広島県	広島市	8,479	283.7	養殖かき, レモン, やすり, 熊野筆
	山口県	山口市	6,112	139.4	ふぐ, 萩焼, 赤間すずり

地方	都道府県	都道府県庁所在地	面積 (km²) (2016年)	人口 (万人) (2016年)	おもな産物
中国・四国	徳島県	徳島市	4,147	75.0	すだち, しろうり, 生しいたけ, 発光ダイオード, 阿波和紙
	香川県	高松市	1,877	97.2	オリーブ, うどん, 丸亀うちわ
	愛媛県	松山市	5,676	137.5	いよかん, みかん, キウイフルーツ, 養殖しんじゅ, タオル
	高知県	高知市	7,104	72.1	ぶんたん, しょうが, にら, なす, 土佐和紙
九州	福岡県	福岡市	4,986	510.4	たけのこ, いちご, キウイフルーツ, 博多人形
	佐賀県	佐賀市	2,441	82.8	大麦, たまねぎ, 養殖のり, 伊万里・有田焼
	長崎県	長崎市	4,132	136.7	びわ, 養殖しんじゅ, 三川内焼, 波佐見焼
	熊本県	熊本市	7,409	177.4	い草, トマト, すいか, メロン, 肥後ぞうがん
	大分県	大分市	6,341	116.0	かぼす, 乾しいたけ, 別府竹細工
	宮崎県	宮崎市	7,735	109.6	マンゴー, ピーマン, 都城大弓
	鹿児島県	鹿児島市	9,187	163.7	養殖うなぎ, かつおぶし, 黒豚, 焼酎, 本場大島つむぎ
	沖縄県	那覇市	2,281	143.9	さとうきび, パイナップル, ゴーヤー, 琉球かすり, 琉球びんがた

2018年版「データでみる県勢」ほか

地域	国名	首都	面積(千km²)(2015年)	人口(万人)(2017年)	おもな言語	おもな宗教
アジア	日本国	東京	378	12,748	日本語	神道, 仏教, キリスト教ほか
	アラブ首長国連邦	アブダビ	84	940	アラビア語	イスラム教
	イスラエル国	※エルサレム	22	832	ヘブライ語, アラビア語	ユダヤ教, イスラム教, キリスト教ほか
	イラク共和国	バグダッド	435	3,828	アラビア語, クルド語	イスラム教
	イラン・イスラム共和国	テヘラン	1,629	8,116	ペルシャ語, トルコ語	イスラム教
	インド	デリー	3,287	133,918	ヒンディー語	ヒンドゥー教, イスラム教ほか
	インドネシア共和国	ジャカルタ	1,911	26,399	インドネシア語	イスラム教 , キリスト教 ほか
	カザフスタン共和国	アスタナ	2,725	1,820	カザフ語, ロシア語	イスラム教, ロシア正教
	カンボジア王国	プノンペン	181	1,601	カンボジア語	仏教
	サウジアラビア王国	リヤド	2,207	3,294	アラビア語	イスラム教
	シンガポール共和国	なし（都市国家）	0.7	571	マレー語, 英語	仏教, イスラム教, キリスト教ほか

※ 日本を含め, 国際的には承認されていない。

地域	国名	首都	面積(千km²)(2015年)	人口(万人)(2017年)	おもな言語	おもな宗教
アジア	スリランカ民主社会主義共和国	スリジャヤワルダナプラコッテ	66	2,088	シンハラ語, タミル語, 英語	仏教, ヒンドゥー教, イスラム教
	タイ王国	バンコク	513	6,904	タイ語	仏教
	大韓民国(韓国)	ソウル	100	5,098	韓国語	仏教, キリスト教ほか
	中華人民共和国(中国)	ペキン(北京)	9,600	140,952	中国語	儒教, 仏教, 道教, イスラム教
	トルコ共和国	アンカラ	784	8,075	トルコ語	イスラム教
	ネパール連邦民主共和国	カトマンズ	147	2,931	ネパール語	ヒンドゥー教, 仏教, イスラム教ほか
	パキスタン・イスラム共和国	イスラマバード	796	19,702	ウルドゥー語, 英語	イスラム教
	バングラデシュ人民共和国	ダッカ	148	16,467	ベンガル語	イスラム教
	フィリピン共和国	マニラ	300	10,492	フィリピノ語, 英語	キリスト教, イスラム教
	ベトナム社会主義共和国	ハノイ	331	9,554	ベトナム語	仏教, キリスト教ほか
	マレーシア	クアラルンプール	330	3,162	マレー語, 中国語, 英語	イスラム教, 仏教, キリスト教ほか
	ミャンマー連邦共和国	ネーピードー	677	5,337	ミャンマー語	仏教
アフリカ	アルジェリア民主人民共和国	アルジェ	2,382	4,132	アラビア語, ベルベル語, フランス語	イスラム教

地域	国名	首都	面積(千km²)(2015年)	人口(万人)(2017年)	おもな言語	おもな宗教
アフリカ	エジプト・アラブ共和国	カイロ	1,002	9,755	アラビア語	イスラム教
	ガーナ共和国	アクラ	239	2,883	英語，各民族語	キリスト教，イスラム教ほか
	ギニア共和国	コナクリ	246	1,272	フランス語，各民族語	イスラム教，伝統宗教，キリスト教
	ケニア共和国	ナイロビ	592	4,970	スワヒリ語，英語	キリスト教，イスラム教，伝統宗教
	コートジボワール共和国	ヤムスクロ	322	2,430	フランス語，各民族語	イスラム教，キリスト教，伝統宗教
	スーダン共和国	ハルツーム	1,880	4,053	アラビア語，英語	イスラム教，キリスト教，伝統宗教
	チュニジア共和国	チュニス	164	1,153	アラビア語，フランス語	イスラム教ほか
	ナイジェリア連邦共和国	アブジャ	924	19,089	英語，ハウサ語	キリスト教，イスラム教，伝統宗教
	南アフリカ共和国	プレトリア	1,221	5,672	英語，アフリカーンス語	キリスト教，ヒンドゥー教，イスラム教
	モロッコ王国	ラバト	447	3,574	アラビア語，ベルベル語	イスラム教
ヨーロッパ	アイルランド	ダブリン	70	476	英語，アイルランド語	キリスト教
	グレートブリテン及び北アイルランド連合王国(イギリス)	ロンドン	242	6,618	英語	キリスト教
	イタリア共和国	ローマ	302	5,936	イタリア語	キリスト教

地域	国名	首都	面積(千km²)(2015年)	人口(万人)(2017年)	おもな言語	おもな宗教
ヨーロッパ	オーストリア共和国	ウィーン	84	874	ドイツ語	キリスト教, イスラム教
	オランダ王国	アムステルダム	42	1,704	オランダ語	キリスト教, イスラム教
	ギリシャ共和国	アテネ	132	1,116	ギリシャ語	キリスト教
	スイス連邦	ベルン	41	848	ドイツ語, フランス語	キリスト教
	スウェーデン王国	ストックホルム	439	991	スウェーデン語	キリスト教
	スペイン	マドリード	506	4,635	スペイン語	キリスト教
	チェコ共和国	プラハ	79	1,062	チェコ語	キリスト教
	デンマーク王国	コペンハーゲン	43	573	デンマーク語	キリスト教
	ドイツ連邦共和国	ベルリン	357	8,211	ドイツ語	キリスト教
	ノルウェー王国	オスロ	324	531	ノルウェー語	キリスト教
	ハンガリー	ブダペスト	93	972	ハンガリー語	キリスト教
	フィンランド共和国	ヘルシンキ	337	552	フィンランド語	キリスト教
	フランス共和国	パリ	552	6,498	フランス語	キリスト教

地域	国名	首都	面積(千km²)(2015年)	人口(万人)(2017年)	おもな言語	おもな宗教
ヨーロッパ	ベルギー王国	ブリュッセル	31	1,143	フランス語, オランダ語, ドイツ語	キリスト教
	ポーランド共和国	ワルシャワ	313	3,817	ポーランド語	キリスト教
	ポルトガル共和国	リスボン	92	1,033	ポルトガル語	キリスト教
	ルーマニア	ブカレスト	238	1,968	ルーマニア語	キリスト教
	ロシア連邦	モスクワ	17,098	14,399	ロシア語	ロシア正教, イスラム教ほか
北アメリカ・中央アメリカ	アメリカ合衆国	ワシントンD.C.	※9,834(9,628)	32,446	英語	キリスト教ほか
	カナダ	オタワ	9,985	3,662	英語, フランス語	キリスト教
	キューバ共和国	ハバナ	110	1,149	スペイン語	キリスト教ほか
	グアテマラ共和国	グアテマラシティ	109	1,691	スペイン語	キリスト教ほか
	コスタリカ共和国	サンホセ	51	491	スペイン語	キリスト教
	ジャマイカ	キングストン	11	289	英語	キリスト教ほか
	メキシコ合衆国	メキシコシティ	1,964	12,916	スペイン語	キリスト教
南アメリカ	アルゼンチン共和国	ブエノスアイレス	2,780	4,427	スペイン語	キリスト教ほか

※統計のとり方により, 値が異なる。

地域	国名	首都	面積(千km²)(2015年)	人口(万人)(2017年)	おもな言語	おもな宗教
南アメリカ	ウルグアイ東方共和国	モンテビデオ	174	346	スペイン語	キリスト教ほか
	エクアドル共和国	キト	257	1,663	スペイン語	キリスト教
	コロンビア共和国	ボゴタ	1,142	4,907	スペイン語	キリスト教
	チリ共和国	サンティアゴ	756	1,806	スペイン語	キリスト教
	パラグアイ共和国	アスンシオン	407	681	スペイン語, グアラニー語	キリスト教ほか
	ブラジル連邦共和国	ブラジリア	8,516	20,929	ポルトガル語	キリスト教
	ベネズエラ・ボリバル共和国	カラカス	912	3,198	スペイン語	キリスト教ほか
	ペルー共和国	リマ	1,285	3,217	スペイン語	キリスト教ほか
	ボリビア多民族国	ラパス	1,099	1,105	スペイン語, ケチュア語	キリスト教ほか
オセアニア	オーストラリア連邦	キャンベラ	7,692	2,445	英語	キリスト教ほか
	ニュージーランド	ウェリントン	268	471	英語, マオリ語	キリスト教ほか
	パプアニューギニア独立国	ポートモレスビー	463	825	英語, ピジン語, モツ語	キリスト教, 伝統宗教ほか
	フィジー共和国	スバ	18	91	英語, フィジー語	キリスト教, ヒンドゥー教ほか

2017/18年版「世界国勢図会」, 外務省資料ほか

世紀	紀元前	1	2	3	4	5	6	7	8	9	10	11	12	13	14
時代	縄文	弥生						飛鳥・古墳	奈良		平安			鎌倉		南北朝

日本のできごと

- 小国が分立
- 邪馬台国が成立する
- 大和政権（王権）の国内統一がすすむ
- 五九三　聖徳太子が摂政になる
- 六四五　大化の改新
- 六七二　壬申の乱がおこる
- 七〇一　大宝律令ができる▶律令政治のはじまり
- 七一〇　平城京に都を移す
- 七四三　墾田永年私財法が出される
- 七九四　桓武天皇が平安京に都を移す
- 九三五　平将門の乱がおこる（～四〇）
- 一〇一六　藤原道長が摂政になる▶摂関政治の全盛
- 一〇八六　白河上皇が院政をはじめる
- 一一六七　平清盛が太政大臣になる
- 一一九二　源頼朝が征夷大将軍になる▶鎌倉幕府
- 一二二一　承久の乱がおこる▶執権政治の確立
- 一二三二　北条泰時が御成敗式目を定める
- 一三三三　鎌倉幕府が滅びる
- 一三三四　後醍醐天皇が建武の新政をはじめる
- 一三三八　足利尊氏が征夷大将軍になる▶室町幕府
- 一三九二　足利義満が南北朝の統一を実現

世界のできごと

- 古代文明がおこる
- 前四ごろ　イエスが生まれる
- ローマ帝国がさかえる
- 三七五　ゲルマン民族の移動が始まる
- 四八六　ヨーロッパでフランク王国が成立する
- 六一〇ごろ　ムハンマドがイスラム教を開く
- 六七六　新羅が朝鮮半島を統一する
- 八四三　フランク王国が三つに分裂する
- 九三六　高麗が朝鮮半島を統一する
- 一〇九六　十字軍の遠征開始▶ローマ教皇の力が弱まる
- 一二〇六　チンギス＝ハンがモンゴルを統一する
- 一三九二　李成桂が朝鮮国を建てる

中国：殷／周／春秋・戦国／秦／前漢・後漢／三国／晋／南北朝／隋／唐／五代／北宋・南宋／モンゴル／元

15	16	17	18	19		20	21
室町	戦国		江戸		明治	昭和	平成
	安土桃山				大正		

一四六七　応仁の乱がおこる➡下剋上の世の中

一五七三　織田信長が室町幕府を滅ぼす
一五九〇　豊臣秀吉が全国を統一する
一六〇〇　関ヶ原の戦いがおこる
一六〇三　徳川家康が征夷大将軍になる➡江戸幕府
一六一五　武家諸法度の制定
一六三五　参勤交代の制度化➡幕藩体制の確立
一七一六　徳川吉宗の享保の改革（～四五）
一七七二　田沼意次が政治を行う
一七八七　松平定信の寛政の改革（～九三）
一八四一　水野忠邦の天保の改革（～四三）

一八六七　大政奉還➡王政復古の大号令
一八六八　五箇条の御誓文➡明治維新
一八七一　廃藩置県
一八八九　大日本帝国憲法発布➡立憲政治のはじまり
一九一八　原敬が本格的な政党内閣を組織
一九二五　治安維持法・普通選挙法の成立
一九三三　五・一五事件➡軍部の台頭
一九四一　太平洋戦争（～四五）
一九四五　ポツダム宣言を受諾➡民主政治へ
一九四六　日本国憲法の公布
一九五六　国際連合に加盟する
一九七三　石油危機がおこる➡高度経済成長が終わる

二〇一一　東日本大震災がおこる

一四九二　コロンブスがアメリカに到達する
一四九八　バスコ゠ダ゠ガマがインド航路を開拓する
一五一七　ルターが宗教改革をはじめる
一五三三　スペインがインカ帝国を滅ぼす

一六四二　イギリスでピューリタン革命
一六八八　イギリスで名誉革命がおこる➡権利章典
一七七五　アメリカで独立戦争がおこる（～八三）
一七八九　フランス革命がおこる➡人権宣言
一八四〇　アヘン戦争がおこる（～四二）
一八五一　中国で太平天国の乱（～六四）
一八五七　インド大反乱がおこる（～五九）
一八六一　アメリカで南北戦争がおこる（～六五）
一八七一　ドイツ帝国が成立する
一九一一　中国で辛亥革命がおこる
一九一四　第一次世界大戦（～一八）
一九二〇　国際連盟が発足する
一九二九　世界恐慌がおこる
一九三九　第二次世界大戦（～四五）
一九四五　国際連合が発足する
一九六五　ベトナム戦争が激化する（～七五）
一九九一　ソビエト連邦が解体する
一九九三　ヨーロッパ連合（EU）が発足する
二〇〇一　アメリカ同時多発テロがおこる

| | 明 | | 清 | | | 中華民国 | 中華人民共和国 |

359

歴史　日本の外交のできごと

世紀	紀元前	1	2	3	4	5	6	7	8	9	10	11	12	13	14	15
時代	縄文	弥生				古墳		飛鳥	奈良		平安			鎌倉		南北朝 室町

外交のできごと

五七　奴国の王が後漢に使者を送る

二三九　邪馬台国の卑弥呼が魏に使者を送る

三九一　大和政権が朝鮮に出兵する（好太王碑文）

四七八　倭王武が宋（南朝）に使いを送る

● 渡来人が大陸文化を伝える

五三八　百済から仏教が伝わる（五五二年の説もある）

六〇七　小野妹子を遣隋使として中国に派遣する

六三〇　第一回遣唐使を派遣する

六六三　白村江の戦いで唐・新羅の連合軍と戦う

七五四　唐の僧鑑真が平城京に到着する

八九四　遣唐使を停止する

十二世紀後半　平清盛が兵庫の港を整備　→日宋貿易

一一八一　平清盛が兵庫の港を整備 ➡ 日宋貿易

一二七四　文永の役がおこる ┐
一二八一　弘安の役がおこる ┘元寇

一四〇四　● 中国・朝鮮に倭寇が出没する
足利義満が日明貿易（勘合貿易）を始める

中国	後漢	三国	晋	南北朝	隋	唐	五代	北宋・南宋	元

モンゴル

■中国の歴史書にみられる日本の記述

▼『漢書』地理志

建武中元2（57）年に倭の奴国が後漢に朝貢したので，光武帝は印綬をおくった。

ポイント　紀元57年，奴国の王が後漢に使いをおくり，金印を授かったことが書かれている。

▼「魏志倭人伝」

邪馬台国にはもともと男の王がいたが，その後国内が乱れたので一人の女子を王とした。名を卑弥呼といい，成人しているが夫はおらず，一人の弟が国政を補佐している。

ポイント　中国の歴史書『三国志』のうち，魏の歴史を書いた「魏志」の一部に邪馬台国のことが書かれている。

■日宋貿易…平安時代末期。平清盛が兵庫の港（大輪田泊）を整備して行った。

相手国	中国（宋）
輸出品	金・硫黄・刀剣など
輸入品	宋銭，絹織物，陶磁器など

■日明貿易（勘合貿易）…室町時代。倭寇と区別するために勘合を用いた。

相手国	中国（明）
輸出品	銅・硫黄・刀剣・蒔絵など
輸入品	銅銭，絹織物，生糸・書画など

ポイント　室町幕府3代将軍足利義満がはじめた。

外交に関するできごとを一気に整理しよう。

16	17	18	19	20	21
戦国　安土桃山	江戸		明治	大正　昭和	平成

一五四三　ポルトガル人が種子島に漂着→鉄砲伝来

一五四九　フランシスコ=ザビエルがキリスト教を伝える

●スペイン・ポルトガルと南蛮貿易

一五九二　豊臣秀吉が朝鮮を侵略(文禄の役)

一五九七　豊臣秀吉が朝鮮を侵略(慶長の役)

十七世紀半ば　徳川家康が朱印船貿易をすすめる

一六三九　ポルトガル船の来航を禁止する

一六四一　オランダ商館を長崎の出島へ移す→鎖国の体制が固まる

一八二五　異国船打払令が出される

一八五四　日米和親条約を結ぶ→開国

一八五八　日米修好通商条約を結ぶ

一八七一　岩倉使節団が欧米へ派遣される

一八九四　日清戦争(～九五)→下関条約→三国干渉

一九〇四　日露戦争(～〇五)→ポーツマス条約

一九一〇　韓国を併合する

一九一一　関税自主権の回復→不平等条約改正の達成

一九一四　第一次世界大戦に参戦する

一九一五　中国に二十一か条の要求を出す

一九三一　満州事変がおこる

一九四一　太平洋戦争(～四五)

一九四五　ポツダム宣言を受諾する

一九五一　サンフランシスコ平和条約を結ぶ

一九五六　日ソ共同宣言→日本が国際連合に加盟

一九六五　日韓基本条約を結ぶ

一九七二　日中平和友好条約を結ぶ

明	清	中華民国	中華人民共和国

■南蛮貿易

安土桃山時代～江戸時代初め。平戸(長崎県)や長崎で行われた。

相手国	スペイン・ポルトガル
輸出品	金・銀・銅・漆器・刀剣など
輸入品	鉄砲, 火薬, 中国産の生糸, 絹織物など

ポイント　銀は石見銀山(島根県)のものが輸出された。

■朱印船貿易

江戸時代初期。徳川家康が許可状(朱印状)をあたえてすすめた。

輸出品	銀・銅など
輸入品	中国産の生糸, 絹織物など

ポイント　東南アジアの各地に日本町ができた。

■日清戦争・日露戦争の講和条約

戦争	条約	内容
日清戦争	下関条約	●清は朝鮮の独立を認める ●台湾, 澎湖諸島, 遼東半島を日本にゆずる (三国干渉で, 遼東半島は返還) ●日本は巨額の賠償金を得る
日露戦争	ポーツマス条約	●ロシアは韓国における日本の優越権を認める ●旅順・大連の租借権などを日本にゆずる ●樺太(サハリン)の南半分を日本にゆずる

歴史　日本の文化の移り変わり

世紀	紀元前 1234	5	6	7	8	9	10	11	12	13	14
時代	縄文　弥生		古墳	飛鳥	奈良		平安			鎌倉	南北朝

文化区分： 縄文文化／弥生文化／古墳文化／飛鳥文化／天平文化／国風文化／鎌倉文化／北山文化

日本の文化

- 狩り・漁の生活 → 縄文土器・土偶
- 稲作・金属器の伝来 → 弥生土器・銅鐸・高床倉庫
- 渡来人が大陸文化を伝える　古墳がつくられる → 前方後円墳・埴輪
- 土木技術・須恵器・漢字・仏教・儒学
- 聖徳太子が摂政になる
- わが国最初の仏教文化… → 法隆寺
- 聖武天皇が東大寺をつくる
- 国際色豊かな文化…大仏・正倉院
- 藤原氏が摂関政治を行う
- 日本の風土や日本人の感情に合った文化
- 仮名文字の発明 → 枕草子・源氏物語／寝殿造・大和絵・平等院鳳凰堂
- 鎌倉幕府を開く
- 素朴で力強い武士の文化
- 新しい仏教 → 念仏宗・日蓮宗・禅宗／平家物語・新古今和歌集／東大寺南大門・金剛力士像
- 足利義満の時代 → 金閣・能

■縄文文化と弥生文化

縄文文化	弥生文化
厚手の縄文土器、土偶、貝塚、三内丸山遺跡	うすくてかたい弥生土器、高床倉庫、吉野ヶ里遺跡

■渡来人が伝えたもの

鉄製の道具、ため池・須恵器や絹織物をつくる技術（養蚕），漢字や儒学・仏教など

■天平文化

建物	東大寺・正倉院・唐招提寺
書物・美術	『古事記』，『日本書紀』，『風土記』，『万葉集』。正倉院の宝物

■国風文化

建物	寝殿造，阿弥陀堂，平等院鳳凰堂
文学	『枕草子』，『源氏物語』，『古今和歌集』
美術	大和絵，絵巻物

■前方後円墳…古墳文化。

ポイント　円形と方形を合わせた形の古墳。

■平等院鳳凰堂…国風文化。

ポイント　浄土信仰の影響。

それぞれの文化の特徴をおさえよう！

15	16	17	18	19	20	21

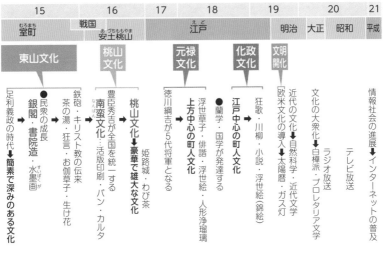

室町（むろまち）　戦国　安土桃山（あづちももやま）　江戸（えど）　明治　大正　昭和　平成

東山文化　桃山文化　元禄文化　化政文化　文明開化

- 足利義政の時代→簡素で深みのある文化
- ●民衆の成長　銀閣・書院造・水墨画
- 鉄砲・キリスト教の伝来　茶の湯・狂言・お伽草子・生け花
- 南蛮文化…活版印刷・パン・カルタ
- 豊臣秀吉が全国を統一する
- 桃山文化→豪華で雄大な文化
- 姫路城・わび茶
- 徳川綱吉が5代将軍となる
- 上方中心の町人文化
- 浮世草子・俳諧・浮世絵・人形浄瑠璃
- ●蘭学・国学が発達する
- 江戸中心の町人文化
- 狂歌・川柳・小説・浮世絵（錦絵）
- 欧米文化の導入→太陽暦・ガス灯
- 近代の文化→自然科学・近代文学
- 文化の大衆化→白樺派・プロレタリア文学
- ラジオ放送
- テレビ放送
- 情報社会の進展→インターネットの普及

■鎌倉時代の新しい仏教

念仏（ねんぶつ）を唱（とな）える	浄土宗（じょうどしゅう）	法然（ほうねん）
	浄土真宗（じょうどしんしゅう）（一向宗（いっこうしゅう））	親鸞（しんらん）
題目（だいもく）を唱える	日蓮宗（にちれんしゅう）（法華宗（ほっけしゅう））	日蓮（にちれん）
座禅（ざぜん）で自ら悟（さと）りを開く	臨済宗（りんざいしゅう）	栄西（えいさい）
	曹洞宗（そうとうしゅう）	道元（どうげん）

ポイント　簡単でわかりやすい教え。

■銀閣（ぎんかく）・書院造（しょいんづくり）…室町時代・東山文化。

▲銀閣（ぎんかく）

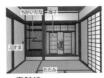

▲書院造

ポイント　たたみ・ふすま・障子（しょうじ）など。

■元禄文化と化政文化

	元禄文化	化政文化
時期	17世紀末〜18世紀初	19世紀はじめ
中心	京都・大阪の上方	江戸
特色	明るい	皮肉やしゃれ
文芸・芸能	浮世草子（うきよぞうし）（井原西鶴（いはらさいかく）），人形浄瑠璃（にんぎょうじょうるり）	狂歌（きょうか）・川柳（せんりゅう）・滝沢（たきざわ）馬琴（ばきん），歌舞伎（かぶき）
美術	装飾画（そうしょくが）（尾形光琳（おがたこうりん）），浮世絵（うきよえ）（菱川師宣（ひしかわもろのぶ））	浮世絵（錦絵）…葛飾北斎（かつしかほくさい），歌川広重（うたがわひろしげ）

■浮世絵（風景画（ふうけいが）など）…化政文化。

▲葛飾北斎（かつしかほくさい）の風景画「富嶽三十六景（ふがくさんじゅうろっけい）」

日本の土地制度(税制)の変化

飛鳥時代

大化の改新(645年)で示された国の方針

公地・公民

それまで豪族が支配していた土地と人々を,国家が直接支配。

701年の**大宝律令**で,律令に基づく政治が始まった。
→律令に基づく土地制度

班田収授法

戸籍に登録された6歳以上のすべての人々に口分田を与え,死ぬと国に返させる。
　→人々は,口分田の面積に応じて租を負担。

奈良時代

人口が増えるなどして,口分田が不足してきたので,朝廷が人々に開墾をすすめるために出した(743年)。

墾田永年私財法

新しく開墾した土地の永久私有を認める。
　→公地・公民の原則がくずれはじめる。
　→増え始めた私有地は,のちに荘園とよばれる。

平安時代

摂関政治のころ

荘園は,貴族や寺社の大きな収入源に。

→ 武士が成長しはじめたころ

社会全体で土地が財産として重視されるように。
　→武士は荘園(院や貴族・寺院などが領主)や公領(国司が支配)の管理者として力をのばす。

藤原道長もたくさんの荘園をもっていたよ。

武士の時代になると…

源頼朝による武家政権が成立したころ

土地を仲立ちとする主従関係が結ばれるしくみが成立。＝封建制度

豊臣秀吉の政策(1582年〜)

太閤検地

検地帳に登録された農民だけに土地の所有権を認め，耕作をやめて土地をはなれることを禁止。
→荘園はなくなった。

江戸幕府のもとでは

おもに米で納められる年貢が，幕府や藩の財政を支える。
→幕府や藩は，年貢の収入を増やすため，新田開発をすすめる。

明治政府による税制の改革(1873年〜)

地租改正

	実施前(江戸時代)	実施後
課税基準	収穫高	地価(土地の価格)
納税法	米などで納める	現金で納める
税率	各藩ごとに不統一	地価の3%
納税者	耕作者(本百姓)	土地の所有者

→その年の収穫高や米価に左右されなくなったため，政府の財政が安定。

第二次世界大戦後のGHQによる民主化政策の1つ

農地改革

地主の土地を政府が買い上げ，小作人に安く売りわたした。

→多くの自作農が生まれた。

▶自作・小作の農家の割合の変化

1930年(改革前)	自作 31.1%	自小作 42.4%	小作 26.5%
1950年(改革後)	62.3	32.6	5.1

まちがえやすい役職

摂政と関白

・摂政…天皇が女性であったり幼かったりする
　　　とき，天皇の代理として政治を行う
・関白…成人した天皇の補佐役

摂関政治は，道長と子の頼通の
ころにもっともさかえたよ。

593年　聖徳太子が推古天
　　　　皇の摂政になる
1016年　※藤原道長が摂政
　　　　になる
※9世紀後半，藤原氏が
　摂政・関白になり，政
　治の実権をにぎった
　（摂関政治）。

守護と地頭

平氏の滅亡後，源頼朝が朝
廷に設置を認めさせる
・守護…国ごとに置かれる
・地頭…荘園や公領ごとに置かれる

室町時代になると，守護は国司の権限を吸収して，
領国を支配する守護大名に成長
◇国司…律令に基づき国ごとに派遣された役人

執権と管領

・執権…鎌倉幕府の将軍の補佐役
・管領…室町幕府の将軍の補佐役

執権は，政治の実権をにぎった北条氏
が代々独占
・3代執権 北条泰時…御成敗式目を制定
・8代執権 北条時宗…元寇のときの執権

管領は，有力な守
護（守護大名）が
交代でついたよ。

老中と大老

・老中…江戸幕府の
　　　　常設の最高職
・大老…江戸幕府の
　　　　臨時の最高職

・老中 田沼意次…商人の経済力を利用して幕府の財政を
　　　　　　　　立て直そうとした（田沼の政治）
・老中 松平定信…寛政の改革を行った
・老中 水野忠邦…天保の改革を行った
・大老 井伊直弼…日米修好通商条約を結ぶ→安政の大獄
　　　　　　　　を行い，桜田門外の変で暗殺された

歴史　律令政治の行政区分

（奈良時代の区分）

畿内の五つの国と七つの地域区分（道）から，五畿七道とよばれているよ。

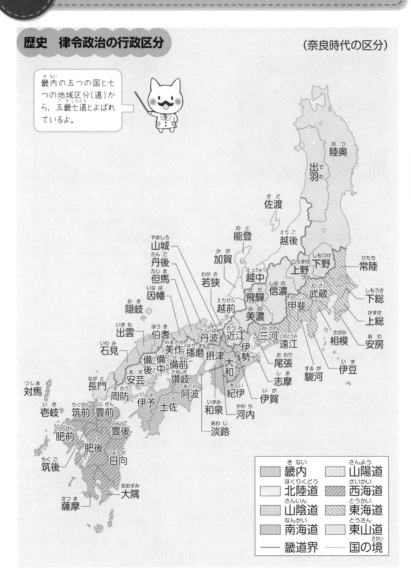

畿内		山陽道	
北陸道		西海道	
山陰道		東海道	
南海道		東山道	
―― 畿道界		…… 国の境	

歴史　よく出るできごとを地図で確認

出島は，長崎港内につくられた扇形の人工島だよ。

（長崎歴史文化博物館）

長崎
◇江戸時代，出島のオランダ商館で，貿易が行われた。
◇日米修好通商条約で開港。
◇1945年8月9日，原子爆弾が投下された。

（大阪城天守閣）

▲大塩平八郎

大阪
◇豊臣秀吉が大阪城を築いた。
◇江戸時代，「天下の台所」とよばれた。
◇1837年，大塩平八郎が乱をおこした。

広島
◇1945年8月6日，原子爆弾が投下された。

対馬藩（長崎県）
◇江戸時代，宗氏が朝鮮との窓口となった。

八幡製鉄所（福岡県）
◇日清戦争の賠償金をもとに建設され，1901年に操業開始。
◇日本の重工業発展の基礎となった。

種子島（鹿児島県）
◇1543年，ポルトガル人が鉄砲を伝えた。

大輪田泊（兵庫県）
◇平安時代末，平清盛が，日宋貿易の拠点とするために整備して栄えた港。
◇兵庫の港ともいう。

▲平清盛

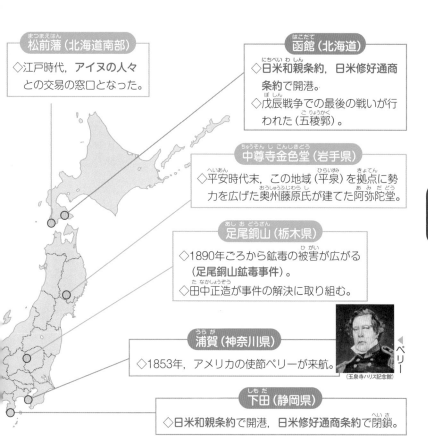

松前藩（北海道南部）

◇江戸時代，**アイヌの人々**との交易の窓口となった。

函館（北海道）

◇**日米和親条約，日米修好通商条約**で開港。
◇戊辰戦争での最後の戦いが行われた（**五稜郭**）。

中尊寺金色堂（岩手県）

◇平安時代末，この地域（平泉）を拠点に勢力を広げた**奥州藤原氏**が建てた阿弥陀堂。

足尾銅山（栃木県）

◇1890年ごろから鉱毒の被害が広がる（**足尾銅山鉱毒事件**）。
◇**田中正造**が事件の解決に取り組む。

浦賀（神奈川県）

◇1853年，アメリカの使節**ペリー**が来航。

▶ペリー
（玉泉寺ハリス記念館）

下田（静岡県）

◇**日米和親条約**で開港，**日米修好通商条約**で閉鎖。

京都

◇794年，**桓武天皇**が**平安京**に都を移した。
◇1338年，室町幕府が開かれた。
◇1467年，**応仁の乱**がおこった。

琉球王国（沖縄県）

◇15世紀，尚氏が建国。**中継貿易**で栄える。
◇江戸時代，薩摩藩が征服し，**琉球王国**を通じて中国と貿易を行う。

1.基本的人権の図・条文

■日本国憲法の三大原理

国民主権	基本的人権の尊重	平和主義
国民が政治のあり方を最終的に決める。	人間が生まれながらにしてもっている権利。侵すことのできない永久の権利。	戦争の放棄，戦力の不保持，交戦権の否認。

ポイント 国民による政治，国民のための政治，国際協調の3つの柱。

■基本的人権の内容

ポイント 公共の福祉（大多数の人々の利益）に反しない限り，最大限に尊重される。

■国民の三大義務

普通教育を受けさせる義務

勤労の義務
(能力に応じて働く義務)

納税の義務
(税金を納める義務)

ポイント 教育と勤労は，権利でもある。

日本国憲法の条文

第1条 天皇は，日本国の象徴であり日本国民統合の象徴であつて，この地位は，主権の存する日本国民の総意に基く。

第9条 ① 日本国民は，正義と秩序を基調とする国際平和を誠実に希求し，国権の発動たる戦争と，武力による威嚇又は武力の行使は，国際紛争を解決する手段としては，永久にこれを放棄する。

第11条 国民は，すべての基本的人権の享有を妨げられない。この憲法が国民に保障する基本的人権は，侵すことのできない永久の権利として，現在及び将来の国民に与へられる。

第14条 ① すべて国民は，法の下に平等であつて，人種，信条，性別，社会的身分又は門地により，政治的，経済的又は社会的関係において，差別されない。

2.政治の図・条文①

■衆議院と参議院の違い

	衆議院	参議院
議員数	465名	248名
任期	4年	6年
選挙権	満18歳以上	満18歳以上
被選挙権	満25歳以上	満30歳以上
選挙区	小選挙区289人 比例代表176人	選挙区148人 比例代表100人

ポイント　衆議院は解散で、国民の意思を反映。
参議院は任期が長く、「理の政治」で衆議院を抑制。

■国会の種類

	召集・会期・議題
常会 (通常国会)	毎年1回、1月中に召集。 会期は150日。次年度の予算議決。
特別会 (特別国会)	衆議院解散後の総選挙の日から30 日以内。内閣総理大臣の指名。
臨時会 (臨時国会)	内閣か両議院どちらかの総議員の4 分の1以上の要求があった場合。
緊急集会	衆議院の解散中、国会の議決を必要 とする場合に参議院のみ。

ポイント　解散・総選挙後に召集される特別会
(特別国会)が重要。

■法律が公布されるまで

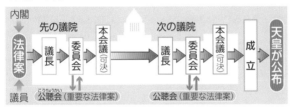

ポイント　衆議院・参議院どちらの議院へ先に提出してもよい。

■議院内閣制

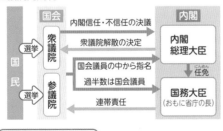

議院内閣制は、イギリスでうまれた制度だよ。

ポイント　内閣は国会からうまれ、国会の信任によって成り立っているので、国会に対して連帯して責任を負う。

日本国憲法の条文

第41条　国会は、国権の最高機関であつて、国の唯一の立法機関である。

第59条　②　衆議院で可決し、参議院でこれと異なつた議決をした法律案は、衆議院で出席議員の3分の2以上の多数で再び可決したときは、法律となる。

第69条　内閣は、衆議院で不信任の決議案を可決し、又は信任の決議案を否決したときは、10日以内に衆議院が解散されない限り、総辞職をしなければならない。

3. 政治の図・条文②

■三審制のしくみ

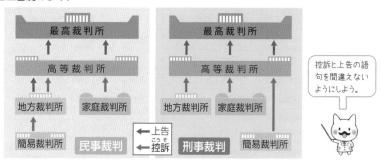

控訴と上告の語句を間違えないようにしよう。

■裁判のしくみ

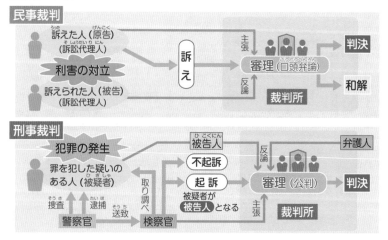

■三権分立のしくみ

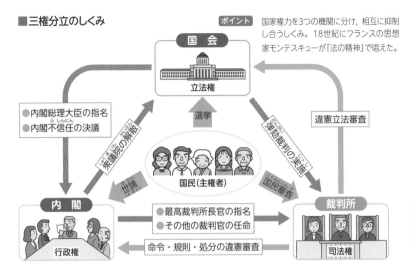

ポイント　国家権力を3つの機関に分け，相互に抑制し合うしくみ。18世紀にフランスの思想家モンテスキューが『法の精神』で唱えた。

国会
立法権

●内閣総理大臣の指名
●内閣不信任の決議

選挙

衆議院の解散

世論

違憲立法審査

弾劾裁判の実施

国民審査

国民（主権者）

内閣
行政権

●最高裁判所長官の指名
●その他の裁判官の任命

命令・規則・処分の違憲審査

裁判所
司法権

■地方自治のしくみ

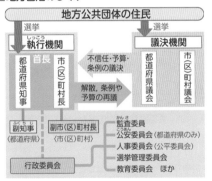

地方公共団体の住民

選挙

選挙

執行機関

議決機関

都道府県知事

市（区）町村長

不信任・予算・条例の議決

解散，条例や予算の再議

都道府県議会

市（区）町村議会

副知事〈都道府県〉

副市（区）町村長〈市（区）町村〉

監査委員
公安委員会（都道府県のみ）
人事委員会（公平委員会）
選挙管理委員会
教育委員会　ほか

行政委員会

■地方選挙

	選挙権	被選挙権	任期
議員	満18歳以上の直接選挙	満25歳以上	4年
首長		市（区）町村長　満25歳以上	
		都道府県知事　満30歳以上	

ポイント　地方議会の議員と首長は，住民の直接選挙で選ばれる。

■直接請求権の種類

	必要な署名	請求先
条例の制定または改廃の請求	有権者の50分の1以上	首長
監査請求		監査委員
議会の解散請求	有権者の※3分の1以上	選挙管理委員会
議員・首長の解職請求		

※有権者数が40万人を超える場合は，超える数によって署名数が異なる。

ポイント　議会の解散や議員・首長の解職など，対象者の地位について請求するときは，多くの署名が必要。

373

4.経済の図

■需要量と供給量と価格の関係

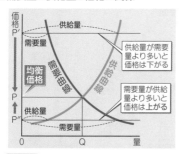

ポイント 需要曲線と供給曲線が交わるときの価格（P）を**均衡価格**という。

■きゅうりの入荷量と価格の動き

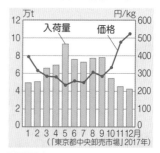

（「東京都中央卸売市場」2017年）

ポイント 棒グラフは入荷量，折れ線グラフは価格。入荷量が多い月の価格は低い。

■株式会社のしくみ

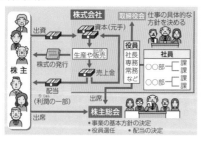

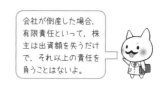

会社が倒産した場合，有限責任といって，株主は出資額を失うだけで，それ以上の責任を負うことはないよ。

ポイント 株主総会は，最高の議決機関。

■経済の循環（経済の流れ）

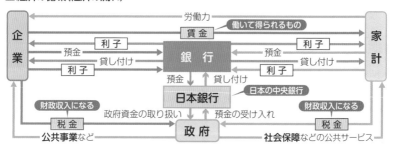

ポイント 日本銀行は日本の中央銀行。**発券銀行・政府の銀行・銀行の銀行**の役割がある。

5.財政の図

■租税(税金)の種類

		直接税	間接税
国税		所得税 法人税 相続税 など	消費税, 酒税, たばこ税, 関税 揮発油税 など
地方税	都道府県	道府県民税 (都民税) 事業税 自動車税	地方消費税 ゴルフ場利用税 道府県たばこ税 (都たばこ税)
	市町村	市町村民税 軽自動車税 固定資産税	市町村たばこ税 入湯税

ポイント 間接税は, 税金を納める人と負担する人が異なる税金。

■景気変動の波

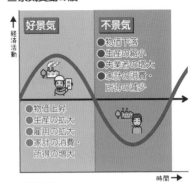

ポイント 好景気と不景気が交互にくり返される。

■国の歳入・歳出

歳入

2017年度
97.5兆円

所得税 18.4%
法人税 12.7
相続税 2.2
消費税 17.6
その他 8.3
租税・印紙収入 59.2 入
直接税 33.3
間接税 25.9
公債金 35.3

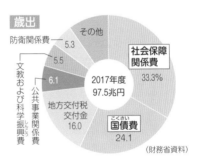

歳出

2017年度
97.5兆円

社会保障関係費 33.3%
国債費 24.1
地方交付税交付金 16.0
公共事業関係費 6.1
文教および科学振興費 5.5
防衛関係費 5.3
その他

(財務省資料)

■社会保障制度

社会保険	掛け金を積みたて, 病気や失業などの場合に給付	医療保険, 年金保険, 雇用保険, 介護保険 ほか
公的扶助	生活が困難な人に対して生活費を支給	生活保護
社会福祉	社会的に弱い立場にある人への支援	障がい者福祉, 高齢者福祉, 児童福祉, 母子福祉
公衆衛生	国民の健康増進のための国の対策	医療, 感染症予防上・下水道整備 ほか

ポイント 日本の社会保障制度の4つの柱。

日本国憲法の条文

第25条 ① すべて国民は, 健康で文化的な最低限度の生活を営む権利を有する。

生存権を規定しているよ。

375

6.国際社会の図

■国際連合のおもなしくみ

信託統治理事会〔活動を停止中〕	総会 全加盟国で構成。平和と安全の維持などさまざまな問題を話し合い、決議する。

信託統治理事会〔活動を停止中〕

国際司法裁判所 国家間の法的争いを裁く

事務局 事務総長が最高責任者

総会 全加盟国で構成。平和と安全の維持などさまざまな問題を話し合い、決議する。

経済社会理事会 経済・社会などの国際協力を進める

世界貿易機関(WTO)

安全保障理事会 世界の平和と安全の維持をになう中心機関

平和維持活動(PKO)

専門機関
・国連教育科学文化機関(UNESCO)
・世界保健機関(WHO)
・国連食糧農業機関(FAO)
・国際労働機関(ILO) など

国連児童基金(UNICEF)
国連難民高等弁務官事務所(UNHCR) など

ポイント 総会は全加盟国で構成,安全保障理事会は5常任理事国と10非常任理事国から構成。

■地球温暖化のメカニズム

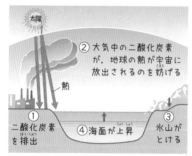

太陽

② 大気中の二酸化炭素が,地球の熱が宇宙に放出されるのを防げる

熱

① 二酸化炭素を排出

④ 海面が上昇

③ 氷山がとける

■酸性雨のメカニズム

硫黄や窒素の酸化物を排出

酸性雨

■砂漠化のメカニズム

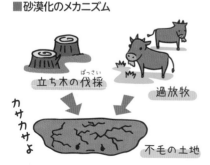

立ち木の伐採

過放牧

カサカサよ

不毛の土地

原因は先進工業国の開発だ。その国に責任があるよ。

すべての国が積極的に取り組んで解決するべきだ。

ポイント 地球環境問題の対策を取り組むなかで,先進工業国と発展途上国の間で考えが違っていることが問題になっている。

376

APEC エイペック	Asia-Pacific Economic Cooperation	アジア太平洋経済協力会議
ASEAN アセアン	Association of South-East Asian Nations	東南アジア諸国連合
BRICS ブリックス	Brazil, Russia, India, China, South Africa	ブラジル, ロシア, インド, 中国, 南アフリカ共和国の頭文字
CTBT シーティービーティー	Comprehensive Nuclear Test Ban Treaty	包括的核実験禁止条約
EU イーユー	European Union	ヨーロッパ連合
FTA エフティーエー	Free Trade Agreement	自由貿易協定
GDP ジーディーピー	Gross Domestic Product	国内総生産
IAEA アイエーイーエー	International Atomic Energy Agency	国際原子力機関
IMF アイエムエフ	International Monetary Fund	国際通貨基金
NAFTA ナフタ	North American Free Trade Agreement	北米自由貿易協定
NGO エヌジーオー	Non-Governmental Organizations	非政府組織
NPO エヌピーオー	Non-Profit Organization	非営利組織
NPT エヌピーティー	Treaty on the Non-Proliferation of Nuclear Weapons	核拡散防止条約
ODA オーディーエー	Official Development Assistance	政府開発援助
OECD オーイーシーディー	Organization for Economic Cooperation and Development	経済協力開発機構
OPEC オペック	Organization of the Petroleum Exporting Countries	石油輸出国機構
PKO ピーケーオー	PeaceKeeping Operations	(国連の) 平和維持活動
TPP ティーピーピー	Trans-Pacific Partnership	環太平洋経済連携協定
UNESCO ユネスコ	United Nations Educational, Scientific and Cultural Organization	国連教育科学文化機関
UNHCR ユーエヌエイチシーアール	United Nations High Commissioner for Refugees	国連難民高等弁務官事務所
UNICEF ユニセフ	United Nations Children's Fund	国連児童基金
WHO ダブリュエイチオー	World Health Organization	世界保健機関
WTO ダブリュティーオー	World Trade Organization	世界貿易機関

さくいん

★見出し語と本文中の重要語句を50音順に掲載しています。
★見出し語は太い文字，本文中の重要語句は細い文字で示しています。
★マークの意味　地＝地理，歴＝歴史，公＝公民です。
★別の名称がある用語，二通りの読み方がある用語はどちらからもひけるようになっています。

378

さくいん

さくいん

さくいん

384

さくいん

さくいん

さくいん

さくいん

さくいん

さくいん

397

さくいん

さくいん

401

さくいん

さくいん

さくいん

編集協力	たくみ堂, クレスト, 青山社, ゲマイン（長谷川健勇）, 佐野秀好, オフィスゼム, 野口光伸, 八木佳子, 小西奈津子, 山﨑瑠香
カバーイラスト	坂木浩子
イラスト	さとうさなえ, 森永みぐ, 松村有希子, キットデザイン
図版	木村図芸社, ゼム・スタジオ, マウスワークス
写真提供	写真付近に記載, ほかは編集部
DTP	マウスワークス, 四国写研
デザイン	山口秀昭（StudioFlavor）

中学社会科用語をひとつひとつわかりやすく。新装版